JN097235

「東京農業大学　入試問題集　2024 年度版」

下記の通り、誤りがございました。
お詫びして訂正させていただきます。

◆286 頁、1H 地理　2 月 3 日　大問 I 問 12
右側の【グラフ】各大陸の気候区別面積割合

【誤】

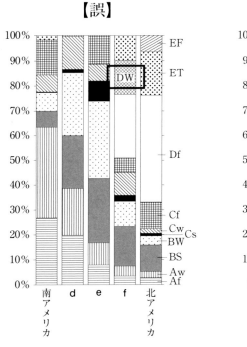

【正】

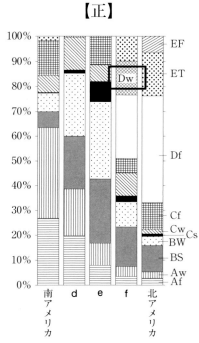

一 般 選 抜 （ A 日 程 ・ B 日 程 ）

●2024年度　選抜日程
東京農業大学

A日程	受験日自由選択制────試験は3日間。全学部全学科とも3日間のうちいずれの日でも受験が可能。 複数日複数学科受験制─同じ学科もしくは異なる学科を最大3日間受験可能。 学部学科併願制────1日の受験で複数の学部・学科の併願が可能。 選抜科目の選択Ⅱは各学科が指定する「◎」の付いた科目（PⅡ参照）を受験することが条件。
B日程	学部学科併願制────1日の受験で複数の学部・学科の併願が可能。 選抜科目の選択Ⅱは各学科が指定する「◎」の付いた科目（PⅡ参照）を受験することが条件。

試験日		科目	学　部		学　科
A日程	B日程				
2024年 2月3日(土) 2月4日(日) 2月5日(月)	2024年 2月27日(火)	3科目型	農　学　部		農学科 動物科学科 生物資源開発学科 デザイン農学科
			応用生物科学部		農芸化学科 醸造科学科 食品安全健康学科 栄養科学科
			生命科学部		バイオサイエンス学科 分子生命化学科 分子微生物学科
			地域環境科学部		森林総合科学科 生産環境工学科 造園科学科 地域創成科学科
			国際食料情報学部		国際農業開発学科 食料環境経済学科 アグリビジネス学科 国際食農科学科
			生物産業学部		北方圏農学科 海洋水産学科 食香粧化学科 自然資源経営学科

●2024年度　選抜日程　選択Ⅰ・選択Ⅱについては○◎の表記された科目から1科目選択
東京農業大学　A日程・B日程　1時限「指定(英語)」2時限「選択Ⅰ」3時限「選択Ⅱ」3科目 300点満点（1科目60分）

学部・学科		指定 英語 (注1)	選択Ⅰ(1科目選択) 国語 (注2)	選択Ⅰ 数学Ⅰ・Ⅱ・数学AB (注3)	選択Ⅱ(1科目選択) 生物基礎生物	化学基礎化学	物理基礎物理	日本史B	地理B	世界史B	現代社会
農学部	農学科	●	○	○	◎	◎					
	動物科学科	●	○	○	◎	◎	◎				
	生物資源開発学科	●	○	○	◎	◎					
	デザイン農学科	●	○	○	◎	◎		◎	◎	◎	◎
応用生物科学部	農芸化学科	●	○	○	◎	◎	◎				
	醸造科学科	●	○	○	◎	◎	◎				
	食品安全健康学科	●	○	○	◎	◎					
	栄養科学科	●	○	○	◎	◎					
生命科学部	バイオサイエンス学科	●	○	○	◎	◎	◎				
	分子生命化学科	●	○	○	◎	◎	◎				
	分子微生物学科	●	○	○	◎	◎					
地域環境科学部	森林総合科学科	●	○	○	◎	◎	◎	◎	◎	◎	◎
	生産環境工学科	●	○	○	◎	◎	◎	◎	◎	◎	◎
	造園科学科	●	○	○	◎	◎	◎	◎	◎	◎	◎
	地域創成科学科	●	○	○	◎	◎	◎	◎	◎	◎	◎
国際食料情報学部	国際農業開発学科	●	○	○	◎	◎		◎	◎	◎	◎
	食料環境経済学科	●	○	○	◎	◎	◎	◎	◎	◎	◎
	アグリビジネス学科	●	○	○	◎	◎		◎	◎	◎	◎
	国際食農科学科	●	○	○	◎	◎		◎	◎	◎	◎
生物産業学部	北方圏農学科	●	○	○	◎	◎	◎				
	海洋水産学科	●	○	○	◎	◎					
	食香粧化学科	●	○	○	◎	◎	◎	◎	◎	◎	◎
	自然資源経営学科	●	○	○	◎	◎		◎	◎	◎	◎

注)1　英語は筆記試験のみ。コミュニケーション英語基礎、コミュニケーション英語Ⅰ・Ⅱ・Ⅲおよび英語表現Ⅰ・Ⅱを出題範囲とする。
注)2　国語は古文・漢文を除く。
注)3　数学Bは数列およびベクトルを出題範囲とする。

目　次

世界史（世界史Ｂ）

現代社会

解答

1A 英 語

Ⅰ 次の英文を読み、問1～問5に答えなさい。

How has chemistry improved your life? When <u>not one chemist made the top 50 scientists</u> in *Science* magazine in 2014, the Royal Academy of Chemistry decided to try to understand why. It seems that when we think of innovations, chemistry is often overlooked. But, in fact, chemistry has led to many improvements in our lives. Two important innovations in chemistry, penicillin and ammonia, have contributed to the world as we know it today, though each has done so in different ways.

Both penicillin and ammonia are naturally occurring on earth. Penicillin is a mold, and ammonia is a chemical compound. Penicillin was discovered in 1928, by Scottish bacteriologist Alexander Fleming. Just more than a decade later, Australian pharmacologist Howard Florey purified penicillin into useable amounts, and in 1944, chemical engineer Margaret Hutchinson Rousseau was able to put it into production. Similarly, in 1910, German chemists Fritz Haber and Carl Bosch were working on the formulation that would become ammonia. They did it by combining nitrogen and hydrogen. This process of making ammonia, called the *Haber-Bosch process*, allowed for the greater access to nitrogen of both plants and animals. Both penicillin and ammonia have been used to improve our lives.

< 1 > The main difference is in how they are used. Penicillin is an important medical treatment used to cure many bacterial diseases. It has saved the lives of millions of people since it was first put into full-scale production in 1944. Ammonia, on the other hand, has been used mostly as a fertilizer, resulting in increased food production, cited as the most important factor in the population explosion over the last century.

The most significant < 2 > between these two innovations is how they are used and perceived today. With both, there is caution in their use. The reasons for that caution are very similar. Penicillin's use (or some would argue, overuse) has resulted in bacteria that are increasingly resistant to penicillin. Therefore, doctors are much more careful now in prescribing it to their patients. Similarly, ammonia is now understood to be a toxic chemical compound that is irritating and caustic. This has resulted in efforts to find alternatives to using it.

In conclusion, no one would dispute that these two chemistry inventions, penicillin and ammonia, have improved our lives since their discovery and development in the early twentieth

— 1 —

century. Chemists must continue to conduct research on the chemicals that we use to improve lives.

出典：Reproduced by permission of Oxford University Press from Q: Skills for Success: Level 4: Reading and Writing Student Book with iQ Online Practice by Debra Daise, Charl Norloff (c) Oxford University Press 2020.

問1 下線部 <u>not one chemist made the top 50 scientists</u> が表す内容として最も適切なものを下記の選択肢から選びなさい。 ☐ 1

① More than one chemist made the list of top 50 scientists.

② No chemist was chosen as one of the top 50 scientists.

③ Not only chemists but also experts in other areas took part in choosing the top 50 scientists.

④ People other than chemists were in charge of electing the top 50 scientists.

問2 Which of the following sentences is the most appropriate for ＜ 1 ＞? ☐ 2

① Penicillin is widely used to treat a variety of infections caused by bacteria.

② While penicillin and ammonia share similarities, there are differences between them.

③ The *Haber-Bosch process,* also called the *Haber process*, is the main industrial procedure of the production of ammonia.

④ There are so many differences between the two substances that it is difficult to find similarities.

問3 ＜ 2 ＞に入る適切な表現を下記の選択肢から選びなさい。 ☐ 3

① difference ② interchangeability ③ quality ④ similarity

問4 Choose the most appropriate combination of words for the blanks （ A ）～（ C ）in the table. ☐ 4

	Penicillin	Ammonia
Occurrence	Natural	（ A ）
Usage	Medicine	（ B ）
（ C ）	Can produce penicillin-resistant bacteria	Irritating/caustic

① A：Artificial B：Nutrition C：Benefit

② A：Unnatural B：Fermentation C：Danger

③ A：Chemical B：Oxidation C：Advantage

④ A：Natural B：Agriculture C：Risk

— 2 —

問5 What is the purpose of this text?　　　　　　　　　　　　　　　　5

① To compare two chemical elements involved in combustion

② To explain how penicillin and ammonia were discovered

③ To describe how two chemicals could have changed our lives

④ To give examples of similarities and differences between penicillin and ammonia

Ⅱ 次の英文を読んで、空欄 6 ～ 15 に入る最も適切なものを、それぞれ下記の選択肢から選びなさい。

A therapeutic garden is a health intervention, and as a form of 6 , needs to be carefully tailored to the people who will be using it. For spinal* injury patients, the requirement for 7 surfaces and thresholds is paramount because the smallest of jolts can trigger painful muscle spasms*. Otherwise, the more beauty and variety there is, the better, 8 the patients have access to shade.

The Pamela Bamett Centre provides a different kind of garden that 9 to meet the residents' needs. The centre is a home for adults with severe learning disabilities. They lack language as well as having impaired non-verbal communication skills. This condition makes them difficult 10 on any level. Most also suffer from hypo-stimulation* and need a lot of sensory input. When this is lacking, they create their own stimulation by banging or tapping noisily.

Nature, however, is able to reach them. The movements, sounds and textures of plants, birds and insects are a source of endless fascination. Gayle Souter-Brown and Katy Bott designed the garden for maximum variation with lots of different leaves, flowers and edible fruits. The structural design is curvilinear* and invites exploration with interconnecting paths. Within the garden, different zones have different characters: there are a little bog area, a Zen gravel garden, a fishpond and a small corner of meadow. The residents revel in the sensory immersion and sense of freedom they can experience outside. The garden is also used for a form of therapy called intensive interaction 11 the therapist sits with the patient and tries to 12 to his or her emotional state and responds 13 patterns of breathing, vocalisations, eye movements and other body signs. Much like the mirroring of mother with baby, this becomes the basis for reciprocal communication. The calming and organising 14 of nature on the nervous system is evident. The residents are more accessible and able to reciprocate in the midst of nature than when they are 15 .

［注］ spinal「脊椎の」、spasm「痙攣、発作」、hypo-stimulation「低刺激、刺激不足」

— 3 —

curvilinear「曲線の」

問6	① treatment	② plant	③ greenhouse	④ patient	6
問7	① gorgeous	② rough	③ glossy	④ smooth	7
問8	① by way of	② by far	③ as long as	④ as soon as	8
問9	① has been careful designed		② has been carefully designed		9
	③ has careful designed		④ has carefully designed		
問10	① to reach	② reaching	③ reached	④ reach	10
問11	① which	② in which	③ whose	④ what	11
問12	① bring up	② come across	③ tune in	④ rely on	12
問13	① in	② on	③ to	④ at	13
問14	① effect	② interest	③ affect	④ sound	14
問15	① alone	② indoors	③ outdoors	④ in public	15

— 4 —

Ⅲ　次の問に答えなさい。

（1）問16～問18の（　A　）と（　B　）の組み合わせとして最も適切なものを、下記の選択肢から選びなさい。

問16 According to a prevailing view, it is useless（　A　）a child in（　B　）in order to develop their thinking ability.　[16]

  ① A：for training　　B：word

  ② A：for training　　B：languages

  ③ A：training　　　B：word

  ④ A：training　　　B：languages

問17 Children and young people（　A　）find it difficult to see why they have to learn lessons in the first（　B　）.　[17]

  ① A：as well　　　B：point

  ② A：as well as　　B：place

  ③ A：as well as　　B：point

  ④ A：as well　　　B：place

問18 Everyone（　A　）able to become（　B　）thanks to digital networks today.　[18]

  ① A：is　　B：a metaphor

  ② A：are　　B：a metaphor

  ③ A：is　　B：a publisher

  ④ A：are　　B：a publisher

（2）問19～問20の（　　）に入れるのに最も適切なものを、下記の選択肢から選びなさい。

問19 Western societies have made it possible（　　）for one parent to raise a child or several children alone.　[19]

  ① though not easy

  ② although not easy

  ③ though less easier

  ④ although more easier

問20 They think（　　）, not as something nice to look at, but as something powerful to use.　[20]

  ① about pictures

  ② of pictures

  ③ regarding pictures

  ④ pictures

出典：中村捷　「実例解説英文法」　開拓社

Ⅳ 次の問に答えなさい。

問21 次の英語が説明している内容を表す単語を、下記の選択肢から選びなさい。　　　　　21

the quality of being gentle, caring, and helpful

① kindness　　② emptiness　　③ brightness　　④ hilariousness

問22 次の会話が行われている最も適切な場所を、下記の選択肢から選びなさい。　　　　　22

A：Do you have our list, Steve?

B：Yes, I do.

A：All right. Let's go to the produce section first. Do we need any vegetables?

B：Yes, we need carrots and onions.

A：Okay, let's grab the vegetables we need.

B：Hey, Dad! The onions are on sale. 5 onions are usually 3 dollars, but today we can get 10 onions for 5 dollars.

① at a farm

② at a supermarket

③ at a restaurant

④ at a botanic garden

問23 次の【例】にある２つの単語の組み合わせと同じ関係になるように、【問】の単語の組み合わせを完成させなさい。その際に空欄　23　に入る適語を下記の選択肢から選びなさい。

【例】epilogue：novel

【問】　23　：meal

① appetizer　　② breakfast　　③ lunch　　④ dessert

問24 次の英文の解答として最も適切なものを、下記の選択肢から選びなさい。　　　　　24

The manager of a weaving factory estimates that if 10 machines run at 100% efficiency for 8 hours, they will produce 800 meters of cloth. Due to some technical problems, 4 machines run at 70% efficiency and the remaining 6 at 90% efficiency. How many meters of cloth will these machines have produced in 8 hours?

① 656 meters　　② 610 meters　　③ 600 meters　　④ 585 meters

（次の頁にも設問があります）

— 6 —

問25　次の4つの文はもともと一続きの文章を構成する英文である。正しい順番を示すものを下記の選択肢から選びなさい。　25

1．Towns are served by at least one of the big four UK supermarket chains.

2．Mobile shops used to visit remote areas, but nowadays e-mail and mail order services provide better quality and wider choice.

3．These trips combine food and household shopping with buying clothes and utilities.

4．Rural people often make a regular weekly or fortnightly trip by car to a large supermarket, which may be a considerable distance from their locality.

　　① 1－4－3－2　　② 2－3－4－1　　③ 3－2－1－4　　④ 4－2－3－1

出典：Scotland - Culture Smart!: The Essential Guide to Customs by John Scotney, Kuperard, 2009

Ⅴ （1）次の日本語の文に対応する英文の空欄　26　～　28　に入れるのに最も適切なものを、下記の選択肢①～③の中からそれぞれ1つ選びなさい。

かつては霧が、11月のロンドンの名物だった。この霧の正体は、自然現象だけではなかった。産業革命の時期に石炭で発生した酸性霧や、家々の煙突から出た煙による大気汚染もその一部だった。1952年の12月、大気汚染による死者は例年より約4千人多かったとされている。

There was a time when fog was a specialty of London in November.　26　. Part of it was actually air pollution caused by　27　and smoke from the chimneys of private homes. In December 1952,　28　from air pollution than in an ordinary year.

　26　の選択肢

① This fog was never a natural phenomenon

② This fog was not a natural phenomenon at all

③ This fog was not entirely a natural phenomenon

　27　の選択肢

① acid fog from coal production in the Industrial Revolution era

② acid fog generated by coal during the Industrial Revolution

③ acid fog made by coal in the Industrial Revolution generation

　28　の選択肢

① about 4,000 dying people seem to increase more

② about 4,000 more people are considered to have died

③ about 4,000 people are said to have been more killed

（2）次の２種類の日本語の会話に対応する英文の空欄 29 ～ 30 に入れるのに最も適切なものを、下記の選択肢①～⑥の中からそれぞれ１つ選びなさい。

A： 29 smoking in this building.

この建物では煙草はお控えください。

B：Sure. I don't smoke.

もちろん。わたし、吸いません。

A：I really don't think I can finish this report.

このレポートを書きあげられるとはまったく思えません。

B： 30 . You're almost there.

あきらめないで。もう少しですよ。

選択肢

① Don't be used to

② Don't get up

③ It is no good

④ Keep it up

⑤ Please refrain from

⑥ There is no exit

(1A-8)

2A 英　語

（解答番号　1 ～ 30 ）

I 次の英文を読み、問1～問5に答えなさい。

　In difficult economic times, the amount of money spent on exploration and discovery is always reduced. This has happened several times over the last 50 years with both space and deep-sea exploration. People are generally more enthusiastic about space, but I feel the oceans hold the solutions to (1) some of the biggest problems of the twenty-first century. We must continue to invest in exploration of the deep sea so that we can take advantage of its benefits.

　The deep sea contains resources that could bring improvements in the field of medicine. Antibiotics are becoming less effective in the treatment of illnesses, and scientists think that plant life in the deep oceans may provide a solution. They hope to develop new medicines that will make it possible to fight disease for years to come. Some substances produced from deep-sea species are already being used in improved medical testing procedures. Recognizing the importance of this research, the 2008 Nobel Committee awarded the Nobel Prize for Chemistry to scientists in (2) this area.

　At a time when existing forms of fuel are limited, the deep ocean could provide new sources of fuel. For more than 50 years, oil companies have been drilling in areas like the North Sea. Realizing that these offshore resources will not last forever, oil companies are now considering other sources, including the huge amounts of oil beneath the ocean bed. However, extracting it safely will require major advancements in technology. Another possible deep-sea fuel source is methane. Having discovered that methane exists on the ocean floor in the form of ice crystals, scientists believe this could be a fuel source for the future.

　Finally, using the deep sea for the disposal of nuclear waste is a controversial issue that needs to be explored further. Some organizations have proposed dropping nuclear waste into the deepest parts of the ocean and sealing it into the ocean floor. Many scientists claim that this process would involve less danger to the environment than current storage methods. While I find this idea disturbing, I accept that most people do not want to live near nuclear waste, so I think (3) the proposal needs to be investigated.

　These are just three of the ways in which learning about the deep ocean may change our lives for the better. In my view, such advances in our knowledge justify the expense of carrying out deep-sea research. (4) The demand for land is only continuing to grow. The time

(2A−1)

has come when the 70 percent of our planet covered by water is just too big to ignore.

出典：Reproduced by permission of Oxford University Press from Q: Skills for Success: Level 4: Reading and Writing Student Book with iQ Online Practice by Debra Daise, Charl Norloff (c) Oxford University Press 2020.

問1　Which of the following is **NOT** discussed in the text as an example of the underlined part（1）? 　　　　　　　　　　　　　　　　　　　　　　　　　　　　　| 1 |

  ① Energy resources

  ② Disposal site of unwanted materials

  ③ Medicine

  ④ Small budget for exploration and discovery

問2　下線部（2）this areaが指す内容を下記の選択肢から選びなさい。　　　| 2 |

  ① 医療の発展を支える高度な検査方法

  ② 深海の植物を用いた新薬の製造

  ③ 海の研究をする科学者が多く住む海岸地帯

  ④ 深海を探検し新種を採集する植物研究

問3　下線部（3）the proposalは何を意味するか下記の選択肢から選びなさい。　| 3 |

  ① 核廃棄物を人間が住む環境に近い場所で処理すること

  ② 核廃棄物を深海に埋めることに反対すること

  ③ 核廃棄物を深海に埋めて処理すること

  ④ 核廃棄物を加工して再利用すること

問4　Look for the underlined part（4）. Which of the following statements best explains the writer's concern? 　　　　　　　　　　　　　　　　　　　　　　　　| 4 |

  ① People have been using land to grow crops for too long, so it needs fertilization.

  ② The price of resources from land is going up fast.

  ③ The number of people who purchase land is increasing.

  ④ People are expecting too much of the benefits which land brings.

問5　Which of the following statements is true about the text? 　　　　　　| 5 |

  ① The writer shows some reasons why he thinks allocating money for ocean exploration is important.

  ② The writer explains the causes of the destruction of the ocean environment.

  ③ The writer describes how people are using up ocean resources.

  ④ The writer compares land and ocean in terms of energy production.

(2A—2)

II 次の英文を読んで、空欄 6 ～ 15 に入る最も適切なものを、それぞれ下記の選択肢から選びなさい。

Just as in the 6 of children, we are never fully in control in the garden. Beyond providing the conditions for growth, there is only so much a gardener can do; 7 is down to the life force of the plants which will grow in their own time and their own way. That is not to say the gardener can be laissez-faire* because care requires a particular form of attention, a *tuning in* that is about noticing the smaller details. Plants are highly sensitive to their environment and there are of course complex variables at play—temperature, wind, rain, sunlight and pests. Therefore, to garden a plot well means 8 them, noticing first signs of poor health and 9 what they need in order to thrive.

As we cultivate the earth, we cultivate an attitude of care towards the world, but a caring stance is not generally 10 in contemporary life. The 'replace' rather than 'repair' culture, combined with fragmented social networks and the fast pace of 11 living, has given rise to a set of values that devalues care. In fact, we have moved so far from placing care at the centre of our lives that it has become, as the environmentalist and social activist Naomi Klein recently observed, a 'radical idea'.

This is not only about values—there are realities to the world that many of us live in. Our machines have become 12 too complex for most of us even to think about 13 them, and we have become used to all the immediate feedback and 'likes' we get through our smartphones and other devices. There is a devaluing of the 14 rhythms of natural time, not only of plants but of our bodies and minds. These rhythms do not fit with the 'quick fix' mentality that has come to dominate so much of 15 life.

[注] laissez-faire「無干渉の、自由放任主義の」

出典：From THE WELL-GARDENED MIND: The Restorative Power of Nature by Sue Stuart-Smith. Copyright (c) 2020 by Sue Stuart-Smith. Reprinted with the permission of Scribner, an imprint of Simon & Schuster LLC. All rights reserved.

問6	① bringing up	② coming across		6
	③ taking after	④ getting over		
問7	① the half	② the former	③ the latter	④ the rest	7
問8	① paying attention to	② taking part in		8
	③ making fun of	④ making use of		
問9	① running out of	② getting over		9
	③ growing on	④ working out		
問10	① damaged	② killed	③ promoted	④ prevented	10
問11	① seaside	② nation	③ country	④ urban	11
問12	① many	② very	③ more	④ far	12

— 11 —

(2A—3)

問13	① repairing	② regaining	③ discarding	④ buying	13
問14	① smoother	② slower	③ quicker	④ quieter	14
問15	① ancient	② poor	③ rich	④ modern	15

Ⅲ 次の問に答えなさい。

（1）問16〜問18の（ A ）と（ B ）の組み合わせとして最も適切なものを、下記の選択肢から選びなさい。

問16 A small （ A ） of the world's water is safe to drink, since salt water in the oceans （ B ） undrinkable.

16

① A：amount　　　　　B：are
② A：amount　　　　　B：is
③ A：piece　　　　　　B：are
④ A：piece　　　　　　B：is

問17 It is important to provide certain programs for very young children because they are （ A ） older children to （ B ） formal pre-school education.

17

① A：less likely than　　B：expose to
② A：likelier than　　　B：expose to
③ A：less likely than　　B：be exposed to
④ A：likelier than　　　B：be exposed to

問18 It is difficult （ A ） the attraction of rainy days in （ B ）.

18

① A：to convey　　　　B：word
② A：conveying　　　　B：word
③ A：to convey　　　　B：words
④ A：conveying　　　　B：words

（2）問19〜問20の（　　　　）に入れるのに最も適切なものを、下記の選択肢から選びなさい。

問19 Your effort to be perceived as a nice guy will fail because that is really not （　　　　）.

19

① how have you behaved
② how you have behaved
③ what you have behaved
④ what have you behaved

— 12 —

問20 The prehistory of mathematics can be summed up as the discovery of a wide range of things that （　　　） called numbers.

① are deserved to be

② deserved to be

③ are deserving to be

④ deserved being

出典：中村捷 「実例解説英文法」 開拓社

Ⅳ 次の問に答えなさい。

問21 次の英語が説明している内容を表す単語を、下記の選択肢から選びなさい。 21

the quality of doing something quickly, sometimes so quickly that you are careless and make mistakes

① delay　② waste　③ haste　④ tardiness

問22 次の会話をしている人物の関係として最も適切な組み合わせを、下記の選択肢から選びなさい。

22

A：Hello. How can I help you today?

B：I want to open an account.

A：Sure. First, can I have your ID card?

B：Here you go.

A：May I have your phone number as well?

B：Of course.

① a customer and a driving instructor

② a customer and a bank clerk

③ a customer and a hotel employee

④ a customer and a money exchanger

問23 次の【例】にある2つの単語の組み合わせと同じ関係になるように、【問】の単語の組み合わせを完成させなさい。その際に空欄 23 に入る適語を下記の選択肢から選びなさい。

【例】 retreat : withdraw

【問】 23 : climb

① absent　② ascend　③ adapt　④ absorb

問24 次の英文の解答として最も適切なものを、下記の選択肢から選びなさい。 24

In a local election, at the polling station A, 945 voters out of 1270 registered voters cast their vote. At the polling station B, 860 out of 1050 cast their vote, and at the polling station C, 1210 out of 1440 cast their vote. What is an approximate percentage of the total turnout from all three polling stations?

① 60%　② 70%　③ 80%　④ 90%

問25 次の4つの文はもともと一続きの文章を構成する英文である。正しい順番を示すものを下記の選択肢から選びなさい。 25

1. Dress is likely to be informal unless your host owns a castle, in which case it is best to check.

2. The Scots make much of children, so make friends with any children present.

3. Good manners and politeness are appreciated, but above all, listen and show an interest in family affairs.

4. If you are invited to someone's home for a meal, bring flowers, high-quality chocolates, or a good bottle of wine.

① 1−2−3−4　② 2−1−3−4　③ 3−2−1−4　④ 4−1−2−3

出典：Scotland - Culture Smart!: The Essential Guide to Customs by John Scotney, Kuperard, 2009

(2A−6)

V （1）次の日本語の文に対応する英文の空欄 <u>26</u> ～ <u>28</u> に入れるのに最も適切なものを、下記の選択肢①～③の中からそれぞれ1つ選びなさい。

外国人が日本を自由に旅行できるようになったのは、明治の半ばだった。鎖国が解かれてからも、外国人の旅行は彼らの居留地から約40km以内に制限されていた。この制限は段階的にゆるめられたが、外国人は旅行のたびに、「旅券」を取得するため健康の証明を求められた。

It was not until the mid-Meiji Era that foreign tourists <u>26</u> in Japan. Even after Japan ended its isolationist policy, <u>27</u> remained limited to within 40 km of their place of residence. <u>28</u> , foreigners were still required to prove their good health to obtain the "passport" for every trip.

<u>26</u> の選択肢
① became able to freely travel
② could become to travel freely
③ were able to go to free travels

<u>27</u> の選択肢
① travels with Japanese tourists
② travels for non-Japanese citizens
③ travels of non-Japanese territories

<u>28</u> の選択肢
① Although the restrictions were gradually eased
② Though the restrictions were instantly loosened
③ However, the restrictions were softened step by step

　　　(2A－7)

（2）次の2種類の日本語の会話に対応する英文の空欄 29 ～ 30 に入れるのに最も適切なものを、下記の選択肢①～⑥の中からそれぞれ1つ選びなさい。

A： 29 . Go ahead and have a beer.

　　遠慮しないで。どうぞビールを召し上がって。

B：Thank you, I will.

　　ありがとう、いただきます。

A： 30 . Can you get me some plates?

　　お願い、お皿を取ってきて。

B：Of course. Wait a minute.

　　もちろん、ちょっと待ってて。

選択肢

① Be in a fever

② Be thoughtless

③ Do me a favor

④ Don't hold back

⑤ Don't think so far

⑥ It's my request

— 16 —

(2A—8)

3A 英　語

2月5日

（解答番号 [1] ～ [30]）

I　次の英文を読み、問1～問5に答えなさい。

〔1〕　It is easy to say "eating well needs less science, more common sense," but it is good to remember that our common sense is based on science. "What everyone knows" at one time was not common knowledge, and it was science that brought these ideas to light. Specifically, science has had huge effects on （ A ） as well as on the （ B ） and （ C ） of available food.

〔2〕　For one, common sense says that we need a variety of foods for a healthy diet, but it was science that found the link between our diet and nutritional deficit diseases. ＜　　　＞ We know, too, because of the efforts of science, that too much sugar or salt can cause health problems. We are constantly looking for ways that diet can improve our health.

〔3〕　Also, food safety has been greatly increased by science. We know that bacteria and other microbes can get into our food and make us sick, but it took Louis Pasteur in 1859 to prove that microbes could come from the air, not arise spontaneously from food. The process that he developed, known as pasteurization, has prevented many cases of food-caused illness, and because of science, we know more techniques to protect ourselves: refrigeration, washing our hands, and covering food to keep flies off it. These techniques might not seem like science, but it is science that showed the link between these practices and prevention of food-related illness.

〔4〕　Finally, having enough to eat has long been affected by science in many ways. Domesticating animals and plants, the beginning of agricultural science, started thousands of years ago and laid the foundations of having readily available food. Through the understanding of how to increase yields, discourage pests, and store food, we have been able to provide enough food to feed our ever-growing population. In addition, science has increased our knowledge of mechanical forces so that we can transport food faster and for longer distances than ever before, thus increasing the variety and amount of available food.

〔5〕　Science has had an enormous effect on the food that we eat and in educating us about nutrition, keeping our food safe, and making it possible to have enough so that many people don't ever go hungry. （ D ）, but with science, we have a good chance of doing so.

出典：Reproduced by permission of Oxford University Press from Q: Skills for Success: Level 4: Reading and Writing Student Book with iQ Online Practice by Debra Daise, Charl Norloff (c) Oxford University Press 2020.

— 17 —

問1 Choose the most appropriate combination of the words to fill in (A), (B) and (C).

|1|

① A：taste   B：quality   C：species

② A：price   B：color   C：type

③ A：nutrition   B：safety   C：quantity

④ A：production   B：expiration   C：transportation

問2 下線部For oneに続く語として最も適切なものを下記の選択肢から選びなさい。

|2|

① reason   ② sort   ③ time   ④ thing

問3 Choose the most appropriate sentence for <   >.

|3|

① We can eat citrus fruits for the vitamin C that our bodies need to fight the disease called scurvy.

② Consider upgrading your favorite fast food to a healthier option.

③ Healthy eating is about eating smart and enjoying your food, thereby improving your health.

④ Taking part in physical activities, as well as eating well, helps keep your mind and body healthy.

問4 How many techniques to keep food safe based on science are introduced in Paragraph〔3〕?

|4|

① 1   ② 2   ③ 3   ④ 4

問5 Choose the most appropriate clause for (D).

|5|

① We have already caused damage to food ecosystem

② We have not yet solved all of our food issues

③ We still need to encourage people to rely more on common sense in everyday life

④ We have overcome challenges associated with genetically modified food

(次の頁にも設問があります)

— 18 —

Ⅱ 次の英文を読んで、空欄 6 ～ 15 に入る最も適切なものを、それぞれ下記の選択肢から選びなさい。

Gardening as a form of political [6] has a long history that can be traced back to the Diggers in England in the seventeenth century, when, in the context of social unrest and high food prices, they asserted the right to [7] food on common land. Modern guerrilla gardening acquired its name in the early 1970s, when the nearly bankrupt New York City was spiralling into [8]. A group calling themselves the 'Green Guerrillas' reclaimed abandoned urban plots and [9] community gardens, invoking America's food-producing 'Victory Gardens' of the First and Second World Wars. Some guerrilla gardeners have specialised in flowers more than food—such as Richard Reynolds, who started a movement in London at the turn of the millennium by planting flowers secretly at night outside his tower block in south London. Following this, groups of volunteers came together [10] to bring the beauty of nature to the most run-down parts of the city.

The Green Guerrillas remain [11] in New York today. There are 800 gardens associated with the organisation which is an impressive legacy. The movement [12] the approval of the city authorities, although there would be battles to come. One of the risks of community gardening is the gentrification* that often follows the creation of an attractive green space. [13], the very people that a project [14] help can end up being priced out*. [15] the 1990s the Green Guerrillas fought to avoid just that situation when the city authorities started selling land for development, putting 600 community gardens at threat. Only after a lengthy battle were they rescued and preserved.

［注］ gentrification「高所得者向けになること」、be priced out「価格が上昇して購入できなくなる」

出典：From THE WELL-GARDENED MIND: The Restorative Power of Nature by Sue Stuart-Smith. Copyright (c) 2020 by Sue Stuart-Smith. Reprinted with the permission of Scribner, an imprint of Simon & Schuster LLC. All rights reserved.

問6	① patience	② praise	③ resistance	④ resignation	6
問7	① feed	② grow	③ bring up	④ breed	7
問8	① prosperity	② flourish	③ disease	④ decline	8
問9	① kept in touch	② gave ways to	③ stood up	④ set up	9
問10	① in an attempt	② for the first time			10
	③ ever since	④ to tell the truth			
問11	① secret	② dead	③ active	④ false	11
問12	① gave	② gained	③ rejected	④ judged	12
問13	① Even though	② At its worst	③ Even if	④ On its own	13
問14	① is interested in	② is looking forward to			14
	③ is declining to	④ is intended to			
問15	① During	② When	③ After	④ End	15

— 19 —

Ⅲ 次の問に答えなさい。

（1）問16〜問18の（ A ）と（ B ）の組み合わせとして最も適切なものを、下記の選択肢から選びなさい。

問16 Many companies are （ A ） to employ new graduates, （ B ） bankruptcies of major
companies are no longer rare events. <u>16</u>

   ① A：hesitant   B：while

   ② A：hesitate   B：while

   ③ A：hesitant   B：during

   ④ A：hesitate   B：during

問17 The observation （ A ） one curious feature of human behavior: our tendency to
generate new dialects （ B ） we lose others. <u>17</u>

   ① A：overlooks   B：as fast as

   ② A：overwatches   B：as fast as

   ③ A：overlooks   B：as faster as

   ④ A：overwatches   B：as faster as

問18 Their refusal to obey a basic taboo sent a message throughout the county that the old
system of laws （ A ） no longer to （ B ）. <u>18</u>

   ① A：were   B：follow

   ② A：was   B：be followed

   ③ A：were   B：be followed

   ④ A：was   B：follow

（2）問19〜問20の（ ）に入れるのに最も適切なものを、下記の選択肢から選びなさい。

問19 I have always been uncertain about （ ） answer when the doctor or nurse asks "How
are you?" <u>19</u>

   ① to how exactly   ② exactly to how

   ③ exactly how to   ④ to exactly how

問20 Individuals are reluctant to add newspapers to the trash （ ）. <u>20</u>

   ① they have to dispose of   ② have they disposed of

   ③ they have disposed   ④ they have to dispose

出典：中村捷 「実例解説英文法」 開拓社

Ⅳ 次の問に答えなさい。

問21 次の英語が説明している内容を表す単語を、下記の選択肢から選びなさい。 [21]

an idea or plan of what you are going to do

① assimilation ② population ③ combination ④ intention

問22 次の会話が行われている最も適切な場所を、下記の選択肢から選びなさい。 [22]

A：Hello. Can I help you with anything?

B：Hello. I am looking for a new book to read.

A：What kind of book are you looking for?

B：I am looking for a book with a lot of action.

A：Then I think you should look for something in the adventure section. You can choose any of those books to borrow.

B：Can you show me where the adventure section is?

① at a gallery ② at a bookstore ③ at a city hall ④ at a library

問23 次の【例】にある２つの単語の組み合わせと同じ関係になるように、【問】の単語の組み合わせを完成させなさい。その際に空欄 [23] に入る適語を下記の選択肢から選びなさい。

【例】depression：decline

【問】partition： [23]

① integration ② contribution ③ division ④ collapse

問24 次の英文の解答として最も適切なものを、下記の選択肢から選びなさい。 [24]

A man has $10,000 to invest. He invests $4,000 at the annual interest of 5% and $3,500 at 4%. In order to have a yearly income of $500, at what percentage does he have to invest the remaining $2,500?

① 6.1% ② 6.4% ③ 6.9% ④ 7.3%

問25 次の４つの文はもともと一続きの文章を構成する英文である。正しい順番を示すものを下記の選択肢から選びなさい。 [25]

1．Northward, all this changes; there are few railways, and roads are delightfully empty, if sometimes narrow and twisting.

2．In the cities and central Lowlands, travel is much the same as elsewhere in Great Britain.

3．There are busy roads, motorways, traffic jams, and parking fines.

4．The landscape is crossed by frequent rail services; commuters on the trains mostly ignore each other, listen to iPods, read newspapers, or tap away at their laptops.

出典：Scotland - Culture Smart!: The Essential Guide to Customs by John Scotney, Kuperard, 2009

① 1－4－3－2 ② 2－4－3－1 ③ 3－1－4－2 ④ 4－2－1－3

(3A－5)

V （1）次の日本語の文に対応する英文の空欄 | 26 | ～ | 28 | に入れるのに最も適切なものを、下記の
選択肢①～③の中からそれぞれ1つ選びなさい。

　祖先を両親から祖父母、さらにその先へとたどってゆくと、どこで終わるのだろうか？　自分たちは
何者なのかという問いは、我々人間にとって永遠のものである。人類はアフリカ大陸に誕生し、長い年
月をかけて太平洋の島々にまで進出した。

　| 26 | , where do we end? | 27 | is an eternal one for us humans. | 28 | , over millions
of years, to as far as islands in the Pacific Ocean.

　　| 26 | の選択肢

①　To trace our ancestors from parents to grandparents and further before

②　Trace back our descendants from parents, grandparents, and go further

③　Tracing our ancestry from our parents to grandparents and further back

　　| 27 | の選択肢

①　The doubt of somebody are us

②　The problem of who are ourselves

③　The question of who we are

　　| 28 | の選択肢

①　Humans came up and go around on the African continent

②　Humans originated on the African continent and spread

③　Humans were born in the continent of Africa and widen

（次の頁にも設問があります）

— 22 —

(3A—6)

（2）次の2種類の日本語の会話に対応する英文の空欄 29 ～ 30 に入れるのに最も適切なものを、
下記の選択肢①～⑥の中からそれぞれ1つ選びなさい。

A：I ran the marathon in four hours.
　　マラソンを4時間で走ったんだ。
B：　29　！
　　凄いですね！

A：　30　.
　　頼りにしています。
B：I won't let you down.
　　がっかりはさせません。

選択肢

① I'm counting on you

② I'm frightened

③ It depends on you

④ That's funny

⑤ You're responsible

⑥ You're amazing

4A 英 語

（解答番号 ⬚1⬚ ～ ⬚30⬚）

Ⅰ 次の英文を読み、問1～問5に答えなさい。

〔1〕 "Remember ... Only YOU can prevent wildfires." These were the famous words that appeared on posters with Smokey the Bear, starting in the 1940s. In a way, Smokey was right—humans do start the majority of forest fires. Some are the result of an unattended campfire or a carelessly discarded cigarette. Others are started accidentally by a downed power line or deliberately by arsonists. ＜ ① ＞ Once a wildfire starts, it spreads quickly and is difficult to contain. A wildfire can move at a speed of approximately 14 miles per hour and burns everything in its path. Every year, more than four million acres of land are burned in forest fires in the United States.

〔2〕 Not all fires are started by humans. Lightning storms are a frequent cause. ＜ ② ＞ In addition, some conditions, particularly in the American West, often create the perfect atmosphere for fires that burn out of control. Firefighters refer to the fire triangle, which are the three ingredients necessary for a wildfire: fuel, oxygen, and a heat source. Although wildfires occur all over the country, they are most common in the West. Frequent droughts and dry weather create brittle, dry trees, leaves, branches, and vegetation that go up quickly in flames. When forest fires get very large, the intense heat can even change local weather conditions—basically creating its own weather!

〔3〕 Firefighters have several ways of slowing and stopping the spread of a wildfire, although some fires take weeks to get under control. Spraying the fire and the surrounding vegetation with water and with flame retardants is one step. Another vital element is creating a fireline or firebreak, which deprives a fire of the fuel it needs to continue burning. A firebreak is created by clearing a strip of land of bush and vegetation, often with a tool called a *pulaski* (a combination of an ax and a hoe). When the fire reaches the firebreak, the hope is that it will burn itself out for lack of fuel.

〔4〕 Firefighters also rely on the help of planes and helicopters. They can drop water or chemicals on the fire from above in an attempt to put out the blaze. The benefit of using airborne assistance is that it can cover relatively large distance in short periods of time. In addition, firefighters sometimes set controlled burns. ＜ ③ ＞

〔5〕 Although wildfires are enormously destructive—to both natural and human-made

— 24 —

habitats—they do serve some purposes in nature. A wildfire returns nutrients to the soil when decaying matter burns. A wildfire can remove layers of thick undergrowth that tend to block sunlight from the forest floor. This allows new growth to receive the light it needs. In addition, fires rid the forest of plants that are diseased, as well as bugs that are harmful and destructive. < ④ > The cost may not be worth the benefit, but like nearly everything in nature, wildfires have a [　　　], too.

出典：Spectrum Reading, Grade 8 (c) 2015 Carson Dellosa Education.

問1　According to the text, which of the following is **NOT** related to the underlined part the fire triangle?　　　　　　　　　　　　　　　　　　　　　　　　　　　　　　1

　　① atmosphere　　② wood　　③ a fireline　　④ a campfire

問2　Which of the following is the most suitable for [　　] ?　　　　　　　2

　　① job to do　　　　　② disadvantage to overcome

　　③ problem to solve　　④ rule to follow

問3　【They intentionally light fires to clear vegetation and again deprive a wildfire of its fuel.】が入る適切な箇所を下記の選択肢から選びなさい。　　　3

　　①　< ① >　　②　< ② >　　③　< ③ >　　④　< ④ >

問4　森林火災の具体的な消火方法として**紹介されていないもの**を下記の選択肢から選びなさい。

　　　　　　　　　　　　　　　　　　　　　　　　　　　　　　　　　　4

　　①　水や化学物質を使用する。

　　②　遠隔地からの機器操作による消火活動を行う。

　　③　植物を伐採して火の広がりを食い止めるための防火帯を作る。

　　④　空中からの消火活動を行う。

問5　本文を内容に基づいていくつかの部分に分けることができます。その分け方として最も適切なものを下記の選択肢から選びなさい。　　　　　　5

　　①　〔1〕〔2〕〔3〕/〔4〕/〔5〕　　②　〔1〕〔2〕/〔3〕〔4〕〔5〕

　　③　〔1〕〔2〕〔3〕〔4〕/〔5〕　　④　〔1〕〔2〕/〔3〕〔4〕/〔5〕

（次の頁にも設問があります）

Ⅱ 次の英文を読んで、空欄 6 ～ 15 に入る最も適切なものを、それぞれ下記の選択肢から選びなさい。

The ancient Sumerians started building cities and when they did so, they brought nature into them. The idea of greening the city is not a modern one: urban [6] are as old as cities themselves. Plans of Uruk, one of the very first cities of all, built in about 4000 BC and located in what is now Iraq, show that it was [7] garden or park, [7] field and [7] dwellings. The ancient Romans called it *rus in urbe*: literally bringing the countryside to the [8]. *Rus in urbe* compensated people for living in a state of [9] from nature and made it possible to have the best of both. The [10] recognised that gardens were revivifying and used the lushness of vegetation, the shade of trees, and the beauty of flowers to [11] their urban environments.

Throughout history, even the [12] cities have been noisy, [13], and smelly. The great seventeenth-century essayist and gardener, John Evelyn, drew [14] the idea of *rus in urbe* when he proposed a series of green plots around London to relieve the city of its noxious smog. His choice of plants included honey-suckle, jasmine, lilac, rosemary, lavender, juniper and musk roses. These highly scented bushes and trees would, he thought, through 'innocent magic,' 'perfume the adjacent places by their breaths' and help [15] the sulphurous sea of coal smoke that filled the air. Nature's riches would bring other benefits for Londoners too, such as improved health, the enjoyment of beauty and opportunities for relaxation.

出典：From THE WELL-GARDENED MIND: The Restorative Power of Nature by Sue Stuart-Smith. Copyright (c) 2020 by Sue Stuart-Smith. Reprinted with the permission of Scribner, an imprint of Simon & Schuster LLC. All rights reserved.

問6　① houses and gates　　② firms and companies　　　　　　　　　　[6]
　　　③ parks and gardens　④ schools and buildings

問7　① one-three　② one-third　③ first-three　④ first-third　[7]

問8　① city　② home　③ garden　④ park　[8]

問9　① separable　② separate　③ separated　④ separation　[9]

問10　① offspring　② ancients　③ moderns　④ old　[10]

問11　① enrich　② rich　③ enact　④ act　[11]

問12　① poorest　② busiest　③ most celebrated　④ least splendid　[12]

問13　① crowd　② crowden　③ crowding　④ crowded　[13]

問14　① into　② off　③ on　④ under　[14]

問15　① counteract　② counterculture　③ counterfeit　④ counterpart　[15]

— 26 —

(4A－3)

Ⅲ　次の問に答えなさい。

（1）問16～問18の（　A　）と（　B　）の組み合わせとして最も適切なものを、下記の選択肢から選びなさい。

問16　The eyewitness testimony of the servants （　A　） that he brushed his teeth before he

（　B　） to bed.　　　　　　　　　　　　　　　　　　　　　　　　　　　　　16

　　①　A：prove　　　　　　　　B：went

　　②　A：proves　　　　　　　B：went

　　③　A：proving　　　　　　　B：goes

　　④　A：proven　　　　　　　B：goes

問17　If Joe （　A　） have the time, he （　B　） to Mexico.　　　　17

　　①　A：should happen to　　B：would go

　　②　A：should　　　　　　　B：would have gone

　　③　A：were　　　　　　　　B：would go

　　④　A：did　　　　　　　　B：would have gone

問18　This is a topic （　A　） you should think before talking （　B　）.　18

　　①　A：about what　　　　　B：about itself

　　②　A：about which　　　　　B：about

　　③　A：which　　　　　　　B：about itself

　　④　A：what　　　　　　　　B：about

（2）問19～問20の（　　　　　）に入れるのに最も適切なものを、下記の選択肢から選びなさい。

問19　（　　　　　）, we have decided to buy it. We have no regret since the house seems so

　　comfortable to live in.　　　　　　　　　　　　　　　　　　　　　　　19

　　①　Though is expensive the house　　②　Expensive though the house is

　　③　Though the house expensive is　　④　The expensive house though is

問20　I demand that he （　　　　　） before I return.　　　　　　　20

　　①　nor leaves　　②　leaving　　③　not leave　　④　left

出典：中島平三 編　最新 英語構文事典　大修館書店

Ⅳ　次の問に答えなさい。

問21　次の英語が説明している内容を表す単語を、下記の選択肢から選びなさい。　21

　a statement that a person makes, admitting that they are guilty of a crime; the act of making

such a statement

　　①　consideration　　②　constraint　　③　continuity　　④　confession

問22　次の会話が行われている最も適切な場所を、下記の選択肢から選びなさい。　　　22

A：Hello! How can I help you?

B：I was in a hurry, tripped over a stone and fell down. I think I broke my hand.

A：Can you move it?

B：No. It hurts if I try to move it.

A：I see. It is certainly swollen.

① at a laundry room　　　② at a gymnastic room

③ at a broadcasting room　④ at an emergency room

問23　次の【例】にある2つの単語の組み合わせと同じ関係になるように、【問】の単語の組み合わせ
を完成させなさい。その際に空欄　23　に入る適語を下記の選択肢から選びなさい。

【例】lively：dull

【問】employed：　23

① working　　② diligent　　③ jobless　　④ served

問24　次の英文の解答として最も適切なものを、下記の選択肢から選びなさい。　　　24

At a college, approximately 2 out of 5 seniors go on to study at graduate school. If there
are 750 seniors at the college, how many would be expected to enter graduate school?

① 75　② 107　③ 214　④ 300

問25　次の4つの文はもともと一続きの文章を構成する英文である。正しい順番を示すものを下記の選
択肢から選びなさい。　　　25

1．Spare time is all too often spent in front of the television, though local public houses and
venues such as working men's clubs still exercise a powerful pull on the menfolk, who also
flock to football matches on Saturdays.

2．Hours worked are much the same as in England.

3．The Scots see themselves as hardworking—and indeed they are—but leisure matters to
them, as does time spent with the family.

4．In 2006, the most recent statistics available showed that the working week was a basic
thirty-seven hours.

出典：Scotland - Culture Smart!: The Essential Guide to Customs by John Scotney, Kuperard, 2009

① 1—4—3—2　② 2—1—3—4　③ 3—2—4—1　④ 4—3—1—2

— 28 —

Ⅴ （1）次の日本語の文に対応する英文の空欄 26 ～ 28 に入れるのに最も適切なものを、下記の
選択肢①～③の中からそれぞれ１つ選びなさい。

　お金は、商品やサービスの売買の決済に使われる交換手段です。大昔から、分業が進むにつれて、物
を交換するためにお金のしくみは発達してきました。お金には、交換手段、価値の単位、価値の保存と
いう３つの機能があります。お金には、万人にとって価値があること、様々な単位に分かれていること、
耐久性のある材料でできていることという３つの要件があります。

　Money is　26　commodities and services. Since ancient times, as division of labor has
grown, the system of money has developed for exchanging things. Money has three functions:
medium of exchange, unit of account, and store of value. It has three requirements: having
value for everyone,　27　and　28　.

出典：大島朋剛 監修　Elizabeth Mills 英文監訳　「新版 英語対訳で読む「経済」入門」　実業之日本社

　26　の選択肢

①　the method of exchange which is used in settlement of trading

②　the means of trading which we use for settling and purchasing

③　the measure to exchange things which can be used for buying and selling

　27　の選択肢

①　being divided into units

②　being exchanged into credits

③　being separated into divisions

　28　の選択肢

①　being made from sustainable ingredients

②　being made of durable materials

③　being made by products that can endure

（次の頁にも設問があります）

(4A－6)

（2）次の2種類の日本語の会話に対応する英文の空欄　29　～　30　に入れるのに最も適切なものを、下記の選択肢①〜⑥の中からそれぞれ1つ選びなさい。

A：　29　! You look so nice in that dress.

あら！そのドレスすごく似合っているわね。

B：Really? Thank you.

本当に？ありがとう。

A：　30　! It's muddy around here.

気を付けて！このあたりはぬかるんでいるよ。

B：Thanks, I'll be careful.

ありがとう、気を付けます。

選択肢

① Look into it

② Look you

③ Look at you

④ Take care of yourself

⑤ Watch out

⑥ Look at me

— 30 —

1B　国　語

国語

第1問　次の文章を読んで、後の問い（問1～10）に答えよ。

　将棋が強くなっていく中で大事な要素の一つとして、形のよしあしが分かるというものがあり、これはいわゆる美的センスを磨くというものです。将棋のルールを覚えたばかりでは、駒の配置を見ても特にこれが形とか、みにくい形というのは認識ができないものですが、将棋をずっと続けてやっていくうちに、この形はともういう形で、バランスが取れているか、あるいはこの形はともういう形で、修復ができない、というようなことがだんだん分かってくるようになるのです。

　この美的センスを磨けば磨くほど、｜　Ｘ　｜。この手はもう指してもしょうがないとか、一手の価値がない、考える必要がない、というようなことが分かる。消去法とまではいきませんが、そうした駄目な手が増えれば増えるほど、残った可能性の中に一番正しい一手が見つかりやすくなる。ですから、将棋が強くなっていく上達していくには、形のよしあしが分かるという美的センスをいかに可能な限り磨いていくかが大事だったわけです。【①】

　そこで登場してきたのがAIのコンピュータや将棋ソフトです。人間のもの物理的な時間内にはとても思いつかないような、あるいは生理的に受け付けにくい考えにくいような一手などをAIが指摘するということが、ここ最近は結構出てきています。今までは、これ悪い形だから最初から考えない、という手がたくさんあったのですが、それがAIに指されてみると、ぱっと見ではあまりよくないのですが、なぜかこれがある手段がないと、五手や一〇手だってみると悪い形のほうがなぜかいい形になっているとか、そういう｜　Ｉ　｜のようなことがあるのです。

　将棋の世界で現在起こっているように、人間的な感覚や美的センスにまるものと、AIが提示しているものが ₐコウサ し混ざり始めている。今まで人間だけでやってきた将棋は、こういうのがいい形、こういうのが悪い形と厳密に分類されていたわけではないにしても、棋士の間ではある程度の共通認識として持ってきたものがありました。それが崩れ始めています。人間の感受性とか、感覚や美的センスが急に ア一八〇度変わることはないと思うのですが、AIに少しずつ影響を受けながら、考え方や発想、次の一手の読みが変わってくるという時期、あるいは段階に来ているのではないかなとも思っています。

　もう一つ、局面や手を選んでいくというところで難しいのは、その指し手が本当に収束してくれるのかどうかという問題です。いろいろなボードゲームがありますけれど、例えばオセロだったら、六〇手打てば駒を置くところがなくなってゲームが終わりますから、六〇手で必ず収束してくれます。ところが将棋の場合は、平均すると一〇〇手とか、一二〇手ぐらいで終わっているとはいえ、時として全然終わらなくて、二〇〇手とか三〇〇手までかかってしまうケースもあるのです。収束してくれるない、どこまで進んでも永遠に考え続けなくてはいけなくなってしまいます。【②】問題解決というテーマを考えるとき、収束するかどうかというのは大事な要素ではないかと思っています。

— 31 —

また、お互いに均衡が保たれている状態が続いていて、手を選ぶというのが実は厳しく難しいときになってくる。将棋は互いに駒を二〇枚ずつ持って対局を始めますが、全部の駒の動きがそれぞれ一番いい場所に来るように一手ずつ指していくわけです。例えば、最初「王」の守りが弱いので「王」を動かして守りの堅いしっかりとした囲いを作ろうとすると、守りに配置する駒が一〇枚くらいでベストとなり、それ以上動かしたら逆に均衡が崩れてしまう形になります。

攻撃の場合もこれと同じで、当然ながら、より攻めやすく隙を作らないような形を作っていくと、そこで自分の(注1)番が来てしまうと困ってしまうことがある。ですから、お互いに均衡が取れてベストのb リンケを作った段階では、自分の手番が来ないようにして、次の一手を見つけるというものは回避していく作業になる場合もあります。【③】

将棋の世界には「手を渡す」という表現がありますが、自分は相手のほうから何が来ても全部対応できるような形にしておいて、相手に指させるということです。これは対面でやるボードゲームの特徴かもしれないですが、実際の公式戦でも拮抗した対局では、あえて次の一手を決めてからすぐに含みを持たせ、味を持たせることが大事になってくる場面があります。

囲碁の世界ではAlphaGoというソフト〔Google DeepMind〕が作られて、さらにその改良バージョンとしてAlphaZero（アルファゼロ）が出ました。このプログラムはすでにチェスや将棋にも使われていますが、いろいろな面でプロをしのいでいますが、大きな衝撃がありました。その一つは、ソフトを作っているチームの人たちが将棋にそれほど詳しくないのに、コンピュータに学習させる「機械学習」だけで途方もなく強い将棋のソフトを作っている点です。

もう一つは、「教師なし学習」といって、過去の(注2)棋譜というデータを一切与えていないという点です。それまでのAlphaGoなどは、人間の高段者の対局を学習させて、それをもとにして強くさせていくものでした。AIが手を選んではいるものの、その先祖というか　Ⅱ　になっているのは人間のデータです。ところがAlphaZeroの場合は、それが全くない本当にゼロの状態から始まって、これまでのソフトをすべて上回るくらい強いものができました。

たまたま機会があって、AlphaZeroによる自己対戦の棋譜を講評してほしいというd オファを受けました。もちろんそれはとても興味深いと思ったのですが、その一方で怖いというか、恐ろしい気持ちもありました。将棋が今のルールになって四〇〇年ほど経ちましたが、人間が長い年月をかけて積み上げてきた知識は全く違うプロセスでできたものが目の前に現れたのです。もし仮にその棋譜の中身や内容が人間が指してきた棋と全く違っていて、異質なものであったなら、この四〇〇年間の歴史を全否定されたような気持ちになってしまうのではないかと思う、畏れ恐々としたわけです。【④】

そうして一〇〇試合の棋譜を見た感想ですが、今まで人間だけで指してきた将棋と極端には違わなかったのです。確かに全く今まで見たこともない対局や、自分の知らなかったような形もあったのですが、今までとやってきたことの方向性がそれほど大きく間違っているかというようなことも知ることができて、実はほっとしました。

AIの世界は本当に　Ⅲ　で進んでいるようで、だいたい一年経つと一年前の古いバージョンに七割から

割くらい勝つといわれています。人間が一年前の自分に七割から八割勝つというのは、とても難しいことなのです。将棋の世界は、そうしたテクノロジーの進歩の影響を現在進行形で受けていますが、それを一つの手段として取り入れて上手に活用しながら、人間が学習していくのもいいことと思っています。【⑤】研究や産業でいうと、何かを便利にするか、何か新しいものを生み出すという方向で技術が進んでいくのが自然だとは思うのですが、今それだけたくさんのデータがあるわけですから、技術の進歩を使って人間の能力をどのように伸ばしていくかが大事でしょう。

もう一つ、私がすごく面白いなと思うのは、歴史を越えるというAIの性質です。将棋の定跡^(注3)と戦術の歴史は、ときどきたまに古いものが見直されるということはあるのですが、基本的には新しいものが古いものを駆逐していくもので、これがなかなか覆りません。ところがAIからいろいろな意味で影響を受けるようになってから、今まで全く見たことがないような局面が定跡となって発展していく一方で、エ──のすごくオーソドックスで今は廃れてしまったものが掘られて分析が進んでいるという現状もあり、そこが大きく変わったところです。

AIから見れば、人間にとって古いとか新しいというのは全く関係ないですし、そういう先入観や思い込み、常識など関係なく、ただ^(注4)評価値が高ければその手を指していくということになります。リ、最近、特に感じることなのですが、見たこともない形なので一から取り入れて考えていくべき局面もあれば、逆にナ列かしいスタンダードを気持ちになるほど自分が子どもの頃によくやった形もあるのです。

人間が指す将棋とAIが指す将棋の違いは何かといわれたら、どれくらい時系列が入っているか関係すると私は思っています。というのは、対局者が全く分からない状態で棋譜を与えられたとき、一手だけでは分からないのですが、二〇手や三〇手の時系列をまとめて見れば、そこに指し手の意思や考え方とか、個性などが表れているわけで、誰と誰が指した将棋なのか分かるものです。AIの場合は、一手ごとに評価の点数が高いものを選んでいくので、人間の目から見ると一貫性が感じられず、オ──意思を持っているように感じられると思うのです。

(羽生善治「次の一手を決めるプロセス」〈酒井邦嘉編著『脳とAI─言語と思考のメカニズム』所収〉による)

出典：羽生善治「次の一手を決めるプロセス」（酒井邦嘉編『脳とAI─言語と思考のメカニズム』所収）
　　　中公選書

(注1) 手番──リリでは、ある局面において相手に迫る有効な手を指せる方。

(注2) 棋譜──将棋や囲碁において、対局者双方の手を順番に記入した記録。

(注3) 定跡──将棋で最善とされる決まった指し方。

(注4) 評価値──将棋や囲碁における、AIによる形勢判断が数値で表されたもの。

＊問題作成上の都合により、本文の一部に手を加えてある。

問1 傍線部a〜eのカタカナと同じ漢字を用いるものを、各群の①〜④のうちからそれぞれ一つずつ選べ。解答番号は、a・[1]〜e・[5]。

a ユウヨ [1]
　① 広告で消費者をユウインする。
　② 結果をユウリョする。
　③ ユウキュウの時が流れる。
　④ キンユウ機関に勤める。

b ジンダイ [2]
　① 首相がタイジンする。
　② 再建にジンリョクする。
　③ ゲキジン災害に指定する。
　④ ジンソクに対応する。

c オドロき [3]
　① 思わずゼッキョウする。
　② キョウタンに値する技だ。
　③ 自由をキョウジュする。
　④ ショウキョウ品をもらう。

d イライ [4]
　① イゼンとして変わらない。
　② 川のスイイが上昇する。
　③ カンイな手続きで済ます。
　④ 調査のためイインを選出する。

e カイコ [5]
　① 心配はカイムである。
　② 市の公金をカイタイする。
　③ ジカイの念を強める。
　④ カイチュウ時計を見る。

問2 空欄 Ⅰ 〜 Ⅲ に当てはまる言葉として最も適当なものを、各群の①〜⑤のうちからそれぞれ一つずつ選べ。解答番号は、Ⅰ・[6]、Ⅱ・[7]、Ⅲ・[8]。

Ⅰ ① ナポレオンの辞書　② コロンブスの卵　③ ソクラテスの弁明
　 ④ アルキメデスの王冠　⑤ ニュートンのりんご

Ⅱ ① ベース　② トライアル　③ ビジョン　④ コスト　⑤ メリット

Ⅲ ① 是々非々　② 一日千秋　③ 朝三暮四　④ 丁々発止　⑤ 日進月歩

問3 空欄 X に当てはまる表現として最も適当なものを、次の①〜⑤のうちから一つ選べ。解答番号は、[9]。

① 駄目な手も、いい手になる可能性があるのが分かってくる
② いい手が分かるにしたがって、駄目な手も分かってくる
③ いい手を見つけるのではなく、駄目な手が分かってくる
④ 駄目な手もいい手もあるのが、だんだんと分かってくる
⑤ いい手と駄目な手の境目が、はっきりと分かってくる

問4 次の一文が入るべき箇所を、本文中の【①】〜【⑤】のうちから一つ選べ。解答番号は、 10 。

【もちろん、次の一手で動的に何か技をかけたり攻めていったりする場面もありますが。】

問5 傍線部ア「一八〇度変わる」の言い換えとして最も適当なものを、次の①〜⑤のうちから一つ選べ。解答番号は、 11 。

① 通用しなくなる

② 思わぬ方向に進む

③ 正反対のものになる

④ 過去のものと化す

⑤ 良いものへと転じる

問6 傍線部イ「攻撃の場合もこれと同じで」とあるが、どのような点が同じなのか。その説明として最も適当なものを、次の①〜⑤のうちから一つ選べ。解答番号は、 12 。

① 自分の駒の均衡を保とうとすると、次の一手を選ぶことが難しくなる点。

② 美的センスを磨けば、形として一番正しい手を見つけやすくなる点。

③ 対局の中で、いずれ「手を渡す」という方法を取らざるをえなくなる点。

④ お互いに駒の均衡が保たれた状態が続くと、収束の時機が見えなくなる点。

⑤ 「手を渡す」ようなことをすると、均衡を保つことができなくなる点。

問7 傍線部ウ「怖いというか、恐ろしい気持ちもしました」とあるが、なぜそのような気持ちがしたのか。その理由として最も適当なものを、次の①〜⑤のうちから一つ選べ。解答番号は、 13 。

① AlphaZeroは将棋にそれほど詳しくない技術者が開発したソフトであるため、一〇〇試合以上の人間の対局を学習しているとはいえ、その棋譜の中身や内容は自分が知っているものとは全く違うものになるのではないかと思ったから。

② AlphaZeroは対局する相手に関するデータがゼロであっても勝つことのできる、これまでにない強いソフトであり、その棋譜について講評する中で、もしかしたら今までの自分の発言と反することを言ってしまうのではないかと思ったから。

③ 過去の棋譜のデータを全く与えないで作られたAlphaZeroは、人間が長い時間をかけて積み上げてきた知識が通用しない将棋の指し方をするであろうから、その棋譜を自分が講評することなどできるわけがないと思ったから。

④ 「教師なし学習」によって強くなったAlphaZeroが、人間の上段者に勝利するようなことがあれば、上段者の権威が失われるだけでなく、人間がこれまでに築き上げてきた将棋の歴史が否定されることにもなりかねないと思ったから。

⑤ AlphaZeroというソフトは、人間の対局を学習して強くなったわけではないので、その棋譜に表れたデータが人間の指す将棋と大きく異なれば、長い年月をかけて人間が得てきた将棋に関する知識は覆されてしまうことになると思ったから。

問8 傍線部エ「そのうちにクラシックで今は廃れてしまったものが指されて」とあるが、そのようなことが起こるのはなぜか。その理由として最も適当なものを、次の①〜⑤のうちから一つ選べ。解答番号は 14 。

① AIには、人間にとっての新しいとか古いとかいうことは取るに足らない程度の差でしかなく、またいかなる人間的な先入観ももっていないので、それに縛られず変幻自在に手を選択することできる。そのようなAIから、人間がさまざまに影響を受けるようになったから。

② 人間が長い時間をかけて積み上げてきた知識をすべて学習しているAIにとって、その知識がかつてのものかということは全く関係がなく、したがって、どのような手であってもすべて是々非々で扱うことになる。そのようなAIから、人間がさまざまに影響を受けるようになったから。

③ AIは「機械学習」によって過去のデータを細大漏らさず蓄積しているので、人間ならば早々に忘れてしまうような手を記憶し、それを場合によっては評価値の高いものとして用いることがある。そのようなAIから、人間がさまざまに影響を受けるようになったから。

④ 人間の指す将棋では、新しいものが古いものを駆逐するということが起こるが、AIにとっては、新しいとか古いとかいうことは全く意味をもたず、ただ当意即妙に評価値の高い手を指すということになる。そのようなAIから、人間がさまざまに影響を受けるようになったから。

⑤ 人間にとっては古くさく平々凡々な手であっても、AIにとっては評価値の高い新しい手となることがあり、人間的な常識に縛られないAIは、そのような手を意外な局面で当たり前のように用いる。そのようなAIから、人間がさまざまに影響を受けるようになったから。

問9 傍線部オ「意思を持っているようにも感じられる」とあるが、なぜそのように感じられるのか。その理由として最も適当なものを、次の①〜⑤のうちから一つ選べ。解答番号は 15 。

① AIは、常識などに縛られることなく、時系列にしたがってただ淡々と一つ一つの手を指していくだけであるという意味で、人間のような一貫性をもたないから。

② AIは、直前に指した手にとらわれることなく、その手ごとに評価値の高い手を選択することになるという意味で、人間のような一貫性をもたないから。

③ AIは、対局者に関するデータによって手を変えるだけでなく、以前用いた手を再び用いることがないという意味で、人間のような一貫性をもたないから。

④ AIは、評価値が高い手であろうと低い手であろうと、人間的な常識にとらわれることなく自由に指すという意味で、人間のような一貫性をもたないから。

⑤ AIは、すぐ前に指した手から即時に次の最適手を導き出し、一手ごとに最高の手を指そうとするという意味で、人間のような一貫性をもたないから。

本文の内容と構成について述べたものとして最も適当なものを、次の①〜⑤のうちから一つ選べ。解答番号は、 16 。

① 筆者は冒頭で、将棋における美的センスの必要性について指摘しているが、その後で、そのような指摘を具現化する存在としてAIを挙げている。

② AIが登場したことで新たに発生した将棋の世界の問題として、筆者はまず収束の問題を挙げ、それ以降でも続けて問題を指摘している。

③ 「機械学習」をするAlphaGoと、「教師なし学習」をするAlphaZeroを対比することを通じて、筆者はそれらのソフトの問題点を明らかにしている。

④ AlphaZeroの棋譜について、筆者自身の感想が率直に述べられており、そのソフトの長所と短所が読者にもわかりやすく伝わってくる。

⑤ 筆者は人間とAIとでは将棋の指し方も異なることを説明し、それを踏まえて、AIを今後どのように活用するかが問われることになるとしている。

第2問　次の文章を読んで、後の問い（問1〜12）に答えよ。

　私たちの日常生活では、いろいろな「名づけ」が行われています。生まれて名前をつけられるというような誰の人生にも必ずある出来事もあるでしょうし、スポーツのチームに名前をつけるような、軽いネーミング的な行為ももっと頻繁になされている。でも、そうした"順調な名づけ"以外にも、さまざまな派生的な出来事が起きてくる。

　そのような派生的な出来事の中でもとりわけ詩と縁が深いのが、名づけようとしても名づけられないという状況です。というのも、まさにそういう状況に置かれることで私たちは自分の名づけの欲望を自覚するからです。私たちは名づけたいのです。言うなら、呼びたい。でも、そのための名前がうまく見つからない。　ア　言葉をめぐるそんな苦しい行きづまりは、私たちの言葉とのかかわり合いをおおいに深めます。私たちは自分の中にある引き出しをかき回し、いろんな組み合わせを試してみるでしょう。そして言葉の枯渇にあえぎ、自分の貧しさを呪い、呻吟し、ついには生まれてから一度も口にしたことがないような言葉を口にするかもしれないのです。

　次にあげるのはそんな例の一つです。梶井基次郎の「檸檬」という短編。言うまでもなくこれは狭義の「詩」ではありません。　a　サンブンで書かれた小説です。でも、そこにどのようなことが起きているかを確認することで、詩について考える助けになるかと思います。その冒頭部はかなり重々しいものです。

　　えたいの知れない不吉な塊が私の心を始終圧えつけていた。焦躁といおうか、嫌悪といおうか──酒を飲んだあとに宿酔があるように、酒を毎日飲んでいると宿酔に相当した時期がやって来る。それが来たのだ。これはちょっといけなかった。結果した肺尖カタルや神経衰弱がいけないのではない。また背を焼くような借金などがいけないのではない。いけないのはその不吉な塊だ。以前私を喜ばせたどんな美しい音楽も、どんな美しい詩の一節も辛抱がならなくなった。蓄音器を聴かせてもらうためにわざわざ出かけて行っても、最初の二三小節で不意に立ち上がってしまいたくなる。何かが私を居堪らずさせるのだ。それで始終私は街から街を浮浪し続けていた。

　「えたいの知れない不吉な塊」とはいったい何でしょう？　語り手もそれが何だかわかってはいない。むしろはっきりしているのは、それが正体不明だということです。名づけるのが不可能だという。しかし、はっきりわかっていることはあります。「不吉」だという。良くないものなのです。嫌な、不快なものらしい。

　考えてみると、「正体不明さ」と「不吉さ」という二つの要素はお互いに密接にむすびついているそうです。　X　逆に、不吉さというのは基本的には未来や未知を示しているので正体不明なのが当然でもある。いずれにしてもまだ見ぬものであり、実体がない。

　そうしてみると、この「えたいの知れない不吉な塊」というのは、私たちの誰もが知っている、ある　イ　ような状況について語っているように思えます。正体不明な何かが未来から迫ってきているという予感。その予感そのものが心の中で暴れている。そんな体験をしたことのある人は少なくないのではないでしょうか？　一般にそれは、「不安」というような言葉で呼ばれたりするのかもしれませんが、そうしたおさまりのつく言葉で名

指すだけではたりない、もっと言いようもなく嫌なものです。いたたまれない気分にさせる。「いっそいっそ──いられないで、思わずじたばたしてしまう。

「檸檬」とはまさにそんな小説です。主人公はこの「えたいの知れない不吉な塊」に追い立てられるようにして、とにかく移動をつづけます。そして町をうろうろしたあげく、ある果物屋にたどりつく。

ある朝──その頃私は甲の友達からこの友達へという風に友達の下宿を転々としては暮らしていたのだが──友達が学校へ出てしまうとあとの空虚な空気のなかにぽつねんと一人取残された。私はまた其処から彷徨い出なければならなかった。何かが私を追いたてる。そして街から街へ、先にも言ったような裏通りを歩いたり、駄菓子屋の前で立ち留ったり、乾物屋の乾蝦や棒鱈や湯葉を眺めたり、とうとう私は二条の方へ寺町を下り、其処の果物屋で足を留めた。

この果物屋で彼にはいつもと違うことが起きます。なぜか檸檬が欲しくなる。それで、一つ買うのです。気分のよくなった彼は、これなら何とかなるとばかりに丸善に乗り込む。「えたいの知れない不吉な塊」のせいで今の彼は近づきがたくなっていた洋書店です。そしてその書店で高級な洋書を繰りながら彼はあるいたずらを思いつくのです。他愛もない、しかし彼にとってみれば、少なくとも彼の心の中では、ほとんどテロリズムにも似たある暴力的なくわだて。そして最後にこのいたずらを完結させるべく彼は先ほど買った檸檬をポケットから取り出す。このいたずらのおかげで彼はこの「えたいの知れない不吉な塊」から解放されることになります。抑圧からの解放というメッセージがここからは読み取れるでしょう。

しかし、今「檸檬」を持ち出したのは、この短編の全体をどう解釈するか考えるためではありません。気になるのは、「えたいの知れない不吉な塊」をこのように小説の冒頭に据えることの意味です。いや、冒頭だけではありません。この「えたいの知れない不吉な塊」と拮抗するようにしてあらわれた「檸檬」もまた──「檸檬」と仮に呼ばれているにもかかわらず──ほんとうのところでは名指し得ぬもののようなのです。主人公は「檸檬」を目前にしてあれこれ語りますが、実は周到に「名づけ」を避けています。まるでその檸檬に「檸檬」という名前などついていないかのように手探りで探るのです。だから、たとえばその冷たさを語る。

その檸檬の冷たさはたとえようもなくよかった。その頃私は肺尖を悪くしていていつも身体に熱が出た。事実友達の誰彼に私の熱を見せびらかすために手の握り合いなどをしてみるのだが、私の手のひらが誰のよりも熱かった。その熱いせいだったのだろう、握っている手のひらから身内に浸み透ってゆくようなその冷たさは快いものだった。

それから匂い。

私は何度も何度もその果実を鼻に持って行っては嗅いで見た。それの産地だというカリフォルニヤが想像に上って来る。漢文で習った「売柑者之言」の中に書いてあった「鼻を撲つ」という言葉がきれぎれに浮かぶ

── 39 ──

んで来る。そしてふかぶかと胸一杯に匂やかな空気を吸い込めば、〇〇〇胸一杯に呼吸したりものなかった　私の身体や顔には温い血のほとぼりが昇って来て何だか身内に元気が目覚めて来たのだった。……

そして重さ。

——つまりはこの重さなんだ。——

　その重さは常々私が尋ねあぐんでいたので、疑いもないこの重さはすべての善いものすべての美しいものを重量に換算して来た重さであるか、思うあがった諧謔心からそんな馬鹿げたことを考えてみたり——何がさて私は幸福だったのだ。

　リンゴとからくであるとかわかるのは、冷たさや匂いや重さ、名前の一歩手前だということです。このように触覚や嗅覚を通しての、み模様を語っているように、ふつうなら「檸檬」という名前で簡単に名指されるうはずのありふれた果物が、名指される一歩手前のところまで差し戻されるのです。というのもこの小説は名づけられない、名指せないということだけを大きなテーマにしているらしい。

　先ほども触れたように、私たちの誰もがこのように「名指し得ぬもの」を体験として知っている。それはどういうことか、私たちは「何」なのかわからなくても、「もやっとしたもの」として対象を理解する回路を持っているのではないでしょうか。名前の一歩手前でそれをとらえるということがある、その一歩手前ではいったいどんなことが起きているのでしょう。「檸檬」という作品は、そこに私たちの注意を導いてくれるように思います。

　私が考えているのはこのようなことです。私たちは日常生活の中でいつも名づけや名指しを行っている。必要だからです。名前があることで私たちは世界を整理し、意味づけ、世界と自分との関係を整え直したり、上手に付き合うための方法を見つけたりできる。名づけることは私たちが生きるうえで、もっとも原初的な行為と言ってもいい。はじめの一歩です。食べたり排泄したり眠ったりするのと同じくらい、私たちにとっては欠くことのできない行為なのです。

　しかし、必要に駆られてとは言っても、名づけは根本的に自由な行為です。名づけることが可能なのは、どんな名前をつけることもできるという前提があるからです。もちろん多少の制約はあるかもしれません。いかにも男の子らしい名前とか、キラキラさんにふさわしい名前といったような〝コード〟はある。でも、あらかじめすべてが決まっていたら、それはもはや名づけとは呼べません。何かの自由さの余地が必ず残されているはずです。

　で、そこに問題が生ずるのです。自由ということは、いかに無根拠かがつきまとう。そうである必然性がないなら。たまたまそうなっているにすぎない。　Ｙ　なのです。私たちはこのような無根拠さと付き合うのが実は苦手です。というよりも、と言われると、かえって何らかの「意味」が欲しくなる。つまり名づけを行う私たちは、いつも微妙に不安定などちらかの気持ちを味わっているはずなのです。「ためし好き勝手に名前をつけてやる」という解放感と、「ほんとうに自分に的確な名前がつけられるだろうか。大丈夫か？」という不安とがセットになっている。別の言う方をすると、無意味であることの自由と、有意味であることの安心とを私たちはともに欲がってしまう。

りの無意味と有意味との間で揺れる欲望そのものに、詩ならではの作用が隠れていると私は思うのです。たとえば、どんな名前にも私たちは意味を読みこんでしまう。つい「良い名前ですね」とか「お似合いの名前です」なんてことを言う。名づけの瞬間の無根拠さを忘れ、名前の与えられたその瞬間から意味を読んでしまう。それはつい私たちが、些細な理由を見つけて安心してしまおうと身構えているからです。でも、名前がつけられたときの無根拠さの記憶もかすかに残っている。だから「よかったね。根拠なんかないのに、たまたまこういう名前がつくこと」というメッセージがそこにはこめられることになる。

　「檸檬」という小説の冒頭は、りの欲望を露わにしたものです。なぜ「えたいの知れない不吉な塊」が出てくるのかというと、それは私たちに対応を強いるからです。「えたいの知れない不吉な塊」がそこにあるのなら、それは放っておくわけにはいかない。そんな恐ろしいものが迫ってきたら、何かしなければならなくしてしまう。りの語り手がうろうろ町をうろついたり、檸檬と出会ったり、さらには檸檬を使っていくらしい……だから、をつわだてたりしなければならない。つまり、必ず何かをしなければならなくなる。欲望とはまさにそういうものです。必ず何かをせねばならないと思う。檸檬についても同じです。それが名づけられないからがゆえに、語り手は欲しくなる。買ってしまう。そして持ち歩くためだけ、その檸檬を使って何かしてしまう。そこにはつねに「是非せねばならない」という欲望が働いている。りのような心理の背後にあるのは、このなら何なのか。

　それは名づけられないもの、しかし未だ名づけられにこならないものとの出会いだと言えるでしょう。名づけられるべきだという必然性や切迫感の縛りと、未だ名づけられにこならないという自由や不安定さとが同居している。詩とは、名づけられるべきで、でも、未だ名づけられにこなるものと出会うための場なのです。あるいはそういうふうに名づけられにこなるものと出会うばが詩だと言ってもいい。強烈にりらを突き動かす圧迫的な衝動と、「さあ、お好きに」と放っておいてくれるゆるやかさ。「檸檬」の中で、りのようにこなたまれないないことだにしてしまう語り手は、詩というものをめて純粋な形に行為として演じているように思うのです。りのように[　　Z　　]りが詩なのです。

（阿部公彦『詩的思考のめざめ　心と言葉にほんとうは起きていること』による）

出典：阿部公彦　『詩的思考のめざめ』　東京大学出版会

＊問題作成上の都合により、本文の一部に手を加えてある。

問1 傍線部a〜eのカタカナと同じ漢字を用いるものを、各群の①〜④のうちからそれぞれ一つずつ選べ。

解答番号は、a・ 17 〜e・ 21 。

a サンカ 17
① 支持者のサンドウを得る。
② サンジな目に遭う。
③ 世のシンサンをなめる。
④ 大手企業のサンカに入る。

b フシン 18
① 池のシュクンを歩く。
② フンケン集句をとらえる。
③ 妙なフシンを抱く。
④ 欧州諸国をフシンキする。

c スジガき 19
① 心のキンセンに触れる。
② 描著をキンテイする。
③ キンニクを鍛えあげる。
④ 国際情勢がキンパクする。

d キッサ 20
① 負のレンサを断ち切る。
② 学年末コウサを行う。
③ 日常サクジにすさない。
④ 監督業務をホサする。

e ヨチ 21
① 秋のヨナガを楽しむ。
② 名演奏のヨインにひたる。
③ 受賞のエイヨに浴する。
④ ヨキンの残高を確認する。

問2 傍線部ア「言葉をめぐるそんな苦しい行き詰まり」とあるが、それはどういう状況か。その説明として最も適当なものを、次の①〜⑤のうちから一つ選べ。解答番号は、 22 。

① 何かを名づけようと思って、自分の中にある言葉を探しても、それに当てはまるような言葉がないために、名づけることができないでいる状況。

② 詩に触れたことをきっかけとして、この世界には名づけようと思っても名づけることのできないものが存在するという事実を知ることになった状況。

③ 自分の中にある限られた言葉をうまく組み合わせることによってしか「名づけ」を行うことができないという現実に直面している状況。

④ 日常生活においてさまざまなものを名づけているうちに、名づけに使うことのできる言葉が枯渇し、適当な言葉が思いつかなくなってしまった状況。

⑤ 名づけようとしても名づけられないものに直面し、自分の中にも名づけたいという欲望が存在するということを自覚するようになった状況。

(1B—12)

問3 傍線部イ「梶井基次郎の『檸檬』という短編」とあるが、筆者が「檸檬」を挙げたのはなぜだと考えられるか。その理由として最も適当なものを、次の①～⑤のうちから一つ選べ。解答番号は、| 23 |。

① 日常に存在するさまざまなものをめぐる「名づけ」でも、触覚や嗅覚が意外にも重要な役割を果たしているということを示唆するため。

② 「えたいの知れない不吉な塊」の解釈をめぐる見解をめぐっての示すことを通じ、名づけることがいかに難しいかを印象付けるため。

③ 詩によって表現されることの多い、名づけようとしてもなかなか名づけられないものをめぐる機微を、理解するための一助とするため。

④ 名づけようにも名づけようのない「えたいの知れない不吉な塊」という存在を、あえて一つの文学作品の冒頭に置くことの意義を考えるため。

⑤ 「檸檬」のような短編小説にも、詩と同様に「名づけ」をめぐる二律背反する欲望をよく表現する作品が存在することを紹介するため。

問4 空欄 | X | に当てはまる表現として最も適当なものを、次の①～⑤のうちから一つ選べ。解答番号は、| 24 |。

① 不吉であっても正体不明ではないし

② 不吉で正体不明なものばかりだし

③ 正体不明だからこそ不吉なわけだし

④ 正体不明でも不吉とはかぎらないし

⑤ 不吉なものは正体不明にかぎるし

問5 傍線部ウ「じっとしてもいられないで思わずじたばたしてしまう」とあるが、それはなぜか。その理由として最も適当なものを、次の①～⑤のうちから一つ選べ。解答番号は、| 25 |。

① 自分に「えたいの知れない不吉な塊」が迫ってきているのは確実なのだが、その感覚を何と名づければよいのかわからないから。

② 名づけようとしても名づけることのできない、正体不明で不吉なものが、自分に迫ってきているのを確実に感じているから。

③ 正体不明な何かが未来から迫ってきているという予感はあっても、それを「不安」と呼んでよいのかわからないから。

④ 「檸檬」に描かれる「えたいの知れない不吉な塊」に触れると、自分にも暴力的な衝動がわき起こってくるような気がするから。

⑤ 未来に対する漠然とした不安を打ち消すために、あれこれしたところで、それが無駄だということはわかっているから。

— 43 —

問6 傍線部エ「実は周到に『名づけ』を避けています」とあるが、それはどういうことか。その説明として最も適当なものを、次の①〜⑤のうちから一つ選べ。解答番号は、 26 。

① 梶井基次郎は「檸檬」の中で、名づけることにおける人間の感覚の重要性を強調するために、主人公にあえて言葉で檸檬について語らせるようにしているということ。

② 「檸檬」の作者である梶井基次郎は、檸檬を「檸檬」という名で呼ぶことはせず、いかに他の言葉を代用して表現するかという点に腐心しているということ。

③ 梶井基次郎の「檸檬」の主人公は、「えたいの知れない不吉な塊」については折れた語ることはするが、檸檬という果物については一切語ることをしないということ。

④ 梶井基次郎は、「檸檬」の主人公が抱く名づけに対する漠然とした不安を描き出すために、あえて檸檬を「檸檬」と呼ぶことを避けるようにしているということ。

⑤ 梶井基次郎の「檸檬」に描かれる主人公は、檸檬という存在を感覚的にとらえることをするが、「檸檬」という言葉でもってそれを指示することはしないということ。

問7 傍線部オ「私たちは日常生活の中でいつも名づけや名指しを行っている」とあるが、それはなぜか。その理由として最も適当なものを、次の①〜⑤のうちから一つ選べ。解答番号は、 27 。

① 名づけや名指しは、世界に生きる私たちに存在する意味を与えるから。

② 名づけや名指しは、世界から無根拠さを排除するために必要だから。

③ 名づけや名指しは、私たちの世界を自由でゆるやかなものにするから。

④ 名づけや名指しは、世界をコードにもとづく必然的なものに変えるから。

⑤ 名づけや名指しは、私たちが世界とかかわる上で不可欠な行為だから。

問8 空欄 Y に当てはまる言葉として最も適当なものを、次の①〜⑤のうちから一つ選べ。解答番号は、 28 。

① 排他的

② 恣意的

③ 可塑的

④ 刹那的

⑤ 観念的

— 44 —

（ⅠB—14）

問9 傍線部カ「この無意味と有意味との間で揺れる欲望」とあるが、それはどういうことか。その説明として最も適当なものを、次の①～⑤のうちから一つ選べ。解答番号は　29　。

① 私たちは自分が思うように名前をつけようとするが、実際には自分の思うようにはならない事態に直面することになるということ。

② 名づけを行う際、私たちはどの名前を選んであげたらよいと思うが、何がよい名前なのかわからないという中途半端な気持ちになるということ。

③ 名づけを行うときに私たちは、好き勝手に名前をつけたいと思うと同時に、永続的な価値のある名前をつけたいとも思うということ。

④ 私たちは名づけを行う際に、自由に好きな名前を与えようとする一方で、的確な意味をもつ名前を与えようともするということ。

⑤ 私たちは名づけを行うとき、無根拠になってしまうのを恐れるあまり、つい、しっかりとした意味のある名前を選んでしまうということ。

問10 傍線部キ「それは私たちに対応を強いる」とあるが、それはどういうことか。その説明として最も適当なものを、次の①～⑤のうちから一つ選べ。解答番号は　30　。

① 「えたいの知れない不吉な塊」を、私たちはそのままの状態で放置することはできず、それに対して何らかの行動をとらざるをえなくなるということ。

② 「えたいの知れない不吉な塊」に迫られ、いたたまれなくなった私たちは、その正体を明らかにするために、さまざまな方策をとらざるをえなくなるということ。

③ 「えたいの知れない不吉な塊」は、何かを名づけようとする私たちを不安に陥れ、有意味であることによる安心感を求めさせることになるということ。

④ 「えたいの知れない不吉な塊」により「是非せねばならない」という欲望を喚起された私たちは、あらゆるものを名づけようと試みることになるということ。

⑤ 「えたいの知れない不吉な塊」は、私たちを何ものともえたいの知れない不快な状態へと迫ったて、最終的にはそれを排除するための行動をとらせることになるということ。

問11 空欄　Z　に当てはまる表現として最も適当なものを、次の①～⑤のうちから一つ選べ。解答番号は　31　。

① 何かしたすらをくわだてる

② 自由や不安定をひきおこしてある

③ 強烈な名づけの衝動に駆られる

④ 正体不明なものの出自を暴く

⑤ 必然性や切迫感から自由になる

問12 本文の趣旨について述べたものとして最も適当なものを、次の①～⑤のうちから一つ選べ。解答番号は
32。

① 梶井基次郎は「檸檬」の中で、名づけられるべきであるが、未だ名づけられていないものを前にして苦悩する主人公の姿を描いた。私たちもまた、同様の苦悩にとらわれることがあるが、だからこそ、その苦悩を昇華させ、詩という形にすることもできる。

② 私たちはさまざまなものを名づける一方で、「名指し得ぬもの」が存在することを体験的に知っている。そのようなものを前にして、無意味であることの自由と、有意味であることの安心の間で揺れ動く人間の微妙な心理と、「名づけ」の欲望が表れる場が詩である。

③ 何をどう名づけるかということは根本的に自由であり、一切の制約を受けない。しかし私たちは、そのような自由に不安を覚え、有意味であることの安心を求めることも事実であり、名づけを行うときには、詩の中にすでに存在する表現を借りることになる。

④ 「檸檬」の主人公は、「えたいの知れない不吉な塊」に追いつめられ、その切迫感から破滅的な行動に走ることになってしまったが、私たちも「名指し得ぬもの」を前にすれば、衝動的に何をするかわからない。詩は、そのような人間のふるまいなさを描き出す。

⑤ 名づけるという行為には、自分の好きな名前を与えることができるという面がある一方で、コードにしたがって適切な名前を与えなければならないという面がある。詩は、ゆるやかで自由な言語表現が可能になる場であるという意味で、前者の面に通じている。

第1問 次の文章を読んで、後の問い（問1～12）に答えよ。

日本では、中国の古典を徹底的に学ぶことが学問であった時代があったし、また、明治時代は西欧の科学を学ぶことが学問であった。それに熟達した人たちが「学者」と呼ばれた時代があった。

しかし、いまや多くの知識はインターネットの「グーグル検索」で得ることができる（もっとも正確に理解することは別であるが）。したがって、現在の科学者はいわゆる「物知り」だけではほとんど役に立たず、新しい知識を創造しなくてはならない。そのために、科学者は、芸術家や詩人、音楽家と同じように、まずその対象とするものを抽象化する。科学者にとっての抽象作業は、基本となる方程式を選び、その式の中の最も大切な、本質と感ずる項を選び、初期条件および境界条件を簡単化し、ほかのすべてを無視することである。実際に科学者は論文の中で「無視する」という言葉を使って自分の選択を宣言する。

先の方程式、初期条件、境界条件の選択は、もちろん科学者によって異なるはずである。したがって異なったモデルが生まれてくる。それは同じ対象物であっても異なった芸術家によって異なった絵が描かれ、異なった詩人によって異なった詩が創作されることと同じである。

ここで大切なことは、（注一）〇〇〇が『Revolutions and Reconstructions in the Philosophy of Science』（邦訳『知の革命と再構成』）の中で言うように「観測事実に原則として多かれ少なかれ適当に適合する理論は無限にあり得る」ということである。この可能性を忘れるようでは、将来の研究者にはなれない。この点は、すでに地球温暖化論争を例として述べた。あるいは動物の例では、目が2つあり、とがった耳があり、足が4本あるという観測事実だけでは、数多くの動物が考えられるということである。これは、観測事実Aから Zの組み合わせは数多く考えられるということでもあるのだが、一つの（注二）パラダイムを共有する科学者の間では、これが忘れられてしまうのだ。

科学史をひもとけば、一般に「真理」とされているものは「 X 」ということがすぐわかる。したがって、この真理は時代とともに科学革命によってどんどん変わってゆく。現在の科学の急速な進歩からすると、1つの真理の寿命は10年程度である。

科学者は誰でも、学術書が次々と時代遅れになることから、このことはよく知っているはずである。というが、1つのパラダイムに属すると、すぐにそれを忘れてしまう。ギリシャのある哲学者は「究極的真理とは単に1つの推測によって編まれた織物にすぎない……」というというが、科学が進歩したといわれる21世紀の今日でも、これはまさに科学の真髄をつく言葉である。宇宙観測では、新しい人工衛星が打ち上げられる度に「真理」が変わる。

このような新しいアイデアに対して、「もし彼のアイデアが正しかったら、我々の今までの仕事は無意味になる……」といった表現が、旧いパラダイムの指導者から聞かれることはしばしばある。しかし、これは上述の（b）ケンブリッジな事実をわきまえていないことを証明するようなものであり、（a）その指導者の浅薄さ、時代遅れ

になったことの証拠以外の何物でもない。逆にいえば、あるパラダイムが10年以上続いている場合、その学問の進歩が遅いということでもある。

　実際、あるパラダイムが20年以上続き（2世代ということ）もどうなると、それに合わない事実が発見されたとき、そのショックでどうしたらよいかわからず、その学問の進歩がさらに遅れることがある。物事を柔軟に考える世代が育たなかったからである。

　実際問題として、ほとんどの科学者は常に一つのパラダイムに属し、パラダイムの慣例、法則に束縛されている。そのため、異例、反例らしきものが発見された場合、それが本質的なものか、あるいは見かけ上のものかを区別する「勘」または「感覚」を養わなければならない。

　原子物理学の父といわれている（注3）ラザフォードは、彼の実験結果がくりかえるのアインシュタインであれば説明がつくことに気づき、夜中にもかかわらず助手を電話でたたき起こした。助手が「なぜそのように……？」というのに答えてラザフォードは「理由が、理由が、勘でわかるからこういっているのだ」と答えたそうだが、まさにこれは実験家の感覚であろう。アインシュタインは「神が鋭い嗅覚を授けてくれたことに感謝する」といったそうだが、これは理論家の感覚であろう。本当の研究者養成教育は、この感覚を育成することである。くるったリンゴ（異例）がかごの中に見つかったとき、くるったのはそれだけか、他のリンゴもくるっているかを判断しようとする感覚である。

　いずれにせよ、他の科学者の総合論文に頼っただけでは何も生まれない。ほとんどの総合論文は、現在のパラダイムの信奉者によるものであるから、せいぜいくるっているのは一つのみと教えてくれるだけである。パラダイムとはそういうものである。

　科学総合論文雑誌の編集者の一人であった私がこういうことをいうのは申し訳ないが、問題は総合論文の読み方である。一つでもよいから「くるっているリンゴ」を探す能力が必要である。それができなければ研究者の資格はない。

　そして、一つのくるったリンゴの判断が正しければ、他にもくるったリンゴが見つかるはずである。さらに大切なのは、他にもくるったリンゴがあると確信したとき、自分は正しい方向に向かって研究しているという自信を持てるということである。

```
                          Y



```

（　中　略　）

　新しいパラダイムを創造する「非科学性」は、その   で、ヨウリンをめぐって必然的に闘争を呼ぶ。

　新しいパラダイムが出現する時点において、旧いパラダイムはすでに数学的に詳細をきわめている。したがって、旧いパラダイムを分かち合う科学者のグループは「非科学的」創造を批判するのに、数学的厳密性を強力な武器として使用できる。そして創造作品の必然的な理論的または数学的幼稚さをもって、決定的な欠陥があるという印象を与えることができる。

　実際、物理学、天体物理学、地球物理学の分野におけるパラダイムの末期的症状の一つは、数理物理学者

だけがパラダイムを主導することである。彼らは方程式を解くとかシミュレーションにだけセッ[d]せいする
ようになり、根本になる観測と物理的考察を忘れてしまうからである。そこでは観測事実（特にパラダイ
ムに合わないもの）などは全く無視される。実はそのような観測事実こそ異例の発見とか突破口のヒントな
のであるが、彼らがそこに気づくはずがない。

これに関連して、[注4]ザイマンはその著『Reliable Knowledge』（邦訳『科学理論の本質』）において、地質
学という進歩した分野で地質学者が「大陸が移動するはずがない」という数理物理学者の一言で大陸移動の
第一級の証拠である化石、岩石、大陸の形状などの観測事実を50年もの長い間打ち捨ててしまったのはまこと
に理解できない、というのである。

そもそも先駆的な論文は、厳密ではあり得ない。その非厳密さを厳密にすることこそ革命で生まれた新しい
パラダイムの任務である。

新しいパラダイムの候補が出現すると、旧いパラダイムに従う科学者はどうにかして現状を維持しようという
反応を示す。[注5]ケストラーの観察による、「他の一般社会と同様に、彼らは意識的にまた無意識的に現
状維持に傾く。それは反主流的な革新が旧いパラダイムの権威を[e]おびやかすからであり、また彼らが長年苦
労して築き上げてきた知的な大建築が衝突によってこわれはしないかと深刻に恐れるからである」。

クーンは新しいパラダイムの出現と社会革命との類似性を指摘して、パラダイムの転換を「科学革命」と呼
んだ。「科学の権力機構は高度に保守的であり、旧いパラダイムの支配層に対する反逆者に対して彼らの権力
を維持する方法を考え出す」という。科学者がいる。旧いパラダイムの科学者は、新しいパラダイムの創造を
次のような形容詞をもって迎える。

空想的、無経験、無知、刺激的、定性的、[I]、思惑的、[II]、立証不可能、洗練されていない、
反正統的、反伝統的、[III]、怪奇な、こじつけの、狂気の、ばからしい、白痴的、少数派意見、
[IV]、神秘的、不正直……

取り出そうと思えばきりがない。最近の地球温暖化問題では炭酸ガス論に反対する私たちは「懐疑論者」「異
端者」「否定論者」、さらには「人類の敵」とさえ呼ばれた。したがって「先駆者は科学権力機構の外辺にひき
ものところで一人立ちせざるを得ない」と[注6]ビアリッジはいう。さらに彼は「これは人間のオリジナリ
ティに対する本能的な反応で、洋傘を発明してはじめてロンドンの街を歩いた人に対する嘲笑と本質的に同じ
である」ともいっている。

旧いパラダイムが倒れ、新しいパラダイムが出現する直前の期間には、科学者は最も激烈な論争に巻き込ま
れ、究極的にはパラダイム候補（新しい仮説）の一つが新しいパラダイムの地位を確立する。その候補が他の
候補に比較して旧いパラダイムの異例、反例を多くうまく解決できるからだ。

つまり、新しいパラダイムを提案する場合、旧いパラダイムより多くの観測事実を矛盾なく説明できること
を示すことが必要条件である。それができなければ旧いパラダイムを信奉している者を納得させることはで
きない。単に新しいアイデアがあるというのでは、旧いパラダイムに勝つことはできない。

新しいパラダイムを確立することができれば、それまで上述のように否定的であった旧いパラダイムの研究
者は新しいパラダイムを「独創的」「エレガント」「優美」というような形容詞をもって迎えるにいたるし、「そ
んなことは昔からわかっていた」という者もある。

新しいパラダイムの出現は、必ずしもその分野の進歩を意味するものではない。ケストラーはいう「進歩は定義として誤った方向に進行しない。ところが進化はどちらの方向にも進行する」。厳密を期する科学も同じである。

（赤祖父俊一『知的創造の技術』による）

出典：赤祖父俊一『知的創造の技術』日経プレミアシリーズ

(注1) ヘッセ——科学哲学者（一九二四—二〇一六）。

(注2) パラダイム——アメリカの科学者、哲学者トーマス・クーン（一九二二—一九九六）が提唱した概念である。時代に支配的なものの見方や考え方のこと。クーンは科学の歴史が累積的なものではなく断続的に革命的変化が生じるということを指摘した。

(注3) ラザフォード——物理学者、化学者（一八七一—一九三七）。

(注4) ザイマン——物理学者（一九二五—二〇〇五）。

(注5) ケストラー——ジャーナリスト、小説家、政治活動家、哲学者（一九〇五—一九八三）。

(注6) ビヴァリッジ——動物病理学者（一九〇八—二〇〇六）。

＊問題作成上の都合により、本文の一部に手を加えてある。

問1 傍線部a〜eのカタカナと同じ漢字を用いるものを、各群の①〜④のうちからそれぞれ一つずつ選べ。

解答番号は、a・[1]〜e・[5]。

a シンキ [1]
（
① キをてらった物言いをする。
② キに乗じて攻め入る。
③ 今までの努力が水泡にキす。
④ 彼はキまじめな人だ。
）

b ケンシュウ [2]
（
① 贈り物にキョウシュクする。
② 式典ではイシュウにする。
③ 合格してシュクガを果たす。
④ 漱石にシンシュクして小説を書く。
）

c ヨウジン [3]
（
① 候補者をヨウリツする。
② 彼には歌のソヨウがある。
③ 何事もチュウヨウが肝心だ。
④ 食品を入れるヨウキを清潔にする。
）

d センネン [4]
（
① 旅行費用をネンシュツする。
② 墓前でネンブツを唱える。
③ ネンチャクカのあるテープ。
④ ネンきのはいった仕事ぶり。
）

e オビやかす [5]
（
① ヘンキョウな考えで判断を誤る。
② 看板をキョウセイ的に撤去する。
③ 犯人からキョウハク状が届く。
④ 支配者にキョウジュンの意を示す。
）

問2 傍線部ア「科学者は、芸術家や詩人、音楽家と同じように、まずその対象とするものを抽象化する」とあるが、科学者と芸術家たちがそれぞれ共通しているのはどういうことか。その説明として最も適当なものを、次の①～⑤のうちから一つ選べ。解答番号は、｜ 6 ｜。

① ある対象について、科学者が実験方法を独自に工夫して導き出した結果に忠実に従うことで対象の本質が明らかになることと、芸術家たちが自らの感性に従い独自の手法で表現した対象の姿にその本質が現れること。

② ある対象について、科学者がその本質に迫ろうとして厳密に実験・観測したうえであらゆる可能性を考慮することと、芸術家たちが独自の鋭い観察眼で捉えたものをありのままに表現するために工夫を凝らすこと。

③ ある対象について、科学者が実験方法や観測結果などを取捨選択して対象の本質を明らかにしようとすることと、芸術家たちが主観的に捨象して捉えたものを対象の本質として独自の方法で表現しようとすること。

④ ある対象について、科学者がその本質を追究しようとする際に観察や観測結果を重視して客観的に判断することと、芸術家たちが己の表現したいものを託すのにふさわしい対象を選ぶために詳細に観察すること。

⑤ ある対象について、科学者が客観的に捉えようとしても観察方法や観測結果に恣意的なものが入らざるを得ないことと、芸術家たちが真の姿をありのままに表現しようとしても自己の個性が反映されてしまうこと。

問3 傍線部イ「この点は、すでに地球温暖化論争を例として述べた」について、筆者は本文より前の箇所で「地球温暖化論争」について言及している。そこでは「地球温暖化論争」に関してどのような内容が述べられていると考えられるか。その説明として最も適当なものを、次の①～⑤のうちから一つ選べ。解答番号は、｜ 7 ｜。

① 権威ある科学者が炭酸ガス論を主張したことによって、地球温暖化についての科学的な論争がまったく起きなかった。

② 炭酸ガスが地球温暖化の原因であるということを前提に温暖化対策が進められてしまい、後戻りできなくなった。

③ 観測事実からは地球温暖化の原因は無限に考えられるが、検証しているうちに対策が遅れてしまうさらに温暖化が進む。

④ 地球温暖化の原因は炭酸ガスであるという結論が出されてしまい、他に考えられる原因を排除してしまった。

⑤ 数多くの観測事実のうち、地球温暖化の原因が炭酸ガスであることを裏付けるものがなかったことが判明した。

問4 空欄 ┃X┃ に入る最も適当なものを、次の①〜⑤のうちから一つ選べ。解答番号は ┃8┃。

① 時代の最先端をいくように見えても実は時代遅れである

② 科学の発展に貢献したという点本質的には誤りである

③ すべて怪しいと疑ってかかるべきで信用してはならない

④ 意外なところにすぐに覆されるような弱点をもっている

⑤ 単にその時代の専門家の間で一致した論理にすぎない

問5 傍線部ウ「その指導者の浅薄さ、時代遅れになったことの証拠以外の何物でもない」とあるが、筆者はなぜそのように考えるのか。その説明として最も適当なものを、次の①〜⑤のうちから一つ選べ。解答番号は ┃9┃。

① 自分の仕事が奪われることばかりを気にする指導者は、弟子が新しい発見をしてもそれを認められず、結果として科学の発展に貢献していないから。

② 新しいアイデアを受け入れない指導者は、自分の属するパラダイムでしか物事を考えていないので、学問の進歩に乗り遅れているといえるから。

③ 科学の真髄をつく哲学者の言葉を理解できない指導者は、真理が時代遅れになることに気付かないまま、優秀な弟子の才能をつぶしてしまうから。

④ 旧いパラダイムに固執して新しいアイデアの価値を理解できない指導者は、真理は永遠であると思い込み、科学の真髄を否定しているといえるから。

⑤ 真理には寿命があるという事実に目を背ける指導者は、弟子を指導する能力に欠けるだけでなく、科学者としての実力がないことを露呈しているから。

問6 傍線部エ「一つでもよいから『まちがっているリンゴ』を探す能力が必要である」とあるが、「『まちがっているリンゴ』を探す」という表現はどのようなことを意味しているのか。その説明として最も適当なものを、次の①〜⑤のうちから一つ選べ。解答番号は ┃10┃。

① 現状のパラダイムにとらわれず、新しいパラダイムを生む手がかりとなる事例を見出すこと。

② 旧いパラダイムでは説明のつかない現象を突き止めて、新しいパラダイムを打ち立てること。

③ 実験結果が想定外のものとなった場合、現状のパラダイムが正しいかどうかを判断すること。

④ パラダイム内で異例の実験結果が出た際に、例外的に説明がつく理論を考えて検証すること。

⑤ 仮説を検証する実験に満足せず、パラダイムを超える現象が起こる実験を積極的に行うこと。

問7 次のA〜Eの文について、段落 Y に入る文章として正しく並べたものを、後の①〜⑤のうちから一つ選べ。解答番号は 11 。

A 真理とは超多次元のものであり、したがって多くの場合、旧いパラダイムに一つ次元が加わってゆくことで新しいパラダイムが生まれる。

B そうすると旧いパラダイムを一次元高い観点より解釈できることが多い。

C これが創造である。

D ほとんどの場合、旧いパラダイムにも一面の真理がある。

E さらにもし、いくらもうだったリンゴと思っていたものが実はミカンであったことを発見すれば大貢献となる。

① A→B→E→D→C

② A→C→B→E→D

③ D→A→C→B→E

④ D→B→E→A→C

⑤ E→C→B→A→D

問8 傍線部オ「物理学、天体物理学、地球物理学の分野におけるパラダイムの末期的症状」とあるが、それに当てはまらないものを、次の①〜⑤のうちから一つ選べ。解答番号は 12 。

① 創造的な理論に対して数学的緻密性を用いて批判しようとする。

② 方程式を解きシミュレーションに傾注する数理物理学者が中心になる。

③ パラダイムに合わない観測事実は例外として無視してしまう。

④ 観測事実による異例の発見があっても物理的考察がなされない。

⑤ 先駆的な理論の非厳密さを見つけ出して厳密にしようとする。

問9 空欄 I 〜 IV に入る言葉の組み合わせとして最も適当なものを、次の①〜⑤のうちから一つ選べ。解答番号は 13 。

① I──逆説的　II──建設的　III──妄想の　IV──暴力的

② I──先験的　II──反抗的　III──傲慢な　IV──破壊的

③ I──主観的　II──独断的　III──乱暴な　IV──反逆的

④ I──自虐的　II──宿命的　III──異端の　IV──革新的

⑤ I──恣意的　II──情熱的　III──斬新な　IV──創造的

問10 傍線部カ「新しいパラダイムの出現は、必ずしもその分野の進歩を意味するものではない」とあるが、筆者はなぜそのように考えるのか。その説明として最も適当なものを、次の①～⑤のうちから一つ選べ。解答番号は、 14 。

① 新しいパラダイムが打ち立てられると、旧いパラダイムに沿った研究はすべて否定されることになり、一時的なパラダイムが支配的になってしまうから。

② ある分野のパラダイムが一新されたとしても、他の分野のパラダイムが昔のままであることが多く、真理の探究を総合的に行うことができないから。

③ 旧いパラダイムを打ち破って新しいパラダイムが出現すると、旧いパラダイムを信奉する科学者が排除されてしまうため研究が引き継がれないから。

④ 新しいパラダイムができあがると、たとえそこに欠陥が含まれているとしても、そのパラダイムに導かれて研究が進められていくことになるから。

⑤ パラダイムの影響は非常に大きいものなので、パラダイムが一新されても旧いパラダイムにとらわれた考えから抜け出すのは不可能に近いから。

問11 筆者が取り上げている波線部の人物に関する説明として、本文の内容に合致しないものを、次の①～⑤のうちから一つ選べ。解答番号は、 15 。

① ケプラーの指摘したことは、観測事実が示していることからひとつの真理が導かれるわけではないということを含意している。

② ラザフォードとアインシュタインは、既存のパラダイムにとらわれない鋭敏な感覚をもっていた点が共通しているといえる。

③ サイモンは、あるパラダイムにおける数理物理学者の意見が、重要な観測事実をないがしろにしてしまう事実を批判している。

④ ケストラーは、科学の世界において真理の探究が最優先されるわけではなく、科学者の事情に左右される現実を看破している。

⑤ ビアリッジは、真のオリジナリティは周囲の反発を招いてしまうので、権力機構の内部に留まる方がよいと示唆している。

問12 本文の総旨を説明したものとして最も適当なものを、次の①〜⑤のうちから一つ選べ。解答番号は 16 。

① 科学理論は人間の知的活動の産物にすぎず、科学者といえども人間である以上、厳密性に欠けることを認めざるを得ないので、真理の追究は机上の空論である。

② 科学の世界は、時代によってパラダイムを変化させるものなので、研究を継続することができず、真理とされるものは断片的な知識を寄せ集めたものでしかない。

③ 科学者はパラダイムにとらわれがちだが、例外的な観測事実について、パラダイムを超越して厳密に説明していくことが、真理を追究するうえで重要である。

④ 科学は真理を追究することを目的とするが、新しいパラダイムが旧いパラダイムを完全に打ち破ることは不可能なので、真理は綜多次元な様相を呈するようになる。

⑤ 科学的感覚を磨くにはパラダイム内での厳密なものの見方を身に付ける必要があるので、パラダイムを取り払ってしまうことは、真理追究の妨げとなる危険性をはらむ。

　ここ10年程の間、学問の世界では「ポスト・ヒューマン」という概念・言葉がキーワードになってきています。それは、近代＝人間中心主義（ヒューマニズム）の時代が終わったという時代認識を示しています。

　前近代が神中心の時代だったのに対して、近代は人間中心の時代である。人間を世界の中心に据えたからこそ、「神をも畏れぬ」仕方で自然に手を入れられるようになり、自然の法則を解明してそこに介入する技術が飛躍的に発展してきました。その結果、私たちの日常生活の有り様は、次々に激変してきたわけです。が、多くの場合、これらの変化は「便利で安全で快適になった」ととらえられています。

　こうして技術発展の万能性が信奉されるようになると、今度は世界の中心を占めるのは人間ではなく科学技術である、という認識になってきます。アこうした考え方の典型が A（人工知能）は人間を超えるという、ような議論です。一部の論者によれば、人間がやってきたさまざまな知的活動は、AIによってよりよくとって代わられるのだそうです。もう人間は「世界の中心」ではない——これが「ポスト・ヒューマン」という言葉のカ a シンにある考え方です。

□I□ 「ポスト・ヒューマン」は同時に、極端なまでの人間中心主義（ヒューマニズム）であるのです。

□II□ 、科学技術をつくり出すのはもちろん人間なのですから、科学技術が万能だとすれば、それは人間の万能性を意味するからです。

□III□ 「ポスト・ヒューマン」を脱人間中心主義と見るにせよ、究極の人間中心主義と見るにせよ、ひとつのことは確実に言えると思います。それは「ポスト・ヒューマン」とは「他者としての自然」が消滅した状況を指している、ということです。ここで言う「他者」とは「自分の思う通りにはどうしてもならない相手」というような意味だということをご了解ください。近代の人間中心主義は、自然の他者性をどんどん縮減してきました。□IV□ 自然の成り立ちについてわからないところがあっても、それは「まだ」わからないにすぎない（＝いつか必ずわかる）ものとしてとらえられるわけで、近代自然科学は自然の他者性を原理的には消去しているわけです。

　こうして、近代の始まりと同時に自然の他者性は原理的に縮減し始めたわけですが、現代世界で起こった重要な変化は、人間の外界としての自然だけでなく、私たちの内なる自然、つまり「自然としての人間」に対する態度が変わってきた、ということです。それは、自然物としての人間に対して手を入れる技術が飛躍的に発展してきたことと関係しています。臓器移植、遺伝子治療、遺伝子操作、脳科学による脳の操作等々、「生命の神秘」にかかわる領域の操作可能性が大幅に高まってきたのです。

　これらの新しい技術発展による人間の身体に対する操作可能性は、近代社会が約束事として合意してきた「イ人間とは何か」という定義をゆるがし、その定義によって支えられてきた社会的ルールを揺るがすことで、倫理的な葛藤を生じさせることになります。

　例えば「人間には理性がある（ゆえに善悪の判断ができ、したがって罪を犯したときに責任を問われる）」という定義は、脳科学の使い方次第で変更可能になります。あるいは、人間の生殖・出生は操作できないから、一人一人の人間の人としての価値には区別がつけられず、したがってあらゆる人間に対して等しく人権が認められるべきだという考えが通用してきたと思われますが、遺伝子操作によって生殖・出生に介入できる

(2B—1—1)

となるというこの考えが描らいでくるにたにもなるはずです。どんな子供が生まれてくるかは偶然にゆだねるほかないという意味で、生殖・出生はまさに強固な偶然性を有しているはずなのですが、それが消滅しつつあるのです。いずれのケースも、ある人々を「非・人間」と認定して社会から排除する（あるいは生まれさせない）ような状況が生じてくる可能性を示唆しています。

総じて言えば、AIをめぐる躁鬱、遺伝子テクノロジーをめぐる躁鬱といった、喧伝されてきた「外なる自然の征服」と「内なる自然の征服」のプロジェクトは、新技術によって「より便利で安全で快適な暮らし」が可能になることを夢見させつつ、私たちの抱いてきた人間の定義をグラグラと揺るがせるがゆえに、漠然とした不安の感情を行き渡らせてきたように思われます。

私の考えでは、新型コロナによる危機が吹き飛ばしたのは、こうした「人間の開発した技術は世界の謎を解明し尽くして、思うがままに自然を改変することができる」といった観念ではなかったでしょうか。繰り返しますが、感染症に対する人類の知識が限られていることに、驚きを禁じ得ません。新型コロナ危機に促されて、私も専門家が書いた本を読んで感染症に関するにわか勉強を少々してみましたが、そこですぐにわかったことは、「〔　　×　　〕」ということでした。

人類が意図的な努力によってボクメツできた感染症は天然痘だけ、一つですます。ペスト、エイズ、結核、エボラ等々の多様な感染症の問題は、画期的な薬やワクチンの開発によってその被害を食い止めることができるようになったものも多いとはいえ、根本的には何も解決されていないのです。気が遠くなるほどの長い歳月にわたって、多くの優れた知性が時に自らの命を危険にさらしながら感染症の脅威と戦い、その正体を見極めようと努力を重ねてきたにもかかわらず、いまだにわからないことだらけで、ある感染症の流行が収束した理由もよくわからないものがほとんどなのです。例えば、約一〇〇年前に起こったインフルエンザのパンデミック、いわゆるスペイン風邪（一九一八〜一九二〇年）は、全世界で一七〇〇万人から五〇〇〇万人もの命を奪ったと見られますが、これが収まったのも集団免疫の獲得によってであろうということまではわかっているのですが、なぜそのタイミングで、どのようにして収束したのか、またウイルスの起源も、いまだわかっていません。

そして、今回の新型コロナウイルスの登場です。いま世界中の専門家がこのウイルスの研究に取り組んでいますが、一筋縄ではいきません。なにせウイルスは次々と変異し、強毒化することもあれば、弱毒化することもあります。ですから、対処として何が正解であるのかイチガイには言えません。（中略）本当にわからないことだらけです。

こうした現実は、「私たちは自然を征服した」という「ポスト・ヒューマン」の観念を吹き飛ばすに十分なものではないでしょうか。AIが人間の思考を無用のものとする日を想像するよりも、ウイルスの変異メカニズムや、新型コロナウイルスをきわめて危険な感染症としている理由である、いわゆる人間の免疫系の過剰反応（サイトカインストーム）の発生メカニズムを解明するとの方が、はるかに重大な課題であることは言うまでもないでしょう。

もっと言えば、新型コロナによる危機が訪れる前、私たちはなぜ「科学技術による自然の征服」という妄想にとり憑かれていたのか、立ち止まって考えてみるべきではないでしょうか。私たちはいま、常識に引き戻されたのです。

技術の発展は社会の在り方をどんどん変えてゆく、すなわち社会の在り方はその社会の持つ技術によって決

— 58 —

定される」という考え方は「技術決定論」と呼ばれます。新聞記事などでよく見かける「AIの進化によって社会は激変する！」といった考えは、典型的な技術決定です。技術決定論は、技術を独立変数として設定し、社会の在り方をその関数としてとらえます。そして、技術は進化し続けるものと想定をします。ですから「ポスト・ヒューマン」の観念も技術決定論の一種、そのかなり極端なヴァージョンであると言えるでしょう。技術は進化し続けて、人間に成り代わって世界の中心になると言うのですから。

しかし、この考え方は真実ではありません。なぜなら、社会はその時々に利用可能な技術をすべて利用するわけではないからです。例えば、日本の江戸時代には、正確に時を刻むことのできる時計がすでにありました。しかしそれは広く使われることはなく、c好事家の珍しい玩具として流通しただけでした。なぜなら、江戸時代の人々は、正確な時間を知る必要のある生活を送っていなかったからです。工業社会化しない限り、分単位の正確な時間を知ることなど全く必要ではないのです。

つまり、利用可能な技術のうち、どの技術が用いられ、どの技術が用いられないかを決めているのは、その社会の在り方なのです。このことは、技術の発展にも当てはまります。どんな技術が盛んに発展し、どんな技術が発展しないのかを決めているのは、技術そのものではなく、その技術を利用する社会の在り方なのです。技術決定論の主張とは逆に、社会の在り方が独立変数であり、技術はその関数なのです。

もちろん、技術が社会の在り方に影響することは多々ありますが、それはその社会の中にすでに存在している傾向に刺激を与え増幅させる、ということにすぎません。身近な例を挙げるなら、SNSは衆愚制を生み出すのではなくて、衆愚制を活気づけ拡大するのです。

技術と社会のこうした関係が反転して、技術が社会の在り方を決定しているように見えるのは、まさに社会が現実をそのように見せるような在り方をしているからです。そしてそれは、資本主義社会に特有な現象であると考えられます。というのは、資本主義社会では生産力を絶えず向上させることが至上命令になっているからです。「もう十分」とか「ほどほどにしておこう」といった常識に基づく判断は、資本主義社会では通用しません。生産力・生産性を際限なく上げ続けなければならないメカニズムがビルトインされているからです。

ですから、より高度な生産性の実現を求めて、技術革新もまたこれでは際限のないものとなり、それがもたらす社会の変化も間断なきものとなります。しかし、こうして技術革新が社会の在り方を変え続けているように見えるけれども、本当のところは、そうした絶えざる革新を求めているのはその社会の在り方の根本（すなわち、資本主義社会であるという社会の在り方）なのですから、その根本が際限なく強化され続けているだけのことなのです。あらゆるものが変化しているように見えて実は何も変わってはいません。

このように考えてみると、「ポスト・ヒューマン」なる観念が、資本主義の過剰なまでの高度化の産物だということは明らかであるように思われます。端的に言って、それは人間とその社会を技術にd̲ドライブさせる非常識な考え方であり、その非常識を現代人の逃れられない宿命として押しつけてくるのです。

してみると、新型コロナウイルスの大流行によって、e̲私たちは大いなる気づきの機会を与えられたと言うべきではないでしょうか。感染症のメカニズムについて、また私たち自身の免疫系のメカニズムについて、人類がまだ知らないことは山ほどあるのです。そしておそらくは、私たちがそれについてまだ知らないということさえ知らないことも、数知れずあるに違いないのです。「自然の他者性」は、強烈なインパクトを伴いながら

私たちの許に返ってきました。私たちの社会が、人類の福祉と幸福のために、どのような知識や技術を発展させるべきなのかということが、あらためて問われているのです。

（白井聡「技術と社会——考えるきっかけとしての新型コロナ危機」
（内田樹編『ポストコロナ期を生きるきみたちへ』所収）による）

出典：白井聡「技術と社会——考えるきっかけとしての新型コロナ危機」（内田樹編『ポストコロナ期を生きるきみたちへ』所収）晶文社

＊問題作成上の都合により、本文の一部に手を加えてある。

問1　傍線部a〜eのカタカナと同じ漢字を用いるものを、各群の①〜④のうちからそれぞれ一つずつ選べ。解答番号は、a・ 17 〜e・ 21 。

a　カクシン　17
① シンネンを貫いて挑戦を続ける。
② 役者のシンコッチョウを見せる。
③ 昔の人はシンが強い。
④ 立派な態度にカンシンする。

b　ユダねる　18
① 失敗して気持ちがイシュクする。
② イサイ構わず引き受ける。
③ 彼はイアツ的な態度をとる。
④ 親にイゾンして生活する。

c　ボクメツ　19
① ソボクな感想を述べる。
② 足をダボクして縮めてしまう。
③ 貴族にボクとして仕える。
④ ボクセキを装い笑顔を見せない。

d　イチガイ　20
① 古典文学はタイガイ読んだ。
② 失礼な言い方にフンガイする。
③ 被害が発生するガイゼン性が高い。
④ トウガイ文書の誤りを正す。

e　レイゾク　21
① レイコクな仕打ちを受ける。
② レイゲンあらたかな神に祈る。
③ ドレイのように働かされる。
④ 手洗いをレイコウする。

— 60 —

(2B—1—4)

問2 空欄 　I　 〜 　IV　 に入る言葉の組み合わせとして最も適当なものを、次の①〜⑤のうちから一つ

選べ。解答番号は、 　22　 。

① I ── ところが　　 II ── もちろん　　 III ── しかし　　 IV ── ただし

② I ── しかし　　 II ── なぜなら　　 III ── ただし　　 IV ── たとえ

③ I ── しかし　　 II ── なぜなら　　 III ── そで　　 IV ── ただし

④ I ── また　　 II ── つまり　　 III ── そで　　 IV ── ただし

⑤ I ── また　　 II ── つまり　　 III ── ただし　　 IV ── たとえ

問3 傍線部A〜Cの言葉のここでの意味として最も適当なものを、各群の①〜⑤のうちからそれぞれ一つ

ずつ選べ。解答番号は、A・ 　23　 、B・ 　24　 、C・ 　25　 。

A 「喧伝されてきた」

① 世のなかに浸透してきた

② 誰もかれもが口にしてきた

③ 盛んに言いふらされてきた

④ 知らぬまに慣らされてきた

⑤ 一気に広がりを見せてきた

B 「一筋縄」

① 普通のやり方をすること

② ひとつに統一すること

③ みんなで協力すること

④ 容易に解決すること

⑤ 一直線に進めていくこと

C 「好事家」

① 道具類の好みがうるさい人

② 趣味だけに没頭できる人

③ 風流を好み趣味のよい人

④ 変わったことに興味を持つ人

⑤ みえっぱりでものずきな人

── 61 ──

問4 傍線部ア「こうした考え方」とあるが、どのような考え方か。その説明として最も適当なものを、次の①～⑤のうちから一つ選べ。解答番号は　26　。

① 神への畏れを失ったため人間が科学技術に支配されていくという考え方。

② 科学技術が発展してすでに人間をしのぐ能力があるという考え方。

③ 科学技術が人間になりかわり世界の中心になっていくという考え方。

④ 科学によって万能性を手に入れた人間が神になりかわるという考え方。

⑤ 科学技術がさらに発展して人間を万能にしていくという考え方。

問5 傍線部イ「近代の始まりと同時に自然の他者性は原理的に縮減し始めた」とあるが、なぜそのようにいえるのか。その説明として最も適当なものを、次の①～⑤のうちから一つ選べ。解答番号は　27　。

① 近代になると神の存在が薄れて人間が世界の中心となり、自然の法則を解明できるようになったことで、自然を利用したり改変したりできるものと考えるようになったから。

② 近代は自然の法則が解明されていくにつれ神への畏れがなくなり、自然を利用したり改変したりすることに罪の意識が失われ、人間が自然の領域に侵入するようになったから。

③ 近代に入り科学が進歩することで自然から神秘性が失われ、神の存在が感じられなくなったことによって、科学技術の力で自然を人間の世界に組み込むようになったから。

④ 近代は神にかわって人間が世界の中心になることから始まったので、人間が自然を支配するのは当然のこととみなされ、自然を思い通りにする技術を発達させてきたから。

⑤ 近代の特徴は科学が急激に発展したことにあり、自然の法則がつぎつぎと解明されたことで、人間はあらゆることを解明できるという過剰な自信をもつようになったから。

問6 傍線部ウ「倫理的な葛藤を生じさせることになります」とあるが、どういうことか。その説明として最も適当なものを、次の①～⑤のうちから一つ選べ。解答番号は　28　。

① 脳や遺伝子についての研究が進展したことで、人間の身体を操作できる技術を生み出すことが可能になり、開発を進めることに倫理的なブレーキがかかるようになること。

② 脳科学が発展すると人間の理性を操作できる可能性が生じるため、人が罪を犯した場合の責任をどう問うべきなのか、倫理的な課題が生まれることがらないということ。

③ 技術の発展で人間の身体に介入することが可能になると、これまでの社会的ルールがなし崩しになるおそれがあり、技術開発に倫理性が求められるようになるということ。

④ 技術が人間の身体に対して操作できるようになると、人間の尊厳や権利がおびやかされるにもかかわらず、技術を応用することに倫理的な問題が含まれるようになるということ。

⑤ 科学技術によって人間の生命に関わることを操作できるようになったことで、個人がどこまで他者の生死に介入してよいのか、倫理的に迷う局面が必ず生じるということ。

問7 空欄 X に入る最も適当なものを、次の①～⑤のうちから一つ選べ。解答番号は 29 。

① 感染症を防ぐ手立ては人類史上になかった

② 感染症の対策は万全とはいかないものだ

③ 感染症に人類が打ち勝つのは不可能に近い

④ 感染症と人類の闘いは人類史の精華である

⑤ 感染症というものはよくわからないものだ

問8 傍線部エ「私たちはいま、常識に引き戻されたのです」とあるが、どういうことか。その説明として最も適当なものを、次の①～⑤のうちから一つ選べ。解答番号は 30 。

① 新型コロナ危機が全世界に一気に広がったことから、医療技術や情報技術の進んだ国であろうとなかろうと感染症をめぐる対応はまったく違いがないことが判明し、人類と自然の闘いが振り出しに戻ったということ。

② 新型コロナ危機を人類が経験したことで、これまで積み上げてきた科学知識が崩壊してしまい、神の存在を再認識する兆しが生まれ、人間が世界の中心であり自然を征服してきたという近代的な考えを疑い始めたということ。

③ 新型コロナ危機によって、いくら科学が発展しても人間が解明できることには限られていることが露呈したことで、科学技術は万能ではなく自然を人間の思い通りにすることなどできないことを再認識したということ。

④ 新型コロナ危機が社会の激変を招いたことで、これからは科学技術を主体とした世界を築いていく必要があるという考えが広がり、人間を主体とすることで成立してきた常識が覆りパラダイムシフトが起こったということ。

⑤ 新型コロナ危機によって、科学技術の発展が必ずしも人間を幸福にするとは限らないことが暴露されて、科学の万能性を信奉する態度が否定され、科学の発展によって進歩してきた人類の歴史の転換点となったということ。

— 63 —

問9 傍線部オ「技術と社会のこうした関係」とあるが、筆者は技術と社会の関係についてどのように考えているか。その説明として最も適当なものを、次の①〜⑤のうちから一つ選べ。解答番号は 31 。

① AIの進化によって社会が激変したのは事実なので、技術を独立変数と設定し社会の在り方をその関数と捉える技術決定論には一理あるが、AIのような高度な技術でも人間が生み出したものである以上、技術が社会をリードするような関係は有り得ない。

② 技術が社会の在り方を決定しているように見えるが、それは資本主義社会が生産力・生産性を上げ続けていかねばならない仕組みになっているため絶えず技術革新を求めるからであり、実際には社会の在り方が独立変数で技術はその関数と考えられる。

③ 本来は社会の在り方が独立変数であり技術はその関数であると考えるべきだが、技術の急激な進歩でAIのような存在が社会に組み込まれるようになったため、将来的には技術が独立変数となり社会の在り方を関数とするような転倒が起こると考えられる。

④ 社会が技術革新を求め続けた結果として技術が暴走し、技術を独立変数と設定し社会の在り方をその関数と捉える技術決定論が不安視されているが、人間が技術の開発をコントロールすることで社会の在り方をまっとうなものにすることは可能である。

⑤ 社会の在り方の根本には絶えざる革新を求める人間の欲望が大きく関係するが、技術が急激に発展したことで社会の在り方を決定するようになり、技術を独立変数と設定し社会の在り方をその関数と捉える技術決定論まで唱えられるようになった。

問10 傍線部カ「私たちは大いなる気づきの機会を与えられた」とあるが、筆者の考えを本文全体を踏まえて説明したものとして最も適当なものを、次の①〜⑤のうちから一つ選べ。解答番号は 32 。

① 技術革新を際限なく求める社会の在り方が「ポスト・ヒューマン」という概念を生んだが、科学技術がいくら進歩しても新型コロナウイルスが猛威をふるったように自然を征服することは不可能であるため、「ポスト・ヒューマン」という認識を改めるべきだ。

② 自然を支配しているはずの人類に新型コロナウイルスの大流行が起こり、AIが人間に代わって知的な活動を行うようになるという「ポスト・ヒューマン」の考えが現実味を帯びてきたので、人類は内なる自然という人間の領域を守っていかねばならない。

③ 「ポスト・ヒューマン」という概念は技術決定論と密接な関係にあるが、最先端の技術であっても万能というわけではないので、人間を世界の中心におく理想的な社会にするためには、人類の福祉と幸福を最優先して人間主導の技術革新を続けていくべきだ。

④ 人類は自然に介入する技術を発展させ、現代では「ポスト・ヒューマン」という概念まで生まれるほどだが、自然は思い通りにならないということを肝に銘じ、人間とその社会がどうあるべきなのかということを、技術革新に先立って考えていかねばならない。

⑤ 新型コロナウイルスの大流行で「ポスト・ヒューマン」という概念が非常識なものであったことに気づくことができたので、科学技術によって社会をコントロールするのではなく、人類が自然をコントロールできるように技術革新を求めていくべきだ。

— 64 —

第1問　次の文章を読んで、後の問い（問1～11）に答えよ。

(注一)ピエール・クラストルは「国家なき社会」について語ることで、わたしたちに、いわゆる西欧型の近代的生き方の基準に疑いをもつよう促している。

まず、「未開社会は国家なき社会である」という否定表現がもつ問題性が指摘される。西欧「先進国」の基準から見れば、いろいろな点に「欠如」が感じられ、それゆえに「遅れている」社会であるというレッテルが貼られやすい。生産物の流通する市場をもたず、高度な技術をもたないなど、その暮らしは、生き残るための最低限の食糧生産で精いっぱいで、余剰を生み出す能力をもたない悲惨な生活状態にあるのだ、と理解されていく。しかし、クラストルは、この見方が決定的に間違いであることをつぎのように説明する。

未開社会の人間は、生き残りのために常時食料を探索するという動物的生活を強いられているどころか、なく生き残りという結果(中略)を実現するのに著しく短い時間を費しているに過ぎないのだ。(中略)望みさえすれば、物質的な財の生産を増加させるのに必要な時間は充分にもっている(中略)。人間が自分の必要を越えて労働するのは、強制力による以外はない。ところがまさにこの強制が、未開の世界には不在なのだ。

「ケッ[a]カン」「遅れ」「無能力」ということではなく、「無用な過剰の拒否」であり、「生産的労働を必要の充足に調和させる意志」があるということなのだ。「生産は支出されたエネルギーのストックをもとの水準に戻すことに限られる」のであり、[A]誰かがそれを受け取るのかもわからないまま、それ以上の時間を費やして生産[b]するウインはないということである。この点に関して、生産に必要な斧[注あ]の例が紹介されている。石斧に比べて「白人の斧の生産性の優位を知った時、彼らがそれを欲したのは、同一時間で十倍のものを生産するためではなく、同一量を十分の一の時間で生産するためだったのだ」と。しかし、現実には、この鉄製の斧と共に、暴力と強制力と権力が入り込み、社会が破壊されていくことになるのだが、

ある社会が維持されているということは、その社会に必要なものは満たされているという証拠である。そこでのどのような技術が使われていようが、それについて高度だとか遅れているとかの評価を与えることはできない。　[X]　。必要があれば、それを満たすように動けばよい。そのために必要な知識や技能は、すでに蓄積されているのである。ここには、[B]相互に補い合う関係があるから、自分たちの必要を満たしていく。これを[C]「はみ出す」と、格差が生じ、[D]支配と被支配の政治的関係が成り立っていく。植民地支配によって「主人」のために生産する関係が明確になっていく。

こうしてクラストルは、未開社会の性質を「不平等の禁止」として特徴づける。逆に言えば、[E]不平等は国家によってつくられるということになる。このような分析はとても魅力的に思える。それは「はみ出し禁止」

— 65 —

と表現できるかもしれない。

これには定番の反論がある。「じゃあ、いますぐに未開社会のような生活ができるのか」と。確かに、ここで言われているような「未開社会」の暮らしぶりを現代の日本にそのまま当てはめようとしてもうまくいかないのは当たり前である。悲しいことに、わたしたちは、すでに国家権力の構造の中にしっかりと組み込まれているのだから。クラストルが魅力的であるのは、国家の中にありながら、「何が私たちを苦しめているのか」を自覚させてくれる点である。

と言うえ、どうしてもわたしたちは、「はみ出して」しまう。余剰や備蓄が「大好き」になってしまう。一方で、「無駄」をなくす、「節約」するという道徳的な意味で、SDGsが流行っているが、本気で誰もそんなことを考えていないことは明らかである。│ Ｙ │と言いながら、テレビは大食い競争の番組が流れている。│ Ｚ │と言いながら、電気自動車やオール電化の家が売られている。そのかけ声とは裏腹に、莫大な電力を必要とする施策がまかり通っていることにもっと敏感でありたい。電気自動車を増やすのではなく、自動車への依存そのものを問い直さねばならないし、タブレット型端末の配布に代表されるように、かねりの電力を消費するパソコン機器の教育界への大量導入ではなく、それらを使用しなくても子どもたちが安心して学べる人間関係を大切にしてはどうか。資源・エネルギーを節約する生活に本気で取り組むためには、単に「減らす」という意味での「節」という発想と異なる課題設定が必要ではないか。QOL（生活の質）が問われ、自然とともに生活するイメージが良いものとして宣伝されているが、一定の自然破壊（他の生物が享受するはずのエネルギーの搾取等）をしなければ人は生きていけない。これをどの程度抑制できるか、そのためにはどういう発想で生活を見直してみるとよいのか。「国家なき社会」の議論は、この点で有効な視点を提示してくれる。

なお、SDGsの批判的検討(注2)は、池田清彦による『SDGsの大嘘』を見るとわかりやすい。その最後の章で池田は、日本の「里山」は、「ただ手つかずの自然を守っていればよいというものではなく、そこで生きていく人間の手入れが行き届いたものなのだ」と述べている。つまり、それはその土地で生活する人々の知恵の凝縮された姿なのであり、「日本のそれぞれの地域内で完結するような取り組みや、実現できるような地に足のついた目標を設定するだけで、十分日本らしい持続可能性のある社会が実現できる」というわけである。実は、このような認識は、(注3)アナキズム的社会観と通じている。

今日、「相互扶助」という言葉が思い浮かぶ状況としては、災害時がわかりやすいかもしれない。地震や洪水等への対応やその後の生活にとって社会的な救済・支援が不可欠であるのだが、キンキュウを要する場合にはそれを待ってはいられない。命にかかわるのだから、すぐの対応が求められる。そこで、日常的な人々のつながりが大切になってくる。どこに誰が住んでいるか、このような情報は実際に生活している者にしかわからない。そこでの活動に、組織的な上下関係があるわけではない。ひとり一人が相互に自発的に必要なことを補い合っているのである。

ただし、被災しているのだから、それぞれにできることも限られている。そのときに、ボランティアが活躍することになる。命令や強制ではなく、自発的な行動である点に、ボランティアの特徴がある。そして、必要がなくなれば、解散していく。近年では、マスコミでも盛んに取り上げられ、人々のネットワークの力強さを印象づけている。

そこには、国家による強制力を背景とした秩序ではなく、人々の自由な動きの中から自生的に生み出される秩序がある。ただ、それは、国家という大きな枠組みから見れば、小さな部分社会での出来事であり、それを人々の生活の基本思想のようにとらえているのか、との疑問もあるだろう。しかし、わたしたちが実際に生活しているのは、かなり小さな範囲であり、顔の見える関係の中で暮らしている。問題なのは、お互いに補い合える人が近所にたくさんいながら、そのつながりが見えていない点ではないか。普段とくに問題が起こっていないときには、その関係が前面に出てくることはないとしても、何か必要があれば、知恵と意見が豊富に出てくる。そういう関係の現実的な必要性にもっと着目してよいのではないか。

それでも、政府なしで生活しているなんて空想という非難は、根強いだろう。あるいは、仮にそのような相互共助的な近隣のあり方が機能しているとしても、むしろそれはかつての「ムラ社会」的な特徴をもつものであって、逆に個人の自由をキャンセルしているのではないか、との指摘はあり得る。冠婚葬祭のときに相互に助け合う姿は確かに想像できるし、実態としてもよくわかるが、それは、いわゆる「村八分」を正当化する閉鎖的な共同体をも意味するのではないか。まさに、そのような社会の姿は、かつて社会学的な分析の対象にもなってきた。

こうした議論から、(注4)宮本常一の『忘れられた日本人』を「思い出した」人もいるかもしれない。今日では、このような生活のあり方を実感をもって「思い出せる」人自体が少なくなっているだろうが、そこには、結論が出るまでとことん話し合う人々の姿が描かれていた。テッテイした民主主義である。多数決に頼らず、ていねいに説明していくわけである。

このような近隣による相互共助は、国家的な権力関係が介在することはないとしても、権力の存在を否定しているわけでもない。したがって、「反政府」なのではない。あくまでも、必要な範囲で、自分たちの生活の論理で動こうとしているのである。それを考えれば、実は、今日においても、それほど非現実的な生き方ではないはずである。

（池田賢市『学校で育むアナキズム』による）

出典：池田賢市 『学校で育むアナキズム』 新泉社

(注1) ピエール・クラストル——フランスの人類学者、民俗学者（一九三四～一九七七）。

(注2) 池田清彦——生物学者、理学博士（一九四七～）。

(注3) アナキズム——無政府主義。

(注4) 宮本常一——民俗学者。日本各地の民間伝承を調査し日本人の暮らしを記した（一九〇七～一九八一）。

＊ 問題作成上の都合により、本文の一部に手を加えてある。

問1 傍線部a〜eのカタカナと同じ漢字を用いるものを、各群の①〜④のうちからそれぞれ一つずつ選べ。

解答番号は、a・[1]〜e・[5]。

a ケッカン [1]
① 保険のキッカンを確認する。
② 路面がカンコすしてほる。
③ 権力にカンゼンと立ち向かう。
④ 橋のランカンに寄りかかる。

b コウイン [2]
① 見通しの悪い道は事故をユウハツする。
② 文化が低迷しユウウツの情にかられる。
③ カイユウ式庭園を歩いて楽しむ。
④ 結論が出るまでユウヨ期間を与える。

c キンキョウ [3]
① ソウキンで床をふく。
② キンキュウの課題に取り組む。
③ キョウキンを開いて語り合う。
④ 決勝戦はキンサで負けた。

d セイヤク [4]
① 貿易国とミツヤクを結ぶ。
② 英文をチュウヤクする。
③ メンミツなヤクジョウだ演技。
④ サイヤクよけのお守りを買う。

e テッテイ [5]
① 三泊四日のリョテイを組む。
② ナイテイ捜査を始める。
③ 記念品をゾウテイする。
④ 国民のテイリュウにある政治不信。

問2 傍線部ア「否定表現がもつ問題性」とは、どのようなことか。その説明として最も適当なものを、次の①〜⑤のうちから一つ選べ。解答番号は[6]。

① 未開社会は国家がないため自然の脅威に直面し、存亡の危機にある少数民族社会だと誤認されていること。

② 未開社会は国家がないため先進国のように統治されず、闘争と混乱の無秩序社会だと恐れられていること。

③ 未開社会は国家がないため最低限の生産能力しかもてず、満ち足りた生活ができないと決めつけられていること。

④ 未開社会は国家がないため高度な生産技術が生み出せず先進国からの技術供与が不可欠であると捉えられていること。

⑤ 未開社会は国家がないため先進国の影響を受け原始的生活を維持できなくなっていると危ぶまれていること。

問3 傍線部イ「この見方が決定的に間違っている」とあるが、それはなぜか。その説明として最も適当なものを、次の①～⑤のうちから一つ選べ。解答番号は □7□ 。

① 未開社会は、食糧生産するための人的資源を有していないだけで、増産のための労働時間は十分に持っているから。

② 未開社会は、労働を監視し制御する権力がないため、実際には個人が自由気ままに思い通りの生産活動を行えるから。

③ 未開社会は、生存するための最低限必要な食糧を確保するために、より高度で効率的な技術開発を行う能力があるから。

④ 未開社会は、わずかなエネルギーで十分に生活が成り立っているため、膨大なエネルギーを蓄える必要はないから。

⑤ 未開社会は、必要とする分を満たすだけでよく余剰は無用であり、あえて必要以上の労働をしなくてもよいから。

問4 傍線部ウ「ここに鉄製の斧と共に、暴力と強制力と権力が入り込み、社会が破壊されていくことになる」とあるが、これとは**異なる内容**について述べている箇所は、本文の波線部A～Eのうちのどれか。最も適当なものを、次の①～⑤のうちから一つ選べ。解答番号は □8□ 。

① A 誰がそれを受け取るかもわからないまま、それ以上の時間を費やして生産する

② B 相互に補い合いながら、自分たちの必要を満たしていく関係がある

③ C 支配と被支配の政治的関係が成り立ってくる

④ D 植民地支配によって「主人」のために生産する関係が明確になってくる

⑤ E 不平等は国家によってつくられるということになる

問5 空欄 □X□ に当てはまるものとして最も適当なものを、次の①～⑤のうちから一つ選べ。解答番号は □9□ 。

① 気づいていないからである

② 欲がないからである

③ 拒否しているからである

④ 充足しているからである

⑤ 超過しているからである

問6 傍線部エ「何が私たちを苦しめているのかを自覚させてくれる」とあるが、どのようなことを「自覚させてくれる」というのか。その説明として最も適当なものを、次の①～⑤のうちから一つ選べ。解答番号は □10□ 。

① 未開社会のような原始的生活に戻ることはもはや不可能であること。

② 自治的な社会が激変して、強引に国家の権力機構に組み込まれたこと。

③ 節約すべきだという義務感と、贅沢したいという欲望との板挟みになること。

④ 潤沢に蓄えるのが好ましいと思い込んで労働に駆り立てられていること。

⑤ 国家権力によって一方的に生産量を制御され、労働を強いられていること。

— 69 —

問7 空欄 Y ・ Z に当てはまるものとして最も適当なものを、各群の①〜⑤のうちからそれぞれ一つずつ選べ。解答番号は、Y・ 11 、Z・ 12 。

Y ① 争いのない社会にしよう　　② 健康に暮らそう　　③ 生活習慣を見直そう

　　④ ゴミを減らそう　　　　　　⑤ 食べ物を大切にしよう

Z ① 節電だ　　　　② 脱プラだ　　　　③ 持続可能な社会だ

　　④ ミニマリストだ　　　⑤ カーボンニュートラルだ

問8 傍線部オ「『国家なき社会』の議論は、この点で有効な視点を提示してくれる」とあるが、「有効な視点」とはどのようなものか。その説明として最も適当なものを、次の①〜⑤のうちから一つ選べ。解答番号は 13 。

① 未開社会のような生活はできなくても、無駄をなくし節約をすすめることで少しずつ国家権力への依存から抜け出そうというもの。

② 日常の身近な範囲内で実現可能な目標に取り組むことで、持続的に環境を保全しながら生活の質を高めていこうというもの。

③ 資源やエネルギーを節約していくために「減らす」こと以外の異なる発想によって、生活の質を向上させていこうというもの。

④ 保護という一方的な働きかけではなく、里山のように人間が利用しながらも自然を守り、自然との共生を目指そうというもの。

⑤ 国家がある限り自然破壊は避けられないので、地域社会で生きる人間どうしが連帯して持続可能な社会を実現しようというもの。

問9 傍線部カ「『相互扶助』という言葉が思い浮かぶ状況」とあるが、それはどのようなものか。その説明として最も適当なものを、次の①〜⑤のうちから一つ選べ。解答番号は 14 。

① 地震や洪水等への対応策や、被災者の生活を復興するための公的支援を行う状況。

② 大規模な組織的上下関係ではなく、地域社会の序列関係によって統制される状況。

③ 日常的な人々のつながりをもとに、一人ひとりが自発的に必要なことを補い合う状況。

④ 国の要請で集結したり解散したりするボランティアが、必要に応じて活動する状況。

⑤ 被災生活において救援物資の送付や各分野の専門家の派遣などを計画的に行う状況。

問10 傍線部キ「村八分」はここではどのような意味か。その説明として最も適当なものを、次の①〜⑤のうちから一つ選べ。解答番号は 15 。

① 秩序を維持するために規則を設けること。

② 周囲との調和を乱すものを疎外すること。

③ 個人の自由を奪うような制限を加えること。

④ 限られた地域間でお互いに助け合うこと。

⑤ 近所づきあいができる小規模集団を作ること。

問11 本文の趣旨として最も適当なものを、次の①～⑤のうちから一つ選べ。解答番号は 16 。

① 国家なき社会は遅れた乏しい社会だと思いがちだが、そこでは効率的な技術によって容易に物が手に入り、必要以上に労働することもなく、物質的に十分満たされた暮らしが可能だ。

② 国家は、支配と被支配の関係性を作り上げ、必要を満たす以上の労働を強制し自由と平等を剥奪するものであるから、そのような国家権力から一刻も早く逃れ、未開社会に戻るべきだ。

③ 国家に組み込まれたわたしたちは、必要以上のものを生み出している一方で無駄なものを排除しようとする矛盾に気づかないまま、課題解決のために時間を費やして日常を生きている。

④ 国家を否定しその統治機構から抜け出せば、日本のそれぞれの地域内で完結するような取り組みを行って持続可能な生活を実現することができ、過不足ない生活を送ることが可能になる。

⑤ わたしたちは国家なしに生きることは非現実的だと考えているが、災害時に相互扶助活動がなされるように、必要な範囲において自分たちの論理で生活することは不可能なことではない。

— 71 —

第2問　次の文章を読んで、後の問い（問1～12）に答えよ。

若い世代は、自身の価値を他者からの承認に正面的に依存しています。言い換えるなら、他者の承認がなくても自分の才能や能力、業績や社会的地位などといった客観的根拠を自信の拠り所とするような「自己承認」がたやすくには不得手のようにみえます。もちろんそれらも自信の根拠とはなり得るのですが、そうした要素ですら、いったん他者に承認（感心や賞賛など）されることを経て、ようやく自信につながるという「ややこしい回路がある。

現代における自己承認の難しさは、他者からの評価、すなわち他者の主観においてしか自身の価値を[a]インポできない点にあります。「他者の主観」は意図的に操作できませんし、希少性があるぶんだけ絶対視されやすい傾向があります。またSNSの介在は、他者の主観を集合的・定量的に可視化することで、[イ]ただの主観に客観性の装いを与えるのです。とてつもない暴論を吐くとしても、同じくそれを称賛する人からだけ自分の暴論が客観的に正しいものであるかのような錯覚に囚われやすい。いわゆる「エコーチェンバー現象」ですね。思えばトランプ現象にはそうした側面もありましたね。【A】

逆に「承認弱者」（承認を得られにくい、あるいは得られにくいと思っている人）においては、承認されない時期が長く続くと、その経験自体がトラウマ化してしまい、自己価値感情が著しく低下し、自分自身を過剰に脱価値化する（貶める）ようになります。いわば言えば、[ウ]「逆エコーチェンバー現象」のようなものが起きているのかもしれません。承認の声がかからなかったり聞こえなかったりすると、誰も批判などしていないのに、自分自身の批判の声を外部からの声のように受けとってしまう一種の投影ですが、こうした声が増幅されてしまうには「自分がダメであること」が客観的に根拠づけられたかのように思い込んでしまう。【B】

単に「承認依存」と言っても、そこに自己承認は含まれず、親しい人からの個人的な承認の声も相対的には小さくなっています。もっとも価値があるのは、SNS的な承認の構造、いわば「集合的承認」です。「いいね！」の数が多いほど、承認は客観性や希少性という見かけ上の価値を帯びていくわけです。【C】

集合的承認の仕組みは、(注1)ケインズの美人投票理論に似ています。経済学者のケインズは、投資家の行動パターンを美人投票になぞらえました。投資とは「一〇〇枚の写真の中から最も美人だと思う人に投票してもらい、最も投票が多かった人に投票した人達に賞品を与える新聞投票」に見立てることができる（Wikipedia「美人投票」より引用）、としたのです。【D】

美人の基準は客観的なデータではありません。正しいかどうかわからない他者の集合的な主観を、個人が主観的に予測するため、客観的予測が困難で、自己判断もコントロールもできにくいません。[エ]その希少性こそが、美人＝他者からの承認強者の価値を高めていくのです。承認をめぐるゲームもまた、こうした美人投票に似たところがあると思います。そのゲームでは、誰もが「どうすればウケるか」、すなわち、流動的な他者の集合的な主観のありようを予測しあいながら振る舞うことになる。【E】

一般に若い世代ほど、自己承認を集合的承認に依存する傾向があります。集合的承認の構造は、[オ]個人の外にありながら深く内面化された価値を形作ります。この構図でこじめが起こると、いじめの被害者も加害者も、他者が悪いにもかかわらず、他者の基準をあのうと内面化してしまいそれを自己責任と考えるからです。「自分に悪い所があったせいだ」と思い込むので、加害者責任については考えられなくなります。現代では、本人が

— 72 —

の意思や性格とは無関係に、集合的承認の構造そのものが個人にインストールされてしまう時代なのです。

　こうした集合的承認にはいくつか特徴があります。まず、きわめて　X　である（ように見える）こと。「双方向性」を欠いていること。コントロールが難しいこと。

　これらの特徴ゆえに、集合的承認は「いま得られている承認を、いつ失うかわからない」という不安と紙一重です。[b]コミュニティするスクールカーストの頂点の生徒ですら、こうした不安と無縁ではありません。何かのはずみで生徒集団の承認の風向きが変われば、たちまちカースト下位に転落することもありうる。これが「承認の不安」です。多くの依存症の根底には、不安があります。[カ]「承認の不安」が、現代的な「承認依存」をもたらしたとしても不思議ではありません。

　コミュ力が高い人も低い人も、それぞれが大きな不安を抱えているのが、現代の特徴です。経済力や身体能力のような定量的裏付けのない「コミュ力」による評価は、きわめて流動的です。些細なことがきっかけで自分の価値が切り下げられてしまいますし、SNSで得られる承認は一時的なものなので、コミュ力強者ほど、他者による「承認」に過剰な不安を覚える場合もあり得ます。

　このように、[キ]「承認依存」は若者の幸福度を高めている反面、多くの不安と不幸をもたらしています。

（中略）

　現代における承認依存とは、端的に言えば「他者とのつながり」への依存です。

　つながり依存の背景には、通信環境の変化が大きく関わっています。とりわけ九五年以降の商用インターネットの爆発的な普及と、ほぼ同時期の携帯電話（二〇〇〇年代以降はスマートフォン）の普及は若者のコミュニケーション様式に革命的な影響をもたらしました。こうした通信インフラの発展に加えて、二〇〇〇年代以降はLINE、Facebook、Twitter、InstagramなどのSNSが急速に普及しました。SNSでは、相互承認の手続きを通じてネット上にゆるやかな内輪のコミュニティを形成し、「いいね！」ボタンに象徴される承認のサインを、相互に送り合うのが[ク]わけです。

　承認の量を手軽に可視化・数量化できる利便性ゆえにSNSは瞬く間に若者から中高年の間に普及し、スマホさえあれば、友人や恋人と二十四時間つながることが可能となりました。こうしたコミュニケーション環境が、[ケ]「承認＝つながり」の一元化をもたらしたのです。承認依存とつながり依存とは、ほとんど同義語と考えてもらえばと思います。

　承認＝つながり依存とネットやSNSというインフラの整備とは相補的な関係にあるため、その因果関係は単純ではありません。私の推測としては、インフラが整備されることによって、人々に内在していた承認欲求が見出され、その結果としてさらなる承認サービスが求められる、というポジティブ・フィードバックの過程が一貫して働いているように思います。

　「承認＝つながり」の一元化は、若い世代の対人評価に甚大な影響をもたらしました。私は「コミュ力偏重」と呼んでいますが、それは、対人評価の基準が、ほぼ「コミュ力＝コミュニケーションスキル」に集約される事態を指しています。コミュニカティブであることは無条件に善とみなされ、コミュニケーションスキルの有無は、就活時などにはしばしば、死活問題ともなってしまいます。

— 73 —

（中略）

　企業などが採用の場面において「コミュニケーションスキル」を重視し始めたのも最近の傾向です。社会教育学者の本田由紀氏は、この傾向をハイパー・メリトクラシーと呼んで批判しました。かつて日本における メリトクラシー（業績主義）は、学歴社会や偏差値至上主義として批判されましたが、現代におけるハイパー・メリトクラシーとは、学校の成績以上にコミュニケーションスキル（曖昧に「人間力」などと呼ばれる場合もある）を重視する風潮を指しています。

　現代の日本社会においては、勉強ができる以上に対人関係を円滑に進める能力が重視され、個人のコミュニケーション能力は、不断に評価の対象となります。今や全国の中学高校に浸透している「スクールカースト（教室内身分制）」において、生徒の d ランクを決定づける最重要因はコミュニケーションスキル（「コミュ力」）であるとされます。私のリンショウ経験からも、コミュ力が低いとみなされてカースト下位に転落し、そこから不登校やひきこもりに至ったと考えられるケースが少なくありません。

　「承認依存」と「コミュ力偏重」は、相互に補強し合う関係にあります。コミュ力が高ければ多くの承認を 獲得できる一方、コミュ力が高い個人ほど、他者からの承認に依存する傾向が強いのです。

（斎藤環『「自傷的自己愛」の精神分析』による）

出典：斎藤環『「自傷的自己愛」の精神分析』ＫＡＤＯＫＡＷＡ

（注１）ケインズ──イギリスの経済学者（一八三一一九四六）。
（注２）本田由紀──東京大学大学院教育学研究科教授。教育博士（一九六四〜）。

＊問題作成上の都合により、本文の一部に手を加えてある。

問1 傍線部a〜eのカタカナと同じ漢字を用いるものを、各群の①〜④のうちからそれぞれ一つずつ選べ。

解答番号は、a・ 17 〜 e・ 21 。

a タンポ 17
① 古い寺町をタンポウする。
② 二人はカンタン相照らす仲だ。
③ タンセイ込めて米を栽培する。
④ 負傷者をタンカで運ぶ。

b コウジョウ 18
① コウトウで説明する。
② ジュクレンコウの仕事ぶりに感心する。
③ 引退してコウハイに道を譲る。
④ シュコウを凝らした衣装。

c サホウ 19
① 開発がサジョウの楼閣に終わる。
② ソッサに髪を束ねる。
③ サギの被害にあう。
④ 言葉の微妙なサイに気をつける。

d カイコウ 20
① 日本のオンカイは五音から成る。
② 氏名をカイショで書く。
③ カイキンで中学校を卒業する。
④ 深いカイコンの情を抱く。

e リンショウ 21
① コウイショウに悩まされる。
② 国が損害のホショウをする。
③ ショウビョウ者を救急搬送する。
④ 賭け事が悪のオンショウになる。

問2 傍線部ア「ややこしい回路」とあるが、「ややこしい」とはどういうことか。その説明として最も適当なものを、次の①〜⑤のうちから一つ選べ。解答番号は、 22 。

① 自分一人勝手に自分に対して自信を持ったとしても、他者から才能や能力を認めてもらうという確証を得なければ意味がないということ。

② 他者から客観的に自分の能力や業績を評価してもらっているのに、自己承認ができずにトラウマ化するという状況から抜け出せないということ。

③ 他者に対して無関心な人は自己承認が得意で、他者への関心が強い人ほど自分自身をおとしめてしまい自己承認が苦手であるということ。

④ 自分の価値を信じる根拠となる業績や技術を誰かから承認されたとしても、別の誰かから否認されれば瞬時に自信を失ってしまうということ。

⑤ 自分に自信を持つための根拠となるはずの能力や社会的地位などすら、他者からの承認なしでは自己承認の拠り所になりえないということ。

(3 B—1)

問3 傍線部イ「ただの主観に客観性の装いを与えます」とは、どういうことか。その説明として最も適当なものを、次の①〜⑤のうちから一つ選べ。解答番号は、 | 23 | 。

① 他者の主観が根拠づけられ証明されることで客観的なものとして扱われるということ。

② 他者の主観は操作できないがゆえに客観的評価として信頼できる部分があるということ。

③ 他者の主観的な評価がまとまりをもって明示されると客観的な評価だと思う違うということ。

④ 他者の主観に多くの賛同が加われば、それは客観的評価に近づいたと見なせるということ。

⑤ 他者の主観的な評価と客観的な評価がSNS上に混在するため両者を区別できないということ。

問4 次の一文は、本文中の【A】〜【E】のいずれかに入る。最も適当な箇所を、後の①〜⑤のうちから一つ選べ。解答番号は、 | 24 | 。

　　典型的には「どんなツイートが受けるか」を考えているときの心理状態ですね。

① 【A】

② 【B】

③ 【C】

④ 【D】

⑤ 【E】

問5 傍線部ウ「逆エコーチェンバー現象」のようなものが起きている」とあるが、どのようなことが起こっているのか。その説明として最も適当なものを、次の①〜⑤のうちから一つ選べ。解答番号は、 | 25 | 。

① 他者からの承認がないことは非難されているということと感じ、しかもその非難が客観的に正しいことだと受け取ってしまうこと。

② 承認されない状態が長時間にわたると他者からの評価を受け入れられなくなり、客観的な理由や根拠を求めるようになること。

③ 承認を得られないと思っている人はその期間が長く続きトラウマ化すると、他者から承認されることに恐怖心を抱いてしまうこと。

④ SNS上で称賛されることがなく批判ばかりされると自己肯定感が薄れ、直接親しい人から称賛されても受け入れられなくなること。

⑤ 多くの人がSNS上で賛同する意見は、たとえそれが暴論や曲論であっても客観的に根拠づけられた正当な評価だとはき違えること。

問6 傍線部エ「その希少性」とは、どのようなことを指しているか。その説明として最も適当なものを、次の①〜⑤のうちから一つ選べ。解答番号は、 | 26 | 。

① 集合的主観は数値化することができるということ点。

② 集合的主観は予測が困難で見定めにくいという点。

③ 集合的主観はSNS上でしか集められないという点。

④ 集合的主観は多数決原理により絶対視されるという点。

⑤ 集合的主観は刹那的で時勢に流されてしまうという点。

(3B—12)

問7 傍線部オ「個人の外にありながら深く内面化された価値を形作ります」とあるが、それはなぜか。その説明として最も適当なものを、次の①～⑤のうちから一つ選べ。解答番号は　27　。

① 集合的承認は、外部にさらけ出した個人の内面について、他者が価値づけを行っているから。

② 集合的承認を経て行う自己承認は絶対的で、個人の内面まで浸透し自己嫌悪感を抱かせるから。

③ 他者からの承認は、主観的でありながら個人の意識下にある深層心理を明らかにしているから。

④ 自己の価値判断を集合的承認に求めるため、他者の評価がそのまま自己の価値づけになるから。

⑤ 集合的承認は客観的根拠に基づくので、絶対的評価として自己の内面に深く影響を与えるから。

問8 空欄　X　に当てはまるものとして最も適当なものを、次の①～⑤のうちから一つ選べ。解答番号は　28　。

① 絶対的

② 典型的

③ 流動的

④ 主観的

⑤ 破壊的

問9 傍線部カ「『承認の不安』が、現代的な『承認依存』をもたらしたとしても不思議ではありません」とあるが、筆者はどのように考えているのか。その説明として最も適当なものを、次の①～⑤のうちから一つ選べ。解答番号は　29　。

① 自己承認を他者の主観に頼っているために、承認を失う不安を抱え、その不安がさらに承認を強く求めるという状態を生み出している。

② 集合的承認の構造は、個人の意思や性格とはかけ離れたところで価値づけを行っているので、裏付けのない評価がなされる不安がある。

③ 他者からの承認を得られないという不安が、承認獲得のためにあらゆる手段を講じようとする思考回路を若者たちに植えつけている。

④ 集合的承認は簡単に風向きを変えるため、コミュニケーション能力が低いことに不安を覚えたとしても、承認を得られる機会がある。

⑤ スクールカーストの頂点に位置する者は、突然下位に転落する可能性があるので、承認を失うことをおそれ不安を常に抱えている。

問10 傍線部キ「『承認依存』は若者の幸福度を高めている」とは、どういうことか。その説明として最も適当なものを、次の①～⑤のうちから一つ選べ。解答番号は　30　。

① 承認依存によって、内在していた承認欲求が見いだされ、新しい自分を発見できる。

② 承認依存によって、対面では認められなくてもSNS上では他者から承認してもらえる。

③ 承認依存によって、運動能力や答案では測れない個人の価値を見極めることができる。

④ 承認依存によって、他者との接し方を学ぶことにより高いコミュ力を得ることができる。

⑤ 承認依存によって、他者の承認が自己承認に置き換わり自分に自信を持つことができる。

(3B―13)

問11 傍線部ク「『承認＝つながり』の｜元化」とは、どういうことか。その説明として最も適当なものを次の①〜⑤のうちから一つ選べ。解答番号は 31 。

① スマホの普及によって、他者とのつながる手段がSNS上での承認という方法しかなくなってしまったということ。

② SNS上では相互承認をすることなしに他者とのつながることができず、承認が必須の手続きであるということ。

③ 多くの人々がSNSを利用していることで、他者とのつながりを可視化・数量化できるようになったということ。

④ 他者とのつながることが常に可能となったことで、承認欲求を助長し、常につながりたい思いを生んだということ。

⑤ 承認しあうことで他者とのつながりを強固なものにし、世代を問わず対等な人間関係を維持できるということ。

問12 傍線部ケ「対人評価の基準が、ほぼ『コミュニカティブ・コミュニケーション・スキル』に集約される事態」とあるが、それはどのような「事態」か。その説明として最も適当なものを、次の①〜⑤のうちから一つ選べ。解答番号は 32 。

① 日本社会において、就職採用時などの評価として学歴よりも個人のコミュニケーション能力が偏重され、若い世代の承認依存という病を生み出す要因になっているという事態。

② 日本社会において、対人関係を円滑に進める能力が重視され、他者から多くの承認を得るだけのコミュ力が、人間を評価する絶対的な拠り所となってしまいそうな事態。

③ 日本社会において、学歴に加えてコミュニケーション能力が高ければ、無条件に優秀な人間として評価され、集合的な承認を得るとそれは揺らぐことがないという事態。

④ 日本社会において、通信インフラの発展やSNSの普及が集合的承認依存を助長し、若者の間でコミュニケーションスキルを習得する動きとつながっているという事態。

⑤ 日本社会において、人間関係を構築する際にコミュニケーション能力の有無が重要視され、今後誰もが承認依存に引き込まれ抜け出せなくなる可能性があるという事態。

― 78 ―

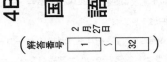

4B　国語

（解答番号　1　～　32　）　2月27日

第1問　次の文章を読んで、後の問い（問1～9）に答えよ。

アンデルセンの童話のなかでも「裸の王様」は今どきの子供も好んで読むと聞く。主人公の子供が大人を出し抜く痛快な話だから、頷けないこともないのだが、大人が読むと、物語の後で何が起きるか気がかりになってしまう。「見えない服」などそもそも存在せず、王様は裸だと[a]バクロした子供は、親ともども厳罰に処されてしまうのではないか、などと。年を重ね悪知恵がついたせいか。「見えないもの」＝「存在しないもの」と　I　に考えてしまう子供が、こう感心に見えてしまう。高圧電流を仕掛けた「見えない防犯装置」をお城の窓枠に取りつけたら、この子供なら平気で通り抜けようとするだろう。

アンデルセンの創作意図を付度するに、この作品の主題は「ものをまっすぐに見ること」だったのではなかろうか。先入観にとらわれず、自分で確かめられるものだけを信じよ。さすれば真実はおのずと露顕すると。これはまさしく発見の哲学の有力な学説を形成している。イギリスの哲学者フランシス・ベーコンが一六二〇年の著書「ノブム・オルガヌム」で明らかにした考えで、帰納法による知識の獲得すなわち四か〇（注1）イドラに象徴されるさまざまな先入観や誤謬の源泉を断ち　II　にあるのだことを見つめることを、科学者のサイ[b]ヨコンの心得としたのである。

アンデルセンは、十九世紀前半に活躍した同じデンマークの物理学者ハンス・クリスチャン・エルステッドと交遊があった。当時は（注2）百科全書派の影響もあって、ベーコン思想が大々的に流行した時期にこの作品が書かれたことを考えると、「裸の王様」を発見した子供は立派なベーコン主義者だったとも言える。か（注3）くしてセレンディピティーの最も純粋な形態は「子供のように事実を見ること」から生まれることになる。ニュートンは、つぎのような言葉を残し語ったとされている。

世間にどう見られているか分からないが、私は、海辺で遊んで、普通よりも滑らかな小石だとか、きれいな貝殻をときおり見つけては喜ぶ、一人の子供にすぎなかったように思う。そのとき真理の大海は解決されぬまま、私の眼前に広がっていた。

本人のこの言葉には裏腹に、万有引力の真実は決して子供の眼で直視する類のものではない。人ぞ知るニュートンの攻撃的性格には、どこかしら子供っぽいところはあっただろうが、古典力学の完成は、周到な論理計算の所産であり、そこにはむしろ老獪な理論家の風貌が感じられるのである。とはいえ、ベーコンの教えに忠実だった科学者も、こと重要な発見となると「澄んだ子供の眼で見た」という記録は残しているのである。たいていはそれと信じる世界観や科学理論をもとに、巧妙な実験計画を構想し、緻密な予測を立てる。普通ならば、このような背景でのみ歴史に残る発見がなされるのである。

ところが、例外的に、子供の眼が重大な事実の発見に絡んだ逸話が二つほどある。一つはアルタミラの洞窟壁画で、先史時代にクロマニョン人がホッ[c]ポリに描いたこの見事な鳥獣のスケッチの発見は、絵心あるなど予知知識をもたない幼い少女によるものであった。時は一八七九年十一月のある日。場所はスペインのカンタブリア。

地方サンティヤーナ。郊外のアルタミラ洞穴を発掘調査していたソーツオラ侯爵の傍らには、娘のマリアが付き添い、ローラクを片手に父の仕事を手伝っていた。

突然、侯爵は娘の鋭い叫び声を聞いた。「トーロー（牡牛）、トーロー、べ、天井に牡牛がいる」。侯爵は娘のところに駆け寄った。「マリア、術がるにしては何もいらないよ。牡牛などはいやしない。そう見えるのは、岩の凹凸なのだから」。リアは強情を張った。「ちっとも術がってはいないわ。牡牛がそこに」と言って天井を指した。㋛侯爵は、そこを眺めたが、何も見えなかった。薄い洞穴内に長くいたので、マリアが熱を出して幻覚を起こしたのではないかと心配した。そしてマリアの額に手を当ててみた。「熱があるようだ。今日は疲れたから、もう家に帰ろう」と娘を促したのだが、マリアは聞かなかった。そして鶴嘴[注4]を取って、天井を指すのであった。侯爵は根負けして、マリアと同じ背の高さになるまでひざまずいた。そしてマリアが鶴嘴の先で指すところを眺めた。先ほどは目が近すぎて、単なるしみとしか見えなかったが、こうして距離をおいて見はじめて、そこには見事な牡牛が描かれているのに気がついた。野牛は、もうずっと以前にスペインからは姿を消した。肩を怒らせた野牛ペインンである。「どうして今まで壁画の存在に気がつかなかったのであろうか」。

父親の侯爵は前年の一八七八年にパリの万国博覧会で、アルタミラに近いフランスのバスク地方の洞窟で出土した、先史時代の石器や遺品を見たばかりであった。マリアの発見に先立って、動物の像の彫られた骨片を自ら見つけてもいる。この場合、先入観のある侯爵は、獲物は土中にあるものと決めてかかっていたようで、足元しか見ていない。古人類学の予備知識のない五歳のマリアだからこそ、本物と見紛うほどリアルに描かれた天井の絵画に気がついたのだ。悲しいことに「裸の王様」に気がつかない者は学者のあいだに多く、先史学者エドワール・P・E・カルテラックをはじめ錚々たる研究者たちは、㋕未開の穴居人の芸術的手腕を認めず、壁画の真実性が受け容れられるまで二四年もの歳月が流れたという。考古学の知識を十分にもつ父親が発見できず、眼前の光景に対して何ら先入観をもたない女の子が世紀の発見をしたということは、それはそれで立派な発見の ③ だが、アルタミラ壁画の発見がセレンディピティーの範疇[注d]ヨーロッパに入るかどうかは ㋔ ヨーロッパ というところだ。少なくともマリアは遺跡を研究している父に同伴していたからである。ところが今度は紛れもなく子供たちが単独で重要な先史遺跡を発見する。それがラスコー洞穴の壁画である。

南フランスのドードーニュ地方の小さな田舎町モンティニャックのこと。インディアン遊びをしていた悪童ジャック・マルサルは、三人の仲間と岩づくりに励んでいた。町から南に三キロメートルほど離れたラスコーの丘陵地帯を「悪魔の穴」と呼ばれる洞窟に入ったのは、そうした理由からである。年長のマルセル・ラヴィダが深淵に落ち込み、三人が後を追うと、鍾乳洞の広間にたどりついた。一九四〇年九月十二日のことである。子供たちの「秘密の砦」になるはずの洞穴の白亜の壁に、牡牛や馬などの動物が生き生きと描かれていることに気づくまで、そう長くはかからなかった。ラスコー壁画の秘密はすぐにもれてしまい、マルセルの祖母、町の憲兵[注5]、ラヴァル先生を経て、先史学のケン⑱アンリ・ブルイユ神父に伝わって、「ラスコーの壁画は正真正銘、一万八〇〇〇年から二万年前の先史時代のものである」ことが判明したのである。

（井山弘幸『ラプラスの科学論　科学的推論と発見はいかになされるか』による）

出典：井山弘幸『ラプラスの科学論　科学的推論と発見はいかになされるか』新曜社

（注1）イドラ──正しい認識や思考を妨げる先入観。ベーコンは、洞窟のイドラ、種族のイドラ、劇場のイ

— 80 —

(4B—2)

ドラ、市場のイドラの四つを挙げている。

(注2) 百科全書派——一八世紀のフランスで編集された百科事典（百科全書）の編集に携わった思想家・理論家・研究者たち。

(注3) セレンディピティー——偶然に基づく発見や進歩のこと。

(注4) 鶴嘴——取っ手の先に鶴の嘴のような形の金属を付けた掘削用の道具。

(注5) 憲兵——軍隊内の秩序維持を目的として警察的な機能を担う兵。

＊問題作成上の都合により、本文の一部に手を加えてある。

問1 傍線部a〜eのカタカナと同じ漢字を用いるものを、各群の①〜⑤のうちからそれぞれ一つずつ選べ。解答番号は、a・[1]〜e・[5]。

a バクロ [1]
① バクを禁ずる。
② バクガ飲料を飲む。
③ ジョマク式に参加する。
④ ジバク自業に陥る。
⑤ ンボウを懸けた闘い。

b サイショウ [2]
① マンジョウ一致で可決する。
② 彼はジョウダンばかり言っている。
③ 敵をジョウセキ通りに攻める。
④ 空港でトウジョウ手続きをする。
⑤ 酒を飲んでジョウキゲンになる。

c ホンポウ [3]
① 校内ホウソウで連絡する。
② 北のホウガクへ向かって進む。
③ ザイホウの隠し場所を見つける。
④ ロッポウ全書を携帯する。
⑤ 簡易ホウソウでゴミを減らす。

d ビミョウ [4]
① 書類のマツビに署名をする。
② 才色ケンビの逸材だ。
③ ケンビ鏡で観察する。
④ ジビ科で診察する。
⑤ 大学でビガクを専攻する。

e ケンイ [5]
① 先例にイキョウした見解。
② イフウ堂々たる入場行進。
③ 業務をイニンする。
④ 江戸の町で有名なカンポウイ。
⑤ イショク足りて礼節を知る。

問2 傍線部ア「悪知恵がついた」とあるが、本文中における意味の説明として最も適当なものを、次の①〜⑤のうちから一つ選べ。解答番号は　6　。

① 物事を皮肉な目で論理的に見るようになること。

② 人を貶めようとあれこれ企むようになること。

③ ものはずみですべて悪事を働いてしまうこと。

④ 物事を道徳的な基準で考えるようになること。

⑤ 人の言うことにわざと逆らうようになること。

問3 空欄　I　〜　III　に当てはまる言葉として最も適当なものを、各群の①〜⑤のうちからそれぞれ一つずつ選べ。解答番号は、I・　7　　II・　8　　III・　9　。

I ① 内省的　　② 短絡的　　③ 哲学的　　④ 具体的　　⑤ 抽象的

II ① 無我夢中　　② 深謀遠慮　　③ 疑心暗鬼　　④ 天真爛漫　　⑤ 虚心坦懐

III ① パラドックス　　② ジレンマ　　③ シンボル　　④ レトリック　　⑤ ロジック

問4 傍線部イ「高圧電流を仕掛けた『見えない防犯装置』をお城の窓枠に取りつけたら、この子供なら平気で通り抜けようとするだろう」とあるが、その説明として最も適当なものを、次の①〜⑤のうちから一つ選べ。解答番号は　10　。

① 子供は未熟であり思慮が足りないため、高圧電流やお城の高窓の危険性をいくら説き聞かせても十分に理解できず、つい手を触れたり通り抜けたりしてしまうこと。

② 子供にとって見えないものは存在しないものであり、たとえ大人が恐れる危険な防犯装置であっても常識にとらわれることなく近づき、容易に突破できること。

③ 子供は社会のしくみやルールについて知識が乏しく思慮が足りないため、お城の窓から建物に出入りするような非常識で危険なことも平気でやってしまうこと。

④ 子供は見えるものだけが存在すると考えるため、たとえ危険な防犯装置であっても見えなければ警戒することもなく、自分の身を簡単に危険にさらしてしまうこと。

⑤ 子供は見えるものだけを信じ、見えないものに対する認識が欠けているため、大人が防犯装置に高圧電流を仕掛けなければならない意味を十分に理解できないこと。

— 83 —

問5　傍線部ウ「『裸の王様』を発見した子供は立派なベーコン主義者だったとも言える」とあるが、その説明として最も適当なものを、次の①〜⑤のうちから一つ選べ。解答番号は　11　。

① 「裸の王様」を発見した子供は、先入観や誤謬にとらわれた大人の間違ったものの見方に気付いて訂正してくれたのだ。

② 「裸の王様」を発見した子供は、大人たちの奇妙な振る舞いについて思ったことを後先の影響を考えることなく口にしてくれたのだ。

③ 「裸の王様」を発見した子供は、常識にとらわれずに自分の目で見たありのままの姿から事を判断してくれたのだ。

④ 「裸の王様」を発見した子供は、帰納法による推論や科学的な思考に関する初歩的な技法を既に習得してくれたのだ。

⑤ 「裸の王様」を発見した子供は、王様をはじめとする大人たちの奇妙な振る舞いに対して鋭い批判を投げかけてくれたのだ。

問6　傍線部エ「老練な理論家」とあるが、筆者はニュートンをどのような人物として捉えているか。その説明として最も適当なものを、次の①〜⑤のうちから一つ選べ。解答番号は　12　。

① 生来の攻撃的な性格で、科学理論の論争において常に優位に立とうとするこころの人物。

② 人生の経験と実績を積み、論敵との論争には決して負けない戦術を身につけた人物。

③ ベーコンの教えに忠実で、研究対象に対する知的好奇心をいつまでも忘れない人物。

④ 明確な世界観や理論を持ち、入念に考えられた綿密な計画を通して研究を進める人物。

⑤ 老年に至っても、子供のような純粋無垢な感性と大人のずるしさを併せ持った人物。

問7　傍線部オ「侯爵は、そこを眺めたが、何も見えなかった」とあるが、それはなぜか。本文の趣旨に照らして最も適当なものを、次の①〜⑤のうちから一つ選べ。解答番号は　13　。

① 娘の見た牡牛が実際は存在せず、壁面の凹凸を見て勘違いしたものだったから。

② 考古学的な知識に基づいて、洞穴の中に牡牛がいないことが明らかだったから。

③ 牡牛の姿は、娘の体調が急に悪化した結果、幻覚を起こして見たものだったから。

④ 対象との距離が近すぎて、壁画をはっきりと認識することができなかったから。

⑤ 過去の経験から、遺跡や遺品は土の中にあるという先入観にとらわれていたから。

問8　傍線部カ「未開の穴居人の芸術的手腕を認めず」とあるが、それはなぜだと考えられるか。その説明として最も適当なものを、次の①〜⑤のうちから一つ選べ。解答番号は　14　。

① 未開の穴居人による壁画は前例がなく、芸術作品として判断するための十分な根拠がなかったから。

② 本物と見紛うほどリアルに描かれた作品は単なる模写であって、芸術の名に値しないから。

③ 壁画の作者が未開の穴居人ではなく、現代人によるいたずらである可能性が残っていたから。

④ 未開の穴居人の芸術と近代の文明人の芸術とでは技法が大きく異なるため、比較できないから。

⑤ 壁画は近代的な芸術としての条件を満たしておらず、芸術に分類することは困難だったから。

問9 波線部「例外的に、子供が重大な事実の発見に絡んだ逸話が二つほどある」とあるが、本文に挙げられた二つの逸話について説明した次の文の空欄 　A　 ・ 　B　 に当てはまる言葉として最も適当なものを、後の①～⑤のうちからそれぞれ一つずつ選べ。解答番号は、 A ・ 15 、 B ・ 16 。

　セレンディピティーは「偶然と聡明さにより、求めていないものを発見する能力」と定義することができる。しかし「偶然」の作用でありながら「聡明さ」という「必然性」に親和性を持つ能力も関わる点に、この概念の両義的な性格がうかがえる。本文に挙げられたアルタミラ洞窟の壁画の発見は、予備知識のない娘による偶然の結果とは言いつつ、彼女は遺跡の研究をしている父に同伴していたから、 　A　 ということができる。一方、ラスコー洞穴の壁画の場合、子供たちは「秘密の砦」をつくるために洞穴に入り、壁画はおろか、遺跡の発見などまったく期待も予想もしていなかったから、 　B　 。

① 純粋に偶然の結果であったように見える
② 専門知識によってもたらされた発見である
③ ある程度の聡明さも加わった発見である
④ 予備知識なしに誰もができる容易な発見だった
⑤ 相互の連携によってもたらされた発見である

第**2**問　次の文章を読んで、後の問い（問1〜11）に答えよ。

　人間を再定義する上で、最近私が言っているのは、人間を自律的な判断力を持って物事を決定するヒューマン・ビーイング（human being）としてではなく、周用の他者や自然とともに生成変化していくヒューマン・コビカミング（human co-becoming）として捉えてはどうかということです。

　人間はヒューマン・ビーイングであるという考え方は、人間を人間とする存在のエッセンス、ヒューマン・ネイチャーを措定します。そして、これまでヒューマン・ネイチャーとは理性か知性であると考えられてきました。理性・知性をもち、自律的な判断力をもって行動するのが、ヒューマン・ビーイングであるということです。ホモ・サピエンス（ᵃカシコイヒト）という言葉はそれを指しています。

　ですが、人間を特定の本質をもつものとしてみるのではなく、むしろ周用とのつながりのなかで、人間や人間ならざるものとの関係のなかで、自己変容していくものとしてみるほうが可能でしょう。関係のなかで自己変容すると当然関係も変わっていきますから、全体が変わっていきます。人間を環境とともに生成変化していくヒューマン・コビカミングとして考えられないだろうか、ということです。

　このように考えたときに、自己と他者、あるいは精神と物質のどちらが主体でどちらが客体なのかということではなく、そのあいだにある多様なる人間や世界の可能性というものを、まさに自己の生き方の問題として、しかし他者や自然とのつながりから探求する問題として、もう一度考え直せるのではないか。そして、そうした観点からみますと、グローバル化は悪いことではかりではなく、さまざまな多様なもの、あるいは異なるものとのつながりながら、私たちが自らの生き方をより豊かにするためのチャンスでもあります。しかし、このチャンスが非常に不確定に満ちたものであるということには、よくよく注意しなければなりません。

　私たちは人新世という未知で不確定の時代に入っています。人新世は、人類が地球システムに大きな影響を与えるような時代を指します。それを、人間だけが作った時代と考えてはいけません。人間が自然とともに作ってしまった時代であり、人間が自然とともに作り直せる時代でもあるわけです。私たちは、╳という従来の人間中心主義で進歩主義的な幻想を捨てなければなりません。自然とともに人間が変わっていくという新たな時代のなかで、不確定性の想像力と創造力をᵇキたえなくてはいけないのです。

　このことは、私たちが取り組んでいるグローバル・スタディーズの「グローブ」とは何なのかということをもう一度考え直をせる契機ともなります。ヒューマン・コビカミングにとって、グローブとは何なのか。

　まず「世界」です。生命主体、生きる主体にとって現れる意味世界のことです。それは、それぞれの主体にとっての環境であり、多元的な環境世界、あるいは地域ごとの世界というものがあるといえるでしょう。ただし、それらは独立したものではなく、相互に関わっています。諸地域にとっての多元的な意味世界も、いくとグローバル化のなかで相互交流をしています。多元的でつながった世界ですね。

　二番目は「地球」という捉えかたです。地球は、地球圏、生命圏、人間圏の交差する場と考えることができるでしょう。単に主体と環境ではありません。地球圏や生命圏もそれ自体の論理を持っているし、時間的なパを持っている、あるいは、固有の時空間的なロジックを持っていると言っているのかもしれません。そして、そのなかに人間という存在が生きて、人間圏を形成することが可能になっています。というのでいると、単に人間主体に着目するのではなく、地球圏のロジックは何なのか。生命圏のロジックは何なのか。人間圏

のロゴスは何なのかという。これは科学的な知識と意味世界が交差するなかで、われわれの生きる場はど

うやってできているのかという視座を展開していくはずです。

そして、三番目は「惑星」という観点です。プラネタリーというのは、最近、これは一種の流行り言葉となっています。ただ、これにはやはり理由があって、惑星という言葉によって、よりはっきりと宇宙的視野における惑星としての地球、つまり生きる場としての地球を相対化するニュアンスを提示できるという利点があります。生命を支える物理科学的条件を検討した上で、この地球という惑星はわれわれをどのように条件付けているのかという観点で見ていかなくてはならないのです。

そして四番目。これはあまり言われていないことなのですが、私にとっては決定的に重要で「この世（this world）」という捉えかたです。この世と言うたときには、常に私たちは「あの世（the other world）」を意識する必要があるでしょう。見えないもの、霊魂、精霊、ロゴス、あるいは世界の根源たる「あれ」とのつながりのなかではじめて、この世で生きる私たちの生の意味が作られているということを意識しなくてはいけないと思います。

私たちの生存基盤たる地球社会（グローブ）は、これらのすべての側面を合わせたものです。これらの重層的で多元的な側面を考えながら、これからの地球社会を考えていかなくてはいけないでしょう。

（中略）

このようにグローブというもの、あるいは私たちの生きる世界というものを考えていくと、当然グローバル・スタディーズというものも変わらなければいけないということになります。より総合的なグローバル・スタディーズをつくっていかなければいけません。

これまでのグローバル・スタディーズは主に、政治経済的なグローバル化、つまり市場やガバナンスが地球規模になったことに着目してきました。それ自体はもちろん重要なことです。しかし、こうした全球的な市場やガバナンスがあるからといって、必ずしも世界の一元化がもたらされるわけではありません。それを目指すべきでもないでしょう。むしろ、諸地域のつながりから、あるいは諸発展経路が交差しながら、さまざまな民主主義や資本主義のかたちを生み出していく動態に着目したのです。それを通じて、世界がつながるなかからむしろ多様なる可能性が花開く状況をみると同時に、そうしたさまざまなものが花開く条件とは何なのかということを考えていければと思っています。

こうしたヴァリエーションの一端を、私は現代インドについては[注一]ヴァナキュラー・デモクラシーという言葉で呼んでいます。つまり、在来なるものと世界的な価値や制度がつながり、相互作用を経るなかでできていく固有の民主主義のかたちです。あるいは、ヴァナキュラー・キャピタリズムということも、少しずつ議論を始めています。

二番目には、人間社会のなかのつながりだけではなく、人間と人間とならざるもののつながりの緊密化から生まれる新たな動態への着目が必要です。つまり、人間と自然のさまざまな個物の（あいだ）から生まれる政治経済・社会文化・自然生態的な動態の全体をみていくことです。

そして三番目ですが、惑星という観点から見ることです。生命の惑星たる地球の存在基盤を宇宙的視野のな

が検討することが必要です。このためには、宇宙物理学などはもとより、ＳＦ的想像力が重要です。最近私は、『三体』という中国のＳＦ小説を読みまして、その宇宙的視野と未来への想像力に非常にショッキングな衝撃を受けました。地球という条件のなかで生きる人間とは何かを考える上で、惑星としての地球を考えるということは非常に有益だと思います。

そして四番目は、この世の世俗世界性（worldliness）です。この世における　Ｉ　なつながり、人間と人間、人間とモノとのつながりが、あの世という他界的な〈外〉（otherworldliness）と　Ⅱ　に触れ合うなかで、さまざまな異他性（alterity）を生み出していく潜在的可能性に着目するということですね。

これまでは、こうした話は単なる哲学や宗教、人々の理念や信仰だと考えられてきましたが、私はそれにとどまらないと思うのです。例えば、近世インドでは、まさに森の生命力としての女神と、それを超えた超越的存在であるジャガンナータや王権が、そうした潜在的可能性や普遍的真理を代表することによって、それらの〈あいだ〉において、人びとが自らの生きる世界を物質的にも政治経済的にも作ってきましたし、また生きる価値を構築してきました。

つまりグローバルな世界を考えるときに、この他界や〈外〉の問題を外してはいけません。というのは、ヒューマン・ビカミングの行為主体性に息吹を与えるのはまさにこの他界や〈外〉だからです。人間は他者とともに〈外〉のより大きな存在＝力に触れながら、現在の自己とは別の自己に生成変化していくのです。そうした自己変容の探求・実践・経験に着目しなければならないのではないかと思います。

（田辺明生「グローバル化時代の『人間』を考える―歴史人類学からの視点」國分功一郎・
清水光明編『地球的思考―グローバル・スタディーズの課題』所収による）

出典：田辺明生「グローバル化時代の『人間』を考える―歴史人類学からの視点」（國分功一郎・清水光明編
　　　『地球的思考―グローバル・スタディーズの課題』所収）　水声社

（注１） ヴァナキュラー――地域特有の風土や文化に根ざしていること。
（注２） 『三体』――劉慈欣のＳＦ小説。

＊問題作成上の都合により、本文の一部に手を加えてある。

問1 傍線部a〜eのカタカナと同じ漢字を用いるものを、各群の①〜⑤のうちからそれぞれ一つずつ選べ。

解答番号は、a・[17]〜e・[21]。

a カッコい [17]
① 財力を手に入れてケンセイを振るう。
② 誘いを断ったのはケンメイな判断だ。
③ 新入社員ケンシュウを受ける。
④ ケンゴなつくりの城。
⑤ 教育に関するケンシキが高い。

b ヘキ [18]
① 入場行進のキシュを務める。
② イッキ当千の武者。
③ ガラリンはヘキ性が非常に高い。
④ キチョウメンな性格。
⑤ 独立宣言をキソウする。

c シンプ [19]
① 個性のシンチョウを図る。
② シンセイショを提出する。
③ スイシンの深い川。
④ 古代のシンを読む。
⑤ シンシンを持って試合に臨む。

d ケンショウ [20]
① ショウニン欲求が強い。
② インショウ派の絵画を鑑賞する。
③ 国の安全ホショウについて考える。
④ 身分ショウメイ書を提示する。
⑤ 減価ショウキャク費を計算する。

e シテキ [21]
① コシン眈々と獲物を狙う。
② フクシ政策の充実を図る。
③ イデンシ研究のパイオニア。
④ 抗議の声をシガにもかけない。
⑤ 世相をフウシする。

— 89 —

問2 傍線部ア「人間はヒューマン・ビーイングであるという考え方は、人間を人間とする存在のエッセンス、ヒューマン・ネイチャーを措定します」とあるが、それはどういうことか。その説明として最も適当なものを、次の①～⑤のうちから一つ選べ。解答番号は、 22 。

① 人間はヒューマン・ビーイングであるという考え方は、人間が理性や知性を持ち、自律的に判断して行動する存在であることをあらゆる考察の前提にしていること。

② 人間はヒューマン・ビーイングであるという考え方は、人間が自律的な判断力を持って物事を決定し、行動の結果に責任を持つことを最も重視していること。

③ 人間はヒューマン・ビーイングであるという考え方は、人間が他の自然とは異なり、特権的な存在であることを自覚することによってもたらされたものであること。

④ 人間はヒューマン・ビーイングであるという考え方は、人間が自律的な判断力と行動力を持つ特別な存在であり、自然の支配者としての自覚に基づいていること。

⑤ 人間はヒューマン・ビーイングであるという考え方は、ありのままの自然を享受するのではなく、理性や知性に基づいて自然を改変する行動につながっていること。

問3 傍線部イ「人間を環境とともに生成変化していくヒューマン・ビカミングとして考えられないだろうか」とあるが、これはどういうことを述べたものか。その説明として最も適当なものを、次の①～⑤のうちから一つ選べ。解答番号は、 23 。

① 人間を一律に定義するのではなく、各人の個性に合わせて多義的に定義しなければならないこと。

② 人格を固定したものではなく、生涯に渡って成長変化するものとして捉えなければならないこと。

③ 人間の定義は他者や自然との関係を通して行われるべきであるが、まだ条件が整っていないこと。

④ 人間の再定義に当たっては、固定的なものではなく流動的なものとして把握する必要があること。

⑤ 人間は自然や社会との相互作用を通して変わり続ける存在であると理解するのが適切であること。

問4 傍線部ウ「このチャンスが非常に不確定に満ちたものであるということはよくよく注意しなければなりません」とあるが、それはなぜか。その説明として最も適当なものを、次の①～⑤のうちから一つ選べ。解答番号は、 24 。

① 従来の人間中心主義が通用しなくなり、今後は自然の影響力がよりいっそう強くなるから。

② 多様なものとつながることは、必然的に不幸や災難を招くものとつながる確率を高めるから。

③ グローバル化に伴う地球規模の変化は多元的であり、人類が未経験で予測困難なものだから。

④ 人類が地球システムに与える影響が大きくなり、環境破壊が深刻化すると予想されるから。

⑤ グローバル化は進歩主義的な幻想を打ち砕き、停滞や退化を常態化させると考えられるから。

問5 空欄 ｜ Ｘ ｜ に当てはまる内容として最も適当なものを、次の①〜⑤のうちから一つ選べ。解答番号は ｜ 25 ｜ 。

① 四季折々の自然の情趣に目を向け味わうことで、私たちの日々の生活に潤いがもたらされる

② 自然というものは変わらないもので、それをより効率的に利用することにより豊かになれる

③ 自然の脅威の前に人間は無力だが、科学技術の進歩によって最低限度の安全を確保できる

④ 自然と人間はお互いに変わらないものであり、共存していくことは原理的に不可能である

⑤ 悠久の自然は変わらないのに対し、人間および人間の社会は常に変わり続けるものである

問6 傍線部エ「科学的な知識と意味世界が交差するなかで、われわれの生きる場はどうやってできているのかという視座」とあるが、その説明として最も適当なものを、次の①〜⑤のうちから一つ選べ。解答番号は ｜ 26 ｜ 。

① 人間が万能ではなく、地球という物理的条件や生命という生物的条件に制約された限定的な存在であり、その枠内でしか人間の生きる意味は見つからないと考える視点。

② 地球圏・生命圏・人間圏がそれぞれ相互に影響し合っていることを認めつつ、そのような影響とは一線を画すそれぞれの固有のロジックの解明に重点を置こうとする視点。

③ 人間の生きる場の意味について、環境の変化に左右されたり主観で一方的な思い込みに陥ったりすることなく、科学的な知識に基づいて客観的に考えようとする視点。

④ 人間の生きる世界の実態や価値について、人間だけでなく地球・生命・人間それぞれの領域の構造や相互の関係を科学的に明らかにしつつ、多元的に考えようとする視点。

⑤ 人間主体は小さな存在であるが、その集合体である人間圏は地球圏・生命圏と対等であるだけでなく、科学的な知識の蓄積によって最も重要な意味を持つと考える視点。

問7 傍線部オ「生きる場としての地球を相対化するニュアンス」とあるが、その説明として最も適当なものを、次の①〜⑤のうちから一つ選べ。解答番号は ｜ 27 ｜ 。

① 地球の存在を偶然の結果として捉えるとともに、人間が自然の恩恵を一方的に受けるだけでなく、意識的に地球環境の保護に取り組まなければならないことを強調する意味合い。

② 地球が宇宙空間においては唯一の存在ではなく、無数にある惑星の一つに過ぎないことを認識し、人間が他の惑星でも生存できる条件や可能性を積極的に探っていこうとする意味合い。

③ 地球を自明の前提とはせず宇宙空間に存在する一つの惑星と捉え、他の惑星との違いを認識した上で、その条件下で生きる人間のあり方を考えることだけにしようとする意味合い。

④ 一見すると神秘的に見える地球を感覚的に捉えるだけでなく、宇宙物理学に基づいて科学的に捉えることで、人間や生命を支える物理的条件を明らかにしていくという意味合い。

⑤ 地球について、宇宙空間に存在する惑星の一つであるという相対的な側面と、生命や人間の存在を支える絶対的な条件であるという二面性を理解し、多面的に解釈していこうとする意味合い。

問8 傍線部カ「諸地域がつながりながら、あるいは諸発展経路が交差しながら、さまざまな民主義や資本主義のかたちを生み出していく動態」とあるが、その説明として最も適当なものを、次の①～⑤のうちから一つ選べ。解答番号は 28 。

① 欧米で誕生した市場やガバナンスの原理が、地球規模で一元的に発展していくこと。

② 文明の中心地で生まれた市場や政治の原理が、周辺地域で発展し最盛期を迎えること。

③ 市場や政治の理念や制度が、地域や発展段階の違いを超えて相互に作用し発展すること。

④ 地域の特色ある価値や制度が、近隣と融合しながら世界的なものに発展していくこと。

⑤ 民主主義や資本主義の一元的な原理が、多様化することで多くの対立が生じていること。

問9 傍線部キ「人間と自然のさまざまな個物の〈あいだ〉から生まれる政治経済・社会文化・自然生態的な動態の全体をみていく」とあるが、その説明として最も適当なものを、次の①～⑤のうちから一つ選べ。解答番号は 29 。

① 人間社会のあり方について、人間だけでなく自然との相互作用にも目を向け、地球社会のあり方として探っていくこと。

② 主観と客観の対立をのりこえるために、人間と自然の中間領域に普遍的な政治経済や社会文化の制度を構築していくこと。

③ 人間中心主義でもなく、また単なる自然回帰でもない新たな観点から、今後の政治経済や社会文化のあり方を探求すること。

④ 人間社会の政治経済や社会文化のあり方の探求において、外部の超越的存在のもつ潜在的可能性に着目すること。

⑤ 人間の生きる意味や社会のあり方を人間社会の内部よりも、外部である自然との関わりを通して模索していくこと。

問10 空欄 I ・ II に当てはまる言葉の組み合わせとして最も適当なものを、次の①～⑤のうちから一つ選べ。解答番号は 30 。

① I 絶対的 II 相対的

② I 水平的 II 垂直的

③ I 物理的 II 精神的

④ I 現実的 II 空想的

⑤ I 近代的 II 前近代的

問11 本文の趣旨をまとめた次の文の空欄 A ・ B に当てはまる言葉として最も適当なものを、各群の①〜⑤のうちからそれぞれ一つずつ選べ。解答番号は、A・ 31 、B・ 32 。

　グローバル化は、(1)多元的な諸地域のつながり、(2)人間と自然のつながり、(3)地球と宇宙のつながり、(4)この世とあの世のつながり、という四つのつながりがますます緊密になり、その境界があやふやになっていく動態の全体であると捉えることができます。これまでの秩序は、諸地域を分けたり、人間と自然を分けたり、地球と他の惑星を分けたり、あるいはこの世とあの世を分けたりすることによってつくられてきました。いわば A 的で専門的な体系を B しているというふうにしてきたわけです。そして、この A 化と専門化こそが発展であるかのように思われてきました。しかし、そうした時代は終わりを告げつつあります。

A　① 計量　② 合理　③ 一元　④ 形式　⑤ 類型
B　① 洗練　② 拡大　③ 解体　④ 縮小　⑤ 刷新

— 93 —

1i 数 学

$$\left(\text{解答番号} \boxed{1} \sim \boxed{35}\right)$$

選択肢の中から正しいものを1つ選びなさい。ただし，分数はすべて既約分数（それ以上約分できない分数）とし，根号を含む解答は根号の中に現れる自然数が最小となる形で答えなさい。

Ⅰ（1） 整式 $P(x)$ を $x-2$ で割った余りが -8 であり，$2x+1$ で割った余りが7である。このとき，$P(x)$ を $2x^2-3x-2$ で割った余りは $-\boxed{1}\,x+\boxed{2}$ である。

（2） i を虚数単位とするとき，$\dfrac{\dfrac{2}{1-i}-\dfrac{1}{1+i}}{\dfrac{2}{1-i}+\dfrac{1}{1+i}} = \dfrac{\boxed{3}}{\boxed{4}}+\dfrac{\boxed{5}}{\boxed{6}}\,i$ である。

（3） 数列 $\dfrac{1}{1}$，$\dfrac{1}{2}$，$\dfrac{2}{2}$，$\dfrac{1}{3}$，$\dfrac{2}{3}$，$\dfrac{3}{3}$，$\dfrac{1}{4}$，$\dfrac{2}{4}$，… はある規則で並んでいる。

この数列の初項から第49項までの和は $\boxed{7}$ である。

$\boxed{1} \sim \boxed{6}$ の選択肢

① 1　　② 2　　③ 3　　④ 4　　⑤ 5

⑥ 6　　⑦ 7　　⑧ 8　　⑨ 9　　⑩ 10

$\boxed{7}$ の選択肢

① 21　　② 22　　③ 23　　④ 24　　⑤ 25

⑥ 26　　⑦ 27　　⑧ 28　　⑨ 29　　⑩ 30

Ⅱ　定義域を $0 \leqq \theta \leqq \pi$ とする関数 $y = \cos 3\theta - 3\cos 2\theta - 6\cos\theta$ について，次の問いに答えなさい。

（1）　$t = \cos\theta$ とおくとき，y を t の式で表すと
$$y = \boxed{8}\, t^3 - \boxed{9}\, t^2 - \boxed{10}\, t + \boxed{11}$$
である。

（2）　関数 y は $\theta = \boxed{12}$ のとき最小値 $-\boxed{13}$ をとる。

（3）　関数 y は $\theta = \boxed{14}$ のとき最大値 $\dfrac{\boxed{15}}{\boxed{16}}$ をとる。

$\boxed{8}$ ～ $\boxed{11}$, $\boxed{13}$, $\boxed{15}$, $\boxed{16}$ の選択肢

① 1　　② 2　　③ 3　　④ 4　　⑤ 5

⑥ 6　　⑦ 8　　⑧ 9　　⑨ 11　　⑩ 13

$\boxed{12}$, $\boxed{14}$ の選択肢

① 0　　② $\dfrac{\pi}{6}$　　③ $\dfrac{\pi}{4}$　　④ $\dfrac{\pi}{3}$　　⑤ $\dfrac{\pi}{2}$

⑥ $\dfrac{2}{3}\pi$　　⑦ $\dfrac{3}{4}\pi$　　⑧ $\dfrac{4}{5}\pi$　　⑨ $\dfrac{5}{6}\pi$　　⑩ π

（次の頁にも設問があります）

Ⅲ 　座標空間において，2点 A（0，0，1），B（3，2，0）を通る直線を ℓ とする。点 P は ℓ 上を動く点とし，点 Q は y 軸上を動く点とする。

線分 PQ の長さの最小値は $\dfrac{\boxed{17}\ \sqrt{\boxed{18}}}{\boxed{19}}$ であり，そのときの P，Q の座標はそれぞれ

$$\text{P}\left(\dfrac{\boxed{20}}{\boxed{21}}，\dfrac{\boxed{22}}{\boxed{23}}，\dfrac{\boxed{24}}{\boxed{25}}\right)，\qquad \text{Q}\left(0，\dfrac{\boxed{26}}{\boxed{27}}，0\right)$$

である。

選択肢

① 1 　② 2 　③ 3 　④ 4 　⑤ 5
⑥ 6 　⑦ 7 　⑧ 8 　⑨ 9 　⑩ 10

Ⅳ　右の図のように，碁盤目状に並べた9個の点（●）とそれらを結ぶ16本の
線分からなる図形がある。図形の点Sに駒を置き，次の操作を何回か繰り
返すゲームを行う。

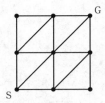

〔操作〕

　さいころを1回投げて，以下の規則で駒を線分1本分だけ動かす。

・出た目が1ならば，正方形の対角線に沿って右上の点へ動かす。

・出た目が2か3ならば，正方形の辺に沿って右の点へ動かす。

・出た目が4か5ならば，正方形の辺に沿って上の点へ動かす。

・出た目が6ならば，駒を動かさず，その点に留める。

　ただし，駒を動かす方向に線分がない場合はゲームを終了する。このとき，次の問いに答えなさい。

（1）　ちょうど2回の操作で駒が初めて点Gに到達する確率は $\dfrac{\boxed{28}}{\boxed{29}}$ である。

（2）　ちょうど3回の操作で駒が初めて点Gに到達する確率は $\dfrac{\boxed{30}}{\boxed{31}}$ である。

（3）　駒が同じ点に留まることなく，ちょうど4回の操作で初めて点Gに到達する確率は $\dfrac{\boxed{32}}{\boxed{33}}$ である。

（4）　ちょうど4回の操作で駒が初めて点Gに到達する確率は $\dfrac{\boxed{34}}{\boxed{35}}$ である。

　　$\boxed{28}$ ， $\boxed{30}$ ， $\boxed{32}$ ， $\boxed{34}$ の選択肢

　　① 1　　② 2　　③ 3　　④ 7　　⑤ 11

　　⑥ 13　　⑦ 17　　⑧ 19　　⑨ 23　　⑩ 29

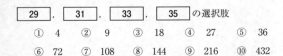

　　$\boxed{29}$ ， $\boxed{31}$ ， $\boxed{33}$ ， $\boxed{35}$ の選択肢

　　① 4　　② 9　　③ 18　　④ 27　　⑤ 36

　　⑥ 72　　⑦ 108　　⑧ 144　　⑨ 216　　⑩ 432

(1i−4)

　　選択肢の中から正しいものを1つ選びなさい。ただし，分数はすべて既約分数（それ以上約分できない分数）とし，根号を含む解答は根号の中に現れる自然数が最小となる形で答えなさい。

I （1）　$f(x) = x^3 - 5x$ のとき，$\displaystyle\lim_{h \to 0} \frac{f(1+h) - f(1-2h)}{h} = -$ | 1 | である。

（2）　連立方程式 $\begin{cases} 2^{x+2} - 2^{y+1} = -2^5 \\ \log_2 x - \log_2(y+1) = -1 \end{cases}$ の解は，$x = $ | 2 |，$y = $ | 3 | である。

（3）　平面上の △OAB において，3辺の長さが OA = 8，OB = 9，AB = 7 とする。

　　　　△OAB の内心を I とするとき，$\overrightarrow{\text{OI}} = \dfrac{\boxed{4}}{\boxed{5}} \overrightarrow{\text{OA}} + \dfrac{\boxed{6}}{\boxed{7}} \overrightarrow{\text{OB}}$ である。

選択肢

① 1　　② 2　　③ 3　　④ 4　　⑤ 5

⑥ 6　　⑦ 7　　⑧ 8　　⑨ 9　　⑩ 10

Ⅱ xy 平面において，連立不等式

$$y \leqq -x^2 + |x| + 2, \qquad y \geqq x - 1$$

の表す領域を D とするとき，次の問いに答えなさい。

（1） 点 P(x, y) が領域 D 内を動くとき，x のとり得る値の範囲は $-\boxed{8} \leqq x \leqq \sqrt{\boxed{9}}$ である。

  また，y のとり得る値の範囲は $-\boxed{10} \leqq y \leqq \dfrac{\boxed{11}}{\boxed{12}}$ である。

（2） 領域 D の面積は $\boxed{13} + \boxed{14} \sqrt{\boxed{15}}$ である。

選択肢

① 1　　② 2　　③ 3　　④ 4　　⑤ 5
⑥ 6　　⑦ 7　　⑧ 8　　⑨ 9　　⑩ 10

（次の頁にも設問があります）

Ⅲ 　初項 a，公差 d の等差数列 $\{a_n\}$ の初項から第 n 項までの和を S_n とする。$S_{10} = 120$，$S_{13} = 195$ であるとき，次の問いに答えなさい。

(1) 　$a = \boxed{16}$，$d = \boxed{17}$ である。

(2) 　$S_{2n} = \boxed{18}\, n\left(n + \boxed{19}\right)$ である。

(3) 　$T_k = (-1)^{k-1} S_k$ とおくとき，

$$\sum_{k=1}^{2n-1} T_k = \boxed{20}, \qquad \sum_{k=1}^{2n} T_k = -\boxed{21}$$

である。

$\boxed{16} \sim \boxed{19}$ の選択肢

① 1 　② 2 　③ 3 　④ 4 　⑤ 5

⑥ 6 　⑦ 7 　⑧ 8 　⑨ 9 　⑩ 10

$\boxed{20}$，$\boxed{21}$ の選択肢

① n^2 　　② $(n+1)^2$ 　　③ $n(n+1)$ 　　④ $n(n+2)$ 　　⑤ $n(2n+1)$

⑥ $n(2n+3)$ 　⑦ $\dfrac{n(n+1)}{2}$ 　⑧ $\dfrac{n(n+2)}{2}$ 　⑨ $\dfrac{n(2n+1)}{2}$ 　⑩ $\dfrac{n(2n+3)}{2}$

(2i-3)

Ⅳ　中の見えない箱に赤玉6個，白玉4個，青玉2個が入っている。このとき，次の問いに答えなさい。

（1）　箱から2個の玉を同時に取り出すとき，2個の玉が同色である確率は $\dfrac{\boxed{22}}{\boxed{23}}$ である。

（2）　箱から3個の玉を同時に取り出すとき，3個の玉の色がすべて異なる確率は $\dfrac{\boxed{24}}{\boxed{25}}$ である。

（3）　箱から3個の玉を同時に取り出すとき，赤玉と白玉がそれぞれ少なくとも1個含まれる

　　確率は $\dfrac{\boxed{26}}{\boxed{27}}$ である。

（4）　箱から3個の玉を同時に取り出すとき，3個の玉の色がちょうど2色となる確率は $\dfrac{\boxed{28}}{\boxed{29}}$ である。

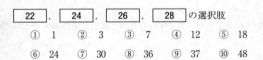

　　　$\boxed{22}$ ，　$\boxed{24}$ ，　$\boxed{26}$ ，　$\boxed{28}$ の選択肢
　　　① 1　　② 3　　③ 7　　④ 12　　⑤ 18
　　　⑥ 24　　⑦ 30　　⑧ 36　　⑨ 37　　⑩ 48

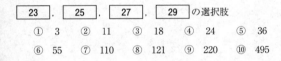

　　　$\boxed{23}$ ，　$\boxed{25}$ ，　$\boxed{27}$ ，　$\boxed{29}$ の選択肢
　　　① 3　　② 11　　③ 18　　④ 24　　⑤ 36
　　　⑥ 55　　⑦ 110　　⑧ 121　　⑨ 220　　⑩ 495

3i 数 学

2月5日

選択肢の中から正しいものを1つ選びなさい。ただし，分数はすべて既約分数（それ以上約分できない分数）とし，根号を含む解答は根号の中に現れる自然数が最小となる形で答えなさい。

Ⅰ（1） $x>0$，$y>0$ のとき，$(x+2y)\left(\dfrac{1}{x}+\dfrac{2}{y}\right)$ の最小値は $\boxed{1}$ である。

（2） 条件 $a_1=2$，$3a_{n+1}-a_n+4=0$ （$n=1,2,3,\cdots$）によって定まる数列 $\{a_n\}$ の一般項は，

$$a_n=\frac{\boxed{2}}{\boxed{3}^{\boxed{4}}}-\boxed{5}$$

である。

（3） ある高校では，生徒数の男女比が 4:5 であり，男子生徒の 60%，女子生徒の 40% がそれぞれ運動部に所属しているという。

この高校で無作為に選んだ生徒1名が運動部に所属しているとき，その生徒が女子である条件付き確率は $\dfrac{\boxed{6}}{\boxed{7}}$ である。

$\boxed{1}$ ～ $\boxed{3}$, $\boxed{5}$ の選択肢

① 1 ② 2 ③ 3 ④ 4 ⑤ 5
⑥ 6 ⑦ 7 ⑧ 8 ⑨ 9 ⑩ 10

$\boxed{4}$ の選択肢

① $n-2$ ② $n-1$ ③ n ④ $n+1$ ⑤ $n+2$

$\boxed{6}$, $\boxed{7}$ の選択肢

① 3 ② 4 ③ 5 ④ 6 ⑤ 9
⑥ 10 ⑦ 11 ⑧ 22 ⑨ 25 ⑩ 44

Ⅱ $f(x) = x^3 - 6x^2 + 9x - 1$ とし，曲線 $y = f(x)$ を C とするとき，次の問いに答えなさい。

（1） $f(x)$ は $x = \boxed{}$ で極大値 $\boxed{}$ をとり，$x = \boxed{}$ で極小値 $-\boxed{}$ をとる。

（2） C 上の点 $(t, f(t))$ における接線の方程式は

$$y = \boxed{}\left(t - \boxed{}\right)\left(t - \boxed{}\right)x - \boxed{}\,t^3 + \boxed{}\,t^2 - \boxed{}$$

と表される。

（3） 点 $(0, a)$ から C に引くことができる接線の本数が 3 本となるような定数 a のとり得る値の範囲は

$$-\boxed{} < a < \boxed{}$$

である。

選択肢
① 1   ② 2   ③ 3   ④ 4   ⑤ 5
⑥ 6   ⑦ 7   ⑧ 8   ⑨ 9   ⑩ 10

（次の頁にも設問があります）

(3i－2)

Ⅲ　点 O を中心とする半径 1 の円に内接する △ABC において，$\overrightarrow{\text{OA}} = \vec{a}$，$\overrightarrow{\text{OB}} = \vec{b}$，$\overrightarrow{\text{OC}} = \vec{c}$ とし，等式 $3\vec{a} + 4\vec{b} + 5\vec{c} = \vec{0}$ が成り立つとき，次の問いに答えなさい。

（1）　$\vec{b} \cdot \vec{c} = -\dfrac{\boxed{18}}{\boxed{19}}$，$\vec{c} \cdot \vec{a} = -\dfrac{\boxed{20}}{\boxed{21}}$，$|\overrightarrow{\text{AB}}| = \sqrt{\boxed{22}}$ である。

（2）　△ABC の面積は $\dfrac{\boxed{23}}{\boxed{24}}$ である。

（3）　△ABC の重心を G とするとき，$|\overrightarrow{\text{OG}}| = \dfrac{\sqrt{\boxed{25}}}{\boxed{26}}$ である。

選択肢
①　1　　②　2　　③　3　　④　4　　⑤　5
⑥　6　　⑦　7　　⑧　9　　⑨　10　　⑩　15

Ⅳ 　下の表は，2つの変量 x，y のデータである。y のデータの平均値は 24，分散は 4 であり，a，b は正の整数で $a < b$ とする。このとき，次の問いに答えなさい。

x	29	24	21	23	28	25	32
y	21	25	27	a	22	b	23

（1）　x のデータの四分位偏差は | 27 | である。

（2）　$b =$ | 28 | であり，y のデータの中央値は | 29 | である。

（3）　x と y の共分散は $\dfrac{\boxed{30}}{7}$ であり，相関係数 r は | 31 | を満たす。

| 27 | ～ | 30 | の選択肢

　①　-38 　　②　-25 　　③　-14 　　④　-3 　　⑤　3

　⑥　6 　　⑦　12 　　⑧　24 　　⑨　26 　　⑩　28

| 31 | の選択肢

　①　$-1 \leqq r < -0.5$ 　　②　$-0.5 \leqq r < 0$ 　　③　$0 \leqq r < 0.5$ 　　④　$0.5 \leqq r \leqq 1$

4i 数　学

2 月27日

（解答番号 $\boxed{1}$ ～ $\boxed{31}$ ）

選択肢の中から正しいものを１つ選びなさい。ただし，分数はすべて既約分数（それ以上約分できない分数）とし，根号を含む解答は根号の中に現れる自然数が最小となる形で答えなさい。

I （1） $\sqrt{5}$ の小数部分を a とするとき，

$$a+\frac{1}{a}=\boxed{1}\sqrt{\boxed{2}}, \qquad \sqrt{a^2+\frac{1}{a^2}}=\boxed{3}\sqrt{\boxed{4}}$$

である。

（2） ６人掛けの円卓があり，大人４人，子ども２人の６人が無作為に着席するとき，子ども２人が隣り合う確率は $\dfrac{\boxed{5}}{\boxed{6}}$ である。

（3） 円に内接する四角形 ABCD において，AB＝CD＝4，BC＝3，DA＝2 のとき，対角線 AC の長さは $\sqrt{\boxed{7}}$ ，四角形 ABCD の面積は $\dfrac{\boxed{8}\sqrt{\boxed{9}}}{\boxed{10}}$ である。

$\boxed{1}$ ～ $\boxed{6}$ の選択肢

① 1　　② 2　　③ 3　　④ 4　　⑤ 5

⑥ 6　　⑦ 7　　⑧ 8　　⑨ 9　　⑩ 10

$\boxed{7}$ ～ $\boxed{10}$ の選択肢

① 3　　② 4　　③ 7　　④ 8　　⑤ 10

⑥ 11　　⑦ 15　　⑧ 21　　⑨ 22　　⑩ 26

Ⅱ　xy 平面に 2 点 A $(0, -4)$，B $(5, 7)$ がある。直線 $y = 2x + 1$ を ℓ とするとき，次の問いに答えなさい。

（1）　点 A と直線 ℓ の距離は $\sqrt{\boxed{11}}$ である。

（2）　直線 ℓ に関して，点 A と対称な点 A$'$ の座標は $\left(-\boxed{12}\,, -\boxed{13}\right)$ である。

（3）　点 P が直線 ℓ 上を動くとき，AP $+$ PB の最小値は $\boxed{14}\sqrt{\boxed{15}}$ であり，そのときの
点 P の座標は $\left(\boxed{16}\,, \boxed{17}\right)$ である。

選択肢
① 1　② 2　③ 3　④ 4　⑤ 5
⑥ 6　⑦ 7　⑧ 8　⑨ 9　⑩ 10

（次の頁にも設問があります）

Ⅲ 初項 1，公差 x の等差数列 $\{a_n\}$ と，初項 3，公比 x の等比数列 $\{b_n\}$ がある。数列 $\{c_n\}$ を

$$c_n = a_n + b_n \qquad (n = 1, 2, 3, \cdots)$$

によって定めると，$c_2 > 0$，$c_3 = 34$ が成り立つとき，次の問いに答えなさい。

（1） $x =$ 　18　，$c_2 =$ 　19　 である。

（2） 数列 $\{c_n\}$ の初項から第 n 項までの和を S_n とすると，

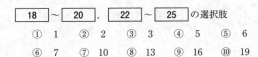

$$S_n = \frac{\boxed{20}^{\,\boxed{21}}}{\boxed{22}} + \frac{\boxed{23}}{\boxed{22}}n^2 - \frac{\boxed{24}}{\boxed{22}}n - \frac{\boxed{25}}{\boxed{22}}$$

である。

　18　～　20　，　22　～　25　の選択肢

① 1　　② 2　　③ 3　　④ 5　　⑤ 6

⑥ 7　　⑦ 10　　⑧ 13　　⑨ 16　　⑩ 19

　21　の選択肢

① $n-2$　　② $n-1$　　③ n　　④ $n+1$　　⑤ $n+2$

⑥ $2n-1$　　⑦ $2n$　　⑧ $3n-2$　　⑨ $3n-1$　　⑩ $3n$

IV   12個の正の整数

   6, 12, 9, 7, 11, 8, 10, 8, 4, x, y, z

からなるデータがある。ただし，$x < y < z-1$とする。

右の図は，このデータの箱ひげ図である。次の問いに

答えなさい。

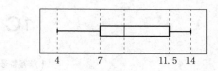

4   7   11.5 14

（1） $x = \boxed{\quad 26 \quad}$ ，$y = \boxed{\quad 27 \quad}$ ，$z = \boxed{\quad 28 \quad}$ である。

（2）   このデータの中央値は $\boxed{\quad 29 \quad}$ ，平均値は $\boxed{\quad 30 \quad}$ ，分散は $\dfrac{\boxed{\quad 31 \quad}}{3}$ である。

$\boxed{26}$ ～ $\boxed{28}$ の選択肢

   ① 4   ② 6   ③ 7   ④ 10   ⑤ 12
   ⑥ 14   ⑦ 15   ⑧ 17   ⑨ 19   ⑩ 21

$\boxed{29}$ ～ $\boxed{31}$ の選択肢

   ① 6.5   ② 8   ③ 8.5   ④ 9   ⑤ 10
   ⑥ 11.5   ⑦ 15   ⑧ 19.5   ⑨ 23   ⑩ 25

(4i－4)

1C 生　物

$$\left(\text{解答番号}\ \boxed{1}\ \sim\ \boxed{40}\right)$$

Ⅰ　生体を構成する物質に関する以下の設問に答えよ。

問1　細胞を構成する基本的な物質は、タンパク質・炭水化物・脂質・核酸などの有機物や、水などの無機
　　　物である。細胞を構成する物質は元素と呼ばれる基本的成分からなる。有機物は複数の元素によって構
　　　成されており、物質の種類によって構成する元素が異なる。タンパク質・炭水化物・脂質・核酸を構成
　　　する元素の組み合わせとして、もっとも適切なものを次の①～⑩の中から一つ選べ。ただし、タンパク
　　　質、炭水化物、脂質、核酸の順とする。　　　　　　　　　　　　　　　　　　　　　　 $\boxed{1}$

　　　元素の組み合わせア：C、H、O　　　　　　　元素の組み合わせイ：C、H、O、N

　　　元素の組み合わせウ：C、H、O、P　　　　　　元素の組み合わせエ：C、H、O、S

　　　元素の組み合わせオ：C、H、O、N、P　　　　元素の組み合わせカ：C、H、O、N、S

　　　元素の組み合わせキ：C、H、O、P、S　　　　元素の組み合わせク：C、H、O、N、S、P

　　　①　エ、ア、イ、キ　　　②　カ、ア、ウ、キ　　　③　ク、ア、イ、オ　　　④　エ、イ、イ、キ

　　　⑤　カ、イ、ウ、キ　　　⑥　ク、イ、イ、オ　　　⑦　キ、ア、ウ、オ　　　⑧　キ、イ、ウ、オ

　　　⑨　エ、イ、ウ、キ　　　⑩　カ、ア、ウ、オ

問2　タンパク質は、多くのアミノ酸がペプチド結合でつながったポリペプチドからできたものである。タ
　　　ンパク質を構成するアミノ酸は20種類あり、ヒトの成人はそれらのうち、いくつかのアミノ酸を体内で
　　　合成できない。そのような体内で合成できないアミノ酸を必須アミノ酸と呼ぶ。必須アミノ酸として、
　　　適切でないものを次の①～⑤の中から一つ選べ。　　　　　　　 $\boxed{2}$

　　　①　イソロイシン　　　②　リシン　　　③　フェニルアラニン

　　　④　ヒスチジン　　　⑤　グルタミン

問3　タンパク質のはたらきに関する文として、**適切でないもの**の組み合わせを次の①～⑩の中から一つ選べ。　3

A．動物における細胞間の情報伝達は、細胞に存在する受容体というタンパク質が他の細胞から分泌されたシグナル分子を受容して行われる。

B．細胞のなかでタンパク質の凝集体ができると細胞死を引き起こすことがある。シャペロンというタンパク質は、変性したタンパク質を認識して凝集を防ぐ作用がある。

C．チューブリンというタンパク質は多数結合して環状構造の太い繊維となり、細胞膜直下で張力に対する強度を高め、細胞の形を保持している。

D．触媒作用を有するタンパク質である酵素は、活性化エネルギーを下げることによって化学反応の進行を促進する。

E．ラクトースオペロンにおいて、lacZ（ラクトースの分解に関係する酵素の遺伝子）の発現はリプレッサーという調節タンパク質がプロモーターに結合するか否かによって調節されている。

①　A、B　　②　A、C　　③　A、D　　④　A、E　　⑤　B、C

⑥　B、D　　⑦　B、E　　⑧　C、D　　⑨　C、E　　⑩　D、E

問4　炭水化物に関する文章を読み、次のa～cに答えよ。

　　炭水化物（糖質）は、その多くが組成式$C_m(H_2O)_n$からなる化合物である。もっとも単純な炭水化物は単糖と呼ばれ、2分子の単糖が結合したものは二糖、そして多数結合したものは多糖とよばれる。

a．炭水化物A～Dが何糖かについて、適切なものの組み合わせを次の①～⑩の中から一つ選べ。　4

A．ガラクトース

B．ラクトース

C．スクロース

D．フルクトース

①　単糖：A　　　　　二糖：B、C、D　　②　単糖：A、B　　　　二糖：C、D

③　単糖：A、C　　　二糖：B、D　　　　④　単糖：A、D　　　　二糖：B、C

⑤　単糖：B　　　　　二糖：A、C、D　　⑥　単糖：B、C　　　　二糖：A、D

⑦　単糖：B、D　　　二糖：A、C　　　　⑧　単糖：C　　　　　　二糖：A、B、D

⑨　単糖：C、D　　　二糖：A、B　　　　⑩　単糖：B、C、D　　二糖：A

b．グルコースが2分子結合した二糖と3分子結合した三糖は組成式$C_m(H_2O)_n$の炭水化物である。これらの二糖と三糖の組成式のmとnに入る数値として、もっとも適切なものを次の①～⑩の中から一つ選べ。ただし、二糖のm、二糖のn、三糖のm、三糖のnの順とする。また、糖と糖が結合する際には、その結合1つあたり1つの水分子が取り除かれる。　5

①　6、6、9、9　　②　6、5、9、8　　③　6、5、9、7

④　6、4、9、8　　⑤　6、4、9、7　　⑥　12、12、18、18

⑦　12、11、18、17　⑧　12、11、18、16　⑨　12、10、18、17

⑩　12、10、18、16

c．炭水化物**A**〜**E**について、構成単位がグルコースのみであるものを過不足なく含む選択肢を次の①〜⑩の中から一つ選べ。 6

A．デンプン

B．スクロース

C．セルロース

D．フルクトース

E．グリコーゲン

① A、B、C ② A、B、C、D ③ A、B、C、E ④ A、B、C、D、E

⑤ A、C、D ⑥ A、C、E ⑦ A、C、D、E ⑧ B、C、D

⑨ B、C、E ⑩ C、D、E

問5 脂質に関する説明文のうち適切なものの数を次の①〜⑦の中から一つ選べ。 7

・脂肪は、1分子のグリセリンと3分子の脂肪酸でできており、生体内でエネルギーを貯蔵する物質としてはたらいている。

・分子の大きさが小さいものほど細胞膜を通り抜けやすく、また、脂質に溶けやすい物質ほど細胞膜を通り抜けやすい。

・ステロイドの中には、ホルモンとしてはたらくものがある。

・ステロイドの一種であるコレステロールは、動物細胞では細胞膜の成分となる。

・脂肪が呼吸に利用される場合には、まずグリセリンと脂肪酸に分解され、グリセリンは解糖系に入る。

・脂肪が呼吸に利用される場合には、まずグリセリンと脂肪酸に分解され、脂肪酸はミトコンドリアでさらに分解されて多量のアセチルCoAとなったのち、クエン酸回路に入る。

① 0 ② 1 ③ 2 ④ 3 ⑤ 4 ⑥ 5 ⑦ 6

問6 リン脂質は、細胞膜や細胞小器官を構成する膜である生体膜の主成分となっている。細胞小器官**A**〜**I**のうち一重の生体膜をもつものの数を次の①〜⑩の中から一つ選べ。 8

A．ゴルジ体 **B**．中心体 **C**．リソソーム **D**．ミトコンドリア **E**．葉緑体

F．滑面小胞体 **G**．粗面小胞体 **H**．核 **I**．リボソーム

① 0 ② 1 ③ 2 ④ 3 ⑤ 4

⑥ 5 ⑦ 6 ⑧ 7 ⑨ 8 ⑩ 9

問7 mRNAは、タンパク質のアミノ酸配列の情報を担っている。翻訳の際、mRNAの塩基3つの並び（トリプレット）が1つのアミノ酸と対応しており、このトリプレットは特にコドンと呼ばれている。64通りのコドンが20種類のアミノ酸と対応しているが、アミノ酸と対応していないコドンが3つあり、そこで翻訳が終了するため、それらは終止コドンと呼ばれている。終止コドンとして、**適切でないもの**の組み合わせを次の①～⑩の中から一つ選べ。　9

A．UAG

B．UAC

C．UGA

D．UGC

E．UAA

① A、B　② A、C　③ A、D　④ A、E　⑤ B、C

⑥ B、D　⑦ B、E　⑧ C、D　⑨ C、E　⑩ D、E

（次の頁にも設問があります）

II ヒトの体内環境の維持に関する次の文章を読み、以下の設問に答えよ。

　生命活動を維持していくため、体内環境を一定の範囲内に調節するしくみを恒常性（ホメオスタシス）という。恒常性は、神経系とホルモンのはたらきによって維持されている。ヒトでは、血液中の酸素濃度や血糖濃度、体温、体内水分量などは、体外環境が変化してもほぼ一定に保たれているため、からだの細胞や器官は安定して活動することができる。

問1　神経系を構成する基本となる細胞はニューロン（神経細胞）である。ニューロンは核のある細胞体とそこから長く伸びる[**ア**]、多数の短い[**イ**]からなる。[**ア**]に髄鞘とよばれる構造がみられるものを[**ウ**]神経繊維といい、[**エ**]神経繊維に比べて、興奮の伝導速度が[**オ**]。文章中の[**ア**]～[**オ**]に入る組み合わせとして、もっとも適切なものを次の①～⑧の中から一つ選べ。ただし、[**ア**]、[**イ**]、[**ウ**]、[**エ**]、[**オ**]の順とする。　　**10**

①　軸索、樹状突起、有髄、無髄、速い　　　②　樹状突起、軸索、有髄、無髄、速い

③　軸索、樹状突起、無髄、有髄、速い　　　④　樹状突起、軸索、無髄、有髄、速い

⑤　軸索、樹状突起、有髄、無髄、遅い　　　⑥　樹状突起、軸索、有髄、無髄、遅い

⑦　軸索、樹状突起、無髄、有髄、遅い　　　⑧　樹状突起、軸索、無髄、有髄、遅い

問2　ホルモン分泌の調節に関する次の文章を読み、以下のa～dに答えよ。

　視床下部からの甲状腺刺激ホルモン放出ホルモンのはたらきにより、脳下垂体前葉から甲状腺刺激ホルモンが分泌される。甲状腺刺激ホルモンは血流を介して甲状腺に運ばれ、チロキシンの分泌を促進する。血液中のチロキシン濃度が上昇すると、視床下部や脳下垂体前葉はそれに反応して、甲状腺刺激ホルモン放出ホルモンや甲状腺刺激ホルモンの分泌を抑制する。その結果、血液中チロキシン濃度は低下していく。このように、最終産物や最終的なはたらきの効果が、前の段階に戻って作用を及ぼすことを　**12**　という。

a．脳下垂体後葉から分泌されるホルモンとして、もっとも適切なものを次の①～⑤の中から一つ選べ。
　11

①　アドレナリン　　　②　成長ホルモン　　　　③　バソプレシン

④　パラトルモン　　　⑤　副腎皮質刺激ホルモン

b．文章中の　**12**　に入るもっとも適切なものを次の①～⑦の中から一つ選べ。

①　オートファジー　　②　ギャップ　　　③　クライマックス　　④　スプライシング

⑤　セントラルドグマ　⑥　フィードバック　⑦　復元力

c．チロキシンと同様に細胞内に受容体があるホルモンとして、もっとも適切なものを次の①～⑧の中から一つ選べ。　**13**

①　アドレナリン　　②　インスリン　　③　甲状腺刺激ホルモン放出ホルモン

④　グルカゴン　　　⑤　成長ホルモン　⑥　糖質コルチコイド

⑦　バソプレシン　　⑧　パラトルモン

d．ホルモンとそのはたらきに関する説明文 **A ～ D** のうち、適切なものを過不足なく含む選択肢を次の
①～⑩の中から一つ選べ。 ▢14

A．ホルモンは複数の標的器官に作用することがある。

B．アドレナリンは骨格筋で血管を収縮させる。

C．バソプレシンは肝臓でグリコーゲンの分解を促進する。

D．パラトルモンは骨からカルシウムを血液中に溶け出させる。

①	A、B	②	A、C	③	A、D	④	B、C	⑤	B、D
⑥	C、D	⑦	A、B、C	⑧	A、B、D	⑨	A、C、D	⑩	B、C、D

問3 血液中の酸素濃度の調節に関する次の文章を読み、以下のa～cに答えよ。

　　　激しい運動をすると、血液中の酸素が消費されて、二酸化炭素の濃度が増加する。この情報を
▢15 が感知し、[**カ**]神経を通じて心臓の拍動が促進される。その結果、血流量が増加し、より多
くの酸素が運ばれる。また、運動をやめると、血液中の二酸化炭素濃度が低下し、[**キ**]神経の作用で
拍動数は元に戻る。

a．文章中の ▢15 に入るもっとも適切なものを次の①～⑥の中から一つ選べ。

①	延髄	②	視床下部	③	小脳	④	脊髄	⑤	大脳	⑥	中脳

b．文章中の [**カ**]、[**キ**] に入る組み合わせとして、もっとも適切なものを次の①～⑩の中から一つ選べ。
ただし、[**カ**]、[**キ**] の順とする。 ▢16

①	運動、交感	②	運動、感覚	③	運動、副交感	④	交感、運動
⑤	交感、副交感	⑥	副交感、交感	⑦	副交感、感覚	⑧	副交感、運動
⑨	感覚、運動	⑩	感覚、副交感				

c．[**カ**]神経が優位にはたらいた時の説明文 **A ～ E** のうち、適切なものの組み合わせを次の①～⑩の中
から一つ選べ。 ▢17

A．瞳孔は縮小する。

B．胃腸のぜん動は促進する。

C．肝臓ではグリコーゲンが合成される。

D．排尿が抑制される。

E．皮膚の血管は収縮する。

①	A、B	②	A、C	③	A、D	④	A、E	⑤	B、C
⑥	B、D	⑦	B、E	⑧	C、D	⑨	C、E	⑩	D、E

（次の頁にも設問があります）

問4　血糖濃度の調節に関する次の文章を読み、以下のa〜cに答えよ。

　　血糖濃度は、自律神経系と内分泌系が協調してはたらくことによって調整されている。血糖濃度が高くなると　18　の血糖調節中枢が刺激され、その刺激は［ク］神経を通じて、［ケ］に伝えられる。また、血糖濃度が高い血液は、直接、［ケ］を刺激する。その結果、［コ］が分泌され、血糖濃度は低下する。

a．文章中の　18　に入るもっとも適切なものを次の①〜⑥の中から一つ選べ。

①　延髄　　②　視床下部　　③　小脳　　④　脊髄　　⑤　大脳　　⑥　中脳

b．以下のホルモンのうち、血糖濃度を上昇させるはたらきをもつものの数を次の①〜⑨の中から一つ選べ。　19

・アドレナリン　　・インスリン　　　　・グルカゴン　　・鉱質コルチコイド

・成長ホルモン　　・糖質コルチコイド　　・バソプレシン　　・パラトルモン

①　0　　②　1　　③　2　　④　3　　⑤　4　　⑥　5　　⑦　6　　⑧　7　　⑨　8

c．［コ］に関する説明文のうち、適切なものの数を次の①〜⑦の中から一つ選べ。　20

・すい臓ランゲルハンス島のB細胞から分泌される。

・筋肉におけるグルコースの取り込みを促進する。

・脂肪組織におけるグルコースの取り込みを促進する。

・脂肪組織における脂肪の合成を促進する。

・肝臓におけるグリコーゲンの合成を促進する。

・筋肉におけるグリコーゲンの合成を促進する。

①　0　　②　1　　③　2　　④　3　　⑤　4　　⑥　5　　⑦　6

— 116 —

III 植物の刺激に対する反応に関する次の文章を読み、以下の設問に答えよ。

植物はさまざまな刺激を受け、それらに対してさまざまな応答をしている。その一つ、刺激に対して一定の方向性をもって屈曲する性質を屈性という。例えば根は光に対して [あ]、重力に対して [い]、水に対して [う] の屈性を示す。光屈性には植物ホルモンの、オーキシンが関与していることがわかっている。さらに近年では光屈性の刺激受容には [え] 光受容体である [お] がはたらいていることがわかっている。この光受容体は、気孔の開口にも関わっている。また、、気孔の閉口には植物ホルモンが関与している。

植物の刺激に対する反応には、、接触に対するオジギソウの葉の反応や温度に対するチューリップの花弁の開閉など、傾性といわれるものもある。

図1〜3は光屈性に関する研究で行われた実験である。なお、**図1〜3**にはすべて、光を一方向から照射すると光に向かって屈曲する同種のイネ科植物の幼葉鞘が用いられているものとする。

図1の実験1では、幼葉鞘の先端部に透明なキャップをかぶせても、先端部以外を遮光しても光を一方向から照射すると光に向かって屈曲したが、先端部を切除したり、先端部に光を通さないキャップをかぶせたりすると屈曲しなかった。また、屈曲は幼葉鞘の先端部ではなく、その下部の組織で起こった。

図2の実験2では、化学物質を通さない雲母片を幼葉鞘の先端部に差し込み、光を一方向から照射した結果、光に対して垂直方向に雲母片を差し込むと幼葉鞘は屈曲せず、平行に差し込むと屈曲した。

図3の実験3は水溶性物質を通す寒天片に、幼葉鞘から切断した先端部を乗せてしばらく置いた後の寒天片を用いた実験である。先端部を切除した幼葉鞘の切り口全面に、暗所でこの寒天片を乗せると幼葉鞘はまっすぐ成長したが、片側にずらして乗せると暗所でも寒天片を乗せた側と反対方向に屈曲した。

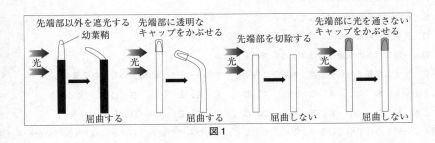

図1

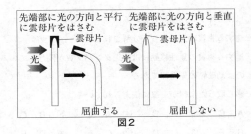

図2

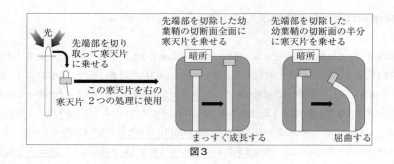

図3

問1 文章中の [**あ**] ～ [**う**] に入るものの組み合わせとして、もっとも適切なものを次の①～⑧の中から一つ選べ。ただし、[**あ**]、[**い**]、[**う**] の順とする。 21

① 正、正、正　　② 負、正、正　　③ 正、負、正　　④ 正、正、負

⑤ 負、負、正　　⑥ 負、正、負　　⑦ 正、負、負　　⑧ 負、負、負

問2 文章中の [**え**]、[**お**] に入るものの組み合わせとして、もっとも適切なものを次の①～⑨の中から一つ選べ。ただし、[**え**]、[**お**] の順とする。 22

① 赤色、フィトクロム　　② 赤色、クリプトクロム　　③ 赤色、フォトトロピン

④ 青色、フィトクロム　　⑤ 青色、クリプトクロム　　⑥ 青色、フォトトロピン

⑦ 緑色、フィトクロム　　⑧ 緑色、クリプトクロム　　⑨ 緑色、フォトトロピン

問3 下線部**イ**に関する記述として、**適切でないもの**の組み合わせを次の①～⑩の中から一つ選べ。 23

A．イネ馬鹿苗病の研究から発見された。

B．植物の頂芽優勢に関わっている。

C．光屈性だけではなく、重力屈性にも関わる。

D．一般に伸長の最適濃度は茎よりも根の方が低い。

E．オオムギ種子の発芽の際、糊粉層に作用してアミラーゼなどの酵素の合成を誘導する。

① A、B　　② A、C　　③ A、D　　④ A、E　　⑤ B、C

⑥ B、D　　⑦ B、E　　⑧ C、D　　⑨ C、E　　⑩ D、E

問4 実験1の結果からわかることの記述として、適切なものの組み合わせを次の①～⑩の中から一つ選べ。 24

A．幼葉鞘の光屈性にはオーキシンが関与している。

B．光刺激の情報を伝達する物質は光によって分解される。

C．光刺激の情報を伝達する物質の極性移動には輸送タンパク質が関与している。

D．光を感知しているのは幼葉鞘の先端部である。

E．幼葉鞘の先端部で感じ取った情報が下部に伝えられている。

① A、B　　② A、C　　③ A、D　　④ A、E　　⑤ B、C

⑥ B、D　　⑦ B、E　　⑧ C、D　　⑨ C、E　　⑩ D、E

問5　実験1の幼葉鞘の先端部以外を遮光した処理を行うことによって棄却できる仮説あるいは考察として、もっとも適切なものを次の①〜⑥の中から一つ選べ。　25

　　① キャップの重みが屈曲を誘発している可能性がある。

　　② 光を感知しているのは幼葉鞘の先端部のみである。

　　③ 屈曲するには幼葉鞘の先端部だけではなく下部にも光があたる必要がある。

　　④ 幼葉鞘は先端部と同様にその下部でも光を感知して屈曲を誘発する。

　　⑤ 幼葉鞘の先端部がなければ屈曲は誘発されない。

　　⑥ 屈曲を誘発する物質は水溶性である。

問6　実験2の結果からわかることの記述として、適切なものの組み合わせを次の①〜⑩の中から一つ選べ。
　　26

　　A．光刺激の情報を伝達する物質は水溶性である。

　　B．光刺激の情報を伝達する物質は光刺激によって幼葉鞘先端部で光の当たらない側に移動する。

　　C．光刺激の情報を伝達する物質は幼葉鞘先端部よりも下部の光の当たらない側を下方に移動する。

　　D．光刺激の情報を伝達する物質は幼葉鞘先端部よりも下部の組織で光の当たらない側に移動する。

　　E．光刺激の情報を伝達する物質は光が当たる側の組織の成長を抑制する。

　　① A、B　　② A、C　　③ A、D　　④ A、E　　⑤ B、C

　　⑥ B、D　　⑦ B、E　　⑧ C、D　　⑨ C、E　　⑩ D、E

問7　実験3の結果からわかることの記述として、適切なものの組み合わせを次の①〜⑩の中から一つ選べ。
　　27

　　A．幼葉鞘先端部から寒天片に拡散した物質の植物の成長に対する作用に光は必須ではない。

　　B．幼葉鞘先端部から寒天片に拡散した物質はそれが通る側の組織の成長を促進することで屈曲を起こす。

　　C．幼葉鞘先端部から寒天片に拡散した物質は、幼葉鞘先端部で光が当たらない側に移動する。

　　D．幼葉鞘先端部から寒天片に拡散した物質の濃度が高いほど、より強く屈曲する。

　　E．幼葉鞘先端部から寒天片に拡散した物質は、明所でも先端部を切除された幼葉鞘の成長に作用する。

　　① A、B　　② A、C　　③ A、D　　④ A、E　　⑤ B、C

　　⑥ B、D　　⑦ B、E　　⑧ C、D　　⑨ C、E　　⑩ D、E

（次の頁にも設問があります）

問8　下線部ロに関する記述として、適切なものの組み合わせを次の①〜⑩の中から一つ選べ。　28

　A．孔辺細胞の細胞壁は気孔側が薄く、反対側が厚くなっているため、孔辺細胞の膨圧が低くなると気孔が開く。

　B．孔辺細胞の細胞壁は気孔側が厚く、反対側が薄くなっているため、孔辺細胞の膨圧が低くなると気孔が開く。

　C．孔辺細胞内の［お］が［え］光を受容すると、孔辺細胞内の浸透圧が増加する。

　D．孔辺細胞内の［お］が［え］光を受容すると、孔辺細胞が周辺の細胞の水を奪い、水分が減少して収縮した周辺の細胞に孔辺細胞が引っ張られることで気孔が開く。

　E．孔辺細胞内の［お］が［え］光を受容すると、孔辺細胞が吸水してふくらむ。

　　①　A、B　　②　A、C　　③　A、D　　④　A、E　　⑤　B、C

　　⑥　B、D　　⑦　B、E　　⑧　C、D　　⑨　C、E　　⑩　D、E

問9　下線部ハの気孔閉口を誘導する植物ホルモンに関する記述として、もっとも適切なものを次の①〜⑤の中から一つ選べ。　29

　　①　種子の形成過程で種子中に蓄積して発芽を抑制し、種子の休眠を誘発する。

　　②　種なしブドウの生産に利用されている。

　　③　離層の形成を誘導する直接の調節因子である。

　　④　離層の形成に抑制的にはたらく。

　　⑤　果実の成熟を促進する。

問10　下線部ニに関する記述として、適切なものの組み合わせを次の①〜⑩の中から一つ選べ。　30

　A．傾性とは一定方向の刺激に対してのみ反応し、刺激とは逆方向に傾くものである。

　B．傾性とは刺激の種類とは関係なく、一定方向の反応を示すものである。

　C．チューリップの花弁の反応は花弁の内側と外側の成長速度の差によって起こる。

　D．キュウリなどの巻きひげが支柱に巻き付く反応は接触傾性の一つである。

　E．オジギソウの葉の反応は細胞の膨圧の変化によるものであり、葉は膨圧の高まった細胞群とは逆の方向に傾く。

　　①　A、B　　②　A、C　　③　A、D　　④　A、E　　⑤　B、C

　　⑥　B、D　　⑦　B、E　　⑧　C、D　　⑨　C、E　　⑩　D、E

Ⅳ　土壌に関する次の文章を読み、以下の設問に答えよ。

　　陸地の表層には土壌がある。特に森林の土壌は、構成成分によって層状になっている。地表面は落葉・落枝でおおわれており、これを落葉層という。その下には黒褐色の層があり、これを ［ア］層という。［ア］層は落葉・落枝が _ロ土壌動物や_ロ菌類、細菌によって分解されてできた ［イ］によって形成され、栄養塩類が多く含まれる。その下には岩石などが ［ウ］を受けてできた ［イ］の少ない層があり、さらにその下には ［ウ］していない母岩がみられる。

　　土壌の性質や状態はそこに成立する _ハ植生に大きな影響を与える。また、土壌の深さは環境の違いによって大きく影響を受けるがその深さはおおむね 1〜2 m とされている。養分が特に多い土壌はそのうち数十cm以内に分布している。

問1　文章中の ［ア］〜［ウ］に入る語句として、適切なものの組み合わせを次の①〜⑧の中から一つ選べ。
　　　　ただし、［ア］、［イ］、［ウ］の順とする。　31

　　A．団粒　　　B．腐植　　　C．堆積　　　D．有機物
　　E．変成　　　F．コケ類　　G．陸地化　　H．風化

　　①　A、B、E　　②　A、C、G　　③　B、C、G　　④　B、D、H
　　⑤　C、D、E　　⑥　C、D、H　　⑦　D、F、H　　⑧　D、E、H

問2　下線部**イ**について、**当てはまらないものの数**を次の①〜⑨の中から一つ選べ。　32

　　・トビムシ　　　・ササラダニ　　　・ダンゴムシ　　　・ムカデ
　　・ミミズ　　　　・ハサミムシ　　　・ワラジムシ　　　・ヤスデ

　　①　0　　②　1　　③　2　　④　3　　⑤　4　　⑥　5　　⑦　6　　⑧　7　　⑨　8

問3　下線部**ロ**に関する説明として、もっとも適切なものを次の①〜⑤の中から一つ選べ。　33

　　①　菌類のうち、鞭毛をもつ遊走子をつくるのはグロムス菌類であり、もっとも初期に分岐したとされている。
　　②　細菌は、現在知られている原核生物の大半を占め、細菌ドメインとして、メタン生成菌や超好熱菌などを含む。
　　③　菌類は、有性生殖の様式からシイタケなどの子のう菌類、クモノスカビなどの担子菌類などに分類されている。
　　④　細菌は独立栄養生物であり、海水、淡水や土壌中で光合成や化学合成を行う。
　　⑤　菌類には酵母など単細胞のものも存在するが、ほとんどが多細胞であり、菌糸とよばれる細い糸状の構造でできている。

（次の頁にも設問があります）

問4 土壌に関する説明として、適切なものを過不足なく含む選択肢を次の①～⑩の中から一つ選べ。

　　　34

A．ツンドラには凍土があり、夏季には表面が融けて草本植物やコケ植物などが生育する。

B．草原の植生では森林と比べて土壌の厚さは薄くなる。

C．熱帯では微生物の活動が抑えられるため、落葉落枝の分解が遅くなり、層が厚くなる。

D．荒原では落葉や落枝の代わりにコケ植物が層を厚く形成する。

E．森林の構成樹種によって土壌の有機物の層の厚さは変化する。

① A　　② B　　③ C　　④ D　　⑤ E

⑥ A、D　⑦ C、E　⑧ C、D　⑨ B、C、D　⑩ A、B、E

問5 下線部ハの内部では様々な環境要因による垂直方向の変化があり、高さ別の階層にそれぞれ異なる種類の植物がみられる。日本の瀬戸内地方（海抜50m以下）におけるもっとも適切な組み合わせを次の①～⑩の中から一つ選べ。　　35

① 高木層、ブナ

② 亜高木層、シラカンバ

③ 低木層、カタクリ

④ 草本層、モチノキ

⑤ 高木層、ミズナラ

⑥ 低木層、ダケカンバ

⑦ 亜高木層、シャクナゲ

⑧ 高木層、アラカシ

⑨ 高木層、シラビソ

⑩ 亜高木層、ヤブコウジ

問6 森林は施肥（肥料を施すこと）の必要がない生態系であると考えられるが、その理由の説明としてもっとも適切なものを次の①～⑥の中から一つ選べ。　　36

① 森林に存在するすべての樹木は人間によって管理され、養分の循環が適切に行われているため。

② 森林は農地の作物と異なり、切った樹木はすべて森林内に残されるため。

③ 農地に施肥された肥料が河川の流れに乗って移動し、森林の土壌内で複雑な混合物になるため。

④ 森林には様々な種類の樹木が存在し、枯死・脱落量が少ないため。

⑤ 肥料の3要素（窒素、リン、カリウム）は草本植物には当てはまるが、森林の樹木には当てはまらないため。

⑥ 森林の土壌は長い時間をかけて生物遺体を樹木の吸収可能な養分とするはたらきを持っているため。

問7　次の文章を読み、以下のa〜cの設問に答えよ。

　地球上の植物の分布は、主に［エ］と［オ］の二つの要因で規定されている。世界的にみると、［エ］の数値が比較的大きく［オ］の数値も大きい地域では樹木の生育が可能で、森林が発達する。［エ］の数値は大きいが［オ］の数値が小さい地域では樹木が生育できないため、草原が分布する。さらに、［エ］、［オ］の数値がともに極端に小さい地域では荒原となる。それぞれの植生およびそこで暮らす動物などを含めた生物のまとまりをバイオームという。

a．文章中の［エ］、［オ］についての説明として、適切なものを過不足なく含む選択肢を次の①〜⑦の中から一つ選べ。　37

　A．陸上での純生産量は［エ］と［オ］の影響を強く受けている。

　B．［オ］の数値は高緯度ほど大きくなりやすい傾向があるが、［エ］の数値にはそのような傾向はない。

　C．［オ］の数値の大きい地域に存在するバイオームは純生産量が低い。

　①　A　　②　A、B　　③　A、C　　④　B　　⑤　B、C　　⑥　C　　⑦　A、B、C

b．文章中の下線部について、世界の分布とそこに存在する生物のうち、アテネ　38　と大阪　39　に当てはまるもっとも適切な組み合わせを次の①〜⑩の中からそれぞれ一つずつ選べ。

　①　ステップ、アカシア

　②　雨緑樹林、オリーブ

　③　サバンナ、ジャコウウシ

　④　ツンドラ、着生植物

　⑤　硬葉樹林、コルクガシ

　⑥　ステップ、サボテン

　⑦　照葉樹林、クスノキ

　⑧　針葉樹林、カラマツ

　⑨　夏緑樹林、ミズナラ

　⑩　針葉樹林、トウヒ

c．文章中の下線部についての説明として、もっとも適切なものを次の①〜⑤の中から一つ選べ。
　40

　①　日本では、［オ］がバイオームを決めるため、［エ］による制限はない。

　②　日本のバイオームは世界と比較して［エ］、［オ］共に概ね一定なため、バイオームは2種類である。

　③　東北地方でみられるバイオームはシイやカシ類を主体とした夏緑樹林である。

　④　標高が増すごとに［エ］の数値は小さくなるため、高さによってバイオームが変化する。

　⑤　本州中部の標高1,500m以上の亜高山帯では照葉樹林が見られるようになる。

2C 生物

2月4日

（解答番号　1　～　40　）

I　生物の細胞に関する次の文章を読み、以下の設問に答えよ。

　　ドイツの学者であるシュライデンとシュワンは、生物はすべて、細胞から成り立っているとする細胞説を提唱した。細胞は、生命活動を営む最小単位であり、細胞の内部に存在する、細胞小器官が特定の機能をもっている。ヒトの細胞では、約10万種類とも言われる、タンパク質が合成され、生体触媒としてはたらく酵素もタンパク質の一種である。、神経、、肝臓や、腎臓など、からだの器官を構成する細胞の種類や合成されるタンパク質はそれぞれ異なるため、各器官はそれぞれ固有の機能的特徴をもっている。

問1　下線部イに関連して、現在生きている地球上の生物は、共通するいくつかの基本的な特徴をもっている。生物の特徴に関する説明文のうち、**適切でないもの**を次の①～④の中から一つ選べ。　1

①　細胞膜により包まれた細胞で構成され、細胞の中には細胞質基質（サイトゾル）が存在する。

②　生物は自分と同じ構造を持つ個体をつくる自己複製能力をもっている。

③　代謝という化学反応から得られるエネルギーを利用する。

④　形質を子孫に伝えるための遺伝物質として、20種類のアミノ酸を利用している。

問2　下線部ロに関連して、細胞にはエネルギーを生産・利用するためにミトコンドリアや葉緑体が存在する。ミトコンドリアや葉緑体に関する説明文として、もっとも適切なものを次の①～⑤の中から一つ選べ。　2

①　ミトコンドリアは、アーキア（古細菌）に光合成を行う原核生物が共生して生じたと考えられている。

②　真核細胞の葉緑体はクロレラが共生することで生じたと考えられている。

③　葉緑体のチラコイドでは、光合成色素が吸収した光エネルギーを利用して水が酸素などに分解され、ATPが合成される。

④　ミトコンドリアにあるストロマでは、合成されたATPなどを用いて二酸化炭素を材料に有機物を合成している。

⑤　ミトコンドリアには核のDNAとは別に独自のDNAが存在するが、葉緑体には独自のDNAが存在しない。

(2C-1)

問3 下線部ハに関する説明文として、もっとも適切なものを次の①～④の中から一つ選べ。 3

① ヒトのからだを構成するすべての細胞には1つの核が存在する。

② 真核細胞のDNAは細胞質基質の中に溶解した状態で存在している。

③ リボソームが結合した小胞体を粗面小胞体といい、カルシウムを蓄え、放出することで細胞質のカルシウム濃度を調節する役割をもつ。

④ リソソームには分解酵素が含まれ、細胞内で生じた不要な物質や細胞外から取り込んだ物質を分解するはたらきをもつ。

問4 下線部ニに関する説明文として、もっとも適切なものを次の①～⑤の中から一つ選べ。 4

① タンパク質は基本単位となるアミノ酸が多数鎖状につながってできており、アミノ酸の種類や配列順序などでタンパク質の種類が決まる。

② アミノ酸は、炭素原子Cに、アミノ基、カルボキシ基、水素原子、側鎖が結合してできており、側鎖は34種類存在する。

③ タンパク質を構成するアミノ酸どうしは、一方のアミノ基と他方のカルボキシ基がジスルフィド結合で結合している。

④ タンパク質は一部が折りたたまれてαヘリックスやβシートなどの構造を形成し、このような立体構造をタンパク質の三次構造という。

⑤ ポリペプチドのアミノ基側の末端をC末端、カルボキシ基の末端をN末端という。

問5 下線部ホに関する説明文のうち、**適切でないもの**の数を次の①～⑥の中から一つ選べ。 5

・酵素は活性化エネルギーを増加させることで化学反応を効率的に促進している。

・酵素反応の速度は温度の上昇とともに大きくなるが、多くの酵素は60～70℃ではたらきを失う基質特異性という性質をもつ。

・だ液に含まれるアミラーゼという酵素の最適pHは7であるため、最適pHより大きく外れるpHのもとでは、活性部位の状態が変化し、酵素－基質複合体を形成しにくくなるため、はたらきが低下する。

・PCR法で使用する酵素であるDNAポリメラーゼは、最適温度が高く、高温でも変性・失活しないものが利用されている。

・植物の細胞壁の主な成分はセルロースであり、ウシなどの消化管内の微生物はセルロースを分解するセルラーゼという酵素を持っているため、セルロースを栄養分とすることができる。

① 0 ② 1 ③ 2 ④ 3 ⑤ 4 ⑥ 5

（次の頁にも設問があります）

(2C－2)

問6　下線部へに関して、交感神経の作用の具体例の記述のうち、適切なものの数を次の①～⑧の中から一つ選べ。　**6**

　・瞳孔が拡大する。

　・心臓の拍動が抑制される。

　・気管支が収縮する。

　・体表の血管や立毛筋が収縮する。

　・胃腸のぜん動運動が促進される。

　・肝臓でグリコーゲンが合成される。

　・排尿が促進される。

　①　0　　②　1　　③　2　　④　3　　⑤　4　　⑥　5　　⑦　6　　⑧　7

問7　下線部トに関連する説明文として、**適切でないもの**を次の①～⑤の中から一つ選べ。　**7**

　①　肝臓には肝動脈と肝静脈という2つの血管が存在することに加え、消化管からの血管である肝門脈という静脈からも血液が流れ込んでいる。

　②　肝臓には他の器官より多くの酵素が含まれて活発な化学反応が起きているため、熱の発生が多く、体温の保持に役立っている。

　③　古くなった赤血球は主にすい臓で破壊され、赤血球に含まれるビリルビンが肝臓で処理されて胆汁中に排出される。

　④　肝臓はアルコールなどの有害物質を分解して無害な物質に変える解毒作用をもつ。

　⑤　肝臓の細胞に取り込まれたグルコースの一部をグリコーゲンとして貯蔵したり、貯蔵したグリコーゲンを分解して血液中にグルコースとして放出する。

問8　下線部チに関連した文章を読み、以下のa～cに答えよ。

　表は、ある動物の血しょう、原尿および尿中における各成分の測定値を示したものである。この動物にイヌリンを注射し、一定時間後に血中のイヌリン濃度が一定になった状態のあと、12mLの尿を採取した。イヌリンを静脈内に注射すると血液中に分散し、ボーマンのうへこし出される。ただし、イヌリンが細尿管で再吸収されることはなく、追加排出もされないものとする。

表　血しょう、原尿と尿の成分の比較

成分（単位）	血しょう	原尿	尿
タンパク質（%）	7	0	0
グルコース（%）	0.1	0.1	0
尿素（mg/mL）	0.3	0.3	20.0
イヌリン濃度（mg/mL）	0.1	0.1	12.0

a．尿素およびイヌリンの濃縮率はそれぞれいくらか計算し、もっとも近い数値を次の①～④の中から一つ選べ。ただし、尿素の濃縮率、イヌリンの濃縮率の順とする。　**8**

　①　6、1.2　　②　0.015、0.008　　③　67、120　　④　1.67、1

— 126 —

b．12mLの尿をつくる際にボーマンのうにろ過された原尿の量はいくらかになるか、また、その際に再
吸収された液量は原尿の約何%になるかをそれぞれ計算し、もっとも近い数値を次の①〜④の中から一
つ選べ。ただし、ろ過された原尿の量、再吸収された液量の原尿に対する割合の順とする。 ⎓9⎓

　① 1440mL、99%　　② 114mL、99%　　③ 12mL、92%　　④ 1440mL、92%

c．腎臓についての説明文として、**適切でないもの**を次の①〜④の中から一つ選べ。 ⎓10⎓

　① 腎臓ではタンパク質や血球など、糸球体を構成する毛細血管の血管壁を通過できない大きな物質は
　　ろ過されない。

　② グルコースや尿素、無機塩類などの小さい物質は、糸球体の血管からボーマンのうへろ過される。

　③ 糖尿病の状態では、原尿中のグルコースの再吸収が追い付かなくなり、尿中にグルコースが排出さ
　　れることがある。

　④ 糖尿病は慢性的に血糖濃度が高い状態であり、この原因として、腎臓からのインスリン分泌が低下
　　することがあげられる。

（次の頁にも設問があります）

Ⅱ　免疫に関する次の文章を読み、以下の設問に答えよ。

　　ウイルスはさまざまな生物に感染する病原体であり、感染した細胞に自身の遺伝情報を含む核酸を侵入させ、細胞の生命活動を利用して増殖する。一方、生物は免疫というウイルス感染などに対抗するための手段を発達させてきた。ヒトの免疫には物理的・化学的防御や食作用による防御を担う自然免疫と、侵入してきた異物の種類に応じて特異的に作用する適応免疫（獲得免疫）がある。ウイルスの中には原核生物に感染するものもあり、ファージと呼ばれる。原核生物においてもウイルス（ファージ）感染に対する防御手段が複数存在する。例えば、特定の塩基配列を認識して切断する酵素を作ることで原核細胞に侵入したファージのDNAを切断して無効化するものがある。また、侵入したファージ由来のDNAを断片化して自身の染色体の中に保存し、その配列から転写されたRNAとDNA切断活性をもつタンパク質が複合体を形成して再度感染したファージのDNAを特異的に切断する適応免疫（獲得免疫）のようなシステムも発見されている。近年、このシステムの中から塩基配列の認識と切断を担う部分だけを取り出し、ゲノム編集などに応用する手法が開発されている。

問1　下線部イについて、以下のa、bに答えよ。

　a．一般的なウイルスの大きさに関する以下の記述のうち適切なものの数を次の①～⑥の中から一つ選べ。
　　　　11

　　　・10μm程度であることが多く、電子顕微鏡を用いることで観察が可能である。

　　　・0.1nmを下回るため、光学顕微鏡では観察できないが電子顕微鏡であれば観察できる。

　　　・大腸菌と同程度の大きさであり、光学顕微鏡では観察できない。

　　　・ヒトの白血球の方が10倍程度大きく、光学顕微鏡でも観察できる。

　　　・細胞膜の厚さと同程度であり、光学顕微鏡で観察できる。

　　　①　1　　②　2　　③　3　　④　4　　⑤　5　　⑥　0

　b．以下の語句のうち、ウイルスが直接関係するものの数を次の①～⑧の中から一つ選べ。　　12

　　　・COVID-19　　・アルコール発酵　　・ストロマトライト　　・抗生物質

　　　・AIDS　　　・糖尿病　　　・鎌状赤血球

　　　①　1　　②　2　　③　3　　④　4　　⑤　5　　⑥　6　　⑦　7　　⑧　0

問2　下線部ロについて、核酸の種類とその構成成分として、適切でないものの組み合わせを次の①～⑨の中から一つ選べ。ただし、核酸の種類、構成成分の順とする。　　13

　　　①　DNA、デオキシリボース　　②　DNA、リン酸　　③　DNA、ATP

　　　④　DNA、グアニン　　　　　　⑤　DNA、チミン　　⑥　RNA、リボース

　　　⑦　RNA、リン酸　　　　　　　⑧　RNA、アデニン　⑨　RNA、ウラシル

問3 下線部ハについて、物理的防御と化学的防御の例として、もっとも適切な組み合わせを次の①〜⑧の中から一つ選べ。ただし、物理的防御、化学的防御の順とする。　□14□

① 角質層、毛髪　　　　　② 粘液、赤血球　　　　③ リゾチーム、皮脂

④ マクロファージ、粘液　⑤ 粘液、リゾチーム　　⑥ くしゃみ、角質層

⑦ 白血球、血小板　　　　⑧ 涙、血小板

問4 下線部ニについて、食作用を担う細胞の組み合わせとして、もっとも適切なものを次の①〜⑨の中から一つ選べ。　□15□

① NK細胞、赤血球　　　　② ES細胞、T細胞　　　　③ 好中球、T細胞

④ マクロファージ、A細胞　⑤ 樹状細胞、NK細胞　　⑥ 好中球、赤血球

⑦ T細胞、マクロファージ　⑧ T細胞、B細胞　　　　⑨ マクロファージ、樹状細胞

問5 下線部ホについて、以下の**a**、**b**に答えよ。

a．適応免疫と関係がある語句として、**適切でないもの**を次の①〜⑤の中から一つ選べ。　□16□

① 関節リウマチ　② Ⅰ型糖尿病　③ ワクチン　④ 花粉症　⑤ 適応放散

b．B細胞は無数に存在する抗原に対応するため多種多様な抗体を産生する必要がある。限られた遺伝子の中で効率よく抗体の多様性を生み出すため、B細胞は抗体の可変領域をコードする遺伝子領域を再構成させることができる。例えば、抗体H鎖の可変部にはV断片、D断片、J断片が存在するが、それぞれの断片が二つずつ用意されていた場合には、各断片を一つずつ選んでつなぎ合わせることで8通りの可変部を作ることができる。さらにL鎖の可変部にもV断片とJ断片があり、それぞれ二断片ずつあった場合には、H鎖の可変部と合わせて最大32通りの可変領域を持った抗体を作り出すことができる。仮にH鎖のV断片、D断片、J断片がそれぞれ40個、25個、6個存在していた場合、合計で200万通り以上の可変領域を作り出すために必要なL鎖のV断片およびJ断片の合計数として、最小となるものを次の①〜⑧の中から一つ選べ。　□17□

① 40　② 39　③ 38　④ 37　⑤ 36　⑥ 35　⑦ 34　⑧ 33

問6 下線部ヘについて、ハーシーとチェイスはT₂ファージを構成するタンパク質とDNAのそれぞれに異なる目印をつけて大腸菌に感染させる実験を行った。その結果、ファージはDNAだけを大腸菌内に侵入させること、感染した大腸菌内でファージのDNAとタンパク質が合成されること、大腸菌が崩壊して多数の子ファージが出てくること、などが観察された。以下の**A〜D**のうち、この実験結果から明らかになったこととして、適切なものを過不足なく含む選択肢を次の①〜⑩の中から一つ選べ。　□18□

A．侵入したDNAはファージをつくるためのすべての情報を持っていること

B．大腸菌には形質転換する能力があること

C．ファージのタンパク質が遺伝子の本体ではないこと

D．ファージの増殖に大腸菌由来の物質は必要ないこと

① A　　② B　　③ C　　④ D　　⑤ A、B

⑥ A、C　⑦ A、D　⑧ B、C　⑨ B、D　⑩ C、D

(2C－6)

問7 波線の酵素は別の目的に利用されることがある。酵素の名称とその主な利用例の組み合わせとして、もっとも適切なものを次の①〜⑨の中から一つ選べ。ただし、酵素の名称、利用例の順とする。

19

① 制限酵素、クローニング　　　　　　② DNAリガーゼ、クローニング

③ DNAポリメラーゼ、クローニング　　④ 制限酵素、PCR

⑤ DNAリガーゼ、PCR　　　　　　　　⑥ DNAポリメラーゼ、PCR

⑦ 制限酵素、塩基配列の解析　　　　　⑧ DNAリガーゼ、塩基配列の解析

⑨ DNAポリメラーゼ、塩基配列の解析

問8 下線部トの技術にはCRISPR-Cas9と呼ばれるRNA-タンパク質複合体がよく利用される。このRNAの中には標的とするDNA領域に結合するための20塩基程度の配列が含まれる。また、標的配列の下流側には隣接するNGG（NはA、T、G、Cのどれでも良い）の3塩基が存在する必要がある。下記の塩基配列では、例として下線部が標的とされている状況を示した。下記の塩基配列を対象とした場合について、以下のa、bに答えよ。ただし、DNAの配列は5′末端から書かれており、相補鎖側は省略してあるものとする。

ATG<u>ACTGATGCTATCGTAGCTA</u>TGGATCGTAGCTGATCGACTAGTACGATCGTACTGATCCGATCGTA
GCTGGATCGACTAGTAGCGTAGCTGATCGTAGCCTGATCGACTAGTAGCGTAGCTGGGATCGTAGCG
TACTGATCGTAGCTGATCGTAGCTGAAGTCCTACACGTATTTACGACTGCGAT

a. 下線部の相補鎖に結合するRNA配列として、もっとも適切なものを次の①〜⑧の中から一つ選べ。ただし、選択肢の配列は5′末端から書かれているものとする。 20

① GACTGATGCTATCGTAGCTA　　② TAGCTACGATAGCATCAGTC

③ ATCGATGCTATCGTAGTCAG　　④ CTGACTACGATAGCATCGAT

⑤ GACUGAUGCUAUCGUAGCUA　　⑥ UAGCUACGAUAGCAUCAGUC

⑦ AUCGAUGCUAUCGUAGUCAG　　⑧ CUGACUACGAUAGCAUCGAU

b. ゲノム編集の際、標的に相補的なRNA配列を20塩基とした場合、このDNA配列（相補鎖を含む）の中に設定できる標的配列の数として、もっとも適切なものを次の①〜⑧の中から一つ選べ。ただし、下線部も標的配列の一つとして含めるものとする。 21

① 1　② 2　③ 3　④ 4　⑤ 5　⑥ 6　⑦ 7　⑧ 8

(2C−7)

Ⅲ 植物の発生や成長と環境応答に関する次の文章を読み、以下の設問に答えよ。

　植物を取り巻く環境には、植物に影響を与える光、水、温度、湿度、_A重力などの環境要因が存在する。植物は一生を通じて、周囲の環境の変化を感じ取り、それに応答して発生や成長を調節している。環境変化を受けた植物の体内では、その情報が組織や器官の間を伝わって、発生や成長のさまざまな調節へとつながる。この過程で中心的な役割を果たしているのは、エチレン、ジベレリン、オーキシン、_Bアブシシン酸などの_C植物ホルモンと呼ばれる生理活性物質である。植物にとってもっとも重要な環境要因である_D光については、いくつかの_E光受容体が知られ、[ア]・[イ]を受容する[ウ]、[エ]を受容する[オ]や[カ]がある。_F茎の伸長成長は、[ア]・[エ]で抑制され、[イ]で促進される。_G気孔は光や水の環境要因に応じて、孔辺細胞内への水の出入りが調節されて変形し開閉する。気孔は明るいところで開き、暗いところで閉じる。気孔の開口には[オ]が光受容体として関わり、[エ]の刺激を受けた孔辺細胞では、細胞内の浸透圧が[キ]し、水が[ク]し、膨圧の[キ]により、孔辺細胞が湾曲して気孔が開く。植物が水不足の状態では、気孔が閉じて、蒸散が抑えられる。水不足がアブシシン酸の増加を誘導し、孔辺細胞の浸透圧の[ケ]、水の[コ]、膨圧の[ケ]が順次起こり、気孔が閉じる。環境の変化に合わせた気孔の開閉調節により、光合成に必要な二酸化炭素を取り込み、水分の損失を回避している。

問1　下線部**A**に関して、重力屈性の説明文として、**適切でないもの**の数を次の①〜⑤の中から一つ選べ。
　　　　22

・暗所において、植物を横にすると、茎は正の重力屈性を示し、根は負の重力屈性を示す。

・茎が横向きのとき、上側より下側のオーキシン濃度が高くなり、下側の成長が促進され上側に屈曲する。

・横向きの根では、下側のオーキシン濃度が上側より高くなり、下側の伸長速度が上側より小さくなって、根が下側に屈曲する。

・根は茎に比べて非常に低いオーキシン濃度で伸長が促進されるため、茎の伸長成長を促進する最適濃度では、根の伸長成長は抑制される。

　　①　0　　②　1　　③　2　　④　3　　⑤　4

問2　下線部**B**に関して、アブシシン酸が作用する植物の環境応答として、もっとも適切なものを次の①〜⑥の中から一つ選べ。　23

　　①　休眠　　②　発芽　　③　屈曲　　④　肥大成長　　⑤　頂芽優勢　　⑥　花芽形成

（次の頁にも設問があります）

問3　下線部Cに関して、農業への応用として、種なしブドウをつくるのに処理される植物ホルモンとして、もっとも適切なものを次の①〜⑤の中から一つ選べ。　24

① エチレン　　　② ジベレリン　　　③ オーキシン

④ アブシシン酸　　⑤ サイトカイニン

問4　下線部Dに関して、［ア］、［イ］、［エ］に入る光質の組み合わせとして、もっとも適切なものを次の①〜⑥の中から一つ選べ。ただし、［ア］、［イ］、［エ］の順とする。　25

① 遠赤色光、青色光、赤色光

② 赤色光、青色光、遠赤色光

③ 青色光、赤色光、遠赤色光

④ 遠赤色光、赤色光、青色光

⑤ 赤色光、遠赤色光、青色光

⑥ 青色光、遠赤色光、赤色光

問5　下線部Eに関して、［ウ］、［オ］、［カ］に入る光受容体の組み合わせとして、もっとも適切なものを次の①〜⑥の中から一つ選べ。ただし、［ウ］、［オ］、［カ］の順とする。　26

① クリプトクロム、フィトクロム、フォトトロピン

② フィトクロム、フォトトロピン、クリプトクロム

③ フォトトロピン、クリプトクロム、フィトクロム

④ クリプトクロム、フォトトロピン、フィトクロム

⑤ フィトクロム、クリプトクロム、フォトトロピン

⑥ フォトトロピン、フィトクロム、クリプトクロム

問6　下線部Fに関して、細胞の成長時に細胞壁のセルロース繊維の並び方を縦方向と横方向に変える植物ホルモンがある。それぞれの植物ホルモンの組み合わせとして、もっとも適切なものを次の①〜⑥の中から一つ選べ。ただし、縦方向、横方向の順とする。　27

① エチレン、ジベレリン

② エチレン、オーキシン

③ オーキシン、エチレン

④ オーキシン、ジベレリン

⑤ ジベレリン、エチレン

⑥ ジベレリン、オーキシン

(2C－9)

問7 [ウ]の光受容体のはたらきに関する説明文として、適切なものの数を次の①〜⑥の中から一つ選べ。

　　　28

・青色光を受容することにより、茎の伸長成長を抑制する。

・赤色光を受容することにより、光発芽種子の発芽を促進する。

・青色光を受容することにより、側面から光が照射された茎を光源側に屈曲させる。

・赤色光を受容することにより、気孔の開口を促進する。

・赤色光を受容することにより、光中断が起こる。

　　① 0　　② 1　　③ 2　　④ 3　　⑤ 4　　⑥ 5

問8 [ウ]の光受容体は、葉の老化にも関わっている。葉の老化に作用する植物ホルモンの組み合わせとして、もっとも適切なものを次の①〜⑥の中から一つ選べ。　　　29

　　① エチレン、アブシシン酸

　　② エチレン、オーキシン

　　③ エチレン、ジベレリン

　　④ アブシシン酸、オーキシン

　　⑤ アブシシン酸、ジベレリン

　　⑥ オーキシン、ジベレリン

問9 下線部Gに関して、[キ]〜[コ]に入るものの組み合わせとして、もっとも適切なものを次の①〜④の中から一つ選べ。ただし、[キ]、[ク]、[ケ]、[コ]の順とする。　　　30

　　① 低下、流入、上昇、流出

　　② 低下、流出、上昇、流入

　　③ 上昇、流入、低下、流出

　　④ 上昇、流出、低下、流入

(次の頁にも設問があります)

Ⅳ 植物に関する次の文章を読み、以下の設問に答えよ。

　植物にはコケ植物、シダ植物、種子植物がある。野外で通常みられるコケ植物とシダ植物の植物体はそれぞれ [あ] と [い] であり、種子植物の植物体は [う] に相当する。それらの核相はそれぞれ [え]、[お]、[か] である。同じ植物種でも生育期間中に生じる器官や細胞によって核相が異なる。例えば、シダ植物の生活環内で生じる胞子のうの核相は [き]、造精器の核相は [く]、造精器から生じる精子の核相は [け] である。

　植物のうち農業でもっとも多く栽培されているのは種子植物である。栽培植物には倍数性のものもあり、通常栽培されているサツマイモ品種やパンコムギは6倍体である。ロパンコムギは染色体の基本数が7の種どうしの交雑や倍化などによって現在の6倍体が成立したと考えられている。栽培されている種子植物の体は3種類の組織系からなる器官で形成されており、さまざまな器官がその特徴に応じて食用や観賞用、燃料用、工業用など多くの用途に利用されている。個々の栽培植物でみると、イネやコムギのように種子生産を目的とし、種子で繁殖するものもあるが、サツマイモのように栄養器官の生産を目的とし、繁殖に種子を介さないものもある。種子繁殖する栽培植物では 花芽分化が日長や気温に影響されるものが多い。

問1　文章中の [あ]、[い] に入るものの組み合わせとして、もっとも適切なものを次の①〜⑨の中から一つ選べ。ただし、[あ]、[い] の順とする。　31

①　配偶体、配偶体　　②　配偶体、形成体　　③　形成体、形成体

④　形成体、配偶体　　⑤　胞子体、形成体　　⑥　形成体、胞子体

⑦　配偶体、胞子体　　⑧　胞子体、配偶体　　⑨　胞子体、胞子体

問2　文章中の [お]、[き]、[く] に入るものの組み合わせとして、もっとも適切なものを次の①〜⑧の中から一つ選べ。ただし、[お]、[き]、[く] の順とする。　32

①　複相、複相、複相　　②　単相、複相、複相　　③　複相、単相、複相

④　複相、複相、単相　　⑤　単相、単相、複相　　⑥　単相、複相、単相

⑦　複相、単相、単相　　⑧　単相、単相、単相

問3　下線部イに関する記述として、適切なものの組み合わせを次の①〜⑩の中から一つ選べ。　33

Ａ．このうちシダ植物と種子植物は維管束植物で根・茎・葉の区別があるが、コケ植物には根・茎・葉の区別がない。

Ｂ．コケ植物の受精には精子が泳いで卵細胞に行き着くための水が不可欠である。

Ｃ．種子植物のうち双子葉類は被子植物、単子葉類は裸子植物である。

Ｄ．藻類やシアノバクテリアと共生し、地面や岩面を被覆するように広がるコケ植物を地衣類という。

Ｅ．種子植物のうち有胚乳種子をつける植物を被子植物、無胚乳種子をつける植物を裸子植物という。

①　A、B　　②　A、C　　③　A、D　　④　A、E　　⑤　B、C

⑥　B、D　　⑦　B、E　　⑧　C、D　　⑨　C、E　　⑩　D、E

問4　下線部ロに関して、ヒトの体細胞の染色体数を $2n=46$ と表記する場合、パンコムギの体細胞の染色体数の表記として、もっとも適切なものを次の①～⑨の中から一つ選べ。　34

①　$n=7$　　　②　$n=21$　　　③　$n=42$　　　④　$2n=14$　　　⑤　$2n=42$

⑥　$2n=84$　　⑦　$6n=42$　　⑧　$6n=63$　　⑨　$6n=126$

問5　下線部ハに関する記述として、適切なものの組み合わせを次の①～⑩の中から一つ選べ。　35

A．3種類の組織系とは基本組織系、柔組織系、分裂組織系である。

B．表皮と維管束の間にある形成層は茎や根の肥大成長に関与する。

C．胚珠内の中央細胞が種子の胚乳になる。

D．被子植物の種子は発芽直後に茎頂分裂組織と根端分裂組織を形成し、幼芽や幼根を分化する。

E．茎頂分裂組織では側芽も形成され、側芽にも分裂組織ができる。

①　A、B　　②　A、C　　③　A、D　　④　A、E　　⑤　B、C

⑥　B、D　　⑦　B、E　　⑧　C、D　　⑨　C、E　　⑩　D、E

問6　下線部ニに関する記述として、適切なものの組み合わせを次の①～⑩の中から一つ選べ。　36

A．コムギは長日植物、キクは短日植物、エンドウは中性植物である。

B．暗期の光中断には赤色光が有効で、より波長の短い遠赤色光によって光中断の効果が消失する。

C．生物の生理現象が日長の変化に応答して起こる性質を光周性という。

D．春化は低温が長日の代わりとなる現象である。

E．春化は低温が短日の代わりとなる現象である。

①　A、B　　②　A、C　　③　A、D　　④　A、E　　⑤　B、C

⑥　B、D　　⑦　B、E　　⑧　C、D　　⑨　C、E　　⑩　D、E

問7　下線部ニに関して、図1は日長を任意の値に保った人工気象室内で育てた3種の植物X、Y、Zについて、日長と発芽から開花までの日数との関係を示している。植物X、Y、Zの組み合わせとして、もっとも適切なものを次の①～⑥の中から一つ選べ。ただし、植物X、Y、Zの順とする。なお、人工気象室内の日長以外の条件はそれぞれの植物の花芽分化に適した条件であり、光中断はなかったものとする。　37

①　短日植物、長日植物、中性植物

②　短日植物、中性植物、長日植物

③　長日植物、短日植物、中性植物

④　長日植物、中性植物、短日植物

⑤　中性植物、長日植物、短日植物

⑥　中性植物、短日植物、長日植物

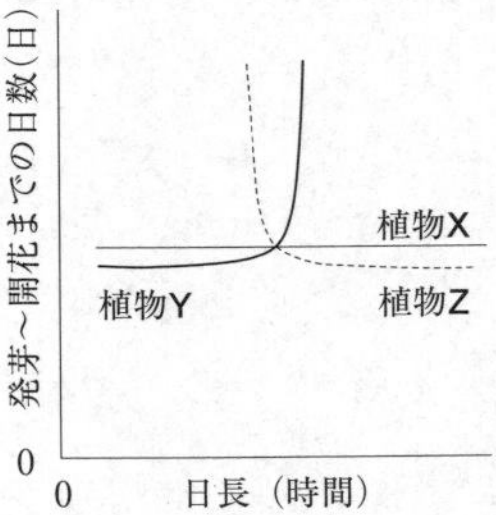

図1　日長と植物X、Y、Zの発芽から開花までの日数との関係

問8　下線部ニに関して、限界暗期が10時間の短日植物S10、限界暗期が12時間の短日植物S12、限界暗期が12時間の長日植物L12の3種の植物を用いて実験を行った。これらの植物に次のA～Eの5つの日長条件を与えた場合について、以下のa～cに答えよ。ただし、これらの植物は日長条件が満たされれば必ず花芽形成し、日長条件が満たされなければ花芽形成しないものとする。

A．15時間の明期に続いて9時間の暗期。

B．9時間の明期に続いて15時間の暗期。

C．条件Bの暗期開始4時間後に短時間光照射を行い、その後約11時間の暗期。

D．条件Bの暗期開始2時間後に短時間光照射を行い、その後約13時間の暗期。

E．条件Aの明期開始9時間後から4時間暗期とし、その後2時間の明期、続いて9時間の暗期。

a．S12が花芽形成する条件として、適切なものの組み合わせを次の①～⑨の中から一つ選べ。なお、適切な組み合わせがない場合は⑩を選択せよ。　| 38 |

① A、C　　② A、D　　③ A、E　　④ B、C　　⑤ B、D

⑥ B、E　　⑦ C、D　　⑧ C、E　　⑨ D、E　　⑩　適切な組み合わせがない。

b．S10が花芽形成しない条件として、適切なものの組み合わせを次の①～⑨の中から一つ選べ。なお、適切な組み合わせがない場合は⑩を選択せよ。　| 39 |

① A、C　　② A、D　　③ A、E　　④ B、C　　⑤ B、D

⑥ B、E　　⑦ C、D　　⑧ C、E　　⑨ D、E　　⑩　適切な組み合わせがない。

c．3種の植物のうち、L12のみが花芽形成する条件として、適切なものの組み合わせを次の①～⑨の中から一つ選べ。なお、適切な組み合わせがない場合は⑩を選択せよ。　| 40 |

① A、C　　② A、D　　③ A、E　　④ B、C　　⑤ B、D

⑥ B、E　　⑦ C、D　　⑧ C、E　　⑨ D、E　　⑩　適切な組み合わせがない。

3C 生　物

2月5日

（解答番号　1　～　40　）

Ⅰ　生物の細胞に関する次の文章を読み、以下の設問に答えよ。

　　生物は互いに似たものとそうでないものがあり、rRNAの塩基配列の比較をもとにした₍₎3ドメイン説という分類が提唱されている。すべての生物は、からだが細胞からできているという共通性を持ち、細胞には₍ロ₎細胞小器官がある。細胞が行う₍ハ₎代謝の過程では、化学反応に伴って₍ニ₎エネルギーの受け渡しが行われている。近年では、細胞や₍ホ₎タンパク質の機能の解析および技術革新が進み、₍ヘ₎再生医療や遺伝子治療などへの利用が大いに期待されている。なかでも、山中伸弥らが発見した人工多能性幹細胞から₍ト₎血液系、₍チ₎神経や₍リ₎腎臓の細胞を分化誘導することでつくり出し、それらを様々な病気の治療や臓器移植に利用する研究が精力的に行われている。

問1　下線部イに関連して、生物の特徴の説明文として、もっとも適切なものを次の①～⑤の中から一つ選べ。　1

①　3ドメイン説で分類される細菌ドメインに属する生物は細胞膜をもつが核をもたない構造となっている。

②　3ドメイン説で分類される細菌ドメインの中にはミトコンドリアをもつものが含まれる。

③　3ドメイン説で分類される真核生物ドメインの中で、ヒトのからだを構成する細胞はすべて20～40μmの大きさである。

④　3ドメイン説で分類されるアーキアドメインの中にはウイルスが含まれる。

⑤　すべての真核細胞は細胞膜をもつが細胞壁をもたない構造となっている。

問2　下線部ロに関する説明文として、もっとも適切なものを次の①～④の中から一つ選べ。　2

①　核膜はDNAなどを完全に密閉する構造をしているため、細胞質との間で物質の輸送はできない。

②　ゴルジ体にはリボソームが結合しており、タンパク質合成の場としてはたらく。

③　動物細胞の細胞壁はセルロースを主成分とし、細胞質を保護する役割をもつ。

④　微小管は細胞小器官の輸送や繊毛運動に関与している。

問3 下線部ハに関する説明文のうち、**適切ではないもの**の数を次の①〜⑤の中から一つ選べ。｜ 3 ｜

・アデノシン三リン酸はすべての生物が共通にもつ物質であり、エネルギーの受け渡しを仲介して化学反応を進行させている。

・複雑な物質を単純な物質に分解することを異化といい、動物細胞では例として呼吸が該当する。

・アデノシン二リン酸の分子内にあるリン酸どうしの結合を高エネルギーリン酸結合という。

・ヒトの細胞はエネルギーとして、アデノシン三リン酸を繰り返し利用している。

　　① 0　　② 1　　③ 2　　④ 3　　⑤ 4

問4 下線部ニに関して、細胞の中には、アデノシン三リン酸のエネルギーを利用して細胞小器官などを運ぶために必要なモータータンパク質が存在する。モータータンパク質として適切なものの組み合わせを次の①〜⑥の中から一つ選べ。｜ 4 ｜

A．ダイニン　　　B．キネシン　　　C．チューブリン　　　D．アクチン

　　① A、B　　② A、C　　③ A、D　　④ B、C　　⑤ B、D　　⑥ C、D

問5 下線部ホに関する説明文として、**適切ではないもの**を次の①〜④の中から一つ選べ。｜ 5 ｜

　① 情報伝達物質は、受容体という特異性をもつタンパク質と結合することで、細胞と細胞との間で情報を伝達する。

　② ペプチドホルモンは細胞膜を通過できず、細胞膜の受容体に結合して情報を細胞内に伝達することができる。

　③ ステロイドホルモンは水溶性であるため細胞膜を通過でき、細胞質基質にある受容体に結合して情報を伝達する。

　④ ペプチドホルモンや神経伝達物質はエキソサイトーシスによって細胞外に放出され、他の細胞に作用する。

問6 下線部ホに関する説明文として、**適切ではないもの**を次の①〜④の中から一つ選べ。｜ 6 ｜

　① ホルモンなどの情報伝達物質が受容体に結合することで受容体の立体構造が変化し、細胞内の他のタンパク質が活性化するなどの機能をもつことがある。

　② 温度やpHの変化でタンパク質が変性し、正しい立体構造をとらなくなってしまうことがある。

　③ アロステリック酵素はポリペプチドの正しい折りたたみを補助したり、変性したタンパク質の立体構造を正常に戻すような作用をもっている。

　④ 酵素はタンパク質の一種であり、酵素の特定部位に非競争的阻害を引き起こす阻害物質が結合すると、酵素の立体構造が変化してはたらきが阻害されることがある。

（次の頁にも設問があります）

問7　下線部へに関連して、最新の医療や技術に関する説明文として、**適切ではないもの**の数を次の①〜⑥の中から一つ選べ。　7

・ゲノム編集は、標的の遺伝子の一部と相補的な配列を持つ短いRNAと、ゲノムDNAを切断する酵素を細胞に入れることで、標的のゲノムDNAが切断され、DNAが修復される際に遺伝子が変化することで目的の形質を得る手法である。

・ヒトのゲノムの中には個人ごとで塩基配列が異なる部分が多く存在し、その遺伝情報に基づいて個々人にあった薬の処方や病気の治療を行う医療をオーダーメイド（テーラーメイド）医療とよぶ。

・ヒトなどの発生初期の胚の内部の細胞の塊から、細胞分裂の能力と多能性の両方をもつ胚性幹細胞が得られるが、この細胞は胚から得られるためにヒトに応用する際に倫理的な問題が少ない。

・遺伝病の人から人工多能性幹細胞を作製し、その遺伝病に関連する細胞を分化誘導して利用することにより、その遺伝病のしくみを解明することや効果がある薬剤を調べることが可能になる。

・糖尿病などの病気は複数の遺伝子が関係する多因子遺伝病と考えられる。2型糖尿病になりやすいタイプの遺伝子をもっていたとしても、食事のとり方や運動のしかたなどの生活環境により、実際に2型糖尿病になるとは限らない。

①　0　　②　1　　③　2　　④　3　　⑤　4　　⑥　5

問8　下線部トに関する説明文として、もっとも適切なものを次の①〜④の中から一つ選べ。　8

①　血しょう中にカルシウムイオン（Ca^{2+}）を加えることによりトロンビンが機能しなくなり、血液凝固は起こらなくなる。

②　トロンビンはフィブリノーゲンをフィブリンに変えることで血液凝固を引き起こすことに関与している。

③　採取した血液を36〜37℃程度に保つことで、酵素の活性が抑えられ血液凝固を防ぐことができる。

④　血液凝固が起きて傷口をふさぐために、まず白血球が傷口に集まって血液凝固因子を放出する。

問9　下線部チに関する説明文のうち、適切なものの数を次の①〜⑥の中から一つ選べ。　9

・神経系には中枢神経系と末梢神経系があり、中枢神経系は脳、脊髄と自律神経系で構成されている。

・副交感神経は脊髄から、交感神経は中脳・延髄・脊髄の下部から出て、各器官に分布する。

・小脳では血液中の酸素や二酸化炭素濃度の変化を感知し、交感神経や副交感神経を介して心臓に情報を伝達する。

・脳死とは、大脳や小脳などの機能が不可逆的に停止しているが、脳幹の機能が維持されているため、自発的な呼吸が可能な状態のことをいう。

・脳幹の中脳は、自律神経を介して内蔵のはたらきや血糖濃度、体温などの調節に関与している。

①　0　　②　1　　③　2　　④　3　　⑤　4　　⑥　5

(3C—3)

問10 下線部リに関する説明文として、もっとも適切なものを次の①〜④の中から一つ選べ。 　10

① 体液中の塩類やイオン濃度は間脳の視床下部で感知され、脳下垂体前葉からバソプレシンの分泌が制御される。

② バソプレシンの分泌が増加すると腎臓の集合管で水の再吸収が抑制され、体液の濃度が上昇する。

③ 糸球体とボーマンのうからなる腎小体、そこから伸びる細尿管から構成される単位構造をネフロンという。

④ 腎臓の機能はホルモンでも調節されており、ホルモンはからだを構成するすべての細胞のはたらきを一斉に調節するが、効果が表れるまでに神経よりも時間がかかる特徴がある。

（次の頁にも設問があります）

(3C－4)

Ⅱ　野菜や果物に関する次の文章を読み、以下の設問に答えよ。

　　穀類やイモ類は人間にとって主食として、主要な_エネルギー源としての役割がある。一方で野菜や果物は副食として、ビタミンやミネラルなどの栄養素の供給源としての役割などを担う食品である。一般に野菜や果物は、鮮魚や精肉と同様に鮮度の低下が速い上に、収穫後も生存し、_呼吸を続ける。その過程で自ら蓄積した栄養分を消耗し続ける。また多くの野菜や果物は収穫後も_気孔を通して蒸散を続ける。植物の蒸散は重要な生理現象であるが、収穫を境に生理的な重要性は失われ、萎れ、目減りなど品質低下の要因となる。さらに_トマトやリンゴのように熟した果実を利用する野菜や果物は、収穫後も成熟が進行し続ける。以上のような特徴から野菜や果物の鮮度を保持するためには、収穫後の適切な管理が不可欠である。収穫後の管理不足は、品質が低下するばかりか、多くの収穫物を損失する結果につながる。

問1　下線部イに関して以下のa、bに答えよ。

　a．エネルギーに関する記述として、適切なものの組み合わせを次の①～⑩の中から一つ選べ。　11

　　A．動物は光エネルギーを有機物の形で化学エネルギーに変換する。

　　B．動物は自ら炭酸同化した有機物を分解することで、生命活動に必要なエネルギーを取り出している。

　　C．炭水化物やタンパク質、脂質などの有機物は、多量の化学エネルギーを保持している。

　　D．有機物に含まれるエネルギーは活発に活動しているときにのみ取り出される。

　　E．エネルギーは異なる形態に変換されるが、エネルギー変換の前後でエネルギーの総和は変化しない。

　　①　A、B　　　②　A、C　　　③　A、D　　　④　A、E　　　⑤　B、C
　　⑥　B、D　　　⑦　B、E　　　⑧　C、D　　　⑨　C、E　　　⑩　D、E

　b．ATPに関する記述として、適切なものの組み合わせを次の①～⑩の中から一つ選べ。　12

　　A．生体内の代謝過程における異化のエネルギーの受け渡しのみを担う。

　　B．すべての生物が持ち、エネルギーの貯蔵・放出という役割もすべての生物の細胞で共通している。

　　C．分子内には塩基の一種であるアデニンと糖の一種であるデオキシリボースが存在する。

　　D．リン酸どうしの結合が切れる過程で大きなエネルギーが放出される。

　　E．物質の酸化還元反応に伴うエネルギー移動に直接関与している。

　　①　A、B　　　②　A、C　　　③　A、D　　　④　A、E　　　⑤　B、C
　　⑥　B、D　　　⑦　B、E　　　⑧　C、D　　　⑨　C、E　　　⑩　D、E

(3C－5)

問2 下線部ロに関してグルコースを基質とした場合の呼吸について、以下の a ~ d に答えよ。

a. 呼吸の解糖系、クエン酸回路、電子伝達系のそれぞれの段階が進行する場所の組み合わせとして、もっとも適切なものを次の①~⑩の中から一つ選べ。ただし、解糖系、クエン酸回路、電子伝達系の順とする。　13

① サイトゾル（細胞質基質）、ミトコンドリアのマトリックス、ミトコンドリアの内膜

② サイトゾル（細胞質基質）、ミトコンドリアの膜間腔、ミトコンドリアの内膜

③ サイトゾル（細胞質基質）、ミトコンドリアの外膜、ミトコンドリアの膜間腔

④ ミトコンドリアの内膜、ミトコンドリアのマトリックス、サイトゾル（細胞質基質）

⑤ ミトコンドリアの内膜、ミトコンドリアの膜間腔、ミトコンドリアの外膜

⑥ ミトコンドリアの外膜、ミトコンドリアのマトリックス、ミトコンドリアの内膜

⑦ ミトコンドリアの外膜、ミトコンドリアの内膜、サイトゾル（細胞質基質）

⑧ ミトコンドリアのマトリックス、ミトコンドリアの内膜、ミトコンドリアの外膜

⑨ ミトコンドリアのマトリックス、ミトコンドリアの外膜、サイトゾル（細胞質基質）

⑩ ミトコンドリアのマトリックス、ミトコンドリアの膜間腔、ミトコンドリアの内膜

b. 呼吸の解糖系、クエン酸回路、電子伝達系において、O_2 が直接反応することがない過程を過不足なく含む選択肢を次の①~⑦の中から一つ選べ。なお、すべての過程で O_2 が直接反応する場合は⑧を選択せよ。　14

① 解糖系　　② クエン酸回路　　　③ 電子伝達系　　④ 解糖系、クエン酸回路

⑤ 解糖系、電子伝達系　　　　⑥ クエン酸回路、電子伝達系

⑦ 解糖系、クエン酸回路、電子伝達系　　⑧ すべての過程で O_2 が直接反応する。

c. クエン酸、α-ケトグルタル酸、コハク酸、オキサロ酢酸についてそれぞれの物質の炭素数の組み合わせとして、もっとも適切なものを次の①~⑩の中から一つ選べ。ただし、クエン酸、α-ケトグルタル酸、コハク酸、オキサロ酢酸の順とする。　15

① 4、4、6、5　　　② 4、6、4、5　　　③ 4、5、6、4　　　④ 4、5、4、6

⑤ 5、4、6、4　　　⑥ 5、6、4、4　　　⑦ 5、4、4、6　　　⑧ 6、5、4、4

⑨ 6、4、5、4　　　⑩ 6、4、4、5

（次の頁にも設問があります）

(3C－6)

d．グルコースを基質とした場合の呼吸に関する記述として、適切なものの組み合わせを次の①〜⑩の中から一つ選べ。 16

A．解糖系全体では、ATPを消費した分を差し引くとグルコース1分子あたり、2分子のATPが作られる。

B．解糖系では基質が還元される過程で放出されるエネルギーを用いてATPを合成する。

C．クエン酸回路においてクエン酸からオキサロ酢酸へもどる過程には脱炭酸反応が3つある。

D．電子伝達系の反応はCO_2を生成しない。

E．電子伝達系では基質レベルのリン酸化によってATPが合成される。

① A、B　　② A、C　　③ A、D　　④ A、E　　⑤ B、C

⑥ B、D　　⑦ B、E　　⑧ C、D　　⑨ C、E　　⑩ D、E

問3 下線部ハに関して、以下のa〜cに答えよ。

a．孔辺細胞に関する記述として、適切なものの組み合わせを次の①〜⑩の中から一つ選べ。 17

A．周囲の表皮細胞では葉緑体が発達しているのに対し、孔辺細胞では葉緑体が見られない。

B．孔辺細胞は均一な厚みの細胞壁構造を持つ。

C．孔辺細胞はセルロースの繊維が長軸に平行に配向しており、細胞は長軸方向に伸長できるが、短軸方向には膨らみにくい。

D．孔辺細胞内の膨圧が高まると、気孔が開く。

E．孔辺細胞内の浸透圧はカリウムイオンで調節される。

① A、B　　② A、C　　③ A、D　　④ A、E　　⑤ B、C

⑥ B、D　　⑦ B、E　　⑧ C、D　　⑨ C、E　　⑩ D、E

b．気孔の開閉に関わる光受容体タンパク質として適切なものを過不足なく含む選択肢を次の①〜⑩の中から一つ選べ。 18

① クリプトクロム　　② クロロフィル　　③ フィトクロム　　④ フォトトロピン

⑤ ロドプシン　　⑥ クリプトクロム、クロロフィル　　⑦ クリプトクロム、フィトクロム

⑧ クロロフィル、フィトクロム　　⑨ クリプトクロム、クロロフィル、ロドプシン

⑩ クリプトクロム、フィトクロム、ロドプシン

c．孔辺細胞に作用すると気孔を閉じるはたらきのある植物ホルモンのその他のはたらきについての記述として、もっとも適切なものを次の①〜⑤の中から一つ選べ。 19

① 糊粉層の細胞に作用してアミラーゼ遺伝子などの発現を誘導する。

② 細胞壁のゆるみを引き起こし、吸水を促進する。

③ 師管を通って茎頂へ移動し、花芽の形成を誘導する。

④ 種子の貯蔵物質の蓄積と脱水を誘導する。

⑤ 頂芽が盛んに成長しているときの、側芽の成長を抑制する。

— 143 —

問4 下線部ニに関して、以下のa、bに答えよ。

a．主に関与している物質として、もっとも適切なものを次の①〜⑧の中から一つ選べ。 20

① アブシシン酸　　② エチレン　　③ オーキシン　　④ サイトカイニン

⑤ ジベレリン　　⑥ ジャスモン酸　　⑦ ブラシノステロイド　　⑧ フロリゲン

b．主に関与している物質に関する記述として、適切なものの組み合わせを次の①〜⑩の中から一つ選べ。
21

A．合成された個体のみならず、空気を介して周辺にも作用する。

B．接触刺激によっても合成され、細胞の伸長成長を抑え茎の肥大成長を促進する。

C．イネの草丈を異常に高くする作用をもつ物質として発見された。

D．植物の落葉を抑制する作用もあるため、切花を長持ちさせる用途で使われる。

E．果実の成長段階においても子房や花托の成長を促進する。

① A、B　　② A、C　　③ A、D　　④ A、E　　⑤ B、C

⑥ B、D　　⑦ B、E　　⑧ C、D　　⑨ C、E　　⑩ D、E

（次の頁にも設問があります）

Ⅲ 被子植物の種子の形成に関する次の文章を読み、以下の設問に答えよ。

被子植物では、受粉後、花粉がめしべの柱頭につくと、花粉からは花粉管が、先端の柱頭から子房までの間の花柱の中を胚のうに向かって伸張し、珠孔を通って胚のうに達する。その際、助細胞は花粉管を誘引する物質を分泌して花粉管を胚のう中の卵細胞へと導く。花粉管の中の2つの精細胞の核 [(ア)] のうちのひとつが卵細胞の核 [(イ)] と融合し、もうひとつの精細胞の核 [(ア)] が中央細胞の2つの極核 [(ウ)] と融合し、重複受精がおこる。受精卵 [(エ)] は胚になり、中央細胞と融合した精細胞は、胚乳核 [(オ)] となる。受精後、受精卵は、最初の分裂で上部の頂端細胞と、_A胚のうにつながる基部細胞を生じる。頂端細胞は縦横に分裂して胚球として、発生を続け、やがて幼芽、子葉、胚軸、幼根などを生じる。胚乳核は分裂して胚乳を形成し、珠皮は種皮となる。このような過程を経て胚珠は種子となる。成熟した種子はすぐには_B発芽せず、_C休眠することもある。胚乳は、発芽に必要なデンプンなどの養分を蓄えている。このような種子を_D有胚乳種子という。一方、種子の成熟過程で胚乳の養分を子葉が吸収して発達して胚乳が見られない_E無胚乳種子がある。

問1 文章中の [(ア)] ～ [(オ)] の核相の組み合わせとして、もっとも適切なものを次の①～⑥の中から一つ選べ。ただし、[(ア)]、[(イ)]、[(ウ)]、[(エ)]、[(オ)] の順とする。　22

① 2n、2n、n、n+n、3n

② n、n、n+n、2n、3n

③ n、2n、3n、n、n+n

④ 2n、n、2n、3n、n+n

⑤ n、n+n、n、2n、3n

⑥ n、n、3n、2n、n+n

問2 下線部**A**に関して、胚のうには卵細胞、中央細胞、助細胞の他に反足細胞が存在する。1つの成熟した胚のうに含まれる核の個数の合計数として、もっとも適切なものを次の①～⑥の中から一つ選べ。

23

① 4　　② 5　　③ 6　　④ 7　　⑤ 8　　⑥ 9

問3 下線部**B**に関して、光発芽の説明として、**適切でないもの**の数を次の①～⑦の中から一つ選べ。 24

・光発芽種子は、フィトクロムが光を受容する役割を果たしている。フィトクロムは、光発芽種子の発芽促進以外にも伸長成長の制御や花芽誘導など、様々な現象に関与する。

・Pr型が赤色光を吸収すると、瞬時にPfr型に変わり、Pfr型が遠赤色光を吸収すると瞬時にPr型に戻る。赤色光と遠赤色光によるPr型とPfr型の間の相互変換は不可逆的である。

・光発芽種子の植物には、タバコ、シロイヌナズナ、レタス、キュウリなどがある。

・遠赤色光の割合が高いと、Pr型の割合が高くなり、光発芽種子では、発芽が抑制される。

・赤色光が発芽を誘導するときは、エチレンが働き、光発芽種子では赤色光が当たるとPfr型のフィトクロムがエチレンの合成を誘導する。

・暗発芽の性質をもつ植物の多くは、乾燥地に生え、種子が大きく、種子内に貯蔵されている養分が多い。発芽後、光がなくてもしばらくは成長できる。

① 0　② 1　③ 2　④ 3　⑤ 4　⑥ 5　⑦ 6

問4 光発芽種子の発芽を誘導する植物ホルモンに関して、他のはたらきの組み合わせとして、もっとも適切なものを次の①～⑥の中から一つ選べ。 25

① 茎の伸長、果実の成長　　② 茎の伸長、老化　　③ 果実の成長、老化

④ 老化、落果・落葉　　⑤ 落果・落葉、茎の伸長　　⑥ 果実の成長、落果・落葉

問5 下線部**C**に関して、種子の休眠に関わる植物ホルモンとして、もっとも適切なものを次の①～⑤の中から一つ選べ。 26

① アブシシン酸　　② ジベレリン　　③ エチレン　　④ オーキシン　　⑤ サイトカイニン

（次の頁にも設問があります）

問6 下線部Dに関して、次の図は大麦の種子（有胚）、胚を切除した種子（無胚）、胚を切除した種子にジ
ベレリンを与えた種子の吸水後の胚乳に生じる糖の量を、時間の経過とともに調べた結果である。次
の説明について、図中におけるもっとも適切な胚乳の糖の変化を①～③の中からそれぞれ一つずつ選べ。
なお、あは有胚種子でジベレリンを与えた種子の胚乳に生じる糖の量の変化である。また、与えるジベ
レリンの量は、アミラーゼの発現を促す量よりも過剰量とする。

i. 有胚種子でジベレリンを与えなかった種子の胚乳に生じる糖の量の変化は 27 である。

ii. 無胚種子でジベレリンを与えなかった種子の胚乳に生じる糖の量の変化は 28 である。

iii. 無胚種子でジベレリンを与えた種子の胚乳に生じる糖の量の変化は 29 である。

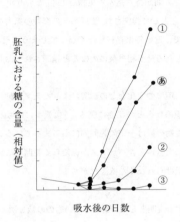

吸水後の日数

問7 下線部D、Eの植物の組み合わせとして、適切なものを次の①～⑥の中から一つ選べ。ただし、D、
Eの順とする。 30

① カキ、トウモロコシ　　　　② エンドウ、クリ　　　　③ イネ、シロイヌナズナ

④ エンドウ、トウモロコシ　　⑤ シロイヌナズナ、カキ　　⑥ イネ、トウモロコシ

(3C—11)

Ⅳ　生態系と生物多様性に関する次の文章を読み、以下の設問に答えよ。

　　森林生態系には、物質の循環を促すとともに、降水を貯蔵し、結果的に河川の水位が調節され下流部の洪水を防ぐ機能がある。森林をハイキングすれば美しい自然に触れる体験をすることもできる。このように私たちは日々の暮らしの中で常に、生態系から様々な恩恵を受けて生活している。この恩恵は生物の多様な営みの結果として現れ、生態系における生物多様性が深くかかわっている。生物多様性とは、レベルの異なる様々な多様性を内包する概念であり、また長い進化の歴史の産物でもあるが、近年その低下が懸念されていることから、生物多様性を保全し、持続可能な形で利用していくことが重要とされている。

　　本来その生態系に存在せず、人間が持ち込んだ生物を［ア］というが、中でも日本の自然環境に悪影響を及ぼす可能性のあるものは［イ］として指定され、生態系への影響の拡大を防ぐ取り組みがされている。また、人間活動による影響の例として、近い将来存在しなくなってしまうおそれのある［ウ］があげられる。人類が認識する間もなく永久に失われる種も相当数にのぼると推測されており、いずれも人間活動による改変の結果である。

　　生態系の個体数や生産量は、環境の変化などの影響によりたえず変動しているが、その変動の幅がそれほど大きくなければ、やがて生態系はもとの状態に戻る。生態系にはもとの状態に戻ろうとする力が備わっているため、生態系に生じる変動の幅は一定の範囲内におさまっていることが多い。しかしながら、人間活動による環境の改変があまりに大きいと、バランスが保たれる範囲をこえてしまい、もとの生態系に戻らなくなり、結果として、恩恵を受けられなくなる恐れがある。

問1　文章中の下線部イに関する説明として、**適切でないもの**の数を次の①～⑦の中から一つ選べ。　31

・生態系では、食物連鎖に伴う物質の循環を通して、すべての生物と環境とがつながっている。
・植物は土壌に存在するアンモニウムイオンや硝酸イオンなどの窒素を含む無機物を根から吸収し、アミノ酸や核酸などの材料としている。
・熱エネルギーは有機物の合成には使われず、宇宙空間に放出されるため、エネルギーは生態系の中で循環しない。
・植物、動物、菌類は、どれも生命活動に必要なATPを呼吸によってつくる過程で、有機物中の炭素を二酸化炭素に変えて大気中に戻している。
・太陽の光エネルギーのごく一部が植物体に吸収され、吸収された光エネルギーもその一部が化学エネルギーとして、有機物に蓄えられる。
・海水中の二酸化炭素を材料につくられたサンゴの骨格は、やがて堆積し石灰岩になると生物間のつながりを介した炭素の循環からいったん外れる。

　　①　0　　②　1　　③　2　　④　3　　⑤　4　　⑥　5　　⑦　6

問2 文章中の下線部ロについて、生態系から受ける恩恵について説明した文として、**適切でないもの**の数を次の①～⑥の中から一つ選べ。 32

・基盤サービスとは、植物による有機物合成や二酸化炭素の吸収、酸素の合成、土壌の形成などの生態系を支える機能のことである。

・供給サービスとは、食料、木材、医薬品、燃料、水などのような人間の生活に必要なものを供給する機能のことである。

・生態系サービスとは、生態系がそのはたらきを通じて人間に提供するさまざまな恩恵のことである。

・文化的サービスとは、生態系が人間生活の文化面や精神面などに与える非物質的な影響のことで、レクリエーション、宗教、芸術などにかかわりがある。

・調節サービスとは、洪水や地すべりのような自然災害を抑制したり、気候の調整をするなどヒトの生活に適した環境を提供する機能のことである。

① 0　② 1　③ 2　④ 3　⑤ 4　⑥ 5

問3 文章中の下線部ハに関する説明として、**適切でないもの**を次の①～⑤の中から一つ選べ。 33

① さまざまな環境に対応して多様な生態系が存在することを生態系多様性という。

② 遺伝的多様性は進化の原動力となり、遺伝的多様性が低下すると種の多様性の低下をもたらすことになる。

③ ある地域の中でも生態系多様性が高いほど、そこにすむ生物の種多様性も高くなる。

④ 遺伝的多様性が高いと、多少の生息環境の変動にも対応できる個体が含まれる可能性がある。

⑤ 種多様性が高い生態系は気候条件などの変化に対してはバランスを維持できない可能性が高い。

問4 文章中の［ア］に関する説明として、**適切でないもの**を①～⑤の中から一つ選べ。 34

① 人間による介在で意図的に導入される場合と意図せずに導入される場合がある。

② 移入先に被食者や病気を引き起こす微生物がいない場合、個体数が一挙に増えることがある。

③ 一度分布を広げたものを駆除することは難しいため、侵入を阻止し定着を防ぐ取り組みが重要である。

④ 在来生物との間に個体数を調節する関係がつくられていないため、生態系のバランスが崩れることがある。

⑤ ある地域に古くから生息している生物を捕食したり、生息場所をうばう恐れがある。

問5 文章中の ［イ］ 35 、［ウ］ 36 について、日本国内において当てはまる種名のもっとも適切な組み合わせを次の①〜⑩の中からそれぞれ一つずつ選べ。

① グリーンアノール、ボタンウキクサ、ニホンウナギ

② アホウドリ、アライグマ、ウシガエル

③ オオクチバス、フイリマングース、ニホンウナギ

④ ライチョウ、アレチウリ、ヤンバルクイナ

⑤ ムニンツツジ、ツシマヤマネコ、アマミノクロウサギ

⑥ ヤンバルクイナ、フイリマングース、ブルーギル

⑦ アレチウリ、グリーンアノール、ボタンウキクサ

⑧ カミツキガメ、アライグマ、アマミノクロウサギ

⑨ ウシガエル、カミツキガメ、ムニンツツジ

⑩ ブルーギル、ツシマヤマネコ、オオクチバス

問6 文章中の下線部ニについて、日本列島の身近な自然としてあげられる里山に関する説明として、**適切でないもの**を次の①〜⑥の中から一つ選べ。 37

① 里山は人里に接した丘陵地や谷間、小川やため池など、多様な環境が組み合わされたことで生物多様性が高い。

② 近年の里山は、化学肥料の普及や圃場の整備などにより生態系機能が低下し、生物多様性が減少する恐れがある。

③ 里山では異なる環境に暮らす生物だけでなく、異なる環境にまたがって生きる生物も生活できる。

④ 近年の里山は、農村の人口減少などから雑木林が放棄され、遷移が進み生物多様性が増加する可能性がある。

⑤ 里山の多様な環境の組み合わせは、伝統的な農業と暮らしにおける自然の必要性に応じたものである。

⑥ 里山の豊かな生物多様性と持続性は、人の手を入れ続けることにより維持されてきた。

問7 文章中の下線部ホに関する説明として、もっとも適切なものを次の①〜④の中から一つ選べ。 38

① 変動のうち、植生を破壊するかく乱は小規模でも生態系のバランスを保てなくする。

② 生物の種多様性が低く単純な食物網からなる生態系では、ある生物数の急な変動が起きても影響は一部にとどまる。

③ 生態系のバランスはその生態系における非生物的環境だけでなく、生態系内の種多様性と密接にかかわっている。

④ 生息する生物種が多様であるほど、もとに戻ろうとする力が小さいため、その生態系は安定すると考えられる。

（次の頁にも設問があります）

(3C — 14)

問8 次の文章を読み、以下のa、bの設問に答えよ。

　　生態系における個体には、単独で生活するものと集団で生活するものがいる。ある地域で生活する同
　種個体の集まりを個体群と呼び、個体群内や個体群間には生物間の相互作用がはたらいている。

a．個体群に関する説明として、**適切でないもの**を次の①〜⑥の中から一つ選べ。　39

　①　群れや社会を形成する動物では集中分布がよく見られる。

　②　個体群密度は一様分布の場合、どの場所でもほぼ同じである。

　③　個体間に何らかの影響がはたらく場合にはランダム分布が起こりやすい。

　④　大きな種子を作る植物では集中分布が見られることがある。

　⑤　個体群密度は集中分布の場合、場所による違いが大きい。

　⑥　一様分布はランダム分布よりも疎密度の小さい均一な分布になる。

b．文章中の下線部に関する説明として、**適切でないもの**を過不足なく含む選択肢を次の①〜⑩の中から
　一つ選べ。　40

　A．生態的地位が完全に同じ種は、競争的排除により一方の種が駆逐されるので、同じ場所で共存する
　　ことはできない。

　B．同種の個体間で食物などをめぐって起こる競争を食う食われるの関係という。

　C．互いに利益を得る生物間の関係を相利共生という。

　D．関係しあう個体のすべてに有利な結果が生じる場合を間接効果という。

　E．すみわけは生態的地位をずらすことにより資源の分割競争に勝とうとする行動である。

　①　A、C　　　　　②　B、D　　　　　③　B、E　　　　④　C、D

　⑤　C、E　　　　　⑥　A、B、D　　　⑦　C、D、E　　⑧　B、C、E

　⑨　A、C、D、E　　⑩　A、B、C、D

4C 生 物

2月27日

$$\left(解答番号 \boxed{1} \sim \boxed{40}\right)$$

I ヌクレオチドに関する次の文章を読み、以下の設問に答えよ。

　　DNAは2本鎖からなる構造をしており、それぞれの鎖はヌクレオチドと呼ばれる単位が繰り返して出来ている。ヌクレオチドは、糖、リン酸、塩基から構成される。塩基には、アデニン（A）、グアニン（G）、チミン（T）、シトシン（C）の4種類がある。RNAはDNAとは異なり、1本鎖であり、ヌクレオチドの塩基ではTの代わりにウラシル（U）が使われる。DNAを構成する糖はデオキシリボースと呼ばれ、5個の炭素を含む。ヌクレオチドどうしは、デオキシリボースの5個の炭素のうち3番目の炭素（3′C）と、隣接するデオキシリボースの5番目の炭素（5′C）がリン酸基を挟んで互いにつながっている。ヌクレオチド鎖には方向性があり、5′Cにつくリン酸基で終わる末端を5′末端、その反対側の糖で終わる末端を3′末端という。ィDNAを構成するヌクレオチドの塩基は、らせん状に絡み合ったDNAの2本鎖から内側に突き出しており、塩基どうしが　2　結合により結びついて、塩基対を形成している。このように、特定の塩基どうしが対を作りやすい性質を塩基の相補性という。ロDNAの複製は半保存的に行われ、鋳型となるヌクレオチド鎖の塩基に相補的な塩基をもつヌクレオチドが結合していくことで、新しいヌクレオチド鎖が作られる。1970年代にサンガーが開発したDNAの塩基配列を読む方法は、DNAが複製される際に一方の鎖をもとにもう一方の鎖が作られることを利用したもので、ハジデオキシヌクレオチドと呼ばれる特殊なヌクレオチドを用いる。このヌクレオチドは、伸長中のDNA鎖に偶然取り込まれた時点でDNA合成を止めることができる。このため、二条件を整えれば、ヌクレオチド1個から最長のDNA鎖まで、様々なDNA断片を合成することができる。

問1　DNAを構成しているデオキシリボースの構造について、下図の**ア～エ**に入るものとして、もっとも適切なものを次の①～⑩の中から一つ選べ。ただし、**ア、イ、ウ、エ**の順とする。　　　　　 $\boxed{1}$

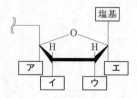

① OH、OH、OH、H　　② OH、OH、H、OH　　③ OH、OH、H、H

④ OH、H、OH、OH　　⑤ OH、H、OH、H　　　⑥ OH、H、H、H

⑦ H、OH、OH、OH　　⑧ H、OH、OH、H　　　⑨ H、OH、H、H

⑩ H、H、H、H

— 152 —

(4C-1)

問2 ［ 2 ］に入るものとして、もっとも適切なものを次の①～⑥の中から一つ選べ。

① 水素　　　② ペプチド　　③ ジスルフィド (S-S)

④ ギャップ　　⑤ 密着　　　⑥ 固定

問3 下線部イについて、塩基対を形成する塩基の組み合わせを過不足なく含む選択肢を次の①～⑥の中から一つ選べ。［ 3 ］

① AとC、GとT

② AとC、GとT、AとG、CとT

③ AとC、GとT、AとG、CとT、AとT、CとG

④ AとG、CとT

⑤ AとG、CとT、AとT、CとG

⑥ AとT、CとG

問4 DNAの2本鎖について、一方のヌクレオチド鎖のある領域の塩基の配列が5'末端側から3'末端側に向かってGGCCTATCTであったとする。もう一方の鎖の対応する領域の塩基の配列として、もっとも適切なものを次の①～⑧の中から一つ選べ。ただし、5'末端側から3'末端側に向かっての配列とする。
［ 4 ］

① GGCCTATCT　　② TCTATCCGG　　③ CCGGATAGA　　④ AGATAGGCC

⑤ GGCCUAUCU　　⑥ UCUAUCCGG　　⑦ CCGGAUAGA　　⑧ AGAUAGGCC

問5 問4で示された領域の9塩基対の間で形成される［ 2 ］結合の数として、もっとも適切なものを次の①～⑩の中から一つ選べ。［ 5 ］

① 0　　② 4　　③ 5　　④ 9　　⑤ 13

⑥ 14　　⑦ 18　　⑧ 22　　⑨ 23　　⑩ 27

問6 下線部ロについて、新しいヌクレオチド鎖の合成に使われるヌクレオチドについているリン酸基の数として、もっとも適切なものを次の①～⑩の中から一つ選べ。［ 6 ］

① 0　　② 1　　③ 2　　④ 3　　⑤ 4

⑥ 5　　⑦ 6　　⑧ 7　　⑨ 8　　⑩ 9

問7 DNAの複製に関する説明文のうち、**適切でない**ものを次の①～④の中から一つ選べ。［ 7 ］

① DNAの複製では、DNAの2本のヌクレオチド鎖の両方が鋳型となる。

② 原核細胞の環状のDNAには複製開始点（複製起点）という特定の場所が存在し、細胞が分裂するたびに必ずそこから複製が開始される。

③ 真核細胞のゲノムは、複数の線状のDNAに分かれており、複製はそれぞれの線状DNAの端からのみ始まる。

④ 新たなヌクレオチド鎖の合成は、5'末端から3'末端の方向にしか進行しない。

(4C－2)

問8　細胞内でのDNA複製とPCR法に関する説明文のうち、**適切でないもの**を次の①〜③の中から一つ選べ。　8

①　細胞内でのDNA複製とPCR法の両者において、DNAの2本のヌクレオチド鎖の開裂はDNAヘリカーゼによって行われるが、PCR法ではDNAヘリカーゼがもっともよくはたらく95℃程度の高温で反応を行う。

②　細胞内でのDNA複製とPCR法の両者において、DNAポリメラーゼによる新しいヌクレオチド鎖の合成開始にはプライマーが必要であるが、細胞内でのDNA複製でのプライマーはRNAでつくられており、PCR法でのプライマーはDNAでつくられている。

③　細胞内でのDNA複製では岡崎フラグメントが生じるが、PCR法では生じない。

問9　下線部ハについて、ジデオキシヌクレオチドもDNAのヌクレオチドと同様に糖、リン酸、塩基から構成されており、DNAの複製の際にジデオキシヌクレオチドが取り込まれると、次に取り込まれたヌクレオチドとリン酸を介した結合を形成できないため伸長がとまる。ジデオキシヌクレオチドの糖の部分の構造として、もっとも適切なものを次の①〜⑩の中から一つ選べ。ただし、ア、イ、ウ、エの順とする。　9

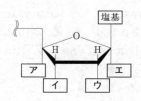

①　OH、OH、OH、H　　②　OH、OH、H、OH　　③　OH、OH、H、H

④　OH、H、OH、OH　　⑤　OH、OH、OH、H　　⑥　OH、H、H、H

⑦　H、OH、OH、OH　　⑧　H、OH、OH、H　　⑨　H、OH、H、H

⑩　H、H、H、H

問10　下線部ニについて、塩基配列を調べたいDNA鎖、プライマー、ヌクレオチド、ジデオキシヌクレオチド、DNAポリメラーゼなどで構成される反応液を調製し、調べたいDNA鎖と相補的なDNA鎖を合成したとする。合成された様々な長さのDNA鎖のうち、10塩基〜18塩基からなる9種類のDNA断片に着目し、それらの3'末端のヌクレオチドの塩基を明らかにしたところ、短い方の断片から、C、T、G、T、C、A、G、T、Tであった。鋳型となったDNA鎖の対応する領域の塩基配列として、もっとも適切なものを次の①〜⑧の中から一つ選べ。ただし、5'末端側から3'末端側に向かっての配列とする。　10

①　CTGTCAGTT　　②　TTGACTGTC　　③　GACAGTCAA　　④　AACTGACAG

⑤　CUGUCAGUU　　⑥　UUGACUGUC　　⑦　GACAGUCAA　　⑧　AACUGACAG

(4C—3)

Ⅱ　窒素同化に関する次の文章を読み、以下の設問に答えよ。

　　地球上の窒素は大気、土壌、生物体内などを循環している。土壌中には、細菌など多種多様な微生物が生息し、窒素循環の過程でもさまざまな微生物のはたらきが関与している。植物は主に根から無機窒素化合物を吸収する。植物体内に入った硝酸イオンはアンモニウムイオンに還元されて［あ］と結合し［い］がつくられる。［い］のアミノ基は［う］に転移され、［う］は［あ］になる。さらに「あ」に取り込まれたアミノ基は［え］と結合して［お］がつくられる。植物の窒素同化には補酵素や、アミノ酸のほか、ATPのエネルギーが必要である。そのため、構成成分の大半が炭水化物であるイネの子実（米）に比べてタンパク質を多く含む、ダイズ子実の生産効率は低い。同化された窒素は核酸にも含まれ、生物の遺伝情報を構成するうえでも不可欠である。

問1　下線部イに関する記述として、適切なものの組み合わせを次の①～⑩の中から一つ選べ。　11
　A．光合成をおこなう原核生物はすべて光合成色素としてバクテリオクロロフィルをもつ。
　B．緑色硫黄細菌が光合成によって6分子のグルコースを合成する反応では、12分子の硫化水素が消費されて6分子の水と12分子の硫黄が生成される。
　C．細菌は原核生物で細胞壁をもち、細胞質基質内にDNAやリボソームが存在する。
　D．化学合成細菌は無機物の酸化反応によってエネルギーを得られるため、炭酸同化は行わない。
　E．遺伝子組換えに細菌の一種である大腸菌やアグロバクテリウムが用いられることがある。
　　①　A、B　　②　A、C　　③　A、D　　④　A、E　　⑤　B、C
　　⑥　B、D　　⑦　B、E　　⑧　C、D　　⑨　C、E　　⑩　D、E

問2　下線部ロに関する記述として、適切なものの組み合わせを次の①～⑩の中から一つ選べ。　12
　A．土壌中のアンモニウムイオンは硝化菌のはたらきで硝酸イオンになる。
　B．土壌中の窒素化合物の一部はアゾトバクターなどのはたらきで脱窒される。
　C．化学合成細菌は還元力の強い無機物を還元する際に得られる化学エネルギーを用いて二酸化炭素を還元し、炭酸同化する。
　D．亜硝酸菌は亜硝酸を酸化して硝酸にする。
　E．生物遺体や排出物に含まれる有機窒素化合物は土壌中で細菌や菌類によって分解され、アンモニウムイオンになる。
　　①　A、B　　②　A、C　　③　A、D　　④　A、E　　⑤　B、C
　　⑥　B、D　　⑦　B、E　　⑧　C、D　　⑨　C、E　　⑩　D、E

（次の頁にも設問があります）

(4C－4)

問3 文章中の［あ］、［う］、［え］に入るものの組み合わせとして、もっとも適切なものを次の①～⑩の中から一つ選べ。ただし、［あ］、［う］、［え］の順とする。 | 13 |

① グルタミン、グルタミン酸、α–ケトグルタル酸

② グルタミン酸、グルタミン、α–ケトグルタル酸

③ グルタミン、グルタミン酸、有機酸

④ グルタミン酸、グルタミン、有機酸

⑤ グルタミン、グルタミン酸、アミノ酸

⑥ グルタミン酸、グルタミン、アミノ酸

⑦ グルタミン、α–ケトグルタル酸、有機酸

⑧ グルタミン酸、α–ケトグルタル酸、有機酸

⑨ グルタミン、α–ケトグルタル酸、アミノ酸

⑩ グルタミン酸、α–ケトグルタル酸、アミノ酸

問4 下線部ハに関して、グルタミンとグルタミン酸の組み合わせとして、適切なものを次の①～⑦の中から一つ選べ。ただし、グルタミン、グルタミン酸の順とする。 | 14 |

① $C_5H_{10}N_2O_3$、$C_5H_{11}NO_2$ ② $C_5H_{10}N_2O_3$、$C_5H_9NO_4$ ③ $C_5H_{11}NO_2$、$C_5H_{10}N_2O_3$

④ $C_5H_9NO_4$、$C_5H_{10}N_2O_3$ ⑤ $C_5H_9NO_2$、$C_5H_{10}N_2O_3$ ⑥ $C_5H_{11}NO_2$、$C_4H_8N_2O_3$

⑦ $C_5H_9NO_2$、$C_4H_8N_2O_3$

— 156 —

問5　下線部ニに関し、**図1**はダイズの窒素吸収量（N元素の重量）と子実生産量（収穫された子実の重さ）との関係を示している。ダイズは肥料や土壌中にもともと存在した窒素のほか、窒素固定をおこなう根粒菌から供給される窒素も吸収する。ただし、ここではダイズが吸収する窒素の半分は肥料由来のもの、残り半分は根粒菌の窒素固定由来のものとし、それ以外の窒素供給源はなかったものとする。また、ダイズの子実重の40%はタンパク質が占め、これは窒素（N）に換算すると子実重の7％に相当するものとする。肥料として与えた窒素をすべてダイズが吸収し、かつ**図1**や上記の関係が変動しない場合、ダイズの子実タンパク質120gを得るために与えなければならない肥料の量として、もっとも適切なものを次の①～⑩の中から一つ選べ。ただし、使用する肥料は20％の窒素（N）を含むものとする。

15

① 3g　② 6g　③ 12g　④ 15g　⑤ 30g
⑥ 42g　⑦ 60g　⑧ 75g　⑨ 84g　⑩ 150g

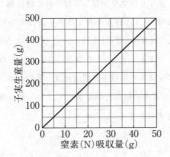

図1　ダイズの窒素（N）吸収量と子実生産量との関係

（次の頁にも設問があります）

問6 下線部ホに関する次の文章を読み、a～eに答えよ。

　ある形質の発現が1組の対立遺伝子Aとaによって支配され、Aが優性（顕性）、aが劣性（潜性）であるとする。遺伝子型ＡＡ個体に遺伝子型ａａ個体を交雑して得られた雑種第1代を自家受精させて得られる雑種第2代の分離比の期待値はＡＡ：Ａａ：ａａ＝[**か**]となる。さらに、この雑種第2代を自家受精させて得られる雑種第3代の分離比の期待値はＡＡ：Ａａ：ａａ＝[**き**]となる。このようにして自家受精をくり返して得られる雑種第7代のヘテロ接合体の出現率の期待値は全体の[**く**]となる。植物には自家受精ではなく、異なる個体どうしが交雑する他家受精をするものも多い。すべての段階の交雑で得られる個体数が十分に多く、かつすべての個体どうしがランダムに受精する場合、上記の雑種第1代Ａａから得られる雑種第2代の分離比の期待値はＡＡ：Ａａ：ａａ＝[**け**]、さらに雑種第3代の分離比の期待値はＡＡ：Ａａ：ａａ＝[**こ**]となる。

　それぞれ別の染色体上に2組の対立遺伝子Ａ（優性）とａ（劣性）、Ｂ（優性）とｂ（劣性）があり、遺伝子型ＡＡＢＢ個体と遺伝子型ａａｂｂ個体を交雑して得られた雑種第1代を自家受精させて得られる雑種第2代の分離比の期待値はＡＡＢＢ：ＡＡＢｂ：ＡａＢＢ：ＡａＢｂ：ＡＡｂｂ：Ａａｂｂ：ａａＢＢ：ａａＢｂ：ａａｂｂ＝1：[**さ**]：[**し**]：[**す**]：[**せ**]：[**そ**]：[**た**]：[**ち**]：1となり、その表現型の分離比は、[ＡＢ]：[Ａｂ]：[ａＢ]：[ａｂ]＝[**つ**]：[**て**]：[**と**]：1となる。さらに、この雑種第2代を自家受精させて得られる雑種第3代の遺伝子型ＡａＢｂ個体の出現率の期待値は全体の[**な**]となる。

a．文章中の[**か**]、[**き**]に入るものの組み合わせとして、もっとも適切なものを次の①～⑩の中から一つ選べ。ただし、[**か**]、[**き**]の順とする。　| 16 |

① 1：2：1、1：1：1　　② 1：1：1、1：2：1　　③ 1：2：1、1：2：1

④ 2：1：2、1：2：1　　⑤ 1：2：1、2：1：2　　⑥ 2：1：2、3：1：3

⑦ 1：2：1、3：3：3　　⑧ 2：1：2、3：2：3　　⑨ 1：2：1、3：2：3

⑩ 1：3：1、2：1：2

b．文章中の[**く**]に入るものとして、もっとも適切なものを次の①～⑩の中から一つ選べ。　| 17 |

① $\dfrac{1}{2}$　　② $\dfrac{1}{3}$　　③ $\dfrac{1}{4}$　　④ $\dfrac{1}{8}$　　⑤ $\dfrac{1}{16}$

⑥ $\dfrac{1}{32}$　　⑦ $\dfrac{1}{64}$　　⑧ $\dfrac{3}{64}$　　⑨ $\dfrac{1}{128}$　　⑩ $\dfrac{3}{128}$

c．文章中の[**け**]、[**こ**]に入るものの組み合わせとして、もっとも適切なものを次の①～⑩の中から一つ選べ。ただし、[**け**]、[**こ**]の順とする。　| 18 |

① 1：2：1、1：1：1　　② 1：1：1、1：2：1　　③ 1：2：1、1：2：1

④ 2：1：2、1：2：1　　⑤ 1：2：1、2：1：2　　⑥ 2：1：2、3：1：3

⑦ 1：2：1、3：3：3　　⑧ 2：1：2、3：2：3　　⑨ 1：2：1、3：2：3

⑩ 1：3：1、2：1：2

d．文章中の [さ]、[し]、[す]、[つ]、[て]、[と] に入るものの組み合わせとして、もっとも適切なもの
を次の①〜⑨の中から一つ選べ。ただし、[さ]、[し]、[す]、[つ]、[て]、[と] の順とする。　19

① 1、1、2、5、2、2 　　② 2、2、1、6、3、3 　　③ 2、2、1、6、2、2

④ 2、3、3、9、2、2 　　⑤ 2、3、3、9、3、3 　　⑥ 2、2、4、9、2、2

⑦ 2、2、4、9、3、3 　　⑧ 4、2、2、9、2、2 　　⑨ 4、2、2、9、3、3

e．文章中の [な] に入るものとして、もっとも適切なものを次の①〜⑩の中から一つ選べ。　20

① $\dfrac{1}{2}$ 　　② $\dfrac{1}{3}$ 　　③ $\dfrac{1}{4}$ 　　④ $\dfrac{1}{8}$ 　　⑤ $\dfrac{1}{16}$

⑥ $\dfrac{1}{32}$ 　　⑦ $\dfrac{1}{64}$ 　　⑧ $\dfrac{3}{64}$ 　　⑨ $\dfrac{1}{128}$ 　　⑩ $\dfrac{3}{128}$

（次の頁にも設問があります）

Ⅲ　情報伝達に関する次の文章を読み、以下の設問に答えよ。

　ヒトでは、神経系と内分泌系という二つのしくみにより情報が伝えられる。神経系は中枢神経系と末梢神経系に分けられ、末梢神経系は機能によって体性神経系と自律神経系に分けることができる。神経細胞（ニューロン）は、細胞体と、そこから延びる突起から構成される。突起は、短く複雑に枝分かれし他の細胞からの信号を受け取る［あ］と、より長く伸び離れたところへ信号を伝える［い］からなる。一方、内分泌系では、内分泌腺がホルモンを血液中に分泌し特定の器官へと情報を伝える。水溶性ホルモンは細胞膜を通り抜けることができないため、細胞膜にある受容体に結合し情報を伝える。これに対して脂溶性ホルモンでは細胞の［う］を通過できるため、細胞内の受容体と結合して情報を伝える。

問1　自律神経系は［ア］と［イ］からなる。［ア］と［イ］に入るもっとも適切なものの組み合わせを次の①〜⑥の中から一つ選べ。　21

　A．感覚神経　　B．運動神経　　C．交感神経　　D．副交感神経

　①　A、B　　②　A、C　　③　A、D　　④　B、C　　⑤　B、D　　⑥　C、D

問2　交感神経系が優位にはたらいた場合に起こる現象として、もっとも適切なものを次の①〜⑤の中から一つ選べ。　22

　①　瞳孔の縮小　　②　心拍数の低下　　③　肝臓でのグリコーゲン合成

　④　排尿の促進　　⑤　気管支の拡張

問3　ニューロンのまわりには機能を助けるさまざまな細胞があり、これらをまとめてグリア細胞とよぶ。グリア細胞に含まれるものを過不足なく含む選択肢を次の①〜⑦の中から一つ選べ。　23

　A．シュワン細胞　　B．オリゴデンドロサイト　　C．錐体細胞

　①　A　　②　B　　③　C　　④　A、B

　⑤　A、C　　⑥　B、C　　⑦　A、B、C

問4　文章中の［あ］と［い］に入るもっとも適切なものの組み合わせを次の①〜⑧の中から一つ選べ。ただし、［あ］、［い］の順とする。　24

　①　樹状突起、軸索　　②　樹状突起、ランビエ絞輪　　③　軸索、樹状突起

　④　軸索、ランビエ絞輪　　⑤　シナプス、樹状突起　　⑥　シナプス、ランビエ絞輪

　⑦　ランビエ絞輪、樹状突起　　⑧　ランビエ絞輪、軸索

問5　文章中の［う］に入るもっとも適切なものを次の①〜④の中から一つ選べ。　25

　①　リン脂質の二重層　　②　チラコイド膜　　③　基底層　　④　カルシウムイオンチャネル

(4C－9)

問6　興奮していないニューロンでは、細胞内は細胞外に比べて電気的に［**ウ**］になっている。この時の膜電位を［**エ**］という。刺激が加わるとこれが逆転し内側が［**オ**］になり［**カ**］が生じる。［**ウ**］〜［**カ**］に入るもっとも適切なものの組み合わせを次の①〜⑥の中から一つ選べ。ただし、［**ウ**］、［**エ**］、［**オ**］、［**カ**］の順とする。　26

① 負（−）、活動電位、正（＋）、静止電位

② 負（−）、静止電位、正（＋）、活動電位

③ 負（−）、シナプス後電位、正（＋）、静止電位

④ 正（＋）、活動電位、負（−）、シナプス後電位

⑤ 正（＋）、静止電位、負（−）、活動電位

⑥ 正（＋）、シナプス後電位、負（−）、静止電位

問7　抑制性シナプスから放出される神経伝達物質として、もっとも適切なものを次の①〜④の中から一つ選べ。　27

① アセチルコリン　　② ノルアドレナリン　　③ グルタミン酸　　④ γ-アミノ酪酸（GABA）

問8　脂溶性ホルモンとして、もっとも適切なものを次の①〜⑥の中から一つ選べ。　28

① アドレナリン　　② インスリン　　③ グルカゴン

④ チロキシン　　⑤ バソプレシン　　⑥ パラトルモン

問9　血糖低下作用のあるホルモンとして、もっとも適切なものを次の①〜⑥の中から一つ選べ。　29

① アドレナリン　　② インスリン　　③ グルカゴン

④ チロキシン　　⑤ バソプレシン　　⑥ パラトルモン

問10　鉱質コルチコイドのはたらきについて、もっとも適切なものを次の①〜④の中から一つ選べ。　30

① 血圧を下げる。

② グリコーゲンの合成を促進する。

③ 腎臓でナトリウムイオンの再吸収を促進する。

④ 腎臓でカリウムイオンの再吸収を促進する。

（次の頁にも設問があります）

Ⅳ 生物の誕生に関する次の文章を読み、以下の設問に答えよ。

地球は約46億年前、太陽を中心に公転していた多数の微惑星が衝突合体するなどして誕生した。誕生したばかりの地球は熱いマグマに覆われていたと推定されている。その後原始大気が生じ、やがて地球表面の温度が下がると大気中の水蒸気が凝縮して大量の水が生じ、原始海洋が形成された。約40億年前に生命誕生の条件が整ったと考えられている。

生物は生物からしか生じない。しかし約40億年前から38億年前の地球上において、少なくとも1回は無生物から生物が生じたと考えられる。生物を構成する要素は主にタンパク質や核酸などの複雑な構造をした有機物であることから、_イ生物が生じる際にはまず、無機物や簡単な有機物から複雑な有機物が合成される必要があったと思われる。さらに高分子の有機化合物ができても、それらが_ロまとまって生命体となるために必要な条件が存在した。

そして現在、地球上には命名済みのものだけで180万種以上、実際はその数倍から十数倍以上の生物種が存在すると推定されている。生物の分類単位としてはかつては五界説があり、［ア］、植物、動物、［イ］の4つを含む［ウ］と、原核細胞でできており、核を持たない［エ］の5つに分けられていた。このうち［イ］は、系統解析では植物よりもむしろ動物に近いとされている。近年はこれらを構成する最も大きな分類単位として、［エ］をさらに［オ］と［カ］の二つに分け、これに［ウ］を加えて3つに分類した［キ］が用いられている。［カ］は高温や高圧といった原始地球の環境に近いと考えられる環境でよく見られ、［ウ］は系統的には［オ］よりもむしろ［カ］に近いと考えられている。

問1 下線部イに関する説明文のうち、**適切でないもの**を次の①～④の中から一つ選べ。 ┌──┐ 31 └──┘

① 生物が最初に生じた場所は紫外線が降り注ぐ地上ではなく、深海だったとする説が有力である。

② ミラーの実験により、原始大気を模した窒素や二酸化炭素、水蒸気からなる混合ガスから有機物合成が起こることが確かめられた。

③ 海底の熱水噴出孔は地下のマグマで温められ高温高圧であるため有機物が合成される可能性がある。

④ アミノ酸や核酸の塩基は彗星や隕石などにより地球外、すなわち宇宙からもたらされたという説がある。

問2 下線部**ロ**に関する説明として、適切なものを過不足なく含む選択肢を次の①～⑧の中から一つ選べ。

32

A．最初の生命はRNAを遺伝情報と触媒作用の両方に利用していた。このように想定された時代をRNAワールドという。

B．細胞膜のリン脂質二重層に似たような構造に自己複製の可能な遺伝物質が包み込まれることで、現在の生物の細胞が生じたと考えられている。

C．現在の地球にすむすべての生物は遺伝物質を持ち、遺伝情報の自己複製と遺伝情報の発現により合成されるタンパク質を用いた自己増殖が必要である。

① A ② B ③ C ④ A、B

⑤ A、C ⑥ B、C ⑦ A、B、C ⑧ 適切なものはない

問3 文章中の[**ア**]に属する生物として、もっとも適切なものを次の①～⑦の中から一つ選べ。 33

① 大腸菌 ② ツボカビ ③ ネンジュモ ④ クモノスカビ

⑤ ゾウリムシ ⑥ ウメノキゴケ ⑦ グロムス菌

問4 文章中の[**イ**]に関する説明として、もっとも適切なものの組み合わせを次の①～⑥の中から一つ選べ。

34

A．多核で細胞壁を持たない、単細胞状態の変形体を形成する。

B．生物の遺体を分解してエネルギーを得るものが多い。

C．植物の根と共生関係を持つことでエネルギーを得るものがいる。

D．べん毛で運動するが葉緑体をもって光合成するものがいる。

① A、B ② A、C ③ A、D ④ B、C ⑤ B、D ⑥ C、D

問5 文章中の[**ウ**]、[**オ**]、[**カ**]に入るもっとも適切なものの組み合わせを次の①～⑧の中から一つ選べ。ただし、[**ウ**]、[**オ**]、[**カ**]の順とする。 35

① 細菌、原生生物、真核生物 ② 細菌、古細菌、原核生物

③ 原核生物、細菌、真核生物 ④ 原核生物、真核生物、古細菌

⑤ 原生生物、細菌、古細菌 ⑥ 原生生物、古細菌、細菌

⑦ 真核生物、原生生物、原核生物 ⑧ 真核生物、細菌、古細菌

（次の頁にも設問があります）

(4C－12)

問6 文章中の [キ] に関する説明として、**適切でないもの**の数を次の①〜⑤の中から一つ選べ。 36

A．ミトコンドリアのアミノ酸配列を比較することによりそれまでの分類に変更が加えられたことから提唱された。

B．ホイタッカーによって、メタン菌の仲間が他の原核生物と大きく異なることから提唱された。

C．小胞体の分子系統解析の結果から新たに提唱された。

D．真核生物が細胞内共生によって誕生した（細胞内共生説）ことから提唱された。

① 0　　② 1　　③ 2　　④ 3　　⑤ 4

問7 次の文章を読み、以下の a 〜 c の設問に答えよ。

　　生物は進化する。この議論は [ク] が1800年代初頭に発表した「個体が一生の間に獲得した形質が子孫に伝わる」という説をきっかけとすることが多い。1800年代半ばには [ケ] が「生物の集団には様々な変異を持つ個体が存在し、この集団の個体のうち、[あ] によって環境に適応した個体が生き残る。生き残った個体の形質が次の世代に伝えられることによって環境に適応した方向に生物が進化する」という説を発表した。その後1900年代に入り、[コ] が「生物の進化のもとになる変異は環境の影響とは無関係であり、[い] が進化の要因である」とする説を発表したことから、[あ] の対象となるのは遺伝的な [い] であるとの修正が加えられた。1960年代に入ると、分子レベルでの遺伝子の変化は大部分が有利にも不利にも働かない形質が、まったくの偶然によって集団内の存在頻度を変える [う] が進化の主因であるという説が [サ] によって発表された。

　　現代進化論では、進化は以下のように進むとされている。まず、DNAの [シ] が変化する [い] が起こる。この変化による影響は [ス] に変化が起こらないレベルから、[ス] の変化により形質が変化するレベルまで様々である。この形質が遺伝し、生存する上で有利であった場合は [あ] によってこの遺伝子を持った個体が増え、やがて集団全体がこの形質に置き換わる。一方、生存する上で有利でも不利でもない部位に中立変異が起こることによっても進化が進む場合がある。この場合、[う] によって中立変異の存在頻度が確率的に変化することで種分化が進んでいくと考えられている。

(4C—13)

a．文章中の［ク］～［サ］の組み合わせとして、もっとも適切なものを次の①～⑩の中から一つ選べ。ただし［ク］、［ケ］、［コ］、［サ］の順とする。 ［37］

① ミラー、ダーウィン、ドフリース、オパーリン

② ミラー、ドフリース、オパーリン、ダーウィン

③ ラマルク、ダーウィン、ドフリース、木村

④ ラマルク、ドフリース、ダーウィン、ウーズ

⑤ オパーリン、ラマルク、木村、ダーウィン

⑥ オパーリン、ダーウィン、ミラー、ウーズ

⑦ ダーウィン、ミラー、ウーズ、木村

⑧ ダーウィン、ドフリース、ラマルク、オパーリン

⑨ ドフリース、ダーウィン、ラマルク、木村

⑩ ドフリース、オパーリン、木村、ウーズ

b．文章中の［シ］、［ス］として、もっとも適切なものを次の①～⑨の中から一つ選べ。ただし［シ］、［ス］の順とする。 ［38］

① 二重らせん、塩基配列　　　② 二重らせん、アミノ酸配列

③ 二重らせん、保存的複製　　④ アミノ酸配列、二重らせん

⑤ アミノ酸配列、塩基配列　　⑥ アミノ酸配列、保存的複製

⑦ 塩基配列、二重らせん　　　⑧ 塩基配列、アミノ酸配列

⑨ 塩基配列、保存的複製

c．文章中の［あ］、［い］、［う］に関する説明として、もっとも適切なものを次の①～③の中から一つ選べ。 ［39］

① ［あ］は、生存能力や繁殖能力に違いがあれば有利な方の個体が子孫を多く残すものであり、進化を方向付けるものである。

② ［い］は、親と異なった変異が突然出現し、これが遺伝するものである。形質の発現過程が環境に影響されて起こると考えられている。

③ ［う］は、偶然によってある集団内での遺伝子頻度が変化することである。個体数の少ない時期が数世代続くと、この作用が強くはたらき、遺伝子頻度の変動が小さくなる。

問8　ある集団において、ハーディ・ワインベルグの法則が成り立つとする。対立遺伝子Aはaに対して優性（顕性）であり、劣性（潜性）形質を発現している個体が16％存在する。この集団内のA、aの割合（％）、および遺伝子型がAaの個体の割合（％）について、もっとも適切な組み合わせを次の①～⑩の中から一つ選べ。ただし、A、a、Aaの個体の割合の順とする。 ［40］

① 16、84、36　　② 84、16、72　　③ 60、40、36　　④ 40、60、48　　⑤ 32、68、72

⑥ 16、84、48　　⑦ 84、16、36　　⑧ 60、40、48　　⑨ 40、60、72　　⑩ 32、68、36

(4C－14)

1D 化 学

2月3日

$$\left(\text{解答番号}\quad \boxed{1} \sim \boxed{39}\right)$$

原子量および定数は、次の通りとする。また、同一の問中で解答に複数回同じ選択肢が必要なときには、同じ選択肢を何回選んでも良い。

H = 1.0　　C = 12　　N = 14　　O = 16　　Na = 23　　Mg = 24　　Al = 27　　S = 32

Cl = 36　　K = 39　　Ca = 40　　Cu = 64　　Zn = 65

アボガドロ定数 $N_A = 6.0 \times 10^{23}$/mol、気体定数 $R = 8.3 \times 10^3$ Pa・L/(K・mol)、

ファラデー定数 $F = 9.65 \times 10^4$ C/mol

I 次の文を読み、**問1〜問7**に答えよ。

元素を原子番号の小さい順に並べたときに、元素の性質が周期的に変化することを元素の周期律という。周期律を利用して、性質の類似した元素が縦に並ぶように配列した表を元素の周期表という。周期表の横の行を周期といい、縦の列を族という。現在の周期表は上から下へ7つの周期、第1〜第7周期があり、左から右に18の族、1族〜18族がある。

問1　アルカリ金属の単体に関する正しい記述の組み合わせとして、もっとも適当なものを次の ①〜⑩ のうちから一つ選べ。　　　　　　　　　　　　　　　　　　　　　　　　　　　　　　　　　$\boxed{1}$

(a)　すべて水と反応し、H_2を発生して水酸化物になる。

(b)　酸化剤としてはたらく。

(c)　金属元素の中では、比較的融点が低く、密度が小さい。

(d)　構成する原子は1個の価電子をもち、1価の陽イオンになりやすい。

(e)　アルコール中に保存する。

① (a)、(b)、(c)　　② (a)、(b)、(d)　　③ (a)、(b)、(e)　　④ (a)、(c)、(d)

⑤ (a)、(c)、(e)　　⑥ (a)、(d)、(e)　　⑦ (b)、(c)、(d)　　⑧ (b)、(c)、(e)

⑨ (b)、(d)、(e)　　⑩ (c)、(d)、(e)

問2　アルカリ金属 A、B、C の化合物を含む水溶液を炎の中に入れたところ、A は赤紫色、B は赤色、C は黄色の炎が観察された。A、B、C の正しい組み合わせとして、もっとも適当なものを次の ①〜⑥ のうちから一つ選べ。　　　　　　　　　　　　　　　　　　　　　　　　　　　　　　　　　$\boxed{2}$

① A:Li　B:Na　C:K　　② A:Li　B:K　　C:Na　　③ A:Na　B:Li　C:K

④ A:Na　B:K　C:Li　　⑤ A:K　B:Na　C:Li　　⑥ A:K　B:Li　C:Na

問3　2族元素 D、E、F、G はそれぞれ次の (a)〜(c) の特徴をもつ。D、E、F、G の正しい組み合わせとして、もっとも適当なものを次の ①〜⑧ のうちから一つ選べ。　　　　　3

（a）　D、F、G は炎色反応によりそれぞれ順に深赤色、橙赤色、黄緑色を示した。

（b）　D、E、F、G の化合物が溶解している水溶液に希硫酸を加えたところ、D、F、G のみ白色の沈殿を生じた。

（c）　D、E、F、G の化合物が溶解している水溶液に過剰量の水酸化ナトリウム水溶液を加えたところ、E、F のみ白色の沈殿を生じた。

① D：Sr　E：Ca　F：Ba　G：Mg　　　② D：Sr　E：Mg　F：Ca　G：Ba

③ D：Ca　E：Mg　F：Sr　G：Ba　　　④ D：Ca　E：Sr　F：Ba　G：Mg

⑤ D：Mg　E：Ba　F：Sr　G：Ca　　　⑥ D：Mg　E：Sr　F：Ba　G：Ca

⑦ D：Ba　E：Ca　F：Mg　G：Sr　　　⑧ D：Ba　E：Ca　F：Sr　G：Mg

問4　遷移元素の特徴に関する以下の記述 (a)〜(e) のうち、内容に誤りのあるものはどれか。その組み合わせとしてもっとも適当なものを次の ①〜⑩ のうちから一つ選べ。　　　　　4

（a）　融点が低く、密度が大きい。

（b）　1種類の遷移元素は1つのみの酸化数をとる。

（c）　錯イオンをつくるものがある。

（d）　水溶液中のイオンの色はすべて無色である。

（e）　触媒としてはたらくものが多い。

①　(a)、(b)、(c)　　　②　(a)、(b)、(d)　　　③　(a)、(b)、(e)　　　④　(a)、(c)、(d)

⑤　(a)、(c)、(e)　　　⑥　(a)、(d)、(e)　　　⑦　(b)、(c)、(d)　　　⑧　(b)、(c)、(e)

⑨　(b)、(d)、(e)　　　⑩　(c)、(d)、(e)

問5　遷移元素 Fe の化合物を原料として製造した鉄板は、酸素および水により腐食されるが、表面にめっきを施すことで、表面が傷つき鉄が露出しても腐食を防ぐことができる。次の金属元素のうち、このような鉄板のさびを防ぐめっきに適したものはいくつあるか。その個数としてもっとも適当なものを次の ①〜⑦ のうちから一つ選べ。ただし、該当するものがない場合は ⑦ を選べ。　　　　　5

［金属元素］

Cu、Pb、Zn、Pt、Au、Ag

①　1　　　②　2　　　③　3　　　④　4　　　⑤　5　　　⑥　6　　　⑦　0

— 167 —

(1D－2)

問6　あるハロゲン化物イオン **X⁻** が含まれる水溶液に、別のハロゲン元素の単体 **Y₂** を加えたところ、以下の反応が進行した。次の (a)〜(f) のうち **X** と **Y** の組み合わせとして正しいものはいくつあるか。その個数としてもっとも適当なものを次の ①〜⑦ のうちから一つ選べ。ただし、該当するものがない場合は ⑦ を選べ。　　　　　　　　　　　　　　 6

$$2X^- + Y_2 \rightarrow X_2 + 2Y^-$$

(a) **X**：Cl **Y**：Br　　(b) **X**：Br **Y**：I　　(c) **X**：Br **Y**：Cl

(d) **X**：F **Y**：Cl　　(e) **X**：F **Y**：I　　(f) **X**：I **Y**：Cl

① 1　　② 2　　③ 3　　④ 4　　⑤ 5　　⑥ 6　　⑦ 0

問7　貴（希）ガスについて述べた次の文中の空欄にあてはまるものとして、もっとも適当なものをそれぞれの選択肢のうちから一つ選べ。

貴ガス元素の単体は、 7 分子として空気中にわずかに存在する 8 の気体で、沸点と融点が非常に［ a ］。また貴ガス元素の原子は、価電子の数が 9 個で、安定な電子配置を持つため反応性が［ b ］。貴ガス元素の［ c ］は電球や蛍光灯の封入ガスや溶接時の保護ガス、［ d ］は極低温の実験で用いられ、［ e ］は医療用放射線の線源として利用されている。

[7 の選択肢]

① 単原子　② 二原子

[8 の選択肢]

① 有色　② 無色

[9 の選択肢]

① 1　　② 2　　③ 3　　④ 4　　⑤ 5　　⑥ 6　　⑦ 7　　⑧ 0

[[a]と[b]の組み合わせの選択肢： 10]

① a：低い b：低い　　② a：低い b：高い

③ a：高い b：低い　　④ a：高い b：高い

[[c]、[d]、[e]の組み合わせの選択肢： 11]

① c：Kr d：Rn e：Xe　　② c：Kr d：Ar e：He　　③ c：He d：Ne e：Ar

④ c：He d：Xe e：Kr　　⑤ c：Ar d：He e：Rn　　⑥ c：Ar d：Xe e：Kr

⑦ c：Xe d：Ne e：Ar　　⑧ c：Xe d：Rn e：He　　⑨ c：Ne d：Kr e：Rn

⑩ c：Ne d：Ar e：Xe

Ⅱ 次の文を読み、問1～問3に答えよ。

(ア)グルコース $C_6H_{12}O_6$ の水溶液にレーザー光線を当てると光が $\boxed{13}$ 。このような溶液を $\boxed{14}$ という。一方、デンプンやタンパク質などの水溶液を $\boxed{15}$ といい、うすめた $\boxed{15}$ にレーザー光線を当てると光が $\boxed{16}$ ため、光線の進行方向と直角の方から見ると、光の通路が明るく輝いて見える。これを $\boxed{17}$ という。デンプンやタンパク質などの溶質はセロハンのような半透膜は通れない大きさで、その直径は $\boxed{18}$ m 程度である。濃度の異なる水溶液が半透膜で仕切られていると、膜の両側の濃度が等しくなるように、水は濃い水溶液の方へ移動する。この現象を浸透といい、浸透を阻止するために必要な圧力を浸透圧という。

問1 下線部（ア）について、20℃ において質量パーセント濃度が 10% のグルコース水溶液を調製した。この水溶液のモル濃度（mol/L）はおよそいくらか。もっとも適当なものを次の ①～⑧ のうちから一つ選べ。ただし、この水溶液の密度は 20℃ で 1.04 g/cm³ とする。　　　　　　　$\boxed{12}$

① 0.051　　② 0.053　　③ 0.056　　④ 0.058

⑤ 0.51　　⑥ 0.53　　⑦ 0.56　　⑧ 0.58

問2 文中の $\boxed{13}$ ～ $\boxed{18}$ にあてはまるものとして、もっとも適当なものをそれぞれの選択肢のうちから一つ選べ。

[$\boxed{13}$ 、 $\boxed{16}$ の選択肢]

① そのまま通過する　　② 散乱する　　③ 遮断される

[$\boxed{14}$ 、 $\boxed{15}$ の選択肢]

① 真の溶液　　② コロイド溶液　　③ 懸濁液　　④ 乳濁液

[$\boxed{17}$ の選択肢]

① ゲル　　② チンダル現象　　③ ブラウン運動　　④ 凝析　　⑤ 透析

[$\boxed{18}$ の選択肢]

① $10^{-14} \sim 10^{-13}$　　② $10^{-13} \sim 10^{-12}$　　③ $10^{-12} \sim 10^{-11}$　　④ $10^{-11} \sim 10^{-10}$

⑤ $10^{-10} \sim 10^{-9}$　　⑥ $10^{-9} \sim 10^{-7}$　　⑦ $10^{-7} \sim 10^{-5}$　　⑧ $10^{-5} \sim 10^{-4}$

問3 分子量 6.0×10^4 のタンパク質 60 g を水に完全に溶解して 1.0 L の水溶液を調製した。この水溶液の浸透圧はおよそいくらか。もっとも適当なものを次の ①～⑨ のうちから一つ選べ。ただし、測定時の温度は 37℃ とする。　　　　　　　$\boxed{19}$

① 3.0×10^2 Pa　　② 3.6×10^2 Pa　　③ 4.3×10^2 Pa　　④ 2.6×10^3 Pa　　⑤ 3.6×10^6 Pa

⑥ 3.1×10^7 Pa　　⑦ 2.6×10^9 Pa　　⑧ 1.1×10^{12} Pa　　⑨ 9.0×10^{12} Pa

（次の頁にも設問があります）

(1D—4)

Ⅲ 次の文を読み、問1〜問6に答えよ。

ただし、この実験で用いた酢酸の電離定数は $K_a = 2.0 \times 10^{-5}$ mol/L、
水のイオン積 $K_w = [H^+][OH^-] = 1.0 \times 10^{-14} (mol/L)^2$、$\sqrt{41} = 6.4$、$\log_{10} 2 = 0.30$、$\log_{10} 3 = 0.48$
とする。

酢酸のような弱酸は、水溶液中で次の式（a）のような電離平衡となり、電離定数 K_a は式（b）のように表される。

$$CH_3COOH \rightleftarrows CH_3COO^- + H^+ \cdots\cdots 式（a）$$

$$K_a = \frac{[CH_3COO^-][H^+]}{[CH_3COOH]} \cdots\cdots\cdots 式（b）$$

ここで、酢酸水溶液の濃度を c mol/L、電離度を α とすると、電離定数 K_a は次のように表すことができる。

$$K_a = \frac{c\alpha^2}{(1 - \alpha)} \cdots 式（c）$$

酢酸水溶液の濃度 c が大きいときは、電離度 α は1に比べてかなり小さく、式（c）の分母は1と見なせるため、電離定数 K_a は $K_a = c\alpha^2$ と表すことができ、電離度 α は $\sqrt{\dfrac{K_a}{c}}$ と表すことができる。一方で、
(ア) 酢酸水溶液の濃度が小さい場合は、式（c）の分母を1と見なせなくなるため、$K_a = c\alpha^2$ のように表すことができなくなる。

ここで、電離度 α が1に比べてかなり小さい 0.20 mol/L の酢酸水溶液 10 mL に対し、0.20 mol/L の水酸化ナトリウム水溶液を滴下する実験を行い、下図のような滴定曲線を得た。点 B 付近では、未反応の酢酸と、酢酸と水酸化ナトリウム水溶液の中和により生じた酢酸ナトリウムの混合液となっている。このような弱酸とその塩の混合溶液では、少量の酸や塩基を加えても pH の変化が起こりにくいという緩衝作用を有している。

さらに水酸化ナトリウム水溶液を加えていくと、点 C にて中和に達する。このときは酢酸ナトリウムの水溶液となっている。(イ) 酢酸ナトリウムは、水中では塩の加水分解により弱塩基性を示すため、中和点が pH 7 より大きくなる。

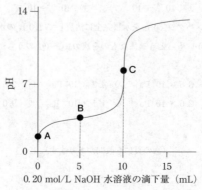

0.20 mol/L NaOH 水溶液の滴下量（mL）

— 170 —

問1 式（a）の平衡状態のとき、以下の（1）〜（5）の操作を行った場合、平衡はどちらに移動するか。もっとも適当なものを次の ①〜③ のうちから一つ選べ。

（1）酢酸ナトリウムの結晶を添加する。　　　　　　　　　　**20**

（2）気体の塩化水素を通じる。　　　　　　　　　　　　　　**21**

（3）水酸化ナトリウムの固形物を添加する。　　　　　　　　**22**

（4）硝酸カリウムの結晶を添加する。　　　　　　　　　　　**23**

（5）水で希釈する。　　　　　　　　　　　　　　　　　　　**24**

① 左　　　② 移動しない　　　③ 右

問2 図中の点 A での pH はおよそいくらか。もっとも適当なものを次の ①〜⑩ のうちから一つ選べ。

　　　　　　　　　　　　　　　　　　　　　　　　　　　　25

① 0.30　　② 0.70　　③ 1.3　　④ 1.7　　⑤ 2.3

⑥ 2.7　　⑦ 3.3　　⑧ 3.7　　⑨ 4.3　　⑩ 4.7

問3 図中の点 A での溶液が下線部（ア）のような濃度が小さい 2.0×10^{-4} mol/L の酢酸水溶液の場合、pH はおよそいくらか。もっとも適当なものを次の ①〜⑩ のうちから一つ選べ。　　**26**

① 0.70　　② 1.3　　③ 1.7　　④ 2.3　　⑤ 2.7

⑥ 3.3　　⑦ 3.7　　⑧ 4.3　　⑨ 4.7　　⑩ 5.3

問4 点 B での pH はおよそいくらか。もっとも適当なものを次の ①〜⑩ のうちから一つ選べ。　**27**

① 3.1　　② 3.4　　③ 3.5　　④ 3.7　　⑤ 4.1

⑥ 4.4　　⑦ 4.5　　⑧ 4.7　　⑨ 5.1　　⑩ 5.4

問5 次に示す塩のうち、下線部（イ）のように塩の加水分解により弱塩基性を示すものはいくつあるか。その個数としてもっとも適当なものを次の ①〜⑧ のうちから一つ選べ。ただし、該当するものがない場合は ⑧ を選べ。　　　　　　　　　　　　　　　　　　　　　　　　**28**

［塩］　KNO_3、$NaHCO_3$、$NaHSO_4$、NH_4Cl、$NaCl$、Na_2CO_3、NH_4NO_3

① 1　　② 2　　③ 3　　④ 4　　⑤ 5　　⑥ 6　　⑦ 7　　⑧ 0

問6 点 C での pH はおよそいくらか。もっとも適当なものを次の ①〜⑩ のうちから一つ選べ。　**29**

① 7.3　　② 7.5　　③ 7.7　　④ 7.9　　⑤ 8.1

⑥ 8.3　　⑦ 8.5　　⑧ 8.7　　⑨ 8.9　　⑩ 9.1

（次の頁にも設問があります）

Ⅳ　ビタミンに関する次の文を読み、**問1～問7**に答えよ。

　　生物の成育に必須な化合物のうち、(ア)炭水化物、脂質、タンパク質を除きその生物体内で十分量を合成できない有機化合物をビタミンと呼ぶ。ビタミンとは総称されているが、それら化合物の構造や機能に統一性は無い。ヒトのビタミンは大きく分けて水溶性ビタミンと脂溶性ビタミンに分けることができる。水溶性ビタミンの一つであるビタミンB₁（図1の1）は、1910年に鈴木梅太郎によって最初に発見されオリザニンと命名されていた化合物で、極性のある官能基［　イ　］や［　ウ　］を複数有することから水との親和性が高い。脂溶性ビタミンであるビタミンA は主にレチノール（図1の2）のことを指しており、［　イ　］を有しているが炭素鎖部位が大きいため水溶性は低い。ヒトの血中では主にレチノール（2）として存在しているが、目において光を認識するために用いられるタンパク質であるオプシンにはレチナール（図1の3）が結合しており、これはロドプシンと呼ばれる。ロドプシンに光が当たると結合しているレチナール部分の構造が変化し、その結果オプシンからレチナール（図1の4）が離れる。3と4のような関係を　32　という。

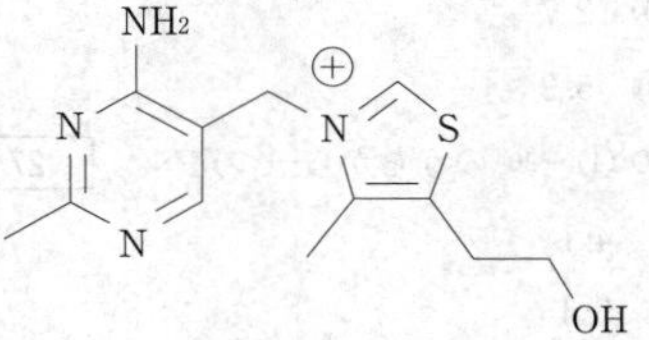

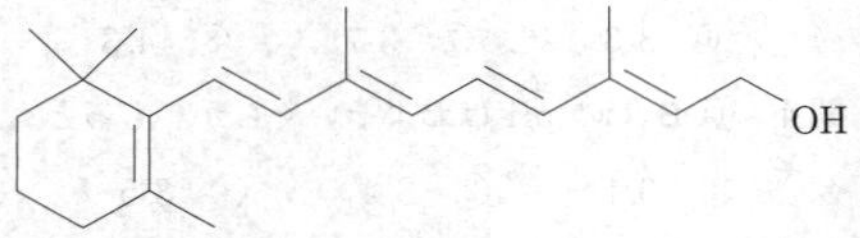

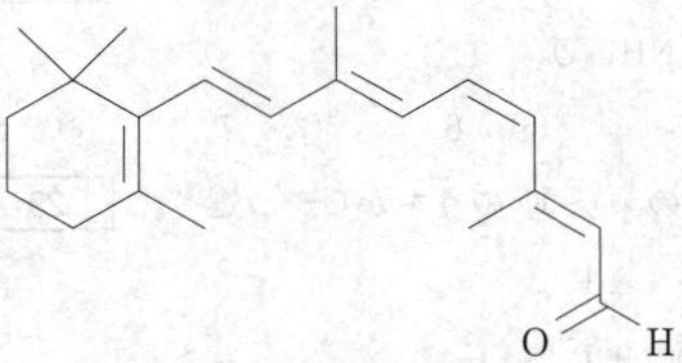

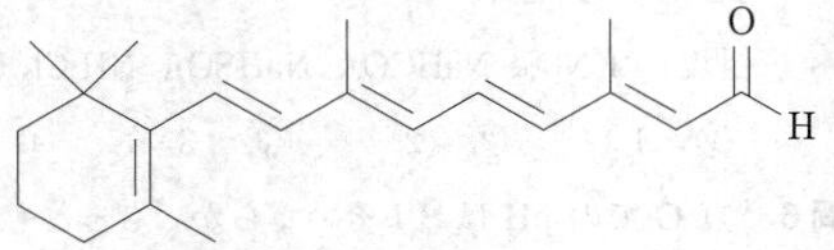

図1　ビタミンの構造
構造式中の線の折れ曲がりおよび線の先端に存在する C や、C に結合している H は省略している。
レチナールはオプシンにホルミル基部分を用いて結合しているのでロドプシン内での実際の構造は異なる。

レチノールを含んだ食品もあるが、ヒトは β-カロテン（図2の **5**）として野菜などの食物から摂取し体内でレチノールに変換している。植物内では β-カロテンは植物ホルモンであるアブシシン酸（図2の **8**）の原料としても利用されている。β-カロテンからアブシシン酸が植物内で合成（生合成）されるまでには複数の __(エ)__ 酵素が関わっている。図2に示す通り β-カロテン（**5**）は2種の酸化酵素により3員環のエーテル構造をもつビオラキサンチン（図2の **6**）に変換され、ビオラキサンチンは機能が異なる2種の酵素の作用によりキサントキシン（図2の **7**）に変換される。**6** と **7** の構造を比較すると一部の二重結合が　32　のような関係になっていることがわかる。キサントキシン（**7**）からアブシシン酸（**8**）への変換には2種の酵素が関わっている。

ホルモンのような強力な生理活性をもつ化合物は、体内に存在し続けるとその作用がいつまでも続いてしまうため、何らかの変換を受けて不活性な化合物に代謝される。アブシシン酸は化合物 **9** へ酸化されると不活性化される。アブシシン酸（**8**）には1個の __(オ)__ 不斉炭素原子があるため　33　が存在し、環内を除くと二重結合が2カ所あるため　32　が **8** を含めて4種存在する（6員環内の二重結合は　32　を作ることができない）。以上のことからアブシシン酸には合計で　34　個の立体異性体が存在することになる。また、化合物 **9** には　35　個の不斉炭素原子が存在することを考慮すると合計で　36　個の立体異性体が存在する。

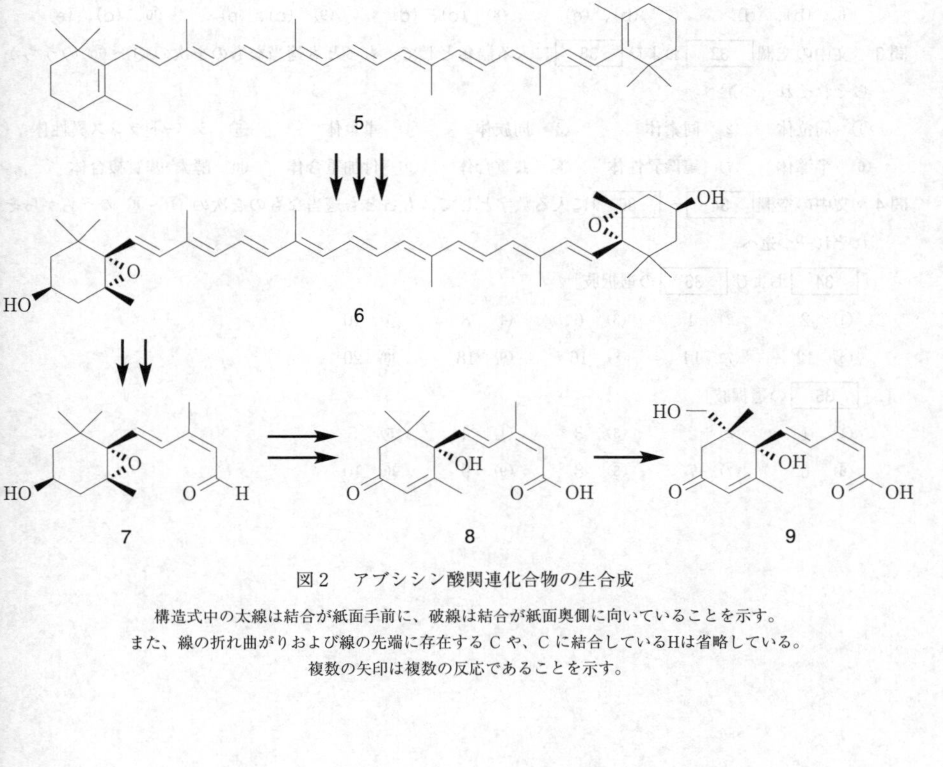

図2　アブシシン酸関連化合物の生合成

構造式中の太線は結合が紙面手前に、破線は結合が紙面奥側に向いていることを示す。
また、線の折れ曲がりおよび線の先端に存在する C や、C に結合している H は省略している。
複数の矢印は複数の反応であることを示す。

(1D－8)

問1 下線部（ア）の炭水化物、脂質、タンパク質に関して**誤りのある**説明文の組み合わせとして、もっとも適当なものを次の ①〜⑩ のうちから一つ選べ。 [30]

(a) 炭水化物は糖類であるから、ヒトは全ての炭水化物を消化することができる。

(b) 炭水化物のデンプンは一般に $C_m(H_2O)_n$ のように、形式的に炭素の水和物の組成式で表すことができる。

(c) 脂質は全てグリセリンの脂肪酸エステルとして存在している。

(d) タンパク質はアミノ酸が多数結合した高分子化合物である。

(e) タンパク質を構成するすべてのアミノ酸には不斉炭素原子が存在する。

① (a)、(b)、(c)　　② (a)、(b)、(d)　　③ (a)、(b)、(e)　　④ (a)、(c)、(d)

⑤ (a)、(c)、(e)　　⑥ (a)、(d)、(e)　　⑦ (b)、(c)、(d)　　⑧ (b)、(c)、(e)

⑨ (b)、(d)、(e)　　⑩ (c)、(d)、(e)

問2 文中の ［ イ ］、［ ウ ］ にあてはまる官能基の組み合わせとして、もっとも適当なものを次の ①〜⑩ のうちから一つ選べ。 [31]

(a) ヒドロキシ基　(b) カルボキシ基　(c) ニトロ基　(d) アミノ基　(e) アゾ基

① (a)、(b)　　② (a)、(c)　　③ (a)、(d)　　④ (a)、(e)　　⑤ (b)、(c)

⑥ (b)、(d)　　⑦ (b)、(e)　　⑧ (c)、(d)　　⑨ (c)、(e)　　⑩ (d)、(e)

問3 文中の空欄 [32] および [33] に入る語句として、もっとも適当なものを次の ①〜⑩ のうちからそれぞれ一つ選べ。

① 同位体　　② 同素体　　③ 同族体　　④ 単量体　　⑤ シス-トランス異性体

⑥ 半導体　　⑦ 鏡像異性体　　⑧ 共重合体　　⑨ 付加重合体　　⑩ 酵素-基質複合体

問4 文中の空欄 [34] 〜 [36] に入る数字として、もっとも適当なものを次の ①〜⑩ のうちからそれぞれ一つ選べ。

[[34] および [36] の選択肢]

① 2　　② 4　　③ 6　　④ 8　　⑤ 10

⑥ 12　　⑦ 14　　⑧ 16　　⑨ 18　　⑩ 20

[[35] の選択肢]

① 1　　② 2　　③ 3　　④ 4　　⑤ 5

⑥ 6　　⑦ 7　　⑧ 8　　⑨ 9　　⑩ 10

問5　下線部（エ）の酵素に関する**誤った**説明文の組み合わせとして、もっとも適当なものを次の ①〜⑩ のうちから一つ選べ。　37

(a)　全ての酵素は単一のタンパク質からできている。

(b)　ある酵素が作用する基質は限定されており、この性質を基質特異性とよぶ。

(c)　だ液に含まれるアミラーゼはタンパク質を加水分解する。

(d)　熱により変性したタンパク質は酸で処理すれば元の機能を回復する。

(e)　多くの酵素は中性付近に最適 pH をもつが、胃液に含まれるペプシンの最適 pH は 2 付近である。

① (a)、(b)、(c)　　② (a)、(b)、(d)　　③ (a)、(b)、(e)　　④ (a)、(c)、(d)

⑤ (a)、(c)、(e)　　⑥ (a)、(d)、(e)　　⑦ (b)、(c)、(d)　　⑧ (b)、(c)、(e)

⑨ (b)、(d)、(e)　　⑩ (c)、(d)、(e)

問6　下線部（オ）不斉炭素原子をもつ有機化合物を合成する反応の開発により、2001 年にノーベル化学賞を受賞した人物としてもっとも適当なものを次の ①〜⑧ のうちから一つ選べ。　38

① 福井謙一　　② 白川英樹　　③ 野依良治　　④ 田中耕一

⑤ 下村脩　　⑥ 鈴木章　　⑦ 根岸英一　　⑧ 吉野彰

問7　β-カロテンからアブシシン酸が生合成される過程に関する推察文として、もっとも適当なものを次の ①〜⑧ のうちから一つ選べ。　39

①　β-カロテンよりもアブシシン酸の方が分子量は小さいため、分子量が増加する反応はないものと推察される。

②　一つの酵素が基質の 2 カ所以上の構造を変化させる過程が存在するものと推察される。

③　アブシシン酸に存在する第三級アルコールは酸化されないので、アルコールを酸化する酵素は存在しないものと推察される。

④　アブシシン酸に存在するカルボキシ基は酸化されないので、アルデヒドを酸化する酵素は存在しないものと推察される。

⑤　酸化反応を触媒する酵素は、基質と同時に酸化されるものと推察される。

⑥　炭素-炭素結合は強固であるので、切断される反応はないものと推察される。

⑦　3 員環エーテル構造は極めて安定なため、酵素による変換は受けないものと推察される。

⑧　全ての酵素反応は可逆的であるので、アブシシン酸 1 分子から β-カロテン 1 分子が得られるものと推察される。

2D 化 学

$$\left(\text{解答番号 } \boxed{1} \sim \boxed{38}\right)$$

原子量および定数は、次の通りとする。また、同一の問中で解答に複数回同じ選択肢が必要なときには、同じ選択肢を何回選んでも良い。

H = 1.0   C = 12   N = 14   O = 16   Na = 23   Mg = 24   Al = 27

S = 32   Cl = 36   K = 39   Ca = 40   Cu = 64   Zn = 65

アボガドロ定数 $N_A = 6.0 \times 10^{23}$/mol、気体定数 $R = 8.3 \times 10^3$ Pa・L/(K・mol)、

ファラデー定数 $F = 9.65 \times 10^4$ C/mol

Ⅰ 次の文を読み、**問1～問9**に答えよ。

　カルシウムは体に含まれる重要なミネラルのひとつで、ヒトの体内には体重の1～2%程度存在しており、その90%以上は骨や歯に、またそれ以外は体液や筋肉に存在し、止血、神経の働き、あるいは筋肉運動など、生命活動の維持に重要な役割を果たしている。しかしながら、日本人における平均的なカルシウム摂取量は、長きにわたり必要とされる量に到達していない。カルシウムは、短期間で大量に摂取しても体内に吸収できないため、日常の食事においてカルシウムを多く含む食品を組み入れて、継続的に摂取することが重要であり、カルシウムを多く含む食品としては、牛乳、小魚、海藻、大豆、緑黄色野菜などが知られている。

　いま、ある牛乳に含まれているカルシウム量を定量するために、実験者 A および B はそれぞれ定量実験を4回くり返し、得られた結果を表に示した。

<実験1>

1．三角フラスコに正確にはかりとった牛乳 50 mL を入れ、蒸留水 40 mL および5%（質量パーセント濃度）酢酸水溶液 10 mL を添加して十分に攪拌した。

2．これを約 10 分間静置した後、遠心分離し、その上清（＝上澄み液）を回収した。

3．そこに2%（質量パーセント濃度）シュウ酸アンモニウム・アンモニア液 20 mL を添加して十分に攪拌した後、30 分間静置したところ、難溶性のシュウ酸カルシウムが沈殿した（**式a**）。

$$Ca^{2+} + C_2O_4^{2-} \rightarrow CaC_2O_4 \qquad (\text{式 a})$$

4．これをろ過し、「ろ紙およびろ紙上の固形物」を蒸留水で十分に洗浄し、しばらく放置した。

<**実験2**>

5. 1.0 mol/L の硫酸水溶液約 20 mL を用い、**実験1** で得た「ろ紙上の固形物」を、ろ紙中央部に集めるようにしながら溶解し、溶解物を含む液の全量を新たな三角フラスコ内に回収した。

6. さらに1.0 mol/L の硫酸水溶液約 10 mL、次いで蒸留水を用いてろ紙全体を洗浄し、洗浄液の全量を前項 5. の三角フラスコ内に回収した（**式 b**）。

$$CaC_2O_4 + H_2SO_4 \rightarrow CaSO_4 + H_2C_2O_4 \qquad (\textbf{式 b})$$

なお、蒸留水による洗浄は、回収した洗浄液の全液量が 50 mL になるまで行った。

7. これを硫酸で酸性にしたあと加温し、4.00×10^{-2} mol/L の $KMnO_4$ 標準溶液で滴定した。

表. 実験結果

実験者	滴定値（mL）			
	1回目	2回目	3回目	4回目
A	13.70	13.73	13.80	13.77
B	14.10	14.00	13.60	13.30

問1 カルシウムに関する次の記述のうち、正しいものはいくつあるか。その個数としてもっとも適当なものを次の ①～⑦ のうちから一つ選べ。ただし、正しいものがない場合には ⑦ を選べ。 ☐ 1

(a) 典型元素である。

(b) アルカリ金属である。

(c) 自然界に単体として存在する。

(d) 単体はカリウムよりもイオンになりやすい。

(e) 塩化物塩は乾燥剤として用いられる。

(f) 常温で水と反応し、水素を発生して酸性の水溶液になる。

① 1   ② 2   ③ 3   ④ 4   ⑤ 5   ⑥ 6   ⑦ 0

問2 <**実験1**> 1. の操作で牛乳 50 mL をはかりとるために用いる器具として、もっとも適当なものを次の ①～④ のうちから一つ選べ。 ☐ 2

① メスシリンダー   ② ホールピペット   ③ 駒込ピペット   ④ ビーカー

問3 <**実験2**> 6. の操作に関して、「牛乳中のカルシウムを正確に定量するための考え方」として、もっとも適当なものを次の ①～③ のうちから一つ選べ。 ☐ 3

① 全液量は、メスフラスコにより正確にはかりとらなければならない。

② 全液量は、メスシリンダーによりはかりとる必要がある。

③ 全液量は、目安であるので多少のずれは問題ではない。

（次の頁にも設問があります）

(2D－2)

問4　＜実験2＞7.で滴定に使用する器具として、もっとも適当なものを次の ①〜③ のうちから一つ選べ。

4

①　透明なビュレット　　　②　褐色のビュレット　　　③　いずれのビュレットでも良い

問5　＜実験2＞7.で滴定の終点付近における三角フラスコ内の液の様相について、もっとも適当なもの
を次の ①〜⑧ のうちから一つ選べ。

5

①　紫色の液色が直ちに消失する　　　②　液色が黄色になる　　　③　黒色の沈殿が生成する

④　淡赤色の沈殿が生成する　　　⑤　赤褐色の沈殿が生成する　　　⑥　液が白濁する

⑦　黒色の液色が30秒程度で消失する　　　⑧　赤紫色の液色が消失せず淡桃色として残る

問6　次の ［語群］ のうち、本実験と関連が深い用語はいくつあるか。その個数としてもっとも適当なもの
を次の ①〜⑦ のうちから一つ選べ。ただし、関連する用語がない場合には ⑦ を選べ。

6

［語群］　中和、　酸化・還元、　キレート、　逆滴定、　モール法、　溶解度積

①　1　　　②　2　　　③　3　　　④　4　　　⑤　5　　　⑥　6　　　⑦　0

問7　実験者 A において、＜実験2＞6.で生成した$H_2C_2O_4$の物質量はおよそいくらか。もっとも適当な
ものを次の ①〜⑩ のうちから一つ選べ。

7

①　1.10×10^{-4} mol　　　②　1.38×10^{-4} mol　　　③　2.20×10^{-4} mol

④　2.75×10^{-4} mol　　　⑤　5.50×10^{-4} mol　　　⑥　1.10×10^{-3} mol

⑦　1.38×10^{-3} mol　　　⑧　2.20×10^{-3} mol　　　⑨　2.75×10^{-3} mol

⑩　5.50×10^{-3} mol

問8　実験者 A の結果から、実験に用いた牛乳 50 mL 中のカルシウム（イオン）の質量はおよそいくらか。
もっとも適当なものを次の ①〜⑤ のうちから1つ選べ。

8

①　40 mg　　　②　45 mg　　　③　50 mg　　　④　55 mg　　　⑤　60 mg

問9　実験者 B の実験結果に対する評価として、もっとも適当なものを次の ①〜⑥ のうちから一つ選べ。
ただし、問2および問3に関わる事項は、実験者A、B 間での違いはなかったものとする。

9

①　実験者 A の実験結果と比較して信頼性が高いとはいえず、それは「牛乳をはかりとる操作の不
正確さ」に起因する。

②　実験者 A の実験結果と比較して信頼性が高いとはいえず、それは「硫酸水溶液や蒸留水をはか
りとる操作の不正確さ」に起因する。

③　実験者 A の実験結果と比較して信頼性が高いとはいえず、それは「液温管理の不正確さ」に起
因する。

④　実験者 A の実験結果と比較して信頼性が高いとはいえず、それは「滴定操作の不正確さ」に起
因する。

⑤　実験者 A の実験結果と比較して信頼性が高いとはいえないが、それが何に起因するかを特定す
ることは出来ない。

⑥　実験者 A の実験結果と比較して信頼性に問題があるとはいえない。

(2D—3)

Ⅱ　次の文を読み、問1～問2に答えよ。

　物質が液体中に均一に溶ける現象を溶解といい、溶けている物質を　10　、溶かしている液体を　11　、溶解によってできた混合物を溶液という。物質が　11　に溶解するかどうかは、おもに固体の構成粒子間の結合や分子を構成する原子間の結合によるものである。例えば塩化ナトリウムのような　12　である固体は水によく溶けるものが多く、ヨウ素は　13　からなる　11　である　14　に溶けやすい。

　また、物質の溶けやすさは溶液の温度によっても異なる。例えば、固体の溶解度は水 100 g に溶ける　10　の最大質量（g）として表され、塩化ナトリウムの溶解度は 20 ℃ で 38.0 g、80 ℃ で 40.0 g、硝酸カリウムの溶解度は、20 ℃ で 32.0 g、80 ℃で 169.0 g、硫酸銅（Ⅱ）の溶解度は 20 ℃で 20.0 g、80 ℃で56.0 gである。これらの溶解度の値を用いると、ビーカーに 80 ℃の質量パーセント濃度が 25.0 ％ の硫酸銅（Ⅱ）水溶液 100 g を調製した後、20 ℃ に冷却し、ビーカー内のすべての物質をろ過すると、硫酸銅（Ⅱ）五水和物がおよそ　15　g 得られると算出される。また、ビーカーに水 200 g を入れて 80 ℃に保ち、塩化ナトリウム 44 g と硝酸カリウム 120 g を加えて完全に溶解した混合溶液を 20 ℃ に冷却すると、混合溶液から　16　がおよそ　17　g 得られると算出される。混合溶液中でも　10　の溶解度は他の　10　の影響をうけないので、このように温度などによる溶解度の変化を利用して固体物質を分離する操作を　18　という。

問1　文中の　10　～　18　にあてはまるものとして、もっとも適当なものをそれぞれの選択肢のうちから一つ選べ。

　　［　10　、　11　、　12　、　13　の選択肢］
　　　①　金属結晶　　　②　イオン結晶　　　③　共有結合の結晶　　　④　分子結晶
　　　⑤　極性分子　　　⑥　無極性分子　　　⑦　溶媒　　　　　　　⑧　溶質

　　［　14　の選択肢］
　　　①　水、ベンゼン、ヘキサン　　　　　　　②　シクロヘキサン、四塩化炭素、エタノール
　　　③　ベンゼン、シクロヘキサン、四塩化炭素　　④　メタノール、ベンゼン、ヘキサン
　　　⑤　アセトン、四塩化炭素、ヘキサン

　　［　15　、　17　の選択肢］
　　　①　4.30　　②　11.2　　③　17.6　　④　24.1　　⑤　32.5
　　　⑥　44.0　　⑦　56.0　　⑧　69.3　　⑨　86.2　　⑩　88.0

　　［　16　の選択肢］
　　　①　塩化ナトリウム　　　②　硝酸カリウム

　　［　18　の選択肢］
　　　①　再結晶　　　②　昇華法　　　③　蒸留　　　④　抽出　　　⑤　分留

— 179 —

問2 塩化ナトリウムおよびその水溶液に関する次の説明文のうち、正しい説明文の組み合わせとしてもっとも適当なものを次の ①〜⑩ のうちから一つ選べ。　　　　　　　　　19

(a) 塩化ナトリウムは常温・常圧では固体であり、その固体は構成粒子が電荷をもつため電気伝導性がある。

(b) 塩化ナトリウムの飽和水溶液に塩化水素を吹き込むと、塩化ナトリウムが沈殿する。

(c) 塩化ナトリウム水溶液に硝酸銀水溶液を加えると、塩化銀の白色沈殿が生じる。

(d) 塩化ナトリウム水溶液を、ナトリウムイオンだけを通過させる陽イオン交換膜で区切られた容器に入れ、炭素電極を用いて電気分解をすると、陰極では水が還元されて水素と水酸化物イオンが生じる。

(e) 塩化ナトリウム水溶液を、ナトリウムイオンだけを通過させる陽イオン交換膜で区切られた容器に入れ、炭素電極を用いて電気分解をすると、陽極では水が酸化されて塩素が発生する。

① (a)、(b)、(c)　　　② (a)、(b)、(d)　　　③ (a)、(b)、(e)　　　④ (a)、(c)、(d)

⑤ (a)、(c)、(e)　　　⑥ (a)、(d)、(e)　　　⑦ (b)、(c)、(d)　　　⑧ (b)、(c)、(e)

⑨ (b)、(d)、(e)　　　⑩ (c)、(d)、(e)

Ⅲ　次の文を読み、**問1〜問9**に答えよ。

　食品に含まれるタンパク質量を調べる方法の一つとして、食品中の全窒素含有量を定量し、その窒素含有量からタンパク質量に換算する手法（ケルダール法）がある。この手法を用いて、小麦粉中のタンパク質量を求める以下の実験を行うこととした。ただし、小麦粉中の窒素は、すべてタンパク質に由来すると考える。また、本実験に用いた小麦粉中のタンパク質 100 g には、窒素が 16.0 g（16.0 %）含まれるものとする。

<実験操作>

1．ガラス製の容器に、(ア) ある量の小麦粉を入れた後、濃硫酸を適量加え、ガスバーナーで加熱することにより、小麦粉中のタンパク質を分解した。この操作により、小麦粉のタンパク質中の窒素は硫酸アンモニウムへ変化する（**式 a**）。

$$小麦粉 + H_2SO_4 → (NH_4)_2SO_4 + SO_2↑ + CO_2↑ + CO↑ + H_2O ・・・・（\textbf{式 a}）$$

2．操作1で得られた溶液に濃い水酸化ナトリウム水溶液を十分に加えて加熱し、硫酸アンモニウムからアンモニアを遊離させ（**式 b**）、発生したアンモニアを実験器具 **A** に導いた。このとき、実験器具 **A** にはあらかじめ、実験器具 **B** を用いて正確にはかりとった 0.100 mol/L の希硫酸 20.0 mL を入れておくことで、発生したアンモニアをすべて吸収させた。

$$(NH_4)_2SO_4 + 2NaOH → 2NH_3↑ + Na_2SO_4 + 2H_2O ・・・・（\textbf{式 b}）$$

3．操作2により遊離したすべてのアンモニアを吸収させた実験器具 **A** 中の溶液に、指示薬 **X** を数滴加えた。この溶液に対し、実験器具 **C** に入れた 0.300 mol/L の水酸化ナトリウム水溶液を用いて中和滴定した結果、終点に到達するまで 12.0 mL を要した。

4．操作3の結果から求めたアンモニア量から、**操作1**で用いた小麦粉中の窒素量を求めた。

5．操作4で得られた窒素量と小麦粉中のタンパク質の窒素含有率（16.0 %）を用いて、この実験で用いた小麦粉 100 g 中のタンパク質量を求めたところ、11.8 g であった。

問1　**操作2**および**3**で用いた実験器具 **A 〜 C** として、もっとも適当なものを次の ①〜⑨ のうちから一つ選べ。

　　実験器具 **A** : | 20 |

　　実験器具 **B** : | 21 |

　　実験器具 **C** : | 22 |

　　① メスシリンダー　　② コニカルビーカー　　③ ろうと　　④ ビュレット　　⑤ 駒込ピペット

　　⑥ 丸底フラスコ　　⑦ メスフラスコ　　⑧ 試験管　　⑨ ホールピペット

問2　**操作2**および**3**で用いた実験器具 **A 〜 C** のうち、内部が純水で濡れたまま使用できるものはいくつあるか。その個数としてもっとも適当なものを次の ①〜④ のうちから一つ選べ。ただし、該当するものがない場合には ④ を選べ。

　　　　　　　　　　　　　　　　　　　　　　　　　　　　　　　　　　　| 23 |

　　① 1　　　② 2　　　③ 3　　　④ 0

問3 　操作2および3で用いた実験器具 A 〜 C のうち、乾燥方法として加熱乾燥ができないものはいくつあるか。その個数としてもっとも適当なものを次の ①〜④ のうちから一つ選べ。ただし、該当するものがない場合には ④ を選べ。　24

　　① 1　　　② 2　　　③ 3　　　④ 0

問4 　操作3で用いた指示薬 X と、指示薬は必要以上に多量に加えてはいけない理由の組み合わせとして、もっとも適当なものを次の ①〜⑥ のうちから一つ選べ。　25

	操作3で用いた指示薬 X	指示薬を必要以上に多量に加えてはいけない理由
①	メチルレッド	実験器具中の溶液の濃度が薄まってしまうから
②	メチルレッド	指示薬自体が弱い酸あるいは塩基であるため、滴定量に誤差が生じるから
③	リトマス	実験器具中の溶液の濃度が薄まってしまうから
④	リトマス	指示薬自体が弱い酸あるいは塩基であるため、滴定量に誤差が生じるから
⑤	フェノールフタレイン	実験器具中の溶液の濃度が薄まってしまうから
⑥	フェノールフタレイン	指示薬自体が弱い酸あるいは塩基であるため、滴定量に誤差が生じるから

問5 　操作2において吸収されたアンモニアはおよそ何 mol か。もっとも適当なものを次の ①〜⑨ のうちから一つ選べ。　26

　　① 1.00×10^{-4} mol　　② 2.00×10^{-4} mol　　③ 3.00×10^{-4} mol　　④ 4.00×10^{-4} mol

　　⑤ 5.00×10^{-4} mol　　⑥ 6.00×10^{-4} mol　　⑦ 7.00×10^{-4} mol　　⑧ 8.00×10^{-4} mol

　　⑨ 9.00×10^{-4} mol

問6 　操作2で用いた 0.100 mol/L の希硫酸を 200 mL 調製するためには、96 %（質量パーセント濃度）濃硫酸（密度 1.84 g/cm³）がおよそ何 mL 必要となるか。もっとも適当なものを次の ①〜⑨ のうちから一つ選べ。　27

　　① 1.11 mL　　② 2.22 mL　　③ 3.33 mL　　④ 4.44 mL　　⑤ 5.55 mL

　　⑥ 6.66 mL　　⑦ 7.77 mL　　⑧ 8.88 mL　　⑨ 9.99 mL

問7 　操作4について、操作1で用いた小麦粉中の窒素の質量はおよそ何 mg か。もっとも適当なものを次の ①〜⑨ のうちから一つ選べ。　28

　　① 1.60 mg　　② 2.60 mg　　③ 3.60 mg　　④ 4.60 mg　　⑤ 5.60 mg

　　⑥ 6.60 mg　　⑦ 7.60 mg　　⑧ 8.60 mg　　⑨ 9.60 mg

問8 　下線部（ア）で用いた小麦粉の質量はおよそ何 g か。もっとも適当なものを次の ①〜⑨ のうちから一つ選べ。　29

　　① 0.197 g　　② 0.297 g　　③ 0.397 g　　④ 0.497 g　　⑤ 0.597 g

　　⑥ 0.697 g　　⑦ 0.797 g　　⑧ 0.897 g　　⑨ 0.997 g

問9　このタンパク質の定量法（ケルダール法）においては、食品中に共存する成分の影響でタンパク質量が多く見積もられる場合がある。その原因となりうると考えられる食品成分は、下に示す化合物のうちどれか。もっとも適当なものを次の ①〜⑤ のうちから一つ選べ。　　30

①

CH2OH
Cl
OH
O
OH
O
CH2Cl
O
HO
OH
CH2Cl
スクラロース

②

O   OH
O
HO
O
HO
OH
OH
クエン酸

③

レンチオニン

④

H3C
O
N
CH3
N
O
N
N
CH3
カフェイン

⑤

OH
HO
O
OH
OH
O
ナリンゲニン

なお、構造式中の線の折れ曲がりおよび線の先端に存在する C や C に結合している H は省略している。

（次の頁にも設問があります）

Ⅳ 次の文を読み、問1～問6に答えよ。

不斉炭素原子が分子中に一つある場合、その炭素原子に結合している原子または原子団の配置が立体的に異なる (ア) 異性体が2種類存在し、これらを (イ) 鏡像異性体と呼ぶ。1962年にカーン、インゴルド、プレローグは、鏡像異性体を区別するために (ウ) R/S-表示法を提案した。この表示法は以下の通りである。

1．不斉炭素原子に直接結合している4個の原子を原子番号の大きな順に1、2、3、4と順位をつける。
2．同一の原子がある場合、その次に結合している原子の原子番号の大きな順に順位をつける。
3．順位の最も低い原子を紙面奥側に向けて、それ以外の置換基を順位1 → 2 → 3の順に見たとき、回る方向が時計回り（右回り）であれば R 体（Rectus、ラテン語で右）、反時計回りであれば S 体（Sinister、ラテン語で左）とする。

また、アミノ酸や (エ) 糖の鏡像異性体を区別するには（D，L）-表示法がしばしば利用される。これは、下図に示したグリセルアルデヒドの構造をもとに分子構造から定義したものであり、グリセルアルデヒドの不斉炭素原子に結合しているアルデヒド基をカルボキシ基に、ヒドロキシ基をアミノ基に置き換えることでα-アミノ酸の［ a ］になることから、これを基準に不斉炭素原子をもつα-アミノ酸の表示がなされている。タンパク質を加水分解して得られるアミノ酸のうち、［ b ］以外は全て不斉炭素原子を持ち、 31 形アミノ酸である。

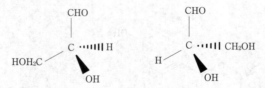

図　L-グリセルアルデヒド（左）とD-グリセルアルデヒド（右）の構造
構造式中の太線は結合が紙面手前に、破線は結合が紙面奥側に向いていることを示す。

問1 文中の 31 にあてはまる語句として、もっとも適当なものを次の ①～④ のうちから一つ選べ。
① R 　　② S 　　③ D 　　④ L

問2 文中の ［ a ］、［ b ］にあてはまるα-アミノ酸として、もっとも適当なものを次の ①～⑥ のうちからそれぞれ一つ選べ。ただし、立体異性体は考慮しないものとする。

［ a ］： 32

［ b ］： 33

① $H_2N-CH_2CH_2CH_2CH_2-CH(NH_2)COOH$ 　　② $CH_3-CH(NH_2)COOH$

③ $HO-CH_2-CH(NH_2)COOH$ 　　④ $(CH_3)_2CH-CH(NH_2)COOH$

⑤ $CH_2(NH_2)COOH$ 　　⑥ $HOOC-CH_2CH_2-CH(NH_2)COOH$

問3 下線部（ア）の異性体について、次の分子式で表される化合物には異性体はいくつあるか。立体異性体も考慮に入れて、もっとも適当なものを次の ①〜⑦ のうちからそれぞれ一つ選べ。

(a) C_6H_{14} の異性体の数： 34

(b) C_4H_8 の異性体の数： 35

① 2　　② 3　　③ 4　　④ 5　　⑤ 6　　⑥ 7　　⑦ 8

問4 下線部（イ）の鏡像異性体についての次の記述 (a)〜(d) のうち、正しいものはいくつあるか。その個数として、もっとも適当なものを次の ①〜⑤ のうちから一つ選べ。ただし、正しいものがない場合は ⑤ を選べ。 36

(a) 鏡像異性体どうしの融点や沸点は同じである。

(b) どちらかの鏡像異性体のみを有機化学的に合成する方法はない。

(c) 鏡像異性体は偏光に対する性質が異なる。

(d) 芳香族化合物には不斉炭素原子があるものはない。

① 1　　② 2　　③ 3　　④ 4　　⑤ 0

問5 下線部（ウ）の R/S-表示法について、以下の化合物を R/S-表示法で示したとき、R 体となるのはどれか。もっとも適当なものを次の ①〜④ のうちから一つ選べ。 37

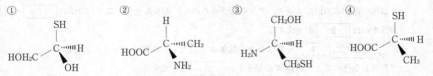

問6 下線部（エ）の糖に関する次の説明文 (a)〜(e) のうち、**誤っている**説明文の組み合わせとして、もっとも適当なものを次の ①〜⑩ のうちから一つ選べ。 38

(a) グルコースやフルクトースのような単糖類はチマーゼによってエタノールと二酸化炭素に分解される。

(b) アセテート繊維はセルロース構造を変化させた繊維なので再生繊維という。

(c) すべての二糖の水溶液はフェーリング液を還元する。

(d) デンプンを加水分解するとグルコースが得られる。

(e) グリコーゲンはヨウ素ヨウ化カリウム水溶液を加えても呈色しない。

① (a)、(b)、(c)　　② (a)、(b)、(d)　　③ (a)、(b)、(e)　　④ (a)、(c)、(d)

⑤ (a)、(c)、(e)　　⑥ (a)、(d)、(e)　　⑦ (b)、(c)、(d)　　⑧ (b)、(c)、(e)

⑨ (b)、(d)、(e)　　⑩ (c)、(d)、(e)

(2D−10)

3D 化 学

原子量および定数は、次の通りとする。また、同一の問中で解答に複数回同じ選択肢が必要なときには、同じ選択肢を何回選んでも良い。

H = 1.0   C = 12   N = 14   O = 16   Na = 23   Mg = 24   Al = 27   S = 32

Cl = 36   K = 39   Ca = 40   Fe = 56   Cu = 64   Zn = 65

アボガドロ定数 $N_A = 6.0 \times 10^{23}$/mol、気体定数 $R = 8.3 \times 10^3$ Pa·L/(K·mol)、

ファラデー定数 $F = 9.65 \times 10^4$ C/mol

Ⅰ 次の文を読み、問1〜問6に答えよ。

炭酸ナトリウムは、食塩と石灰石を主原料として、次の a 〜 e の反応により工業的に製造されている。

a. 食塩の飽和水溶液にアンモニアを吸収させたのち、気体 A を通じると、固体の $\boxed{1}$ が析出して、溶液中には $\boxed{2}$ が生成する。

b. (ア) 分離した $\boxed{1}$ を熱すると、気体 A が発生し、炭酸ナトリウムが生成する。

c. 石灰石を熱すると、気体 A が発生し、$\boxed{3}$ が生成する。

d. $\boxed{3}$ に水を加えると、$\boxed{4}$ が生成する。

e. $\boxed{2}$ に $\boxed{4}$ を反応させると、アンモニアと $\boxed{5}$ が生成する。

問1 上の文中の $\boxed{1}$ 〜 $\boxed{5}$ にあてはまる化合物として、もっとも適当なものを次の選択肢のうちからそれぞれ一つ選べ。

① CaO   ② CaCl₂   ③ Ca(OH)₂   ④ NaHCO₃   ⑤ NH₄Cl

問2 a の反応で使用する気体 A の物質量に対して、b と c の反応で回収することのできる気体 A の物質量は、それぞれおよそ何 % か。もっとも適当なものを次の ①〜⑨ のうちから一つ選べ。ただし、b と c の反応で発生する気体は 100 % 回収できるものとする。

[b で発生する気体： $\boxed{6}$ 、c で発生する気体： $\boxed{7}$]

① 10 %   ② 20 %   ③ 30 %   ④ 40 %   ⑤ 50 %

⑥ 60 %   ⑦ 70 %   ⑧ 80 %   ⑨ 90 %

問3 下線部 (ア) について、化合物 $\boxed{1}$ と $\boxed{2}$ のどのような性質の差を利用して分離するか。もっとも適当なものを次の ①〜⑤ のうちから一つ選べ。 $\boxed{8}$

① 融点   ② 沸点   ③ 溶解度   ④ 比熱   ⑤ 密度

問4 a～e の反応を利用した炭酸ナトリウムの工業的製法の名称として、もっとも適当なものを次の ①～⑥ のうちから一つ選べ。 <u>9</u>

① ソルベー法　　　　② ルブラン法　　　③ ハーバー・ボッシュ法

④ オストワルト法　　⑤ 接触法　　　　　⑥ イオン交換膜法

問5 炭酸ナトリウムの無水物 20 kg を製造するためには、原料の食塩は少なくとも何 kg 必要か。もっとも適当なものを次の ①～⑥ のうちから一つ選べ。ただし、各反応は完全に進行するものとする。

<u>10</u>

① 1.1 kg　　② 2.2 kg　　③ 11 kg　　④ 22 kg　　⑤ 110 kg　　⑥ 220 kg

問6 次にあげる炭酸ナトリウムの主な用途として、**誤っているもの**はいくつあるか。その個数としてもっとも適当なものを次の ①～⑥ のうちから一つ選べ。ただし、すべて正しい場合は ⑥ を選べ。 <u>11</u>

[主な用途]

ガラスの原料、ベーキングパウダー、胃腸薬の制酸剤、肥料、セッケンの原料

① 1　　　② 2　　　③ 3　　　④ 4　　　⑤ 5　　　⑥ 0

(次の頁にも設問があります)

(3D—2)

Ⅱ 次の問1～問4に答えよ。

A   B   C

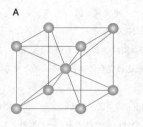 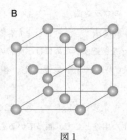 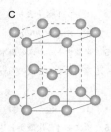

図 1

問1 金属の結晶では、金属原子が金属結合によって規則的に配列している。ほとんどの金属結晶の原子配列は、図1の **A～C** の構造のいずれかに分類することができる。図1の **A～C** の結晶構造の名称とそれぞれの配位数の正しい組み合わせとして、もっとも適当なものを次の ①～⑨ のうちから一つ選べ。

A : 12   B : 13   C : 14

① 名称：体心立方格子、 配位数：8
② 名称：体心立方格子、 配位数：10
③ 名称：体心立方格子、 配位数：12
④ 名称：面心立方格子、 配位数：8
⑤ 名称：面心立方格子、 配位数：10
⑥ 名称：面心立方格子、 配位数：12
⑦ 名称：六方最密構造、 配位数：8
⑧ 名称：六方最密構造、 配位数：10
⑨ 名称：六方最密構造、 配位数：12

問2 X 線を用いて鉄 Fe の結晶を調べたところ、単位格子の1辺の長さが 2.9×10^{-8} cm の図1の **A** の構造をとっていることがわかった。この鉄 Fe の結晶の密度（g/cm³）はおよそいくつか。もっとも適当なものを次の ①～⑥ のうちから一つ選べ。

15

① 7.1 g/cm³   ② 7.3 g/cm³   ③ 7.5 g/cm³
④ 7.7 g/cm³   ⑤ 7.9 g/cm³   ⑥ 8.1 g/cm³

— 188 —

問3 金属に関する次の記述 (a)〜(f) のうち、正しいものはいくつあるか。その個数としてもっとも適当なものを次の ①〜⑦ のうちから一つ選べ。ただし、正しいものがない場合は ⑦ を選べ。　16

(a) 金属元素の原子はイオン化エネルギーが大きいので、電子を放出して陽イオンになりやすい。

(b) 鉛の結晶では、価電子は特定の原子間でのみ共有されている。

(c) すべての金属元素の単体は常温では固体である。

(d) 金属は展性に富むが、延性に乏しい。

(e) アモルファス金属は、高温で融解した金属をゆっくりと冷却することで得られる。

(f) 白金線を NaCl 溶液に浸し、ガスバーナーの外炎に入れると炎が赤色になる。

① 1　　② 2　　③ 3　　④ 4　　⑤ 5　　⑥ 6　　⑦ 0

問4 金属に他の金属や非金属を融かしこんだものを合金という。次の (a)〜(d) の内容にあてはまる合金として、もっとも適当なものを次の ①〜⑩ のうちからそれぞれ一つ選べ。

(a) 電気抵抗が大きいため、ドライヤーや電熱器などに利用される。主元素は Ni で、Cr などの元素を添加している。　17

(b) 軽量で強度が大きいので航空機や鉄道車両の構造材として利用される。主元素は Al で、Cu、Mg、Mn などの元素を添加している。　18

(c) さびにくく耐熱性が高く、加工性がよいため、硬貨に利用される。主元素は Cu で、Ni を添加している。　19

(d) 鋳物にしやすく、さびにくい。美術工芸品などに利用される。主元素は Cu で、Sn などを添加している。　20

① ジュラルミン　② チタン合金　③ はんだ　④ ニクロム　⑤ 形状記憶合金
⑥ 鋼　　　　　⑦ ステンレス鋼　⑧ 洋銀　⑨ 青銅　⑩ 白銅

（次の頁にも設問があります）

Ⅲ 次の問1〜問7に答えよ。

問1 酸化還元反応では、「〜が酸化される」「〜が還元される」と表現されることが多いが、「酸化される」とは、原子やイオンが電子を [**ア**] ことであったり、物質が酸素（O）を [**イ**] ことや水素（H）を [**ウ**] ことである。[**ア**]、[**イ**]、[**ウ**] にあてはまる語句の組み合わせとして、もっとも適当なものを次の ①〜⑥ のうちから一つ選べ。 21

① ア：受け取る　　イ：失う　　　　ウ：失う

② ア：失う　　　　イ：受け取る　　ウ：受け取る

③ ア：受け取る　　イ：失う　　　　ウ：受け取る

④ ア：失う　　　　イ：受け取る　　ウ：失う

⑤ ア：受け取る　　イ：受け取る　　ウ：失う

⑥ ア：失う　　　　イ：失う　　　　ウ：受け取る

問2 酸化還元反応では、原子やイオンの酸化もしくは還元の程度を示すために酸化数を用いる。次の (a)〜(e) のうち、酸化数の表し方や求め方として**誤っているもの**はいくつあるか。その個数としてもっとも適当なものを次の ①〜⑥ のうちから一つ選べ。ただし、すべて正しい場合は ⑥ を選べ。 22

(a) 酸化数は、0 以外、必ずプラス（＋）かマイナス（−）の記号を付ける。

(b) 単体中の原子の酸化数は必ずプラス（＋）にする。

(c) 電荷を持たない化合物では構成する原子の酸化数の総和は 0 とする。

(d) 単原子イオンの酸化数はイオンの電荷に等しい。

(e) 化合物中の水素原子の酸化数は ＋1、酸素原子の酸化数は −2 に必ずする。

① 1　　　② 2　　　③ 3　　　④ 4　　　⑤ 5　　　⑥ 0

問3 酸化マンガン（Ⅳ）に 1.0 mol/L の過酸化水素水を 10.0 mL 加えると、20 秒間のうちに酸素が標準状態で 28 mL 発生した。この時点での過酸化水素濃度はいくらか。もっとも適当なものを次の ①〜⑥ のうちから一つ選べ。ただし、発生した気体の水への溶解は無視でき、溶液の体積は変化しないものとする。 23

① 0.19 mol/L　　② 0.25 mol/L　　③ 0.38 mol/L

④ 0.50 mol/L　　⑤ 0.75 mol/L　　⑥ 1.00 mol/L

問4 化学反応速度に関する記述として**誤っているもの**を、次の ①〜⑤ のうちから一つ選べ。 24

① 一般に、化学反応が進むと反応速度は変化する。

② 反応温度が高いほど、反応速度は大きくなる。

③ 反応の前後でそれ自身が変化せず、反応速度を変化させる物質を触媒という。

④ MnO_2 は固体表面において触媒作用を示す代表的な均一触媒である。

⑤ 一般に固体が関係する反応では、固体の表面積が大きくなるほど反応速度も大きくなる。

(3D−5)

問5 化学反応において、触媒を加えることで変化するものの組み合せとして正しいものを、次の ①〜⑥ のうちから一つ選べ。 25

① 反応速度と活性化エネルギー

② 反応速度と反応熱

③ 反応速度と生成物の量

④ 活性化エネルギーと反応熱

⑤ 活性化エネルギーと生成物の量

⑥ 反応熱と生成物の量

問6 次の (a)〜(c) の反応式で表される化学反応が平衡状態にあるとき、括弧内に示すように条件を変化させると、その平衡は反応式の右辺と左辺のどちら側に移動するか。もっとも適当なものを次の ①〜③ のうちから一つ選べ。ただし、移動しない場合は ③ を選べ。

(a) $2SO_2$(気) + O_2(気) $\rightleftarrows$ $2SO_3$(気)（加圧する） 26

(b) $3O_2$(気) = $2O_3$(気) − 285 kJ（冷却する） 27

(c) N_2(気) + $3H_2$(気) $\rightleftarrows$ $2NH_3$(気)（触媒を加える） 28

① 左に移動　　　② 右に移動　　　③ 移動しない

問7 水溶液が酸性であるか、塩基性であるかを示す指標に pH（水素イオン指数）が使われる。25 ℃ 条件下における次の水溶液 (a)、(b) の pH はおよそいくらか。もっとも適当なものをそれぞれの選択肢より一つ選べ。ただし、水のイオン積 K_w = $[H^+][OH^-]$ = 1.00×10^{-14} $(mol/L)^2$ とし、$\log_{10}2 = 0.301$ とする

(a) 電離度が 0.025 で、4.0×10^{-2} mol/L 酢酸水溶液の pH 29

① 1.0　　② 2.0　　③ 3.0　　④ 4.0　　⑤ 5.0　　⑥ 6.0

(b) 電離度が 1.00 で、1.00×10^{-3} mol/L 水酸化カルシウム水溶液の pH 30

① 10.0　　② 10.7　　③ 11.0　　④ 11.3　　⑤ 11.7　　⑥ 12.0

（次の頁にも設問があります）

Ⅳ 自動車に関する次の文を読み、問1～問7に答えよ。

　自動車には、エンジンでガソリンを燃焼させ、そのエネルギーを動力とするものがある。ガソリンは原油を脱水・脱塩後、分留することで、沸点が約 40～220 ℃ 程度の (ア)炭化水素の混合物として得られた成分を利用している。ガソリンスタンドに行くと「ハイオク」と表記された高オクタン価ガソリンを販売している。オクタン価とは、エンジン内での着火のしやすさを示す指標の一つで、イソオクタン（2,2,4-トリメチルペンタン、図1）のオクタン価を 100、n-ヘプタン（図1）のオクタン価を0として定義している。イソオクタンのように炭素原子などのつながり方の違いにより、分子式が同一でも異なる化合物が存在するものがある。それらの化合物の関係を　32　という。ヘプタンには　32　が（2）～(10)の9種が存在し、その中には不斉炭素原子をもつため　33　が存在するものが　34　種ある。

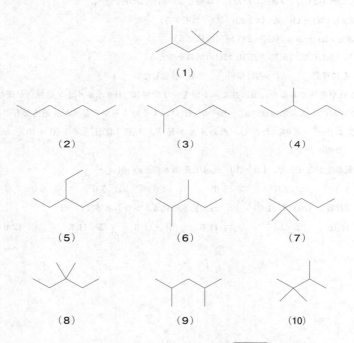

図1　イソオクタン（1）、n-ヘプタン（2）とその　32　の構造（3）～(10)
構造式中の線の折れ曲がりおよび線の先端に存在する C や C に結合している H は省略している

(3D－7)

ガソリンエンジンを始動する際には、モーターを回転させるための電気エネルギーが必要で、バッテリー（二次電池）が用いられている。一般的なガソリン車でバッテリーに用いられているのは、使用する金属が安価な　35　であるが、電解液に硫酸が用いられているため処分には注意が必要である。近年では電気自動車も実用化されており、それらのバッテリーには　36　が用いられている。　36　は起電力が大きくスマートフォンなどにも用いられているが、使用する金属が高価であり、充電時に生成する金属が水と激しく反応するため処分には注意が必要である。　36　の電解液には水ではなく有機化合物である (イ) エチレングリコールの炭酸エステルなどが用いられている。

　自動車は、ガソリンの燃焼により大きな熱が発生するため、エンジンを冷却する必要がある。一般的なガソリン車ではエンジンの冷却に、エチレングリコールなどを含んだ水（不凍液）が用いられている。 (ウ) 寒冷地では凍結してしまうことなどから不凍液の代わりに純水を用いることはできない。市販の不凍液は水と区別するため赤色や緑色などの色素（図2）が添加されている。

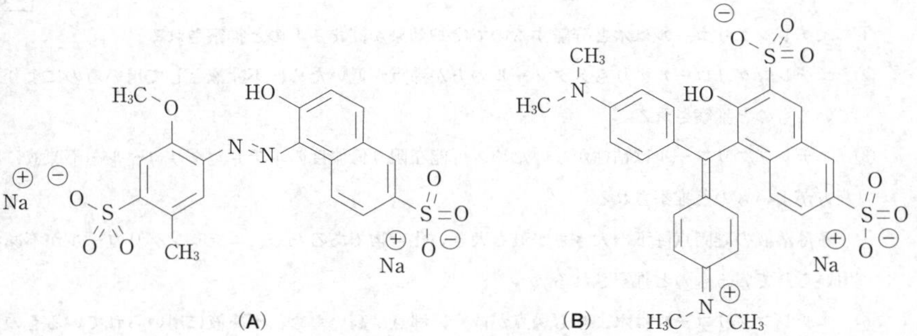

図2　不凍液などに用いられている赤色色素（**A**）および緑色色素（**B**）の構造
構造式中の線の折れ曲がりおよび線の先端に存在するCやCに結合しているHは省略している

問1　下線部（ア）炭化水素の中で、炭素数nである鎖式飽和炭化水素の一般式としてもっとも適当なものを次の ①〜⑧ のうちから一つ選べ。　　　　　31

① C_nH_{4n-4}　　② C_nH_{4n-2}　　③ C_nH_{4n}　　④ C_nH_{4n+2}

⑤ C_nH_{2n-4}　　⑥ C_nH_{2n-2}　　⑦ C_nH_{2n}　　⑧ C_nH_{2n+2}

問2　文中の　32　および　33　に入る語句として、もっとも適当なものを次の ①〜⑩ のうちからそれぞれ一つ選べ。

① 同位体　　② 同素体　　③ 同族体　　④ 構造異性体　　⑤ 単量体

⑥ 半導体　　⑦ 鏡像異性体　　⑧ 共重合体　　⑨ 付加重合体　　⑩ 酵素–基質複合体

問3　文中の　34　に入る数字として、もっとも適当なものを次の ①〜⑩ のうちから一つ選べ。ただし該当するものがないときは⑩を選べ。

① 1　　② 2　　③ 3　　④ 4　　⑤ 5

⑥ 6　　⑦ 7　　⑧ 8　　⑨ 9　　⑩ 0

問4　文中の 35 および 36 に入る語句として、もっとも適当なものを次の ①〜⑩ のうちからそれぞれ一つ選べ。

①　ボルタ電池　　　　　②　ダニエル電池　　　　③　鉛蓄電池　　　　　④　マンガン電池

⑤　リチウム電池　　　　⑥　ニッケル・水素電池　⑦　ニッケル・カドミウム電池

⑧　リチウムイオン電池　⑨　酸化銀電池　　　　　⑩　空気電池

問5　下線部（イ）エチレングリコールをモノマー単位として含む高分子化合物として、もっとも適当なものを次の ①〜⑩ のうちから一つ選べ。

37

①　ナイロン66　　　②　ナイロン6　　　③　ポリエチレン　　　④　ポリアクリロニトリル

⑤　ポリスチレン　　　⑥　ベークライト　　⑦　ポリビニルアルコール

⑧　ポリ酢酸ビニル　　⑨　ポリ塩化ビニル　⑩　ポリエチレンテレフタラート

問6　下線部（ウ）に関する推察文として、もっとも適当なものを次の ①〜⑧ のうちから一つ選べ。

38

①　エチレングリコールは水と分離するので冷却効果が高まるものと推察される。

②　エチレングリコールよりもメタノールの方が沸点が低いため、不凍液として用いるのにより適しているものと推察される。

③　エチレングリコールは粘性がないため、可能な限り低濃度のエチレングリコールを不凍液に用いた方がよいものと推察される。

④　希薄溶液の凝固点降下の大きさが最も大きい化合物であるため、エチレングリコールが不凍液に用いられているものと推察される。

⑤　エチレングリコールは水よりも融点が低く、沸点は高いため、不凍液に用いられているものと推察される。

⑥　エチレングリコールを工業的に生産することは困難であるため、不凍液は高価であると推察される。

⑦　エチレングリコールは無害で幼児が誤飲しても安全なため、不凍液に用いられているものと推察される。

⑧　エチレングリコールは揮発しないため、不凍液は一度充填してしまえば追加や交換の必要はないものと推察される。

問7　次に示す官能基 (a)〜(d) は、図2の化合物 A および化合物 B の構造中に存在するか。正しい組み合わせとして、もっとも適当なものを次の ①〜④ のうちからそれぞれ一つ選べ。

(a)　アゾ基　　　　　| 39 |

(b)　エーテル結合　　| 40 |

(c)　カルボキシ基　　| 41 |

(d)　ヒドロキシ基　　| 42 |

①　化合物 A のみに存在する　　②　化合物 B のみに存在する

③　両方の化合物に存在する　　④　両方の化合物に存在しない

4D 化 学

2 月27日

$$\left(\text{解答番号}\ \boxed{1}\ \sim\ \boxed{44}\right)$$

原子量および定数は、次の通りとする。また、同一の問中で解答に複数回同じ選択肢が必要なときには、同じ選択肢を何回選んでも良い。

H = 1.0   C = 12   N = 14   O = 16   Na = 23   Mg = 24   Al = 27   S = 32

Cl = 36   K = 39   Ca = 40   Cu = 64   Zn = 65

アボガドロ定数 $N_A = 6.0 \times 10^{23}$/mol、気体定数 $R = 8.3 \times 10^3$ Pa・L/(K・mol)、

ファラデー定数 $F = 9.65 \times 10^4$ C/mol

I 次の文を読み、問1～問8に答えよ。

アルカリ金属は、元素の周期表で1族に配置される元素のうち水素以外の元素を指す。代表的なものとして、(ア)<u>リチウム、ナトリウム、カリウム</u>が挙げられる。アルカリ金属のうち、(イ)<u>ナトリウムの化合物は</u>様々なものに利用されているため、工業的に製造されている。例えば、(ウ)<u>炭酸ナトリウムは飽和食塩水に</u><u>アンモニアと二酸化炭素を通して、比較的水に溶けにくい炭酸水素ナトリウムを沈殿させ、これを熱分解して製造される</u>。また、(エ)<u>水酸化ナトリウムは、下図のように陽イオン交換膜を組み合わせた塩化ナトリウム</u><u>の電気分解によって製造される</u>。この場合、陰極では $\boxed{1}$ と $\boxed{2}$ が生じ、陽極では $\boxed{3}$ が酸化されて $\boxed{4}$ を発生する。この際、陽イオン交換膜が存在するため、$\boxed{3}$ は陰極側に、$\boxed{2}$ は陽極側に移動できず、それぞれの極側にとどまる。一方、陽極側に存在する $\boxed{5}$ は、陰極側に移動することができるため、水酸化ナトリウムを得ることができる。

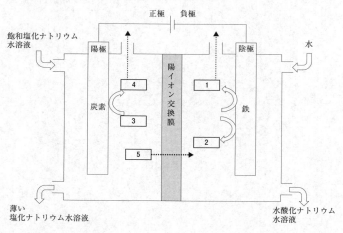

(4D-1)

問1 文中の 　1　 ～ 　5　 にあてはまるものとして、もっとも適当なものをそれぞれ次の ① ～ ⑩ のうちから一つずつ選べ。

① 二酸化炭素　　② 水素　　③ 酸素　　④ 塩素　　⑤ 水素イオン

⑥ 水酸化物イオン　　⑦ 鉄（Ⅱ）イオン　　⑧ 塩化物イオン　　⑨ 酸化物イオン

⑩ ナトリウムイオン

問2 下線部（ア）のうち、ナトリウムとカリウムの単体の保存方法としてもっとも適当なものを、次の ① ～ ⑦ のうちから一つ選べ。　　　　　　　　　　　　　　　　　　　　　　　　　 　6

① 大気中でプラスチック容器に入れて保存する。

② 大気中でガラス容器に入れて保存する。

③ 大気中で金属容器に入れて保存する。

④ 水中で保存する。

⑤ 酸性水溶液中で保存する。

⑥ 塩基性水溶液中で保存する。

⑦ 灯油中で保存する。

問3 下線部（ア）に関する次の記述（a）～（g）について、正しいものはいくつあるか。その個数としてもっとも適当なものを次の ① ～ ⑧ のうちから一つ選べ。ただし、正しいものがないときは ⑧ を選べ。

　7

(a)　それぞれの単体の密度は 1 g/cm³ 以上である。

(b)　それぞれの単体の炎色反応は、リチウムが赤紫色、ナトリウムが黄色、カリウムが赤色である。

(c)　それぞれの単体は、その水酸化物や塩化物の溶融塩電解によって得られる。

(d)　それぞれの単体は硬く、ナイフでは切ることができない。

(e)　それぞれの単体のうち、融点が最も低いのはカリウムである。

(f)　それぞれの単体は、すべて銀白色である。

(g)　それぞれの単体は水素を発生しながらエタノールに溶解するが、その反応の激しさは、
　　　リチウム＞ナトリウム＞カリウムの順である。

① 1　　② 2　　③ 3　　④ 4　　⑤ 5　　⑥ 6　　⑦ 7　　⑧ 0

（次の頁にも設問があります）

(4D－2)

問4 下線部 (イ) に関する次の記述 (a)〜(f) について、内容に**誤りのあるもの**はいくつあるか。その個数としてもっとも適当なものを次の ①〜⑦ のうちから一つ選べ。ただし、すべて正しいときは ⑦ を選べ。　　　　　　　　　　　　　　　8

(a) 水酸化ナトリウム水溶液を試薬びんに入れて保存する場合、ガラス栓を使用する。

(b) 炭酸水素ナトリウムは胃腸薬（制酸剤）として利用される。

(c) 炭酸ナトリウムは、加熱により二酸化炭素が発生するため、ケーキなどを膨らませる膨張剤として利用される。

(d) 水酸化ナトリウムは、セッケンの製造に利用される。

(e) 次亜塩素酸ナトリウム水溶液は、衣料や食器の漂白や消毒に使用される。

(f) 塩基性の強さは、同じモル濃度の水溶液において、炭酸水素ナトリウム水溶液＞炭酸ナトリウム水溶液である。

① 1　　　② 2　　　③ 3　　　④ 4　　　⑤ 5　　　⑥ 6　　　⑦ 0

問5 下線部 (イ) のうち、潮解性あるいは風解性を示すナトリウム化合物は何か。もっとも適当な組み合せを次の ①〜⑧ のうちから一つ選べ。　　　　　　　　　　　　　　　9

	潮解性を有する ナトリウム化合物	風解性を有する ナトリウム化合物
①	$Na_2CO_3 \cdot H_2O$	$NaNO_3$
②	$Na_2CO_3 \cdot 10H_2O$	$NaNO_3$
③	$Na_2CO_3 \cdot H_2O$	$NaOH$
④	$Na_2CO_3 \cdot 10H_2O$	$NaOH$
⑤	$NaNO_3$	$Na_2CO_3 \cdot H_2O$
⑥	$NaNO_3$	$Na_2CO_3 \cdot 10H_2O$
⑦	$NaOH$	$Na_2CO_3 \cdot H_2O$
⑧	$NaOH$	$Na_2CO_3 \cdot 10H_2O$

問6 下線部 (ウ) に関して、炭酸ナトリウムの工業的製法は何か。もっとも適当なものを次の ①〜⑨ のうちから一つ選べ。　　　　　　　　　　　　　　　10

① 電解精錬法　　　② ハーバー・ボッシュ法　　　③ ホール・エルー法

④ 溶融塩電解法　　　⑤ クメン法　　　⑥ ソルベー法（アンモニアソーダ法）

⑦ オストワルト法　　　⑧ イオン交換膜法　　　⑨ 接触法

問7 下線部 (ウ) に関して、3.20 t の炭酸ナトリウムを製造するためには塩化ナトリウムは少なくとも何 t 必要か。もっとも適当なものを次の ①〜⑩ のうちから一つ選べ。　　　　　　　　　　　　　　　11

① 0.885 t　　　② 1.77 t　　　③ 2.67 t　　　④ 3.56 t　　　⑤ 4.43 t

⑥ 5.31 t　　　⑦ 6.20 t　　　⑧ 8.00 t　　　⑨ 8.85 t　　　⑩ 9.74 t

(4D−3)

問8 下線部（**エ**）に関して、電流 5.0 A で電気分解したとすると、4.0×10^{-4} mol/L の水酸化ナトリウム水溶液を 5.0×10^2 L 得るためにかかる時間は少なくともいくらか。もっとも適当なものを次の ①〜⑩ のうちから一つ選べ。 $\boxed{12}$

① 38分0秒   ② 44分20秒   ③ 50分40秒   ④ 57分0秒

⑤ 1時間4分20秒   ⑥ 1時間16分40秒   ⑦ 1時間28分0秒   ⑧ 1時間41分20秒

⑨ 1時間54分40秒   ⑩ 2時間4分0秒

（次の頁にも設問があります）

(4D—4)

II 次の文を読み、問1～問3に答えよ。

　水（H_2O）は、生体に多量に含まれているばかりでなく、地表面を覆っている成分であることも知られている。しかし、他の水素化合物とは異なる特異な性質を有している。例えば、元素の周期表において酸素と同じ　13　族の元素の水素化合物である H_2S の融点および沸点は、それぞれ約 $-86℃$ および約 $-61℃$ である。これに対して、水におけるそれらの値は、それぞれ $0℃$ および $100℃$ である。一般に同じ族に属する元素が、化学構造の類似した分子を形成する場合、分子量が大きいほど　14　が強くなる。したがって、当該分子の融点および沸点は、通常は分子量が大きくなるほど　15　のである。

　水が、分子量が小さいにも関わらず際立って高い融点および沸点を示すのは、水分子中の酸素原子が部分的に（　a　）に、水素原子が部分的に（　b　）に帯電し、　16　構造をしていることに起因する。一般に、共有結合している原子においては、互いの　17　の差が大きいほど電荷の偏りが大きくなる。したがって、水分子においてはH-O結合の　18　が大きくなり、　19　が　17　の大きい酸素原子の方に引きよせられている。このため、それぞれの水分子は互いに引き合って　20　しており、見掛けの　21　が大きくなるのである。また、　20　は、水が常温で液体状態であることにも、深く関与している。ただし、　20　の結合力は、　22　の結合力と比較すると　23　。

　水の物理的な特性は、生命現象にとっても非常に重要である。例えば、ヒトは発汗によって体温調節をしているが、これは水の（　c　）が高い値であることと密接に関連している。また、水の（　d　）が高いことにより、体温の急激な変化が生じないようになっている。さらに、（　e　）が大きいこと、あるいは細胞内の水には様々な物質が溶解していることにより、水は凍結しづらい液体になっており、これは生物の耐寒性に関与する水の重要な性質である。

問1 文中の　13　～　23　にあてはまるものとして、もっとも適当なものをそれぞれの選択肢から一つ選べ。

　［　13　の選択肢］
　　① 8　　　② 9　　　③ 10　　　④ 11　　　⑤ 12
　　⑥ 13　　⑦ 14　　⑧ 15　　　⑨ 16　　　⑩ 17

　［　14　の選択肢］
　　① イオン結合　　② 共有結合　　③ 水素結合
　　④ 静電気力　　　⑤ 分子間力　　⑥ 電気陰性度

　［　15　の選択肢］
　　① 高くなる　　② 低くなる　　③ 高いとも低いとも一概にはいえない

　［　16　の選択肢］
　　① 折れ線形　　② 直線形　　③ 三角錐形　　④ 正四面体形

　［　17　の選択肢］
　　① 電荷　　② 価数　　③ 電子数　　④ 電気陰性度　　⑤ イオン化傾向

[18 の選択肢]

① 配位数　　② 強度　　③ 極性　　④ 価数　　⑤ 分子間力

[19 の選択肢]

① 陽子　　② 中性子　　③ 非共有電子対　　④ 共有電子対

[20 の選択肢]

① 共有結合　　② イオン結合　　③ 金属結合　　④ 水素結合　　⑤ イオン化

[21 の選択肢]

① 分子量　　② 電荷　　③ 価数　　④ イオン化傾向　　⑤ 運動エネルギー

[22 の選択肢]

① 共有結合　　　　　　② イオン結合　　　　　　③ 水素結合

④ 共有結合やイオン結合　　⑤ 共有結合や水素結合　　⑥ イオン結合や水素結合

[23 の選択肢]

① 強い　　② 弱い　　③ ほぼ同程度である

問2　文中の（　**a**　）および（　**b**　）の組み合わせとしてもっとも適当なものを、次の ①〜④ のうちから一つ選べ。　　　　　　　　　　　　　　　　　　　　　　　　　　　24

① （　**a**　）：（　**b**　）＝ 正：正　　　② （　**a**　）：（　**b**　）＝ 正：負

③ （　**a**　）：（　**b**　）＝ 負：負　　　④ （　**a**　）：（　**b**　）＝ 負：正

問3　文中の（　**c**　）、（　**d**　）および（　**e**　）の組み合わせとして、もっとも適当なものを次の ①〜⑥ のうちから一つ選べ。　　　　　　　　　　　　　　　　　　　　　　　　　　25

① （　**c**　）：（　**d**　）：（　**e**　）＝ 融解熱　：　蒸発熱　：　比熱

② （　**c**　）：（　**d**　）：（　**e**　）＝ 融解熱　：　比熱　：　蒸発熱

③ （　**c**　）：（　**d**　）：（　**e**　）＝ 比熱　：　融解熱　：　蒸発熱

④ （　**c**　）：（　**d**　）：（　**e**　）＝ 比熱　：　蒸発熱　：　融解熱

⑤ （　**c**　）：（　**d**　）：（　**e**　）＝ 蒸発熱　：　融解熱　：　比熱

⑥ （　**c**　）：（　**d**　）：（　**e**　）＝ 蒸発熱　：　比熱　：　融解熱

（次の頁にも設問があります）

Ⅲ 次の文を読み、問1〜問3に答えよ。

　可逆反応が平衡状態にあるとき、濃度・圧力・温度などの条件を変化させると、その変化をやわらげる方向に平衡が移動する。これを　26　の原理という。水素と窒素からアンモニアを合成するとき、反応時の圧力は　27　いほど、温度は　28　いほど、平衡時のアンモニアの生成効率が高くなる。しかし、実際に反応が速やかに進行するかは　29　の大きさによる。そのため、実際のアンモニアの合成は、400〜500℃、$2 \times 10^7 \sim 1 \times 10^8$ Paの圧力の下で Fe_3O_4 を触媒に用いて工業的に生産されている。この合成方法を　30　法という。反応速度を大きくする触媒は、化学工業では特に重要であり、各種の触媒が用いられている。代表的な触媒としてはこの他に、硝酸を製造するときの　31　法で用いる　32　、硫酸を製造するときの接触法で用いる　33　などがある。

問1　文中の　26　〜　33　にあてはまるものとしてもっとも適当なものを、それぞれの選択肢のうちから一つ選べ。

　[　26　、　30　、　31　の選択肢]

　　① アレニウス　　　　② ホール・エルー　　　③ ボイル・シャルル　　　④ ルシャトリエ

　　⑤ ソルベー（アンモニアソーダ）　　　　⑥ ブレンステッド・ローリー

　　⑦ オストワルト　　　⑧ ドルトン　　　⑨ ハーバー・ボッシュ　　　⑩ ベークランド

　[　27　、　28　の選択肢]

　　① 高　　　② 低

　[　29　の選択肢]

　　① イオン化エネルギー　　　② 結合エネルギー　　　③ 活性化エネルギー

　　④ 熱エネルギー　　　　　　⑤ 光エネルギー　　　　⑥ 運動エネルギー

　[　32　、　33　の選択肢]

　　① Li　　　② Na　　　③ Mg　　　④ Cr　　　⑤ Pb

　　⑥ Pt　　　⑦ V_2O_5　　　⑧ $TiCl_4$　　　⑨ WO_3

問2　1.5×10^{24} 個のアンモニア分子の物質量はおよそいくらか。また、5.1 gのアンモニアの体積は標準状態でおよそ何Lか。もっとも適当なものをそれぞれの選択肢のうちから一つ選べ。

　[物質量の選択肢：　34　]

　　① 0.50 mol　　② 1.0 mol　　③ 1.5 mol　　④ 2.0 mol　　⑤ 2.5 mol

　　⑥ 3.0 mol　　⑦ 3.5 mol　　⑧ 4.0 mol　　⑨ 4.5 mol　　⑩ 5.0 mol

　[体積の選択肢：　35　]

　　① 0.33 L　　② 3.3 L　　③ 3.4 L　　④ 4.4 L

　　⑤ 6.6 L　　⑥ 6.7 L　　⑦ 57 L　　⑧ 75 L

問3 硝酸の酸としての価数と、その強弱についての記述で正しいものはどれか。もっとも適当なものを次の ①〜⑥ のうちから一つ選べ。 $\boxed{36}$

   ① 1価の弱酸　　② 1価の強酸　　③ 2価の弱酸　　④ 2価の強酸

   ⑤ 3価の弱酸　　⑥ 3価の強酸

（次の頁にも設問があります）

IV 次の文を読み、問1〜問4に答えよ。

　薄い過酸化水素の水溶液は、常温で放置してもほとんど変化が見られない。しかし、(ア)触媒として酸化マンガン（IV）の粉末を少量加えると、常温でも分解反応が進行する。私たちの体の中でもさまざまな化学反応が起きており、(イ)タンパク質である酵素が生体内の化学反応において触媒として働く。酵素は生体内で特定の基質を取り込み、生成物を放出する。酵素は生物が物質を消化する段階から、吸収、代謝など様々な過程に関与しており、生物が生きていく上で欠かせない働きをしている。酵素の働きに異常が生じると病気の原因となりえるため、酵素の阻害剤を医薬品として利用することがある。一例として解熱鎮痛薬として用いられている(ウ)アセチルサリチル酸やイブプロフェンがある。これらは不飽和脂肪酸の一種である(エ)アラキドン酸を基質として、痛みを引き起こす原因物質であるプロスタグランジンを合成する酵素の阻害剤として働く。

問1　下線部（ア）の触媒に関する次の記述（a）〜（e）のうち、正しいものの組み合わせとしてもっとも適当なものを次の ①〜⑩ のうちから一つ選べ。　　　　　　　　　　　　　　　　　　　37

（a）　酸化チタン（IV）は光触媒として利用されている。

（b）　酵素は不均一系触媒の代表例である。

（c）　触媒は反応の前後で自身は変化しない。

（d）　排ガスの中の有害成分を無毒化するために白金などの触媒が利用されている。

（e）　触媒を用いると反応熱は小さくなる。

① （a）、（b）、（c）　　② （a）、（b）、（d）　　③ （a）、（b）、（e）　　④ （a）、（c）、（d）

⑤ （a）、（c）、（e）　　⑥ （a）、（d）、（e）　　⑦ （b）、（c）、（d）　　⑧ （b）、（c）、（e）

⑨ （b）、（d）、（e）　　⑩ （c）、（d）、（e）

問2 下線部（**イ**）に関する次の記述のうち、 38 ～ 42 にあてはまるものとして、もっとも適当なものをそれぞれの選択肢のうちから一つ選べ。

　　タンパク質は、多数のアミノ酸が縮合した高分子化合物であり、アミノ酸同士の 38 で繋がっている。そのため塩酸などの強酸を加えると 39 される。生体内でタンパク質は様々な働きをしているが、タンパク質ごとに適切な立体構造をとっていることが重要である。立体構造の維持には2つの 40 間のSH基による 41 や、二次構造の形成にもっとも重要な 38 同士の 42 などの相互作用が働いている。

[38 、 41 、 42 の選択肢]
　① エステル結合　　　② 水素結合　　　③ イオン結合　　　④ ファンデルワールス力
　⑤ ジスルフィド結合　　⑥ 金属結合　　　⑦ ペプチド結合　　⑧ エーテル結合

[39 の選択肢]
　① 脱水縮合　　　② 加水分解

[40 の選択肢]
　① ヒスチジン　　　② アスパラギン　　　③ システイン　　　④ アラニン
　⑤ グルタミン　　　⑥ グルタミン酸　　　⑦ アルギニン

問3 下線部（**ウ**）のアセチルサリチル酸をフェノールから合成するためには、次の操作（**a**）～（**e**）のうちから4つをどの順序で行う必要があるか。もっとも適当なものを次の ①～⑧ から一つ選べ。ただし、それぞれの操作後には主生成物を単離、精製しているものとする。
　　　　　　　　　　　　　　　　　　　　　　　　　　　　　　　　　　　　43

（**a**）メタノールと濃硫酸を加え加熱する。
（**b**）無水酢酸と濃硫酸を加え加熱する。
（**c**）高温高圧下で二酸化炭素と反応させる。
（**d**）希硫酸を加え酸性にする。
（**e**）水酸化ナトリウムを加え塩基性にする。

　① （**d**）→（**a**）→（**e**）→（**b**）　　　② （**d**）→（**b**）→（**e**）→（**a**）
　③ （**d**）→（**c**）→（**e**）→（**a**）　　　④ （**d**）→（**c**）→（**e**）→（**b**）
　⑤ （**e**）→（**a**）→（**d**）→（**b**）　　　⑥ （**e**）→（**b**）→（**d**）→（**e**）
　⑦ （**e**）→（**c**）→（**d**）→（**a**）　　　⑧ （**e**）→（**c**）→（**d**）→（**b**）

（次の頁にも設問があります）

問4 下線部（**エ**）のアラキドン酸は、直鎖の不飽和脂肪酸の一種であり、分子内の二重結合は全てシス形をとっている。アラキドン酸の構造決定を行うために以下の実験を行った。

<実験>

1. 304 mgのアラキドン酸を完全に燃焼させたところ、二酸化炭素 880 mg と水 288 mg のみが生成した。
2. アラキドン酸を濃硫酸存在下でメタノールと反応させてエステル化した後に、オゾン分解したところ次の3種類のアルデヒドが得られた。

$$\underset{O}{\overset{H}{C}}-CH_2-\underset{O}{\overset{H}{C}} \qquad \underset{O}{\overset{H}{C}}-CH_2CH_2CH_2-\underset{O}{\overset{OCH_3}{C}} \qquad CH_3CH_2CH_2CH_2CH_2-\underset{O}{\overset{H}{C}}$$

　アラキドン酸の構造としてもっとも適当なものを次の ①〜⑧ より一つ選べ。なお、二重結合を含む化合物 R-CH = CH-R' をオゾン分解すると、下図のように二重結合が開裂し、2種類のアルデヒド（R-CHO、R'-CHO）が生成する。

$$\underset{H}{\overset{R}{C}}=\underset{H}{\overset{R'}{C}} \quad \text{もしくは} \quad \underset{R}{\overset{H}{C}}=\underset{R}{\overset{R'}{C}} \quad \xrightarrow{\text{オゾン分解}} \quad \underset{H}{\overset{R}{C}}=O \quad + \quad O=\underset{H}{\overset{R'}{C}}$$

［アラキドン酸の構造の選択肢： 44 ］

①
$$CH_3CH_2CH_2-C(H)=C(H)-CH_2-C(H)=C(H)-CH_2-C(H)=C(H)-CH_2-C(H)=C(H)-CH_2CH_2CH_2CH_2-C(=O)OH$$

②
$$CH_3CH_2CH_2CH_2CH_2-C(H)=C(H)-CH_2-C(H)=C(H)-CH_2-C(H)=C(H)-CH_2CH_2CH_2-C(=O)OH$$

③
$$CH_3CH_2CH_2CH_2CH_2-C(H)=C(H)-CH_2-C(H)=C(H)-CH_2-C(H)=C(H)-CH_2-C(H)=C(H)-CH_2CH_2CH_2-C(=O)OH$$

④
$$CH_3CH_2CH_2CH_2CH_2-C(H)=C(H)-CH_2-C(H)=C(H)-CH_2-C(H)=C(H)-CH_2-C(H)=C(OH)-CH_2CH_2CH_2-C(=O)H$$

⑤
$$CH_3CH_2CH_2-C(H)=C(H)-CH_2CH_2CH_2-C(H)=C(H)-CH_2-C(H)=C(H)-CH_2CH_2CH_2CH_2CH_2-C(=O)OH$$

⑥
$$CH_3CH_2CH_2-C(H)=C(H)-CH_2-C(H)=C(H)-CH_2-C(H)=C(H)-CH_2CH_2CH_2CH_2CH_2CH_2-C(=O)OH$$

⑦
$$CH_3CH_2CH_2CH_2CH_2-C(H)=C(H)-CH_2-C(H)=C(H)-CH_2-C(H)=C(H)-CH_2-C(H)=C(H)-CH_2-C(H)=C(H)-CH_2CH_2CH_2-C(=O)OH$$

⑧
$$CH_3CH_2CH_2CH_2CH_2-C(H)=C(H)-CH_2-C(H)=C(H)-CH_2-C(H)=C(H)-CH_2CH_2CH_2CH_2CH_2CH_2-C(=O)OH$$

— 207 —

1F 物 理

Ⅰ 次の文章の空欄 $\boxed{1}$ ～ $\boxed{11}$ に入る最も適切なものを選択肢からひとつ選べ。ただし，**選択肢は重複して利用してはならない。**

金属の表面に $\boxed{1}$ 線や波長の短い可視光線を照射すると金属から $\boxed{2}$ が飛び出してくる。例えば，真空にしたガラス管の中に 2 つの電極を埋め込んだ回路がある。一つの電極は $\boxed{3}$ を引き起こしやすい金属でできており，この電極に光をあてると $\boxed{2}$ が飛び出す。ここで飛び出した $\boxed{2}$ がもう一つの電極に集中して集まるようにすると，この回路に電流が発生する。この実験は光が干渉・回折・偏光などをもたらす $\boxed{4}$ をもつことのみでは説明できないことを明らかにし，これに加えて光が $\boxed{5}$ ももつことが示された。

この実験において，振動数〔Hz〕を変化させた光を銅に入射させて $\boxed{2}$ の最大運動エネルギー〔J〕を測定したところ，両者の間に $\boxed{6}$ 関係がみられた。光の振動数〔Hz〕と $\boxed{2}$ の最大運動エネルギーの関係をグラフにすると，光の振動数が 2.24×10^{15} Hz のときに最大運動エネルギーが 7.43×10^{-19} J となり，振動数が 1.12×10^{15} Hz のときに最大運動エネルギーが 0 J となった。このことから，仕事関数は $\boxed{7}$ J であり，これを電子ボルトであらわすと $\boxed{8}$ eV である。ただし，電気素量は 1.60×10^{-19} J とする。また，限界振動数は $\boxed{9}$ Hz であり，光の速さを 3.00×10^{8} m/s とすると，限界波長は $\boxed{10}$ m となることもわかった。さらにこれらの結果から，プランク定数は $\boxed{11}$ J·s であることがわかった。

空欄 $\boxed{1}$ ～ $\boxed{6}$ の選択肢

① 紫外　　② 赤外　　③ 光電子　　④ 光量子　　⑤ 波動性

⑥ 粒子性　　⑦ コンプトン効果　　⑧ 光電効果　　⑨ 曲線的な　　⑩ 直線的な

空欄 $\boxed{7}$ ～ $\boxed{11}$ の選択肢

① 6.63×10^{-34}　　② 6.68×10^{-34}　　③ 7.43×10^{-19}　　④ 2.68×10^{-7}

⑤ 1.86　　⑥ 3.25　　⑦ 4.64　　⑧ 1.12×10^{15}

Ⅱ 質量 2.0×10^3 kg の物体を地表面から打ち上げる。物体には燃料噴射装置が付いていて，これを作動させると瞬間的に任意に速度を変化させることができる。燃料噴射を行っても物体の質量は変化せず，地球は半径 $R = 6.4 \times 10^6$ m の一様な球であるとする。また，地表面における重力加速度の大きさを 9.8 m/s² とし，空気抵抗，物体の大きさ，および，地球の自転の影響は無視できるものとする。

問1　地表面に静置した物体の燃料噴射装置を1度だけ作動させ，ある速さで鉛直上向きに打ち上げると，物体は地表面から高度 R [m] の点で一旦停止した。この点において物体が受ける重力（地球からの万有引力）の大きさ [N] はいくらか。最も適切なものを選択肢よりひとつ選べ。　12

選択肢
① 4.9　　　　② 9.8　　　　③ 2.0×10^1
④ 4.9×10^3　　⑤ 9.8×10^3　　⑥ 2.0×10^4

問2　問1において，物体が停止した位置における万有引力による位置エネルギー [J] はいくらか。最も適切なものを選択肢よりひとつ選べ。ただし，地表面を位置エネルギーの基準とする。　13

選択肢
① 4.8×10^4　　② 7.6×10^4　　③ 1.2×10^5
④ 3.2×10^{10}　　⑤ 6.3×10^{10}　　⑥ 1.3×10^{11}

問3　問1において物体に与えた初速度の大きさ [m/s] はいくらか。最も適切なものを選択肢よりひとつ選べ。　14

選択肢
① 4.2×10^3　　② 5.6×10^3　　③ 7.9×10^3
④ 1.1×10^4　　⑤ 3.7×10^4　　⑥ 8.0×10^4

問4　問1において，物体が停止した瞬間に再度燃料噴射装置を作動させると，その後，物体は地球の中心を中心とする等速円運動を行った。燃料噴射装置を作動させた直後の物体の速さ [m/s] はいくらか。最も適切なものを選択肢よりひとつ選べ。　15

選択肢
① 3.7×10^3　　② 5.6×10^3　　③ 7.2×10^3
④ 1.3×10^4　　⑤ 2.4×10^4　　⑥ 4.0×10^4

物理

(1F－2)

問5 **問1**において，物体が停止した瞬間に燃料噴射装置を作動させて，**問4**の場合と同じ方向にある大きさの速さを与えた場合に，物体が地球の中心から最も離れる距離が $4R\,[\,\text{m}\,]$ であった。燃料噴射装置を作動させた直後の物体の速さ $[\,\text{m/s}\,]$ はいくらか。最も適切なものを選択肢よりひとつ選べ。

| 16 |

選択肢

① 5.6×10^3　② 6.5×10^3　③ 7.3×10^3

④ 1.1×10^4　⑤ 2.3×10^4　⑥ 7.9×10^4

問6 地表面に静置した物体を**問1**とは異なる値の速さで打ち上げると，物体は地球の引力圏を脱して地球に戻ってくることがなかった。このような速さ $[\,\text{m/s}\,]$ の最小値はいくらか。最も適切なものを選択肢よりひとつ選べ。 | 17 |

選択肢

① 3.7×10^3　② 6.9×10^3　③ 8.2×10^3

④ 1.1×10^4　⑤ 2.8×10^4　⑥ 3.3×10^4

Ⅲ 図のような気球がある。球体の下端には小さな穴（開口部）があって，内部が外気に通じており，内部の空気を外気と等しい圧力に保つことができる。球体の内部にはヒーターがあって，球体内の空気の温度を調節することができ，またゴンドラ内の積荷の重量を調節することによって気球は上昇と下降を行うことができる。気球の全体積は $5.00 \times 10^2 \mathrm{m}^3$ であり球体内部の空気の体積と常に等しく，球体内部の空気を除く気球の質量は $1.80 \times 10^2 \mathrm{kg}$ である。地表において，大気の温度は $2.80 \times 10^2 \mathrm{K}$，圧力は $1.00 \times 10^5 \mathrm{Pa}$，密度は $1.20 \mathrm{kg/m}^3$ とする。また，重力加速度の大きさは $9.80 \mathrm{m/s}^2$，大気は理想気体とし，その組成と温度は高さによらず一定とする。

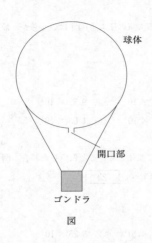

球体

開口部

ゴンドラ

図

問1 ゴンドラが地面に接している状態で，球体内部の温度を $2.80 \times 10^2 \mathrm{K}$ から $3.50 \times 10^2 \mathrm{K}$ にしたときの，球体内部の空気の重量の減少量 [N] はいくらか。最も適切なものを選択肢からひとつ選べ。

18

選択肢

① 8.00×10^{-1} ② 1.18 ③ 1.20

④ 7.00×10 ⑤ 1.18×10^3 ⑥ 1.20×10^3

問2 気球が地面から浮上するために必要な球体内部の空気の最低温度 T_1 [K] はいくらか。最も適切なものを選択肢からひとつ選べ。 19

選択肢

① 2.00×10^2 ② 3.70×10^2 ③ 3.90×10^2

④ 4.00×10^2 ⑤ 5.00×10^2 ⑥ 6.00×10^2

(1F－4)

問3   球体内部の空気の温度が T_1 [K] に保たれるようヒーターを調整したうえで，ゴンドラ内の積荷を 2.94×10 N だけ軽くした。このとき，気球は上昇したのちにある高さ H [m] で静止した。その高さにおける大気の密度 [kg/m³] はいくらか。最も適切なものを選択肢からひとつ選べ。 [20]

選択肢

① 8.40×10^{-1} ② 9.80×10^{-1} ③ 1.18

④ 1.21 ⑤ 1.71 ⑥ 3.50

問4   **問3**の高さ H [m] における大気の圧力 [Pa] はいくらか。最も適切なものを選択肢からひとつ選べ。 [21]

選択肢

① 8.00×10^3 ② 8.58×10^4 ③ 9.31×10^4

④ 9.83×10^4 ⑤ 1.12×10^5 ⑥ 1.03×10^5

問5   大気の密度が高さに比例して変化していると仮定した場合，**問3**の高さ H [m] はいくらか。最も適切なものを選択肢からひとつ選べ。 [22]

選択肢

① 1.43×10^2 ② 2.92×10^2 ③ 3.25×10^2

④ 1.46×10^3 ⑤ 2.92×10^3 ⑥ 3.25×10^3

Ⅳ 図のように水平面 X 上に質量が 5.00 kg，PQ 間の距離が 0.500 m の台車が静止している。台車の水平面上には大きさが無視できる質量が 1.00 kg の小球 A がのっており，小球 A は水平面 X に対して速度が 0.100 m/s で運動している。なお，重力加速度の大きさは 9.80 m/s² とし，速度や位置は図の右向きを正とする。また小球 A と，台車の水平面に垂直な両脇の壁 P，Q との衝突は弾性衝突で，摩擦や空気抵抗は無視できるものとする。

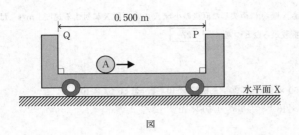

図

問 1 小球 A が最初に壁 P と衝突した直後の台車の速度［m/s］はいくらか。最も適切なものを選択肢からひとつ選べ。 23

選択肢

① -5.00×10^{-2} ② -3.33×10^{-2} ③ 2.50×10^{-2}

④ 3.33×10^{-2} ⑤ 2.00×10^{-1} ⑥ 3.00×10^{-1}

問 2 問 1 のときの小球 A の水平面 X に対する速度［m/s］はいくらか。最も適切なものを選択肢からひとつ選べ。 24

選択肢

① -3.00×10^{-1} ② -1.50×10^{-1} ③ -1.33×10^{-1}

④ -6.67×10^{-2} ⑤ 6.67×10^{-2} ⑥ 1.50×10^{-1}

問 3 小球 A は，最初に壁 P と衝突して跳ね返り，その後壁 Q に衝突した。壁 P に衝突してから何秒後に壁 Q に衝突したか。最も適切なものを選択肢からひとつ選べ。 25

選択肢

① 1.67   ② 2.50   ③ 5.00   ④ 7.50   ⑤ 1.00×10 ⑥ 1.50×10

問4 問3のとき，壁 Q に衝突した直後の台車の速度［m/s］はいくらか。最も適切なものを選択肢から

ひとつ選べ。 26

選択肢

① −6.67 × 10⁻²　② −5.00 × 10⁻²　③ 0　④ 5.00 × 10⁻²　⑤ 6.67 × 10⁻²

問5 問3のとき，壁 Q に衝突した直後の小球 A の水平面 X に対する速度［m/s］はいくらか。最も適切

なものを選択肢からひとつ選べ。 27

選択肢

① −1.50 × 10⁻¹　② −6.67 × 10⁻²　③ 6.67 × 10⁻²

④ 1.00 × 10⁻¹　⑤ 1.50 × 10⁻¹

問6 小球 A が最初に壁 P に衝突してから台車が 2.50［m］の距離を進むのに要する時間［s］はいくらか。

最も適切なものを選択肢からひとつ選べ。 28

選択肢

① 8.33　② 1.67 × 10　③ 7.50 × 10

④ 1.25 × 10²　⑤ 1.45 × 10²　⑥ 1.50 × 10²

— 214 —

2F 物　理

2月4日

$\left(\text{解答番号} \boxed{1} \sim \boxed{29} \right)$

I 次の文章の空欄 $\boxed{1}$ ～ $\boxed{11}$ に入る最も適切なものをそれぞれの選択肢からひとつずつ選べ。ただし，選択肢は重複して使用してもよい。

　　日本の気象衛星「ひまわり」は可視光線と赤外線で地球を観測している。可視光線による観測では，雲や地表面で反射された太陽光の強弱を測定しているので，雪や流氷，雲などは $\boxed{1}$ 見える。一方，赤外線による観測では，雲や地表から放射される赤外線をとらえているため，可視光線では見えない夜間の雲の様子も把握することができる。赤外線は物体の温度が $\boxed{2}$ ほど放射されるエネルギーが大きくなる。赤外線で見た画像では，赤外線のエネルギーが大きい場所ほど黒く見えるため，標高が高いところにある温度の低い雲ほど $\boxed{3}$ 見える。赤外線の中でも $\boxed{4}$ 程度の波長で撮影すると，大気中の水蒸気の存在や動きを知ることができる。

　　電波を雨や雪に照射するとその電波が反射される。反射される電波は雨や雪の粒が大きいほど $\boxed{5}$ ，粒の動きにより $\boxed{6}$ が変化することが知られている。これを利用した気象レーダーでは，積乱雲や積雲からの強い下降気流などを探知することができる。

　　オゾンなどの気体分子は室温程度以下の温度のとき，その分子に特有のテラヘルツ波帯（10^{12} Hz 程度）の電磁波を放射しており，その強度を測定することで分子の濃度を知ることができる。テラヘルツ波帯の電磁波およびそれより周波数が小さく 30 ～ 300 GHz の $\boxed{7}$ を検出できる衛星によって，オゾンホールが形成されていることがはっきりとわかるようになった。

　　医療では，画像診断や，がん細胞を破壊する治療などに電磁波が利用されている。$\boxed{8}$ には可視光線を通さない物質も透過し写真フィルムを感光させる性質がある。その後の研究により $\boxed{8}$ は可視光線より波長が $\boxed{9}$ 電磁波であることがわかっている。1972 年には $\boxed{8}$ を人体の周囲から照射し，その透過率のデータをコンピュータで処理することで人体を輪切りにしたような画像が得られる $\boxed{10}$ 装置が開発された。おもに放射性元素から放出され，波長が最も短い電磁波である $\boxed{11}$ は透過力が強く，医療や食品照射などに用いられる。

　　空欄 $\boxed{1}$ ，$\boxed{3}$ の選択肢

　① 白く　　② 黒く　　③ 青く　　④ 赤く

　　空欄 $\boxed{2}$ の選択肢

　① 高い　　② 低い

空欄 4 の選択肢

① 0.7 nm　② 70 nm　③ 7 μm　④ 70 mm　⑤ 7 m

空欄 5 の選択肢

① 強く　② 弱く

空欄 6 の選択肢

① 速度　② 周波数　③ 波形

空欄 7 , 8 , 11 の選択肢

① 超短波　② ミリ波　③ 短波　④ X線　⑤ γ線

空欄 9 の選択肢

① 長い　② 短い

空欄 10 の選択肢

① トレーサー　② CTスキャン　③ MRI　④ サイクロトロン　⑤ シンクロトロン

（次の頁にも設問があります）

II　図のように, 抵抗 R, コンデンサー C を交流電源 V に接続した回路がある。R の電気抵抗は 30.0 Ω で
あり, 交流電源は, 角周波数が 1.00×10^2 rad/s, 実効電圧が 60.0 V である。スイッチ S を閉じると,
コンデンサー C と並列にコイル L が接続される。

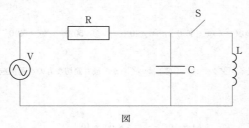

図

問1　スイッチ S が開いた状態において, 抵抗 R の端子間電圧の実効値が 36.0 V であった。このとき,
　　　抵抗 R に流れる電流の実効値 [A] はいくらか。最も適切なものを選択肢よりひとつ選べ。　12

　　　選択肢
　　　① 1.10　　② 1.13　　③ 1.20　　④ 1.33　　⑤ 1.51　　⑥ 1.69

問2　スイッチ S が開いた状態において, 抵抗 R の平均消費電力 [W] はいくらか。最も適切なものを選
　　　択肢よりひとつ選べ。　13

　　　選択肢
　　　① 13.5　　② 21.6　　③ 37.2　　④ 43.2　　⑤ 68.7　　⑥ 86.4

問3　スイッチ S を開いた状態における回路の合成インピーダンス [Ω] はいくらか。最も適切なものを
　　　選択肢よりひとつ選べ。　14

　　　選択肢
　　　① 10.0　　② 20.0　　③ 30.0　　④ 40.0　　⑤ 50.0　　⑥ 70.0

問4　コンデンサー C の電気容量 [F] はいくらか。最も適切なものを選択肢よりひとつ選べ。　15

　　　選択肢
　　　① 2.50×10^{-4}　　② 5.00×10^{-4}　　③ 1.00×10^{-3}
　　　④ 4.00×10^{-1}　　⑤ 2.50×10^{2}　　⑥ 4.00×10^{3}

問 5　スイッチ S を閉じると抵抗 R の端子間電圧の実効値は 0 V であった。コンデンサーの端子間電圧の実効値 [V] はいくらか。最も適切なものを選択肢よりひとつ選べ。　16

選択肢

① 0　　② 30.0　　③ 36.0　　④ 40.0　　⑤ 50.0　　⑥ 60.0

問 6　コイル L の自己インダクタンス [H] はいくらか。最も適切なものを選択肢よりひとつ選べ。　17

選択肢

① 4.00×10^{-1}　　② 5.64×10^{-1}　　③ 8.00×10^{-1}

④ 4.00×10　　⑤ 5.64×10　　⑥ 8.00×10

（次の頁にも設問があります）

Ⅲ 長さ 50.0 cm，底面積 9.00 cm² の熱をよく通す金属製の円筒容器があり，滑らかに動く質量 0.450 kg の
ピストンが備え付けてある。円筒容器の内部はヘリウムガスで満たされている。はじめ円筒容器はピストン
が水平に動くように置いてあり，容器内の底からピストンまでの長さは 22.0 cm で，容器内部の圧力と温
度は外界と同じく，それぞれ 1.01 × 10⁵ Pa，300 K であった。これを状態 1 とする。容器やピストンは変
形することなく，ヘリウムガスは理想気体としてふるまうものとして以下の問いに答えよ。ただし，気体定
数 8.31 J/(mol·K)，重力加速度の大きさを 9.81 m/s²，ヘリウムの原子量 He を 4.00 とする。

問 1 状態 1 における容器内部の気体の質量 [g] はいくらか。最も適切なものを選択肢からひとつ選べ。
　　 | 18 |

　選択肢
　　① 8.02 × 10⁻⁷　　② 3.21 × 10⁻⁶　　③ 8.02 × 10⁻⁴
　　④ 3.21 × 10⁻²　　⑤ 8.02 × 10³　　⑥ 3.21 × 10⁴

問 2 次に，ピストンが下にくるように容器を下向きに天井に固定し，容器全体を吊り下げて放置した。こ
　　　 の間，容器内部の温度は 300 K であった。これを状態 2 とする。状態 2 における容器内部の圧力 P_2
　　　 [Pa] はいくらか。最も適切なものを選択肢からひとつ選べ。 | 19 |

　選択肢
　　① 1.34 × 10⁴　　② 6.83 × 10⁴　　③ 7.32 × 10⁴　　④ 9.61 × 10⁴
　　⑤ 1.01 × 10⁵　　⑥ 1.06 × 10⁵　　⑦ 1.34 × 10⁵　　⑧ 3.84 × 10⁵

問 3 次に，ピストンに質量 2.55 kg のおもりを吊り下げ放置した。この間，容器内部の温度は 300 K であっ
　　　 た。これを状態 3 とする。状態 3 における容器内部の圧力 P_3 [Pa] はいくらか。最も適切なものを選
　　　 択肢からひとつ選べ。 | 20 |

　選択肢
　　① 1.34 × 10⁴　　② 6.83 × 10⁴　　③ 7.32 × 10⁴　　④ 9.61 × 10⁴
　　⑤ 1.01 × 10⁵　　⑥ 1.06 × 10⁵　　⑦ 1.34 × 10⁵　　⑧ 3.84 × 10⁵

問 4 状態 3 における容器内の底からピストンまでの長さ [cm] はいくらか。最も適切なものを選択肢か
　　　 らひとつ選べ。 | 21 |

　選択肢
　　① 16.6　　② 21.0　　③ 22.0　　④ 23.1　　⑤ 30.3　　⑥ 32.5

問5　状態2から状態3の間に気体が外部にした仕事〔J〕はいくらか。最も適切なものを選択肢からひとつ選べ。ただし e は自然対数の底である。　$\boxed{22}$

選択肢

① $-20.0\log_e\dfrac{P_2}{P_3}$ 　　② $-20.0\log_e\dfrac{P_3}{P_2}$ 　　③ 0.00

④ 8.14 　　⑤ $20.0\log_e P_2\,P_3$ 　　⑥ $20.0\log_e(P_3-P_2)$

問6　ピストンにつるしたおもりを徐々に増やしていったところ，ピストンが落下した。ピストンが落下するおもりの質量の和〔kg〕として最小の値はいくらか。最も適切なものを選択肢からひとつ選べ。

$\boxed{23}$

選択肢

① 2.19 　② 2.55 　③ 4.74 　④ 4.78 　⑤ 5.19 　⑥ 5.23

（次の頁にも設問があります）

Ⅳ 図1のように，傾斜角が θ [°] の斜面上に物体を置いて静かに手を離した。このときの物体の運動を考える。ただし，物体の質量は M [kg]，動摩擦係数は μ'，重力加速度の大きさは g [m/s²] とする。また，この物体は空気により速さに比例する大きさの抵抗力を受け，この抵抗力 [N] は物体が斜面を運動するときの速さ v [m/s] と比例定数 k を掛け合わせた kv であらわされるものとする。

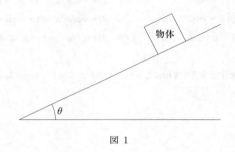

図 1

問1 物体に働く垂直抗力の大きさ [N] はいくらか。最も適切なものを選択肢からひとつ選べ。 24

選択肢

① Mg ② $\dfrac{Mg}{\sin\theta}$ ③ $\dfrac{Mg}{\cos\theta}$

④ $Mg\sin\theta$ ⑤ $Mg\cos\theta$ ⑥ $Mg\tan\theta$

問2 物体に働く動摩擦力の大きさ [N] はいくらか。最も適切なものを選択肢からひとつ選べ。 25

選択肢

① $\mu'Mg$ ② $\dfrac{\mu'Mg}{\sin\theta}$ ③ $\dfrac{\mu'Mg}{\cos\theta}$

④ $\mu'Mg\sin\theta$ ⑤ $\mu'Mg\cos\theta$ ⑥ $\mu'Mg\tan\theta$

問3 物体が速度 v [m/s]，加速度 a [m/s²] で斜面を運動するときの斜面方向の運動方程式はどれか。最も適切なものを選択肢からひとつ選べ。 26

選択肢

① $Ma = Mg(1 - \mu') - kv$　　　　　② $Ma = Mg(\mu' - kv\ \mu' - 1)$

③ $Ma = Mg(\mu'\sin\theta - \cos\theta) - kv$　④ $Ma = Mg(\mu'\cos\theta - \sin\theta) - kv$

⑤ $Ma = Mg(\sin\theta - \mu'\cos\theta) - kv$　⑥ $Ma = Mg(\cos\theta - \mu'\sin\theta) - kv$

問4 しばらくすると，物体は等速度運動になった。このときの速さ [m/s] はいくらか。最も適切なものを選択肢からひとつ選べ。 27

選択肢

① $\dfrac{Mg}{k}(\sin\theta - \mu'\cos\theta)$　② $\dfrac{Mg}{k}(\cos\theta - \mu'\sin\theta)$　③ $\dfrac{Mg}{k}(\mu'\sin\theta - \cos\theta)$

④ $\dfrac{\mu'Mg}{k}(\cos\theta - \sin\theta)$　⑤ $\dfrac{Mg}{k}(1 - \mu'\cos\theta)$　⑥ $\dfrac{Mg}{k}(\mu'\cos\theta - 1)$

問5 $\theta = 30°$ のときに物体の速度と時間の関係は図2のようになった。ただし，破線は時刻0秒（物体を手から離した時間）のときにえられた曲線との接線 $\left(v = \dfrac{1}{4}gt\right)$ である。この物体に生じる動摩擦係数はいくらか。最も適切なものを選択肢からひとつ選べ。 28

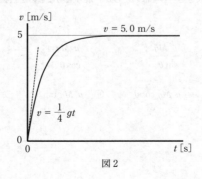

図2

選択肢

① $\dfrac{1}{3\sqrt{2}}$　② $\dfrac{1}{2\sqrt{3}}$　③ $\dfrac{1}{3}$　④ $\dfrac{1}{2}$　⑤ $\dfrac{1}{\sqrt{3}}$　⑥ $\dfrac{1}{\sqrt{2}}$

(2F—8)

問 6 この物体が斜面を運動するときに受ける空気抵抗の係数 k はいくらか。最も適切なものを選択肢から
ひとつ選べ。 | 29 |

選択肢

① $\dfrac{Mg}{20}$　　② $\dfrac{Mg}{12}$　　③ $\dfrac{Mg}{6}$　　④ $\dfrac{Mg}{2}$　　⑤ $\sqrt{2}\,Mg$　　⑥ $2\,Mg$

3F 物　理

Ⅰ　次の文章の空欄 1 ～ 10 に入る最も適切な語句をそれぞれの選択肢からひとつずつ選べ。ただし，**選択肢は重複して使用してもよい。**

　　波長が 5.0×10^{-7} m の光を出す光源と観測者が離れつつあるときに観測される波の振動数は光源での振動数より 1 く，光源が出す光に比べ 2 味を帯びる。光源が速さ v で観測者から遠ざかっているときに観測される光の波長は，光の速さを c とすると光源が出す光の波長 λ に比べて 3 だけ 4 くなる。これを利用して天体との距離を測ることができる。

　　図（ア）では，2 つのスリットから波長 λ の同位相の光が発されている。これを十分遠い位置で観測するとき，観測点に向かう 2 本の光 a, b の光路差はおよそ 5 である。m を 0 以上の整数とすると光路差が 6 のときは光が強め合い， 7 のときは光が弱めあう。次に，空気層や薄膜によって光路差が生じた 2 本の光 a, b の干渉について考える。図（イ）のように，2 枚の平面ガラスの間に生じるくさび形の空気層で光が干渉するときの光路差は 8 であり，図（ウ）のように，大きな半径 d の球面を持つ平凸レンズをガラス板に乗せたときに生じる空気層での光路差は 9 である。また，図（エ）のように屈折率 n，厚さ d の薄膜で干渉するときの光路差は 10 である。

（ア）

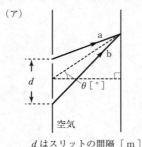

d はスリットの間隔 ［m］

（イ）

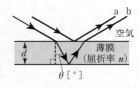

d はガラス B の水平距離 ［m］

（ウ）

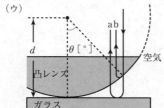

d は半径 ［m］

（エ）

d は薄膜の厚さ ［m］

(3F—1)

空欄 1 の選択肢

① 大き   ② 小さ

空欄 2 の選択肢

① 赤   ② 青   ③ 白

空欄 3 の選択肢

① vc ② $\dfrac{v}{c}$ ③ $\dfrac{c}{v}$ ④ $vc\lambda$ ⑤ $\dfrac{v\lambda}{c}$ ⑥ $\dfrac{c\lambda}{v}$

空欄 4 の選択肢

① 長   ② 短

空欄 5 , 8 , 9 の選択肢

① $2\,d$ ② $d\sin\theta$ ③ $2\,d\sin\theta$ ④ $2\,d\cos\theta$

⑤ $2\,d\tan\theta$ ⑥ $2\,d\,(1-\cos\theta)$ ⑦ $2\,d\,(1-\tan\theta)$

空欄 6 , 7 の選択肢

① $\dfrac{1}{2}\,m\lambda$ ② $m\lambda$ ③ $\left(m+\dfrac{1}{2}\right)\lambda$

④ $m+\lambda$ ⑤ $\dfrac{\lambda}{m+1}$ ⑥ $\dfrac{m}{2\,\lambda}$

空欄 10 の選択肢

① $2\,nd\sin\theta$ ② $2\,nd\cos\theta$ ③ $2\,nd\tan\theta$

④ $2\,nd\,(1-\cos\theta)$ ⑤ $2\,nd\,(1-\tan\theta)$

（次の頁にも設問があります）

(3F−2)

Ⅱ 水面からの高さが 29.4 m の台から初速 24.5 m/s でボールを真上に投げ上げた。次の問に答えよ。ただし，重力加速度の大きさは 9.80 m/s² とする。

問1 台から投げ上げたボールが台から 19.6 m の高さにはじめて到達するのは投げ上げてから何秒後か。最も適切なものを選択肢よりひとつ選べ。 ☐11

選択肢
① 1.00　② 2.00　③ 3.00　④ 4.00　⑤ 5.00　⑥ 6.00

問2 ボールの最高到達地点は水面からどれだけの高さ [m] か。最も適切なものを選択肢よりひとつ選べ。
☐12

選択肢
① 30.0　② 40.0　③ 50.0　④ 60.0　⑤ 70.0　⑥ 75.0

問3 このボールを投げ上げてからボールの速さが初速の半分になるのは，台からどれだけの高さ [m] に達したときか。最も適切なものを選択肢よりひとつ選べ。 ☐13

選択肢
① 14.7　② 16.5　③ 17.6　④ 18.7　⑤ 19.5　⑥ 23.0

問4 投げ上げたボールが再び台に到達するのはボールを投げ上げてから何秒後か。最も適切なものを選択肢よりひとつ選べ。 ☐14

選択肢
① 1.00　② 2.00　③ 3.00　④ 4.00　⑤ 5.00　⑥ 6.00

問5 ボールを投げ上げた直後に台を移動させたところ，このボールは水面に落下した。ボールを投げ上げてからボールが水面に到達するのはボールを投げ上げてから何秒後か。最も適切なものを選択肢よりひとつ選べ。 ☐15

選択肢
① 1.00　② 2.00　③ 3.00　④ 4.00　⑤ 5.00　⑥ 6.00

(3F－3)

Ⅲ 図のような，断面積が一定で長さ $3l$ [m] の容器がある。容器は厚さの無視できる2つの仕切板 P，Q により3つの領域 A，B，C に分割されている。P と Q は，フックの法則に従う自然長が $2l$ [m] のばねでつながれている。容器の左端は閉じていて，領域 A には温度 T [K] の単原子分子理想気体が 1 mol 封入されている。領域 B は真空である。容器の右端は開いていて，領域 C は一定圧力の大気と接している。容器には体積の無視できる留め具 aa′ および bb′ があり，P は aa′ よりも左側には移動することがなく，Q は bb′ よりも右側に移動することはない。aa′ は容器の左端から距離 l [m] の位置に，bb′ は容器の右端に固定されている。はじめ，P は aa′ に接した状態にあり，P と Q の距離は l [m] であった。これを状態Ⅰとする。

容器の壁と仕切板は断熱材でできているが，領域 A にある気体は外部から加熱することができるようになっている。領域 A の気体をゆっくり加熱していくと，温度が $2T$ [K] になったときに P が aa′ から離れ，その後，P と Q は距離 l [m] を保ちながら移動し，Q が bb′ に達したときに加熱を止めた。気体定数を R [J/(mol·K)] とする。

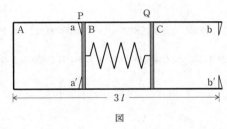

図

問1 P が aa′ から離れ始めるまでに，領域 A の気体に与えた熱量 [J] はいくらか。最も適切なものを選択肢よりひとつ選べ。 16

選択肢

① $\dfrac{1}{2}RT$　　② RT　　③ $\dfrac{3}{2}RT$　　④ $2RT$　　⑤ $\dfrac{5}{2}RT$　　⑥ $3RT$

問2 領域 A の気体の，状態Ⅰでの圧力は大気圧の何倍だったか。最も適切なものを選択肢よりひとつ選べ。

17

選択肢

① $\dfrac{1}{4}$　　② $\dfrac{1}{3}$　　③ $\dfrac{1}{2}$　　④ 1　　⑤ 2　　⑥ 4

(次の頁にも設問があります)

— 227 —

問 3　ばねが蓄える弾性エネルギー［J］はいくらか。最も適切なものを選択肢よりひとつ選べ。　18

選択肢

① RT　　② $2RT$　　③ $3RT$　　④ $4RT$　　⑤ $5RT$　　⑥ $6RT$

問 4　P が aa′ から離れ始めてから，Q が bb′ に達するまでの間に，領域 A の気体に与えた熱量［J］はいくらか。最も適切なものを選択肢よりひとつ選べ。　19

選択肢

① $\dfrac{5}{2}RT$　　② $3RT$　　③ $\dfrac{7}{2}RT$　　④ $4RT$　　⑤ $\dfrac{9}{2}RT$　　⑥ $5RT$

問 5　再び加熱すると，Q は静止したまま P がゆっくり右向きに移動した。P が $\dfrac{1}{2}l$［m］だけ移動する間に，領域 A の気体が外部にした仕事［W］はいくらか。最も適切なものを選択肢よりひとつ選べ。

　　20

選択肢

① $\dfrac{5}{8}RT$　　② $\dfrac{5}{4}RT$　　③ $\dfrac{5}{2}RT$　　④ $3RT$　　⑤ $\dfrac{7}{2}RT$　　⑥ $5RT$

問 6　問 5 において，領域 A の気体に与えた熱量［J］はいくらか。最も適切なものを選択肢よりひとつ選べ。　21

選択肢

① $\dfrac{3}{2}RT$　　② $\dfrac{5}{2}RT$　　③ $\dfrac{7}{2}RT$　　④ $\dfrac{9}{2}RT$　　⑤ $\dfrac{11}{2}RT$　　⑥ $\dfrac{13}{2}RT$

(3F－5)

Ⅳ 一様な磁場における電子の運動を考える。磁場の磁束密度の大きさは 2.00×10^{-2} T であり，電子の質量は 9.11×10^{-31} kg，電気量は -1.60×10^{-19} C である。次の問いに答えよ。ただし，円周率は 3.14 とする。

問1 電子を磁場と垂直に打ち出すと，その打ち出しの速さによらず一定周期の等速円運動を行った。この等速円運動の周期 T [s] はいくらか。最も適切なものを選択肢よりひとつ選べ。 22

選択肢

① 1.79×10^{-9} ② 3.58×10^{-9} ③ 5.74×10^{-9}

④ 1.79×10^{-6} ⑤ 3.58×10^{-6} ⑥ 5.74×10^{-6}

問2 問1において，電子の速さが 3.00×10^{5} m/s のとき，電子が磁場から受ける力の大きさ [N] はいくらか。最も適切なものを選択肢よりひとつ選べ。 23

選択肢

① 3.20×10^{-21} ② 9.44×10^{-18} ③ 9.60×10^{-16}

④ 5.24×10^{-1} ⑤ 4.80×10^{2} ⑥ 6.00×10^{3}

問3 問2において，電子が描く円軌道の半径 [m] はいくらか。最も適切なものを選択肢よりひとつ選べ。
24

選択肢

① 2.85×10^{-10} ② 5.67×10^{-10} ③ 9.44×10^{-10}

④ 4.67×10^{-5} ⑤ 6.53×10^{-5} ⑥ 8.54×10^{-5}

問4 電子を磁場から角度 45° の方向に速さ 3.00×10^{5} m/s で打ち出した。このとき電子が描く曲線の名称は何か。最も適切なものを選択肢よりひとつ選べ。 25

選択肢

① 直線 ② 楕円 ③ 放物線

④ 双曲線 ⑤ らせん

(次の頁にも設問があります)

(3F－6)

問5 **問4**において，電子を打ち出してから**問1**で求めた時間 T [s] だけ経過する間に電子が描いた曲線の長さ [m] はいくらか。最も適切なものを選択肢よりひとつ選べ。 26

選択肢

① 4.86×10^{-4}　　② 5.36×10^{-4}　　③ 8.32×10^{-4}

④ 4.86×10^{-1}　　⑤ 5.36×10^{-1}　　⑥ 8.32×10^{-1}

問6 磁場と同じ向きに一様な電場をかけて，電子を磁場から角度 45° の方向に速さ 3.00×10^5 m/s で打ち出すと，電子は打ち出した後に再び打ち出した点を通過した。このようなことが実現するときの電場の強さ（大きさ）[N/C] の最大値はいくらか。最も適切なものを選択肢よりひとつ選べ。 27

選択肢

① 3.79×10^{-4}　　② 6.72×10^{-4}　　③ 1.04×10^{-3}

④ 1.35×10^3　　⑤ 2.71×10^3　　⑥ 5.48×10^3

4F 物 理

2月27日

$\left(\text{解答番号}\ \boxed{1}\ \sim\ \boxed{28}\right)$

Ⅰ 次の（1）から（3）の文章の空欄 $\boxed{1}$ ～ $\boxed{9}$ に入る最も適切なものを選択肢よりひとつずつ選べ。ただし，**選択肢は重複して使用してはならない。**

（1） 光の性質を調べる道具や機材のうち，$\boxed{1}$ を用いることによって，光が横波であるか縦波であるかがわかる。また $\boxed{2}$ を用いることによって，光の波長を測定することができる。さらに $\boxed{3}$ を用いることによって，光の速さを測定することができる。

（2） 水（絶対屈折率1.33）を入れた容器の中に，平面ガラス板（絶対屈折率1.65）を水平に沈めた。このとき，水に対するガラスの屈折率は $\boxed{4}$ である。容器の上から見えるガラスと水との境界面の深さは，実際の深さを1とすると $\boxed{5}$ である。ガラスから水に光が入射するとき，臨界角は $\boxed{6}$ の間にある。

（3） 太陽光があたって，虹，シャボン玉，空が色づいて見えるのは，虹の場合は $\boxed{7}$ ，シャボン玉の場合は $\boxed{8}$ ，空の場合は $\boxed{9}$ による。

空欄 $\boxed{1}$ ～ $\boxed{3}$ の選択肢

① 光学顕微鏡　② 偏光板　③ オシロスコープ　④ 蛍光板　⑤ 電圧計

⑥ 回折格子　⑦ 電磁石　⑧ 回転鏡　⑨ ウィルソンの霧箱　⑩ 光電管

空欄 $\boxed{4}$ ，$\boxed{5}$ の選択肢

① 0.32　② 0.55　③ 0.65　④ 0.75　⑤ 0.81

⑥ 0.85　⑦ 0.95　⑧ 1.24　⑨ 2.19　⑩ 2.98

空欄 $\boxed{6}$ の選択肢

① 15°から30°　② 30°から45°　③ 45°から60°　④ 60°から75°　⑤ 75°から90°

空欄 $\boxed{7}$ ～ $\boxed{9}$ の選択肢

① 分散　② 干渉　③ かたより　④ 臨界角　⑤ 反射

⑥ 回折　⑦ 吸収　⑧ ドップラー効果　⑨ 散乱　⑩ 光電効果

(4F－1)

Ⅱ 図のように，起電力が 2.40×10 V で内部抵抗が無視できる電池 E，抵抗が 5.00×10^2 Ω の抵抗 R，電気容量が 5.00×10^{-1} μF のコンデンサー C とスイッチ S からなる回路がある。次の問に答えよ。なお，初期の状態ではスイッチは開いており，コンデンサーは充電されていない。

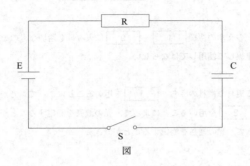

図

問1 スイッチ S を閉じた直後に抵抗 R に流れる電流 [A] はいくらか。最も適切なものを選択肢からひとつ選べ。 10

選択肢

① 4.60×10^{-3} ② 6.00×10^{-3} ③ 2.00×10^{-2}

④ 2.40×10^{-2} ⑤ 3.70×10^{-2} ⑥ 4.80×10^{-2}

問2 その後，コンデンサー C に 2.00 μC の電荷が蓄えられた。このときに抵抗 R にかかる電圧 [V] はいくらか。最も適切なものを選択肢からひとつ選べ。 11

選択肢

① 1.00 ② 2.00 ③ 3.00 ④ 4.00 ⑤ 6.00 ⑥ 2.00×10

問3 問2のとき，抵抗 R に流れる電流 [A] はいくらか。最も適切なものを選択肢からひとつ選べ。

12

選択肢

① 1.00×10^{-2} ② 1.60×10^{-2} ③ 2.02×10^{-2}

④ 3.40×10^{-2} ⑤ 3.80×10^{-2} ⑥ 4.00×10^{-2}

問4 スイッチSを閉じて十分な時間が経過した。このとき，抵抗Rに流れる電流［A］はいくらか。最も適切なものを選択肢からひとつ選べ。　13

選択肢

① 0　　② 1.00　　③ 2.00　　④ 3.00　　⑤ 4.00　　⑥ 5.00

問5 問4のとき，コンデンサーCに蓄えられた電荷［C］はいくらか。最も適切なものを選択肢からひとつ選べ。　14

選択肢

① 1.20×10^{-5}　　② 1.40×10^{-5}　　③ 2.22×10^{-5}

④ 3.34×10^{-5}　　⑤ 3.80×10^{-5}　　⑥ 4.00×10^{-5}

問6 問5のときにコンデンサーCに蓄えられたエネルギー［J］はいくらか。最も適切なものを選択肢からひとつ選べ。　15

選択肢

① 1.20×10^{-4}　　② 1.44×10^{-4}　　③ 2.88×10^{-4}

④ 3.34×10^{-4}　　⑤ 3.80×10^{-4}　　⑥ 4.00×10^{-4}

問7 スイッチSを閉じてから十分な時間が経つまでに電池Eがした仕事［J］はいくらか。最も適切なものを選択肢からひとつ選べ。　16

選択肢

① 1.20×10^{-4}　　② 1.40×10^{-4}　　③ 2.88×10^{-4}

④ 3.34×10^{-4}　　⑤ 3.80×10^{-4}　　⑥ 4.00×10^{-4}

問8 スイッチSを閉じてから十分な時間が経つまでに抵抗Rで生じるジュール熱［J］はいくらか。最も適切なものを選択肢からひとつ選べ。　17

選択肢

① 1.20×10^{-4}　　② 1.44×10^{-4}　　③ 2.88×10^{-4}

④ 3.34×10^{-4}　　⑤ 3.80×10^{-4}　　⑥ 4.00×10^{-4}

(4F－3)

Ⅲ 厚さ 1.00 cm，内側の直径 12.0 cm の球形の容器に，1.20 g のネオンの気体が圧力 2.00 × 10⁵ Pa で封入されている。この容器は変形せず，熱容量は無視できるものとし，気体定数 8.31 J/(mol・K)，円周率 3.14，ネオンは単原子理想気体で，その原子量は 20.2 とする。

問 1 この状態の気体の温度 [K] はいくらか。最も適切なものを選択肢からひとつ選べ。 $\boxed{18}$

選択肢

① 181　② 263　③ 293　④ 366　⑤ 395　⑥ 449　⑦ 532　⑧ 900

問 2 球形容器を加熱したところ気体は 900 K になった。気体が受け取った熱量 [J] はいくらか。ただし，気体が容器から受け取った熱量はすべて気体の温度上昇に使われたものとする。最も適切なものを選択肢からひとつ選べ。 $\boxed{19}$

選択肢

① 181　② 263　③ 293　④ 366　⑤ 395　⑥ 449　⑦ 532　⑧ 900

問 3 球形容器内部の気体を 1 K 上昇させるのに必要な熱量 [J] はいくらか。最も適切なものを選択肢からひとつ選べ。 $\boxed{20}$

選択肢

① 4.93 × 10⁻¹　② 5.49 × 10⁻¹　③ 6.86 × 10⁻¹

④ 7.40 × 10⁻¹　⑤ 8.41 × 10⁻¹　⑥ 9.97 × 10⁻¹

問 4 問 2 の状態の球形容器を，内部が真空で熱を通さない正四角柱の容器に入れた。正四角柱の内側の高さは 40 cm で，側面と底面の 5 点で球形容器と接している。その後，球形容器を割って正四角柱容器に気体を拡散させた。気体の温度 [K] はいくらか。最も適切なものを選択肢からひとつ選べ。 $\boxed{21}$

選択肢

① 111　② 263　③ 293　④ 366　⑤ 395　⑥ 449　⑦ 532　⑧ 900

問 5 問 4 のとき，正四角柱容器内部の気体の圧力 [Pa] はいくらか。最も適切なものを選択肢からひとつ選べ。 $\boxed{22}$

選択肢

① 7.50 × 10³　② 3.59 × 10⁴　③ 5.67 × 10⁴

④ 6.08 × 10⁴　⑤ 7.71 × 10⁴　⑥ 8.50 × 10⁴

(4F—4)

Ⅳ 図のように，ピストンを付けた細い管がある。管のすぐ外側にはスピーカーがあり，管に向かって一定の振動数 f [Hz] の音波を発している。ただし，管の開口端補正は常に一定とする。ピストンを管の左端のすぐ近くから少しずつ右向きに移動させていくと，ピストンの位置が管の左端から距離 l_1 [m] のときに共鳴が観測され，さらにピストンを移動させると，次に管の左端から距離 l_2 [m] の位置に達したときに 2 回目の共鳴を観測した。

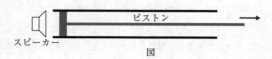

図

問1 2 回目の共鳴が観測されたときに，管内の空気がほとんど振動しない位置は何か所あるか。最も適切なものを選択肢よりひとつ選べ。 23

選択肢

① 1 　　 ② 2 　　 ③ 3 　　 ④ 4 　　 ⑤ 5 　　 ⑥ 0（存在しない）

問2 スピーカーから発する音波の速さ [m/s] はいくらか。最も適切なものを選択肢よりひとつ選べ。

24

選択肢

① $2fl_1$ 　　 ② $4fl_1$ 　　 ③ $2fl_2$

④ $4fl_2$ 　　 ⑤ $2f(l_2 - l_1)$ 　　 ⑥ $4f(l_2 - l_1)$

問3 開口端補正 [m] はいくらか。最も適切なものを選択肢よりひとつ選べ。 25

選択肢

① $\dfrac{l_2 - 5l_1}{4}$ 　　 ② $\dfrac{l_2 - 3l_1}{4}$ 　　 ③ $\dfrac{l_2 - l_1}{4}$ 　　 ④ $\dfrac{l_2 - 3l_1}{2}$ 　　 ⑤ $\dfrac{l_2 - l_1}{2}$

問4 2 回目の共鳴が観測されたときに，空気の密度が最も激しく変動する点のうち，開口部から最も近い点と管の左端の距離 [m] はいくらか。最も適切なものを選択肢よりひとつ選べ。 26

選択肢

① $\dfrac{1}{2}l_1$ 　　 ② l_1 　　 ③ $\dfrac{1}{4}l_2$ 　　 ④ $\dfrac{1}{2}l_2$ 　　 ⑤ l_2

— 235 —

問5　ピストンをさらに移動させていくと，3回目の共鳴が観測された。3回目の共鳴が観測されるときの，管の左端からピストンまでの距離［m］はいくらか。最も適切なものを選択肢よりひとつ選べ。

27

選択肢

①　$l_1 + l_2$　　　②　$2l_2$　　　③　$2l_2 - l_1$　　　④　$l_1 + 2l_2$　　　⑤　$2l_1 + l_2$

問6　3回目の共鳴の後，ピストンをさらに移動させていくと，その後は共鳴が観測されることなくピストンが管の右端に達した。その後，ピストンを管から引き抜くと再度共鳴が観測された。この管の長さ［m］はいくらか。最も適切なものを選択肢よりひとつ選べ。　28

選択肢

①　$2l_1$　　　②　$3l_1$　　　③　$4l_1$　　　④　$l_1 + l_2$　　　⑤　$2l_2$　　　⑥　$2l_1 + l_2$

1G 日 本 史

$$\left(解答番号\ \boxed{1}\ \sim\ \boxed{40}\right)$$

Ⅰ 次の**史料1**、**文章2**、**表3**を読み、**問1**〜**問10**に答えよ。

1　鹿子木の事

一、当寺の相承は、　あ　沙弥、寿妙嫡々相伝の次第なり。

一、寿妙の末流高方の時、権威を借らむがために、実政卿を以て　い　と号し、年貢四百石を以て割き分ち、高方は庄家領掌進退の　う　職となる。

一、実政の末流願西微力の間、国衙の乱妨を防がず。この故に願西、　い　の得分二百石を以て、高陽院内親王に寄進す。件の宮薨去の後、御菩提の為め……勝功徳院を立てられ、かの二百石を寄せらる。其の後、美福門院の御計として御室に進付せらる。これ則ち (a) **本家の始めなり**。……

『東寺百合文書』

問1　　あ　・　い　・　う　に入る語句の組み合わせとして最も適切なものはどれか。次の①〜④の中から一つ選べ。　　`1`

①　**あ**：本所　　　－　**い**：領家　　－　**う**：預所

②　**あ**：領家　　　－　**い**：預所　　－　**う**：本所

③　**あ**：開発領主　－　**い**：領家　　－　**う**：預所

④　**あ**：領家　　　－　**い**：預所　　－　**う**：開発領主

問2　**史料1**においてはじめて下線部 **(a)** となったものとして最も適切なものはどれか。次の①〜④の中から一つ選べ。　　`2`

①　願西　　　②　高陽院内親王　　　③　勝功徳院　　　④　美福門院

2　荘園の中には、貴族や有力寺社の権威を背景にして、(b) **中央政府から官物や臨時雑役の免除を承認してもらう荘園**などがしだいに増加した。やがて、荘園領主の権威を利用して、検田使など (c) **国衙の使者の立入りを認めない**　え　の特権を得る荘園も多くなっていった。

問3　下線部 **(b)** として最も適切なものはどれか。次の①〜④の中から一つ選べ。　`3`

①　官田　　　②　諸司田　　　③　国免荘　　　④　官省符荘

問4　下線部 **(c)** に関連して、国司遙任の場合、国司に代わり現地の国衙（留守所）に赴任し、在庁官人を指揮し政務を代行したものとして最も適切なものはどれか。次の①〜④の中から一つ選べ。　`4`

①　目代　　　②　預所代　　　③　所司代　　　④　録事代

問5 　え　に入る語句として最も適切なものはどれか。次の①～④の中から一つ選べ。　5

① 不輸　　② 不入　　③ 給田　　④ 免田

3

騒 乱 名	概　要
平将門の乱	平将門は　お　の猿島を根拠地にして一族と争いを繰り返すうちに、国司とも対立するようになり、939年に反乱をおこした。 　将門は常陸・下野・上野の国府を攻め落とし、東国の大半を占領し　か　と称したが、東国の武士の　き　・(d) 藤原秀郷らによって討たれた。
藤原純友の乱	もと　く　の国司（掾）であった藤原純友は、瀬戸内海の海賊を率いて反乱をおこし、　く　の国府や大宰府を攻め落としたが、やがて　け　の祖である　こ　らによって討たれた。
平忠常の乱	平忠常が房総半島一帯で反乱をおこすが、　さ　が鎮圧し、源氏の東国進出のきっかけをつくった。
前九年の役（合戦）	し　北部では豪族　す　氏の勢力が強大になり、国司と争っていたが、源頼義は　し　守として任地にくだり、子の義家とともに東国の武士を率いて　す　氏と戦い、　せ　の豪族　そ　氏の助けを得て　す　氏を滅ぼした。
後三年の役（合戦）	し　・　せ　両国で大きな勢力を得た　そ　氏一族に内紛がおこると、　し　守であった源義家が介入し、藤原（　そ　）清衡を助けて内紛を制圧した。

問6 　お　・　か　・　き　に入る語句の組み合わせとして最も適切なものはどれか。次の①～④の中から一つ選べ。　6

① お：上総 － か：征夷将軍 － き：源頼光
② お：下総 － か：新皇 － き：平貞盛
③ お：上総 － か：新皇 － き：源頼光
④ お：下総 － か：征夷将軍 － き：平貞盛

問7 下線部 (d) が任じられた盗賊や叛徒を平定するためにおかれていた官職として最も適切なものはどれか。次の①～④の中から一つ選べ。　7

① 押領使　　② 検非違使　　③ 按察使　　④ 追捕使

問8 　く　に入る語句として最も適切なものはどれか。次の①～④の中から一つ選べ。　8

① 讃岐　　② 伊予　　③ 阿波　　④ 土佐

— 238 —

問9 　け・こ・さ　に入る語句の組み合わせとして最も適切なものはどれか。次の①～④
の中から一つ選べ。 　9

① 　け：清和源氏 　－ 　こ：源経基 　－ 　さ：源頼信

② 　け：桓武平氏 　－ 　こ：平良将 　－ 　さ：源為義

③ 　け：清和源氏 　－ 　こ：源義光 　－ 　さ：源頼政

④ 　け：桓武平氏 　－ 　こ：平将常 　－ 　さ：源為朝

問10 　し・す・せ・そ　に入る語句の組み合わせとして最も適切なものはどれか。
次の①～④の中から一つ選べ。 　10

① 　し：陸奥 　－ 　す：安倍 　－ 　せ：出羽 　－ 　そ：清原

② 　し：出羽 　－ 　す：清原 　－ 　せ：陸奥 　－ 　そ：安倍

③ 　し：陸奥 　－ 　す：清原 　－ 　せ：出羽 　－ 　そ：安倍

④ 　し：出羽 　－ 　す：安倍 　－ 　せ：陸奥 　－ 　そ：清原

Ⅱ 次の文章1～3を読み、問1～問10に答えよ。

1 (a) 承久の乱後、3代執権の北条　あ　は、執権を補佐する (b) 連署をおいた。また、有力な御家
人などを評定衆に選び、合議制に基づく政治や裁判にあたらせた。更に、　あ　は (c) 御成敗式目（貞
永式目）を制定し、広く御家人たちに示した。次いで、北条時頼は、　あ　の政策を受け継ぎ、あらた
に幕府に (d) 引付を置いて、迅速で公正な裁判の確立につとめた。

問1　下線部 (a) に幕府が上皇や朝廷側に対し行ったこととして誤っているものはどれか。次の①～④の
中から一つ選べ。 11
　①　仲恭天皇を廃し、後鳥羽上皇を隠岐に、順徳上皇を佐渡に配流した。
　②　京都守護にかわり六波羅探題をおいて、朝廷を監視した。
　③　幕府の意向により、律令の系統を引く本所法が廃止された。
　④　上皇方についた貴族や武士の所領を没収し、その地に新補地頭を任命した。

問2　　あ　に入る人物として最も適切なものはどれか。次の①～④の中から一つ選べ。 12
　①　時政　　　②　時宗　　　③　泰時　　　④　義時

問3　下線部 (b) に初めて就任した人物として最も適切なものはどれか。次の①～④の中から一つ選べ。
12
　①　梶原景時　　　②　安達盛長　　　③　北条時房　　　④　三浦義澄

問4　下線部 (c) に関連する説明X・Y・Zについて、その正誤の組み合わせとして最も適切なものはど
れか。次の①～④の中から一つ選べ。 14
　X：頼朝以来の先例や武家社会の道理を基準とした。
　Y：日本最初の武家独自の法典（武家法）で、51カ条からなる。
　Z：御家人同士や御家人と荘園領主との間の紛争を公平に裁くことを目的とした。
　①　X：正 － Y：正 － Z：正　　　②　X：正 － Y：正 － Z：誤
　③　X：誤 － Y：誤 － Z：誤　　　④　X：誤 － Y：誤 － Z：正

問5　下線部 (d) に関連する説明X・Y・Zについて、その正誤の組み合わせとして、最も適切なものは
どれか。次の①～④の中から一つ選べ。 15
　X：引付衆を任命し、御家人たちの所領に関する訴状を専門に担当させた。
　Y：訴人（原告）から幕府に訴えがあると、問注所で訴状が受理された。
　Z：評定会議で判決が出され、将軍の下知状が勝訴したものに与えられた。
　①　X：正 － Y：正 － Z：正　　　②　X：正 － Y：正 － Z：誤
　③　X：誤 － Y：誤 － Z：誤　　　④　X：誤 － Y：誤 － Z：正

（次の頁にも設問があります）

(1G－4)

2　(e) 武家政権下の武士は開発領主の系譜を引き、先祖以来の地に住んで、所領を拡大してきた。また、武士の所領は　い　を原則としていた。一族の血縁的統制のもとに、宗家（本家）を首長として仰ぎ、活動を広げていった。この宗家と分家との集団は、一門・一家と称され、宗家の首長を (f) 惣領（家督）、ほかを庶子と呼んだ。

問6　下線部 (e) に関連する説明 X・Y について、その正誤の組み合わせとして最も適切なものはどれか。次の①〜④の中から一つ選べ。　16

　　X：館の周辺に年貢などのかからない、佃や門田などと呼ばれる直営地を設けた。

　　Y：荒野の開発を進め、みずからは管理者として農民から年貢を徴収し、国衙や荘園領主におさめた。

　　①　X：正　－　Y：正　　　②　X：正　－　Y：誤

　　③　X：誤　－　Y：正　　　④　X：誤　－　Y：誤

問7　　い　に入る語句として最も適切なものはどれか。次の①〜④の中から一つ選べ。　17

　　①　単独相続　　②　分割相続　　③　一期分　　④　諸子均分相続

問8　下線部 (f) に関連する説明 X・Y・Z について、その正誤の組み合わせとして最も適切なものはどれか。次の①〜④の中から一つ選べ。　18

　　X：幕府との主従関係は惣領が中心となり、庶子を率いて結ばれた。

　　Y：戦時には、一門は団結して戦い、惣領が指揮官となった。

　　Z：惣領は先祖や一門の氏神の祭祀をおこなう権利をもっていた。

　　①　X：正　－　Y：正　－　Z：正　　　②　X：正　－　Y：正　－　Z：誤

　　③　X：誤　－　Y：誤　－　Z：誤　　　④　X：誤　－　Y：誤　－　Z：正

3　承久の乱後には、畿内・西国地方にも多くの地頭が任命され、東国出身の武士が各地に新たな所領をもつようになり、土地の支配権をめぐる紛争は拡大した。

　　荘園領主たちは紛争解決のために、荘園の管理いっさいを地頭に委任する　う　の契約を結んだり、現地の土地の相当部分を地頭に分け与えて相互の支配権を認めあう (g) 下地中分の取決めをおこなうこともあった。

問9　　う　に入る語句として最も適切なものはどれか。次の①〜④の中から一つ選べ。　19

　　①　地下請　　②　地頭請（所）　　③　税所　　④　請作

問10　下線部 (g) に関連して、伯耆国において京都・松尾神社領の下地中分がなされた荘園として最も適切なものはどれか。次の①〜④の中から一つ選べ。　20

　　①　足利荘　　②　茜部荘　　③　新見荘　　④　東郷荘

Ⅲ 次の文章 1 〜 3 を読み、問 1 〜 問10に答えよ。

1　1651年、(a) 徳川家綱が 4 代将軍となり、幕府は平和と秩序の確立期を迎えた。また、(b) 地方の藩
　政の安定と領内経済の発展が図られるようになった。17世紀後半には (c) 徳川綱吉が 5 代将軍となり、
　代替わりの (d) 武家諸法度（天和令）がだされたが、(e) 幕府の財政は転換期を迎えた。また綱吉の治
　世を (f) 元禄時代ともよぶ。

問 1　下線部 (a) に関連する説明 X・Y について、その正誤の組み合わせとして最も適切なものはどれか。
　　　次の①〜④の中から一つ選べ。　21
　　　X：会津藩主で叔父の保科正之や大老酒井忠清が補佐役となった。
　　　Y：幕府はすべての大名に一斉に領知宛行状を発給して将軍の権威を確認した。
　　　①　X：正 － Y：正　　　　②　X：正 － Y：誤
　　　③　X：誤 － Y：誤　　　　④　X：誤 － Y：正

問 2　下線部 (b) に関連する説明として最も適切なものはどれか。次の①〜④の中から一つ選べ。
　　　22
　　　①　池田光政は熊沢蕃山を招いて重く用い、儒教主義による藩政改革を実施した。
　　　②　上杉治憲（鷹山）は山崎闇斎に学び、蝋・漆などの専売制度を奨励した。
　　　③　徳川光圀は室鳩巣を招き学問の振興をはかり、『大日本史』の編纂を開始した。
　　　④　前田綱紀は松永尺五を招いて農政に当たらせ、領地を直接支配する改作法を実施した。

問 3　下線部 (c) が将軍在職中に実施したものとして誤っているものはどれか。次の①〜④の中から一つ
　　　選べ。　23
　　　①　側用人として、はじめは稲葉正休、後に柳沢吉保を重用した。
　　　②　木下順庵を侍講とし朱子学を学んだ。
　　　③　近親者が死んだ際の忌引などの日数を定めた服忌令を出した。
　　　④　生母桂昌院の願いにより護国寺を建立した。

問 4　下線部 (d) に記された内容 X・Y・Z について、その組み合わせとして最も適切なものはどれか。
　　　次の①〜④の中から一つ選べ。　24
　　　X：文武忠孝を励し、礼儀を正すべきの事。
　　　Y：養子は同姓相応の者を撰び、若之無きにおゐては、由緒を正し、存生の内言上致すべし。五拾以上
　　　　　十七以下の輩末期に及び養子致すと雖も、吟味の上之を立つべし。…
　　　Z：附、殉死の儀、弥制禁せしむる事。
　　　①　X：正 － Y：正 － Z：正　　　　②　X：正 － Y：正 － Z：誤
　　　③　X：誤 － Y：誤 － Z：誤　　　　④　X：誤 － Y：誤 － Z：正

（次の頁にも設問があります）

(1G−6)

下線部 (e) に関連する説明として**誤っている**ものはどれか。次の①〜④の中から一つ選べ。

25

① 佐渡金山などの鉱山で金・銀産出量が減少した。

② 明暦の大火後の江戸城と市街の再建費用が必要となった。

③ 寛永寺や増上寺の改築などが大きな支出となった。

④ 勘定吟味役の牧野成貞は貨幣の改鋳を上申し、金の含有量を減らした元禄小判を発行した。

問6 下線部 (f) の出来事として最も適切なものはどれか。次の①〜④の中から一つ選べ。 26

① 綱吉は娘を後水尾天皇に嫁がせるなど朝幕間の協調関係を築いた。

② 湯島聖堂を設けて、林鳳岡（信篤）を大学頭に任じ、儒学が奨励された。

③ 浅間山の宝永の大噴火などの災害がおこった。

④ 海舶互市新例（長崎新令）を発して長崎貿易を制限した。

2　(g) 綱吉の死後、6代将軍家宣は政治の刷新を図ろうとした。しかし、在職3年余りで死去したため、7代将軍家継が後をついだ。(h) 朱子学者の新井白石は家宣・家継を補佐し、幕府政治を担った。

問7 下線部 (g) に関連する説明X・Y・Zについて、その正誤の組み合わせとして最も適切なものはどれか。次の①〜④の中から一つ選べ。 27

X：柳沢吉保を退け、側用人の間部詮房を信任した。

Y：生類憐みの令を廃止した。

Z：銅座・朝鮮人参座など幕府直営の座を設けて専売を行った。

① X：正 － Y：正 － Z：正　　② X：正 － Y：正 － Z：誤

③ X：誤 － Y：誤 － Z：誤　　④ X：誤 － Y：誤 － Z：正

問8 下線部 (h) に関連する説明として**誤っている**ものはどれか。次の①〜④の中から一つ選べ。

28

① 費用を献じて閑院宮家を創設した。

② 元禄小判を改め金の含有率が慶長小判と同率の正徳小判を鋳造した。

③ 家宣の将軍就任の慶賀を目的に派遣された朝鮮通信使の接遇を簡素化した。

④ 朝鮮からの国書における将軍の表記を「日本国大君殿下」に改めさせ、一国を代表する権力者としての将軍の地位を明確にした。

3 18世紀前半頃までに、江戸・大坂・京都の三都は大規模な都市に成長し (i) 両替商が貨幣の流通を促進した。消費需要も拡大・多様化して (j) 商品作物の生産も活発化した。

問9 下線部 (i) に関連する説明として**誤っているもの**はどれか。次の①〜④の中から一つ選べ。 29

① 三都や城下町で三貨の両替や秤量に加え、預金、貸付、為替取組、手形発行なども行った。

② 有力な両替商（本両替）は、公金の出納や為替・貸付等の業務を行い幕府や藩の財政を支えた。

③ 明治以降に財閥として発展した三井、三菱、住友は江戸時代に両替商で財を成した。

④ 鴻池屋は大坂の代表的な両替商で、海運業・掛屋なども兼ね、新田開発も行った。

問10 下線部 (j) に関連する下の**図**における**特産品**とおおよその**生産地**との組み合わせとして最も適切なものはどれか。次の①〜④の中から一つ選べ。 30

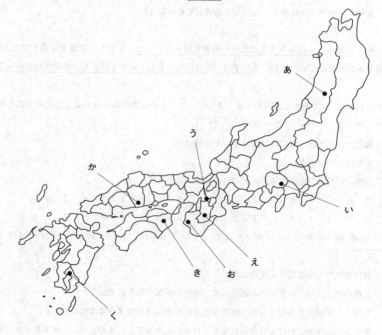

① 紅花：**あ** － 藍：**き** ② い草：**い** － たばこ：**く**

③ 素麺：**う** － ぶどう：**お** ④ 茶：**え** － みかん：**か**

（次の頁にも設問があります）

Ⅳ 明治後期から昭和初期の市民生活と大衆文化に関する次の**問1〜問10**に答えよ。

問1 職業婦人に関連する説明**X・Y**について、その正誤の組み合わせとして最も適切なものはどれか。次の①〜④の中から一つ選べ。　$\boxed{31}$

X：経済発展のなかで、タイピストや電話交換手などの仕事をもつ女性がみられるようになった。

Y：東京、大阪などでは都市交通として乗合自動車（バス）が拡充し、東京に初めてバスガール（バスの車掌）が登場した。

① X：正 － Y：正　　② X：正 － Y：誤

③ X：誤 － Y：正　　④ X：誤 － Y：誤

問2 建築物に関連する説明**X・Y・Z**について、その正誤の組み合わせとして最も適切なものはどれか。次の①〜④の中から一つ選べ。　$\boxed{32}$

X：帝国ホテルは、国賓の宿泊施設として構想された。

Y：都市部から郊外にのびる鉄道沿線には、新中間層向けの文化住宅が出現した。

Z：関東大震災後の都市開発の一環として、鉄筋コンクリート造りの丸ビル（丸の内ビルディング）が同潤会により建設された。

① X：正 － Y：正 － Z：正　　② X：正 － Y：正 － Z：誤

③ X：誤 － Y：誤 － Z：誤　　④ X：誤 － Y：誤 － Z：正

問3 ターミナルデパートに関連する説明**X・Y**について、その正誤の組み合わせとして最も適切なものはどれか。次の①〜④の中から一つ選べ。　$\boxed{33}$

X：日本の百貨店は、私鉄の経営するターミナルデパートを起源にもつものが主流であった。

Y：都市中心部の発着駅にデパートを付属させたもので、大阪梅田の阪急百貨店がはじまりである。

① X：正 － Y：正　　② X：正 － Y：誤

③ X：誤 － Y：正　　④ X：誤 － Y：誤

問4 新聞・雑誌・書籍に関連する説明として**誤っているもの**はどれか。次の①〜④の中から一つ選べ。　$\boxed{34}$

① 大衆娯楽雑誌である『キング』が創刊された。

② 『大阪朝日新聞』と『東京朝日新聞』の合計発行部数は、大正末期に100万部をこえた。

③ 鈴木三重吉は少年雑誌『少年倶楽部』を創刊した。

④ 『現代日本文学全集』など安価な円本が登場し、ブームとなった。

問5 人文・社会科学の発展に寄与した人物の説明として**誤っているもの**はどれか。次の①〜④の中から一つ選べ。　$\boxed{35}$

① 西田幾多郎は、独創的哲学書である『善の研究』を著した。

② 本多光太郎は、仏教美術や日本思想史を研究し、『古寺巡礼』『風土』などを著した。

③ 津田左右吉は、『古事記』『日本書紀』の文献学的批判を行い、古代史の科学的解明に貢献した。

④ 柳田国男は、雑誌『郷土研究』を発行して、民俗・伝承を集め、日本民俗学の確立に貢献した。

問6　『貧乏物語』の著者として、最も適切なものはどれか。次の①～④の中から一つ選べ。　36

　　①　河上肇　　　②　石橋湛山　　　③　山川均　　　④　賀川豊彦

問7　白樺派の文学者として**誤っているもの**はどれか。次の①～④の中から一つ選べ。　37

　　①　志賀直哉　　　②　有島武郎　　　③　武者小路実篤　　　④　永井荷風

問8　文学者とその作品の組み合わせとして、**誤っているもの**はどれか。次の①～④の中から一つ選べ。

　　38

　　①　芥川龍之介　－　『羅生門』　　　②　島崎藤村　　　－　『夜明け前』

　　③　中里介山　　　－　『大菩薩峠』　　④　谷崎潤一郎　－　『雪国』

問9　プロレタリア文学運動に関連する説明X・Yについて、その正誤の組み合わせとして最も適切なもの

　　はどれか。次の①～④の中から一つ選べ。　39

　　X：社会主義運動・労働運動が高まるなか、『種蒔く人』や『戦旗』などの機関誌が創刊された。

　　Y：小林多喜二の『太陽のない街』や徳永直の『蟹工船』など、労働者の生活に根ざし、階級闘争の理

　　　論に即した作品が掲載された。

　　①　X：正　－　Y：正　　　②　X：正　－　Y：誤

　　③　X：誤　－　Y：正　　　④　X：誤　－　Y：誤

問10　演劇・音楽・美術に関連する説明a～dの組み合わせとして最も適切なものはどれか。次の①～④の

　　中から一つ選べ。　40

　　a：演劇では、安井曽太郎・梅原龍三郎らが創設した築地小劇場が新劇運動の中心となった。

　　b：音楽では、山田耕筰が日本で最初の交響楽団を育成し、本格的な交響曲の作曲や演奏に活躍した。

　　c：日本画では、横山大観らが日本美術院を再興して院展をさかんにし、近代絵画としての新しい様式

　　　を開拓した。

　　d：洋画では、二科会や春陽会が創立され、小山内薫・土方与志らが活躍した。

　　①　a・b　　　②　c・d　　　③　a・d　　　④　b・c

2G 日 本 史

（解答番号 　1　 ～ 　40　 ）

Ⅰ 次の**文章1・2**を読んで、**問1〜問10**に答えよ。

1　589年、(a) 隋が南北朝を統一し、高句麗などの周辺地域に進出し始めると、東アジアは激動の時代を迎えた。国内では、587年に大臣 　あ　 が大連 　い　 を滅ぼし、592年には崇峻天皇を暗殺して政治権力を握った。そして推古天皇が新たに即位し、国際的緊張のもとで (b) 厩戸王（皇子）らが協力して国家組織の形成を進めた。603年には (c) 冠位十二階の制、翌604年には (d) 憲法十七条が定められた。

問1　下線部 (a) を建国し初代皇帝となった人物として最も適切なものはどれか。次の①〜④の中から一つ選べ。　　1　

　　① 煬帝　　　② 順帝　　　③ 文帝　　　④ 武帝

問2　下線部 (a) に関連して、遣隋使として「日出処天子…」の国書を持って渡海した人物として最も適切なものはどれか。次の①〜④の中から一つ選べ。　　2　

　　① 阿倍仲麻呂　　② 小野妹子　　③ 犬上御田鍬　　④ 高向玄理

問3　　あ　、　い　に入る語句の組み合わせとして最も適切なものはどれか。次の①〜④の中から一つ選べ。　　3　

　　① あ：蘇我稲目 － い：物部尾輿　　② あ：蘇我蝦夷 － い：大伴古麻呂

　　③ あ：蘇我入鹿 － い：大伴金村　　④ あ：蘇我馬子 － い：物部守屋

問4　下線部 (b) の父として最も適切なものはどれか。次の①〜④の中から一つ選べ。　　4　

　　① 敏達天皇　　② 用明天皇　　③ 山背大兄王　　④ 穴穂部皇子

問5　下線部 (c) に関連する説明X・Yについて、その正誤の組み合わせとして最も適切なものはどれか。次の①〜④の中から一つ選べ。　　5　

　　X：氏族ではなく個人の才能・功績に対し冠位を与えることで、氏族単位による王権組織を再編成しようとした。

　　Y：徳・織・忠・直・智・孝の6種を大小に分けて12の階とし、色別の冠を授ける冠位制度。

　　① X：正 － Y：正　　② X：正 － Y：誤

　　③ X：誤 － Y：誤　　④ X：誤 － Y：正

問6 下線部 (d) に記された内容X・Y・Zについて、その正誤の組み合わせとして最も適切なものはどれか。次の①～④の中から一つ選べ。 6

X：十一に曰く、旧の賦役を罷めて、田の調を行へ。…

Y：十二に曰く、国司・国造、百姓に斂めとること勿れ。…

Z：十七に曰く、夫れ事は独り断むべからず。必ず衆と論ふべし。…

① X：正 － Y：正 － Z：正　　② X：誤 － Y：正 － Z：正

③ X：誤 － Y：誤 － Z：誤　　④ X：正 － Y：誤 － Z：誤

2 6世紀末から、飛鳥の地はしだいに都としての姿を示すようになり、本格的な **(e) 宮都** が営まれる段階へ進んだ。

7世紀前半に、蘇我氏や王族により広められた仏教中心の文化を飛鳥文化という。飛鳥文化は、**(f) 渡来人** の活躍や、朝鮮半島や中国の南北朝時代の文化の影響を受け、当時の西アジア・インド・ギリシャともつながる特徴をもった。**(g) 飛鳥寺（法興寺）や四天王寺、法隆寺（斑鳩寺）** などが建立され、寺院が古墳にかわって豪族の権威を示すものとなった。

仏像彫刻では、**(h) 整った厳しい表情の中国南北朝の北魏様式を受容しているもの** などがある。

問7 下線部 (e) に関連して、694年に飛鳥から遷都した宮都として最も適切なものはどれか。次の①～④の中から一つ選べ。 7

① 恭仁京　　② 藤原京　　③ 近江大津宮　　④ 紫香楽宮

問8 下線部 (f) に関連した説明X・Y・Zについて、その正誤の組み合わせとして最も適切なものはどれか。次の①～④の中から一つ選べ。 8

X：百済の僧、曇徴が暦法・天文・地理の書を伝えた。

Y：高句麗の僧、観勒が絵の具・紙・墨の製法を伝えた。

Z：新羅の僧、行基が易学を伝えた。

① X：正 － Y：正 － Z：正　　② X：正 － Y：正 － Z：誤

③ X：誤 － Y：誤 － Z：誤　　④ X：誤 － Y：誤 － Z：正

問9 下線部 (g) に関連した伽藍配置の説明X・Yについて、その正誤の組み合わせとして最も適切なものはどれか。次の①～④の中から一つ選べ。 9

X：四天王寺式 － 金堂の前に塔を建てて南北一直線に配した伽藍配置。

Y：法隆寺式 － 中央の金堂を囲んで3講堂が配された伽藍配置。

① X：正 － Y：正　　② X：正 － Y：誤

③ X：誤 － Y：誤　　④ X：誤 － Y：正

（次の頁にも設問があります）

(2G－2)

問10 下線部 (h) に関連した彫刻として**誤っているもの**はどれか。次の①～④の中から一つ選べ。 | 10 |

① 法隆寺金堂釈迦三尊像　　② 法隆寺夢殿救世観音像

③ 法隆寺百済観音像　　　　④ 飛鳥寺釈迦如来像

Ⅱ 次の**文章1〜3**を読み、**問1〜問10**に答えよ。

1 鎌倉幕府の末期には (a)御家人の不満が高まっていた。両統迭立に不満を抱いていた (b)後醍醐天皇は、この情勢をみて討幕の計画をすすめたが、失敗に終わった。しかし、(c)反幕府勢力は結集して幕府軍と戦い、隠岐からの後醍醐天皇の呼びかけに応じる者も増え、1333年、鎌倉幕府は滅亡した。

問1 下線部 **(a)** に関連する説明**X・Y・Z**について、その正誤の組み合わせとして最も適切なものはどれか。次の①〜④の中から一つ選べ。 11

　　X：執権北条高時の下で内管領長崎高資は権勢をふるった。
　　Y：蒙古襲来（元寇）は御家人たちに犠牲を払わせたが、幕府は十分な恩賞を与えることはできなかった。
　　Z：幕府は永仁の徳政令によって御家人の困窮を救済しようとしたが、一部の中小御家人の窮乏は激化した。

　　① **X**：正 － **Y**：正 － **Z**：正　　② **X**：正 － **Y**：正 － **Z**：誤
　　③ **X**：誤 － **Y**：誤 － **Z**：誤　　④ **X**：誤 － **Y**：誤 － **Z**：正

問2 下線部 **(b)** に関連する説明a〜dの組み合わせとして、最も適切なものはどれか。次の①〜④の中から一つ選べ。 12

　　a：宋学を学んでいた後醍醐天皇は、天皇による親政を理想としていた。
　　b：両統迭立のなかで後醍醐天皇は実子に皇位を譲位できず、これを打開しようとした。
　　c：日野資朝・日野俊基らと討幕の計画を進めたが幕府側にもれて失敗した享徳の乱がおきた。
　　d：吉野山で挙兵した後醍醐天皇が捕縛され京に連れ戻された中先代の乱がおきた。

　　① a・b　　② c・d　　③ a・c　　④ b・d

問3 下線部 **(c)** に関連する説明として**誤っているもの**はどれか。次の①〜④の中から一つ選べ。 13

　　① 楠木正成は河内の豪族で赤坂城や千早城で挙兵し、建武の新政の実現に貢献した。
　　② 新田義貞は上野の豪族で、鎌倉を攻め、鎌倉幕府を滅ぼした。
　　③ 後醍醐天皇の皇子である懐良親王は天台座主から還俗して討幕運動を進めた。
　　④ 悪党とよばれた新興武士も討幕勢力の中で重要な役割を果たした。

（次の頁にも設問があります）

2　後醍醐天皇は光厳天皇を廃して新しい政治を始めたが、<u>(d) 新政策は武士の不満と抵抗を引き起こし</u>、<u>(e) 足利尊氏は政権に反旗をひるがえした</u>。1336年、建武政権の崩壊後、足利尊氏は <u>(f) 建武式目</u>を制定し、1338年、征夷大将軍に就任するが、<u>(g) 南北朝の動乱は長期化した</u>。

問4　下線部 **(d)** に関連する説明X・Yについて、その正誤の組み合わせとして最も適切なものはどれか。次の①～④の中から一つ選べ。　□14□

X：土地所有権の確認に綸旨を必要とする方式は、武家社会の慣習を無視していた。

Y：「二条河原落書」から、当時の混乱ぶりが読み取れる。

① X：正 － Y：正　　② X：正 － Y：誤

③ X：誤 － Y：誤　　④ X：誤 － Y：正

問5　下線部 **(e)** に関連する出来事Ⅰ～Ⅴを年代の古い順に並べたものとして最も適切なものはどれか。次の①～④の中から一つ選べ。　□15□

Ⅰ：後醍醐天皇が吉野へ脱出

Ⅱ：湊川の戦いで楠木正成を撃破

Ⅲ：多々良浜の戦いで菊池武敏を撃破

Ⅳ：箱根竹ノ下の戦いで新田義貞を撃破

Ⅴ：鎌倉で北条時行を撃破

① Ⅰ － Ⅱ － Ⅴ － Ⅳ － Ⅲ　　② Ⅱ － Ⅲ － Ⅰ － Ⅴ － Ⅳ

③ Ⅲ － Ⅳ － Ⅱ － Ⅰ － Ⅴ　　④ Ⅴ － Ⅳ － Ⅲ － Ⅱ － Ⅰ

問6　下線部 **(f)** に関連する説明X・Y・Zについて、その正誤の組み合わせとして最も適切なものはどれか。次の①～④の中から一つ選べ。　□16□

X：中原章賢（是円）らが足利尊氏の諮問に対し17条にまとめた答申である。

Y：鎌倉を幕府の所在地にするか移転すべきかについては、世論に従うべきとしている。

Z：土地を実際に支配し20年を過ぎた場合は、武家の慣例により、権利の正当性に関わらず土地の支配をやめさせることはできないとしている。

① X：正 － Y：正 － Z：正　　② X：正 － Y：正 － Z：誤

③ X：誤 － Y：誤 － Z：誤　　④ X：誤 － Y：誤 － Z：正

問7　下線部 **(g)** に関連する説明として**誤っているもの**はどれか。次の①～④の中から一つ選べ。　□17□

① 南朝側では北畠親房が中心となり東北・関東・九州などに拠点を置き抗戦を続けた。

② 足利尊氏の弟直義と尊氏の執事の高師直との対立が激しくなり、幕府は観応の擾乱とよばれる内部分裂の状態となった。

③ 尊氏派（幕府）、旧直義派、南朝勢力が離合集散を繰り返す状況が60年余りも続いた。

④ 長期化の背景には、分割相続が一般化し血縁的結合が重視されるようになったこともあった。

3 足利義満が3代将軍になる頃には幕府は安定期を迎えた。(h) 幕府の機構はほぼ整い、(i) 地方機関が整備された。また、(j) 幕府の財政は、多様な財源によって経済的基盤が整えられた。

問8 下線部 (h) に関連する説明として**誤っているもの**はどれか。次の①〜④の中から一つ選べ。 `18`

① 管領は侍所・政所などを統轄して諸国の守護に将軍の命令を伝達し、細川・斯波・畠山の3氏が交代で任命された。

② 京都内外の警備や刑事裁判を司る侍所の長官には、赤松・一色・山名・京極の4氏から任命されるのが慣例であった。

③ 同朋衆とよばれる直轄軍が編成され、御所の警固、御料所の管理を行った。

④ 一般の守護は領国を守護代に統治させ、自身は在京して幕府に出仕するのが原則であった。

問9 下線部 (i) に関連する説明として**誤っているもの**はどれか。次の①〜④の中から一つ選べ。 `19`

① 足利基氏を鎌倉公方として鎌倉府（関東府）をおき、東国の支配を任せた。

② 鎌倉公方を補佐する関東管領は上杉氏が世襲した。

③ 鎌倉府管内の守護は鎌倉に邸宅をもち、鎌倉府に出仕した。

④ 九州には鎮西奉行をおき九州諸将を統制した。

問10 下線部 (j) に関連する説明として**誤っているもの**はどれか。次の①〜④の中から一つ選べ。 `20`

① 御料所からの収入、守護からの分担金、地頭・御家人からの賦課金などでまかなわれた。

② 国家的行事の際には歳役を課した。

③ 土倉や酒屋には土倉役・酒屋役を課した。

④ 金融活動を行ってきた京都五山の僧侶に課税した。

（次の頁にも設問があります）

Ⅲ 次の**年表**を読み、問1～問10に答えよ。

年代	事　項
1846年	(a) ビッドル来航
1858年	(b) 日米修好通商条約調印、(c) 安政の大獄（～59）
1860年	(d) 五品江戸廻送令（五品江戸廻し令）
1862年	(e) 文久の改革、(f) 生麦事件
1863年	(g) 八月十八日の政変
1864年	(h) 四国艦隊下関砲撃事件
1866年	(i) 改税約書調印
1867年	(j) 王政復古の大号令

問1 下線部（a）の説明として最も適切なものはどれか。次の①～④の中から一つ選べ。　 21

① 蒸気軍艦サスケハナ号で横須賀沖に来航し、浦賀に上陸した。

② アメリカ東インド艦隊司令長官であった。

③ 1854年、日米和親条約の締結に成功した。

④ 初代アメリカ駐日総領事に着任した。

問2 下線部（b）が実施された時の大老の説明X・Y・Zについて、その正誤の組み合わせとして最も適切なものはどれか。次の①～④の中から一つ選べ。　 22

X：安政の改革を実施し、国防強化を目的として海軍伝習所の設立や清新な人材登用を行った。

Y：下線部（b）の勅許を求めたが、仁孝天皇の勅許は得られなかった。

Z：公武合体を推進し、和宮の降嫁を実現した。

① X：正 － Y：正 － Z：正　　② X：正 － Y：正 － Z：誤

③ X：誤 － Y：誤 － Z：誤　　④ X：誤 － Y：誤 － Z：正

問3 下線部（c）により刑死した越前藩士として最も適切なものはどれか。次の①～④の中から一つ選べ。
23

① 久世広周　　② 橋本左内　　③ 梅田雲浜　　④ 大原重徳

問4 下線部（d）として**誤っている**ものはどれか。次の①～④の中から一つ選べ。　 24

① 呉服　　② 蝋　　③ 棉　　④ 雑穀

問5 下線部（e）の説明X・Y・Zについて、その正誤の組み合わせとして最も適切なものはどれか。次の①〜④の中から一つ選べ。 25

X：薩摩藩主島津忠義の父である島津久光が勅使を奉じて江戸にくだり、幕政改革を要求したことを機に実施された。

Y：在府期間を3年1勤とする参勤交代の緩和が実施された。

Z：松平慶永（春嶽）を政事総裁職、徳川（一橋）慶喜を将軍後見職、松平容保を京都守護職に任命した。

① X：正 － Y：正 － Z：正　　② X：正 － Y：正 － Z：誤

③ X：誤 － Y：誤 － Z：誤　　④ X：誤 － Y：誤 － Z：正

問6 下線部（f）の説明として最も適切なものはどれか。次の①〜④の中から一つ選べ。 26

① 駐日アメリカ公使館の通訳官であるヒュースケンが暗殺された事件。

② イギリス仮公使館であった東禅寺が水戸藩浪士に襲撃された事件。

③ 薩摩藩の島津久光の行列に対するイギリス人の非礼を咎め、従士が彼らを殺傷した事件。

④ 高杉晋作らが建設中のイギリス公使館を襲撃して全焼させた事件。

問7 下線部（g）に関連する説明X・Y・Zについて、その正誤の組み合わせとして最も適切なものはどれか。次の①〜④の中から一つ選べ。 27

X：薩摩・会津などの公武合体派が朝廷内の公武合体派と結んで起こしたクーデタである。

Y：中山忠光、久坂玄瑞ら急進派の公卿は京都から追放された（七卿落ち）。

Z：長州藩の急進派が翌1864年の寺田屋事件を契機に京都に攻めのぼったが、会津・薩摩・水戸の諸藩の兵に敗れて退いた。

① X：正 － Y：正 － Z：正　　② X：正 － Y：誤 － Z：誤

③ X：誤 － Y：誤 － Z：誤　　④ X：誤 － Y：正 － Z：正

問8 下線部（h）として**誤っている**国はどれか。次の①〜④の中から一つ選べ。 28

① アメリカ　　② フランス　　③ ロシア　　④ イギリス

問9 下線部（i）に関する説明X・Y・Zについて、その正誤の組み合わせとして最も適切なものはどれか。次の①〜④の中から一つ選べ。 29

X：通商条約締結の際に定めた平均30％の関税率を一律10％に引き下げ、諸外国に有利となった。

Y：課税方法は従量税から従価税となり、詳細内容は別冊の貿易章程にまとめられた。

Z：幕府と米・仏・露・蘭の4ヵ国との間で締結された。

① X：正 － Y：正 － Z：正　　② X：正 － Y：誤 － Z：誤

③ X：誤 － Y：誤 － Z：誤　　④ X：誤 － Y：正 － Z：正

（次の頁にも設問があります）

問10 下線部 (j) に関する説明 **X・Y・Z** について、その正誤の組み合わせとして最も適切なものはどれか。次の①～④の中から一つ選べ。　30

X：幕府の廃絶、摂政・関白を廃止する。

Y：太政官に正院・左院・右院を設置し、三院制とする。

Z：太政大臣・左大臣・右大臣・参議を設置する。

① **X**：正 － **Y**：正 － **Z**：正　　② **X**：正 － **Y**：誤 － **Z**：誤

③ **X**：誤 － **Y**：誤 － **Z**：誤　　④ **X**：誤 － **Y**：正 － **Z**：正

Ⅳ 次の**年表**1・2を読み、問1〜問10に答えよ。

1

年　月	出　来　事
1931年9月	(a) 柳条湖事件がおこる
1931年12月	第2次 あ 総辞職、犬養毅内閣成立
1932年1月	第1次 い 事変がおこる
1932年3月	(b) 満州国建国
1932年9月	(c) 日満議定書を取り交わし日本政府、満州国を承認

問1　下線部（a）の画策を行った関東軍参謀で『満蒙問題私見』を著した人物として最も適切なものはどれか。次の①〜④の中から一つ選べ。 31

① 板垣征四郎　　② 石原莞爾　　③ 南次郎　　④ 中村震太郎

問2　 あ に入る内閣の説明X・Yについて、その正誤の組み合わせとして最も適切なものはどれか。次の①〜④の中から一つ選べ。 32

X：協調外交を継続し、緊縮財政解消のために、金輸出再禁止を実施した。満州事変では拡大方針を表明した。

Y：戦前における最後の政党内閣となった。経済の安定、貿易の振興をはかるため金解禁を実施した。

① X：正 － Y：正　　② X：正 － Y：誤
③ X：誤 － Y：誤　　④ X：誤 － Y：正

問3　 い に入る語句として最も適切なものはどれか。次の①〜④の中から一つ選べ。 33

① 北京　　② 天津　　③ 上海　　④ 南京

問4　下線部（b）に関する説明X・Yについて、その正誤の組み合わせとして最も適切なものはどれか。次の①〜④の中から一つ選べ。 34

X：清朝最後の皇帝であった溥儀を執政とし、首都は奉天とした。

Y：挙国一致・尽忠報国を国づくりのスローガンとした。

① X：正 － Y：正　　② X：正 － Y：誤
③ X：誤 － Y：誤　　④ X：誤 － Y：正

（次の頁にも設問があります）

問5 下線部 (c) に関連する説明X・Y・Zについて、その正誤の組み合わせとして最も適切なものはどれか。次の①〜④の中から一つ選べ。 35

X：日本軍の無条件駐屯を認めた。

Y：付属の秘密文書で、満州の交通機関の管理を日本に委託することが規定された。

Z：締結反対を掲げる中国人を撫順郊外で関東軍が虐殺した（万宝山事件）。

① X：正 － Y：正 － Z：正　　② X：正 － Y：正 － Z：誤

③ X：誤 － Y：誤 － Z：誤　　④ X：誤 － Y：誤 － Z：正

2

年　　代	事件名	弾圧対象者	概　　要
1933年	滝川事件	(d) 滝川幸辰	著書『刑法読本』が自由主義的学説として批判され、休職となる。
1935年	(e) 天皇機関説事件	う	天皇機関説が反国体的と批判を受ける。『憲法撮要』などの著書が発禁となる。
1938年	第2次人民戦線事件	え 有沢広巳 美濃部亮吉	労農派の経済学者たちが (f) 治安維持法違反で検挙。

問6 下線部 (d) が所属していた大学として最も適切なものはどれか。次の①〜④の中から一つ選べ。 36

① 九州帝国大学　　② 大阪帝国大学　　③ 京都帝国大学　　④ 東北帝国大学

問7 下線部 (e) に 関連する説明X・Y・Zについて、その正誤の組み合わせとして最も適切なものはどれか。次の①〜④の中から一つ選べ。 37

X：天皇機関説とは、統治権の主体を法人としての国家に帰属させ、天皇は国家の最高機関として憲法に従って統治権を行使するという考えである。

Y：軍出身の貴族院議員である荒木貞夫が非難したことを契機に政治問題化した。

Z：広田弘毅内閣は天皇機関説を否定し、日本は古代以来、天皇中心の国家で、天皇が主権を持っているという政府声明をだした。

① X：正 － Y：正 － Z：正　　② X：正 － Y：誤 － Z：誤

③ X：誤 － Y：誤 － Z：誤　　④ X：誤 － Y：正 － Z：正

問8 う に入る人物として最も適切なものはどれか。次の①〜④の中から一つ選べ。 38

① 梅謙次郎　　② 穂積八束　　③ 矢内原忠雄　　④ 美濃部達吉

問9 え に入る人物として最も適切なものはどれか。次の①〜④の中から一つ選べ。 39

① 山川均　　② 大内兵衛　　③ 河合栄治郎　　④ 中野重治

問10 下線部 (f) の説明 **X・Y・Z** について、その正誤の組み合わせとして最も適切なものはどれか。次の①～④の中から一つ選べ。 40

X：国体の変革、私有財産の否認を目的とする結社を禁止する法として1925年に制定された。

Y：1928年に予防拘禁制を導入し、1936年最高刑に死刑が追加された。

Z：1943年、治安警察法の公布により廃止された。

① **X**：正 － **Y**：正 － **Z**：正　　② **X**：正 － **Y**：誤 － **Z**：誤

③ **X**：誤 － **Y**：誤 － **Z**：誤　　④ **X**：誤 － **Y**：正 － **Z**：正

3G 日 本 史

2月5日

（解答番号 <u>1</u> ～ <u>40</u>）

I 次の表を読み、問1～問10に答えよ。

行基	**あ** の教義を学ぶ。民衆教化・社会事業に取り組み、弟子を率いて橋・堤などを築造した。**(a)** 大仏造立には弟子・民衆を率いて協力し、**い** に任じられた。
良弁	**う** に、**あ** を学ぶ。大仏開眼供養の後、初代東大寺別当に就任した。
お	717年に入唐し、**あ** を学ぶ。帰国後 **え** 政権を支えるが、藤原仲麻呂の台頭などから、**(b)** 筑紫観世音寺に左遷された。
(c) 鑑真	中国揚州の生まれ。5度の渡航に失敗。6度目の渡航で来日。**(d)** 東大寺に初めて戒壇を設け、**(e)** 聖武太上天皇、**(f)** 光明皇太后、孝謙天皇らに授戒。**(g)** 唐招提寺を創建し、戒律普及に努めた。

問1 **あ** に入る語句として最も適切なものはどれか。次の①～④の中から一つ選べ。 <u>1</u>

① 法相　　② 三論　　③ 成実　　④ 倶舎

問2 下線部 **(a)** の詔が当時の天皇によって出された場所として最も適切なものはどれか。次の①～④の中から一つ選べ。 <u>2</u>

① 長岡京　　② 難波宮（京）　　③ 紫香楽宮（京）　　④ 平城京

問3 **い**・**え** に入る語句の組み合わせとして最も適切なものはどれか。次の①～④の中から一つ選べ。 <u>3</u>

① い：開眼導師 － え：橘奈良麻呂　　② い：大僧正 － え：橘諸兄
③ い：大師（太師） － え：藤原種継　　④ い：太政大臣禅師 － え：藤原百川

問4 **う**・**お** に入る人物の組み合わせとして最も適切なものはどれか。次の①～④の中から一つ選べ。 <u>4</u>

① う：義淵 － お：玄昉　　② う：玄昉 － お：義淵
③ う：道慈 － お：仏哲　　④ う：仏哲 － お：道慈

問5 下線部 **(b)**・東大寺の戒壇（院）と共に、天下（本朝）三戒壇と称せられた戒壇を有する下野の寺院として最も適切なものはどれか。次の①～④の中から一つ選べ。 <u>5</u>

① 薬師寺　　② 元興寺　　③ 大安寺　　④ 興福寺

問6 下線部 **(c)** の伝記である『唐大和上（鑑真和上）東征伝』を著し、漢詩文にも優れた人物として最も適切なものはどれか。次の①～④の中から一つ選べ。 <u>6</u>

① 石上宅嗣　　② 淡海三船　　③ 小野岑守　　④ 良岑安世

— 259 —

(3G－1)

問7 下線部 **(d)** の説明として**誤っているもの**はどれか。次の①〜④の中から一つ選べ。 　7　

① 総国分寺とも称された。

② 仏教の鎮護国家の思想を具現したものである。

③ 我が国を代表する法華宗の中心的寺院である。

④ 現在の大仏殿は江戸時代に再建されたものである。

問8 下線部 **(e)** の死後に東大寺に献納された品々である正倉院宝物（御物）として**誤っているもの**はどれか。次の①〜④の中から一つ選べ。 　8　

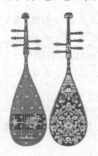
① 螺鈿紫檀五絃琵琶

② 漆胡瓶

③ 銀燻炉

④ 過去現在絵因果経

出典：詳説日本史図録編集委員会　山川　詳説　日本史図録（第10版）　山川出版社
　　　①螺鈿紫檀五絃琵琶　②漆胡瓶　③銀燻炉

問9 下線部 **(f)** の人物が皇后の時である730年に設けた貧窮者・孤児の救済施設として最も適切なものはどれか。次の①〜④の中から一つ選べ。 　9　

① 悲田院　　　② 豊楽院　　　③ 主計寮　　　④ 典薬寮

問10 下線部 **(g)** の金堂盧舎那仏像（乾漆像）と**異なる技法**でつくられた彫刻として最も適切なものはどれか。次の①〜④の中から一つ選べ。 　10　

① 唐招提寺鑑真和上像　　② 東大寺法華堂不空羂索観音像

③ 興福寺阿修羅像　　　　④ 東大寺法華堂執金剛神像

Ⅱ 次の文章1〜3を読み、問1〜問10に答えよ。

1 701年に大宝律令が完成した。中央行政組織には、神祇官と <u>(a) 太政官</u>の二官があり、太政官のもとで
<u>(b) 八省</u>が政務を分担した。地方組織としては、<u>(c) 国</u>・<u>(d) 郡</u>・里（のちに郷と改称）がおかれた。
また官吏には位階が与えられ、位階に応じて官職に任じられ、特に <u>(e) 貴族</u>は手厚く優遇された。

問1 下線部 **(a)** のうち、令に規定されており、適格者がいなければ欠員とされ、そのために「則闕の官」
とも呼ばれた官職として最も適切なものはどれか。次の①〜④の中から一つ選べ。 | 11 |

　　① 太政大臣　　　② 左大臣　　　③ 右大臣　　　④ 摂政

問2 下線部 **(b)** に関する説明として最も適切なものはどれか。次の①〜④の中から一つ選べ。 | 12 |

　　① 中務省：天皇の側近で、臣下の上表を天皇に伝達し詔勅を起草する。

　　② 治部省：文官の人事・学校などをつかさどる。

　　③ 式部省：戸籍・租庸調・田畑をつかさどり、国家財政を担う。

　　④ 宮内省：喪葬・陵墓・雅楽や外交をつかさどる。

問3 下線部 **(c)** をおさめる国司の中で、業務を統轄する長官の官職として最も適切なものはどれか。次
の①〜④の中から一つ選べ。 | 13 |

　　① 頭　　　② 卿　　　③ 帥　　　④ 守

問4 下線部 **(d)** に関連する説明Ｘ・Ｙ・Ｚについて、その正誤の組み合わせとして最も適切なものはど
れか。次の①〜④の中から一つ選べ。 | 14 |

　　Ｘ：郡司にはかつての国造など伝統的な地方豪族が任じられた。

　　Ｙ：郡家（郡衙）は郡の役所で、郡司が政務・儀礼をおこなう郡庁などから構成されていた。

　　Ｚ：郡司は、国司の下にあり、郡の民政・裁判をつかさどった。

　　① Ｘ：正 － Ｙ：正 － Ｚ：正　　　② Ｘ：誤 － Ｙ：正 － Ｚ：正

　　③ Ｘ：正 － Ｙ：誤 － Ｚ：正　　　④ Ｘ：正 － Ｙ：正 － Ｚ：誤

問5 下線部 **(e)** に関連する説明Ｘ・Ｙについて、その正誤の組み合わせとして最も適切なものはどれか。
次の①〜④の中から一つ選べ。 | 15 |

　　Ｘ：五位以上の子（三位以上の子・孫）は父（祖父）の位階に応じた位階を与えられた。

　　Ｙ：調・庸・雑徭などの負担は免除された。

　　① Ｘ：正 － Ｙ：正　　　② Ｘ：誤 － Ｙ：正

　　③ Ｘ：正 － Ｙ：誤　　　④ Ｘ：誤 － Ｙ：誤

2 　鎌倉幕府の支配機構は、簡素で実務的なものであった。鎌倉には中央機関として、**(f) 御家人を組織し統率する侍所、一般政務や財政事務をつかさどる公文所（のちに政所）、裁判事務を担当する問注所がおかれた。**

問6 　下線部（f）に関連して、**侍所・公文所・問注所**の初代長官の組み合わせとして最も適切なものはどれか。次の①～④の中から一つ選べ。 　16

　① 　**侍所**：和田義盛 　－ 　**公文所**：三善康信 　－ 　**問注所**：大江広元

　② 　**侍所**：和田義盛 　－ 　**公文所**：大江広元 　－ 　**問注所**：三善康信

　③ 　**侍所**：大江広元 　－ 　**公文所**：和田義盛 　－ 　**問注所**：三善康信

　④ 　**侍所**：大江広元 　－ 　**公文所**：三善康信 　－ 　**問注所**：和田義盛

3 　**(g) 北条泰時が執権の時代、泰時の指導のもとに幕府は発展の時期を迎えた。北条政子の死後、泰時は (h) 連署をおき、ついで有力な御家人や政務にすぐれた** 　あ 　**を評定衆に選んで、執権・連署とともに幕府の政務処理や裁判に当たらせ、合議制にもとづいた政治をおこなった。**

　孫の執権北条時頼は泰時の政策を受け継ぎ、北条氏の地位を不動のものとすると、朝廷には政治の刷新と制度の改革を求めた。

　一方、朝廷では後嵯峨上皇の院政下で 　い 　が新たにおかれ、幕府は朝廷の内部に深く影響力をもつようになった。

問7 　下線部（g）に関連する説明X・Yについて、その正誤の組み合わせとして最も適切なものはどれか。次の①～④の中から一つ選べ。 　17

　X：北条時政の孫で、父義時のあとを継ぎ、3代執権となった。

　Y：1232年、幕府の基本法で、51カ条からなる御成敗式目（貞永式目）を制定した。

　① 　X：正 　－ 　Y：正 　　　② 　X：正 　－ 　Y：誤

　③ 　X：誤 　－ 　Y：正 　　　④ 　X：誤 　－ 　Y：誤

問8 　下線部（h）に関連する説明X・Yについて、その正誤の組み合わせとして最も適切なものはどれか。次の①～④の中から一つ選べ。 　18

　X：執権補佐役で、公文書に執権と連名で署名加判した。

　Y：初代は泰時の叔父北条時房で、以後も北条氏一門が任じられた。

　① 　X：正 　－ 　Y：正 　　　② 　X：正 　－ 　Y：誤

　③ 　X：誤 　－ 　Y：正 　　　④ 　X：誤 　－ 　Y：誤

問9 　あ 　に入る人数として最も適切なものはどれか。次の①～④の中から一つ選べ。 　19

　① 　7人 　　　② 　9人 　　　③ 　11人 　　　④ 　13人

問10 　い 　に入る語句として最も適切なものはどれか。次の①～④の中から一つ選べ。 　20

　① 　京都守護 　　　② 　西面の武士 　　　③ 　院評定衆 　　　④ 　議奏公卿

Ⅲ 次の文章1〜3を読み、問1〜問10に答えよ。

1　南蛮貿易は、キリスト教宣教師の布教活動と一体化しておこなわれていた。1549年、日本布教を志した
イエズス会（耶蘇会）の宣教師　あ　が　い　に到着し、(a) キリスト教の布教を開始した。イエズ
ス会宣教師　う　の勧めにより、(b) 1582年、キリシタンの3大名は、少年使節をローマ教皇のもとに
派遣した（天正遣欧使節）。

問1　　あ　・　い　・　う　に入る語句の組み合わせとして最も適切なものはどれか。次の①〜④
の中から一つ選べ。　21

　① あ：フランシスコ＝ザビエル　　　－　い：長崎　　　－　う：ガスパル＝ヴィレラ

　② あ：ルイス＝フロイス　　　　　　－　い：鹿児島　　－　う：ヴァリニャーニ（バリニャーノ）

　③ あ：ルイス＝フロイス　　　　　　－　い：長崎　　　－　う：フランシスコ＝ザビエル

　④ あ：フランシスコ＝ザビエル　　　－　い：鹿児島　　－　う：ヴァリニャーニ（バリニャーノ）

問2　下線部（a）に関連する説明X・Yについて、その正誤の組み合わせとして最も適切なものはどれか。
次の①〜④の中から一つ選べ。　22

　X：宣教師はあいついで来日し、南蛮寺（教会堂）やコレジオ（宣教師の養成学校）・セミナリオ（神
　　学校）などをつくって布教につとめた。

　Y：ポルトガル船は、布教を認めた大名領に入港したため、大名は貿易をのぞんで宣教師の布教活動を
　　保護し、中には洗礼を受ける大名もあった。

　① X：正　－　Y：正　　　② X：正　－　Y：誤

　③ X：誤　－　Y：正　　　④ X：誤　－　Y：誤

問3　下線部（b）の3大名として**誤っている**ものはどれか。次の①〜④の中から一つ選べ。　23

　① 大友義鎮（宗麟）　　　② 有馬晴信　　　③ 細川忠興　　　④ 大村純忠

2　織田信長は1560年に今川義元を　え　で破り、1567年に美濃の斎藤氏を滅ぼして　お　に移ると、「天下布武」の印判を使用して上洛の意志を明らかにした。翌年信長は、畿内を追われていた　か　を立てて入京し、全国統一の第一歩を踏み出した。1570年、信長は　き　で近江の浅井氏と越前の朝倉氏を破った。1573年には、将軍権力の回復をめざして信長に敵対した　か　を京都から追放して室町幕府を滅ぼし、1575年の　く　では、武田勝頼の軍に大勝した。

　　しかし、石山（大坂）の本願寺を頂点にし、(c) 全国各地の浄土真宗寺院や寺内町を拠点にして信長の支配に抵抗したのが一向一揆であった。

問4　　え　・　き　・　く　に入る語句の組み合わせとして最も適切なものはどれか。次の①〜④の中から一つ選べ。　24

　　①　え：姉川の戦い　　－　き：山崎の戦い　　　　－　く：桶狭間の戦い

　　②　え：桶狭間の戦い　－　き：姉川の戦い　　　　－　く：長篠合戦（長篠の戦い）

　　③　え：桶狭間の戦い　－　き：賤ヶ岳の戦い　　　－　く：山崎の戦い

　　④　え：姉川の戦い　　－　き：小牧・長久手の戦い　－　く：長篠合戦（長篠の戦い）

問5　　お　・　か　に入る語句の組み合わせとして最も適切なものはどれか。次の①〜④の中から一つ選べ。　25

　　①　お：清洲城　－　か：足利義昭　　②　お：岐阜城　－　か：足利義尚

　　③　お：清洲城　－　か：足利義尚　　④　お：岐阜城　－　か：足利義昭

問6　下線部 (c) に関連する説明 X・Y について、その正誤の組み合わせとして最も適切なものはどれか。次の①〜④の中から一つ選べ。　26

　　X：信長は伊勢長島の一向一揆を壊滅させたのに続いて、越前の一向一揆を平定した。

　　Y：本願寺の顕如（光佐）は、諸国の門徒に信長と戦うことを呼びかけて挙兵し、11年におよぶ石山戦争（合戦）を展開した。

　　①　X：正　－　Y：正　　②　X：正　－　Y：誤

　　③　X：誤　－　Y：正　　④　X：誤　－　Y：誤

（次の頁にも設問があります）

3 1585年、(d) 豊臣（羽柴）秀吉は　け　をくだして四国を平定すると、1587年には九州の　こ　を
征討して降伏させ、1590年には小田原の　さ　らを滅ぼし、また　し　ら東北地方の諸大名をも服属
させて、全国統一を完成した。

　　豊臣政権が打ち出した中心政策は、(e) 検地と刀狩であった。また豊臣政権では腹心の家臣を五奉行
として政務を分掌させ、有力大名を (f) 五大老としたのは秀吉の晩年のことであった。

問7　下線部 (d) に関連する説明X・Y・Zについて、その正誤の組み合わせとして最も適切なものはど
　　れか。次の①〜④の中から一つ選べ。　27

　　X：朝廷から関白、その後、太政大臣に任じられ、豊臣の姓を与えられた。

　　Y：1588年、京都に新築した聚楽第に後水尾天皇を迎えて歓待した。

　　Z：京都・大坂・堺などの重要都市を直轄にして豪商を統制下におき、政治・軍事などにその経済力を
　　　　活用した。

　　①　X：正　−　Y：誤　−　Z：正　　　　②　X：正　−　Y：正　−　Z：誤

　　③　X：誤　−　Y：正　−　Z：誤　　　　④　X：誤　−　Y：誤　−　Z：正

問8　　け　・　こ　・　さ　・　し　に入る戦国大名の組み合わせとして最も適切なものはどれか。
　　次の①〜④の中から一つ選べ。　28

　　①　け：島津義久　　　　　−　こ：長宗我部元親　　−　さ：北条氏政　　−　し：伊達政宗

　　②　け：長宗我部元親　　　−　こ：島津義久　　　　−　さ：北条氏政　　−　し：伊達政宗

　　③　け：島津義久　　　　　−　こ：長宗我部元親　　−　さ：伊達政宗　　−　し：北条氏政

　　④　け：長宗我部元親　　　−　こ：島津義久　　　　−　さ：伊達政宗　　−　し：北条氏政

問9　下線部 (e) に関する太閤検地の説明X・Y・Zについて、その正誤の組み合わせとして最も適切な
　　ものはどれか。次の①〜④の中から一つ選べ。　29

　　X：土地の面積表示を新しい基準のもとに定めた町・段・畝・歩に統一した。

　　Y：荘園制のもとで一つの土地に何人もの権利が重なりあっていた状態を整理し、検地帳には実際に耕
　　　　作している農民の田畑と屋敷地を登録した。

　　Z：天正の石直しとも呼ばれ、石高制を米の収穫高による貫高制に改めた。

　　①　X：正　−　Y：誤　−　Z：正　　　　②　X：正　−　Y：正　−　Z：誤

　　③　X：誤　−　Y：正　−　Z：誤　　　　④　X：誤　−　Y：誤　−　Z：正

問10　下線部 (f) と呼ばれた大名として**誤っているもの**はどれか。次の①〜④の中から一つ選べ。　30

　　①　徳川家康　　　　②　前田利家　　　　③　毛利元就　　　　④　宇喜多秀家

Ⅳ 次の**文章1・3**、**表2**を読み、**問1～問10**に答えよ。

1 アメリカ大統領 あ が提唱していた14カ条を講和の基礎としてドイツが受け入れたことで、1918年11月、休戦が成立した。1919年には、連合国の首脳によって第一次世界大戦終結後の国際体制の構築について話し合ったパリ講和会議が開かれ、(a) 講和条約（ヴェルサイユ条約）が調印された。また国際紛争の平和的解決と国際協力のための機関として (b) 国際連盟が発足した。

問1 あ に入る人物として最も適切なものはどれか。次の①～④の中から一つ選べ。 31

① ウィルソン　　　② セオドア゠ローズヴェルト

③ ハーディング　　④ フランクリン゠ローズヴェルト

問2 下線部 (a) に関連する説明X・Yについて、その正誤の組み合わせとして最も適切なものはどれか。次の①～④の中から一つ選べ。 32

X：日本は山東省の旧ドイツ権益の継承を認められ、赤道以北の旧ドイツ領南洋諸島の委任統治権を得た。

Y：条約には、日本が主張した移民排斥への対応などを目的とした人種差別撤廃案も含まれた。

① X：正 － Y：正　　② X：正 － Y：誤

③ X：誤 － Y：正　　④ X：誤 － Y：誤

問3 下線部 (b) に関連する説明a～dの組み合わせとして最も適切なものはどれか。次の①～④の中から一つ選べ。 33

a：史上初の国際平和機構で各国間の行動を律するための国際法の原則を確立した。

b：各国間の協調を促進しようとしたが、戦勝国に有利な状況を維持する側面もあった。

c：イギリスは上院の反対で国際連盟に参加することができなかった。

d：日本、フランス、イタリア、アメリカ（のちドイツを追加）は常任理事国となった。

① a・b　　② b・d　　③ c・d　　④ a・c

2 第一次世界大戦後のおもな国際条約

条約名		参加国	内容・その他
ワシントン会議	四カ国条約	米・英・日・仏	う
	九カ国条約	米・英・日・仏・伊・ベルギー・ポルトガル・オランダ・中国	え
	海軍軍縮条約	い	お
ロンドン海軍軍縮条約		い	か

問4 い に入る国名として最も適切なものはどれか。次の①～④の中から一つ選べ。 34

① 米・英・日・伊・オランダ　　② 米・英・中国・仏・伊

③ 米・英・日・仏・伊　　　　　④ 米・英・日・中国・仏

問5 　う　・　え　に入る条約の説明a～dの組み合わせとして最も適切なものはどれか。次の①～
④の中から一つ選べ。　35

　　a：太平洋諸島の現状維持と、太平洋問題に原因する紛争の話合いによる解決が決められた。

　　b：条約締結により日米間の石井・ランシング協定は廃棄された。

　　c：中国の領土と主権の尊重、中国における各国の経済上の門戸開放・機会均等を約束した。

　　d：条約締結により日英同盟協約が廃棄された。

　　① 　う：a　－　え：c　　　　② 　う：a　－　え：d

　　③ 　う：b　－　え：c　　　　④ 　う：b　－　え：d

問6 　お　・　か　に入る条約の説明a～dの組み合わせとして最も適切なものはどれか。次の①～
④の中から一つ選べ。　36

　　a：主力艦の保有比率をアメリカ・イギリス各5、日本3とした。

　　b：主力艦が老朽化した場合は代艦を建造することを認めた。

　　c：補助艦（巡洋艦・駆逐艦・潜水艦）の総保有比率がアメリカ・イギリス・日本で、ほぼ10：10：7
　　　と決定された。

　　d：補助艦建造を禁止した。

　　① 　お：a　－　か：c　　　　② 　お：a　－　か：d

　　③ 　お：b　－　か：c　　　　④ 　お：b　－　か：d

3　1912年、労働者階級の地位向上と労働組合育成とを目的に　き　によって　く　が組織された。ま
た、農村でも小作料の引下げを求める小作争議が頻発し、1922年には全国組織である (c) 日本農民組合
が結成された。

　　一方、民本主義をとなえる　け　は、1918年には　こ　を組織して全国的な啓蒙運動をおこない、
時代の趨勢は平和・協調にあると述べた論説を通じて、知識人層を中心に大きな影響を与えた。

　　こうした革新的な雰囲気の中で、大逆事件以来の「冬の時代」にあった (d) 社会主義者たちも活動を
再開した。また、(e) 社会的に差別されていた女性の解放をめざす運動や被差別部落の住民に対する社
会的差別を、政府の融和政策に頼ることなく自主的に撤廃しようとする運動も進展した。

問7 　き　・　く　・　け　・　こ　に入る語句の組み合わせとして最も適切なものはどれか。
　　次の①～④の中から一つ選べ。　37

　　① 　き：吉野作造　－　く：黎明会　－　け：鈴木文治　－　こ：友愛会

　　② 　き：鈴木文治　－　く：黎明会　－　け：吉野作造　－　こ：友愛会

　　③ 　き：吉野作造　－　く：友愛会　－　け：鈴木文治　－　こ：黎明会

　　④ 　き：鈴木文治　－　く：友愛会　－　け：吉野作造　－　こ：黎明会

問8 下線部 (c) を設立した人物の組み合わせとして最も適切なものはどれか。次の①～④の中から一つ選べ。 38

① 石川三四郎・安部磯雄　　② 安部磯雄・賀川豊彦

③ 杉山元治郎・賀川豊彦　　④ 石川三四郎・杉山元治郎

問9 下線部 (d) に関連する説明a～dの組み合わせとして最も適切なものはどれか。次の①～④の中から一つ選べ。 39

a：労働運動家・学生運動家・諸派の社会主義者たちを一堂に会した日本社会主義同盟が結成されたが、その後、禁止された。

b：社会主義の学問的な研究にも制限が加えられ、東京帝国大学助教授森戸辰男がクロポトキンの研究をとがめられて休職処分になった。

c：社会主義勢力内部では堺利彦らの無政府主義者と、大杉栄らの共産主義（マルクス・レーニン主義）者が対立していた。

d：堺利彦や山川均らによって日本社会党がコミンテルンの支部として非合法のうちに結成された。

① a・b　　② b・d　　③ c・d　　④ a・c

問10 下線部 (e) に関連する説明X・Yについて、その正誤の組み合わせとして最も適切なものはどれか。次の①～④の中から一つ選べ。 40

X：平塚らいてう（明）と市川房枝らが設立した新婦人協会は、参政権の要求など女性の地位を高める運動を進めた。

Y：被差別部落民の差別解消のための自主的な解放団体として全国水平社が西光万吉らによって結成された。

① X：正 － Y：正　　② X：正 － Y：誤

③ X：誤 － Y：正　　④ X：誤 － Y：誤

4G 日 本 史

2月27日

（解答番号 $\boxed{1}$ ～ $\boxed{40}$ ）

Ⅰ 次の文章 1・2 を読み、問 1～問10に答えよ。

1　1180年、　あ　の皇子以仁王や、畿内に基盤をもつ摂津源氏の　い　が平氏打倒をめざして挙兵した。以仁王と　い　はまもなく敗死したが、以仁王の令旨によって反平氏勢力が挙兵し、　う　・寿永の乱と呼ばれる争乱が、(a) 5 年にわたって展開された。この間、(b) 平氏は反平氏勢力に抵抗する動きをみせたものの、最終的に滅亡した。

　　源頼朝は、(c) 鎌倉に入ったあと、西国に派遣した弟らに平氏との戦闘を委ねる一方、挙兵してから死去するまでの約20年の間に、同地を拠点に本格的な武家政権の体裁を整えていった。例えば、頼朝は1180年代前半に侍所・公文所・問注所を設け、問注所の長官である執事には、　え　が任じられた。

問 1　　あ　・　い　・　う　に入る語句の組み合わせとして最も適切なものはどれか。次の①～④の中から一つ選べ。　$\boxed{1}$

① あ：後白河法皇　－　い：源義家　－　う：承平

② あ：鳥羽法皇　　－　い：源義家　－　う：承平

③ あ：鳥羽法皇　　－　い：源頼政　－　う：治承

④ あ：後白河法皇　－　い：源頼政　－　う：治承

問 2　下線部 (a) に関連する説明 a～d の組み合わせとして最も適切なものはどれか。次の①～④の中から一つ選べ。　$\boxed{2}$

a：源頼朝は、挙兵したのち、石橋山の戦いで平氏の軍に敗れた。

b：以仁王の令旨に呼応して、源義朝は流刑地の伊豆で挙兵した。

c：源義経は、一の谷の合戦や、屋島の合戦を経て、壇の浦で平氏を滅ぼした。

d：信濃の木曽谷で挙兵した源範頼は、倶利伽羅峠の戦いに勝利して入京した。

① a・b　　　② c・d　　　③ a・c　　　④ b・d

問 3　下線部 (b) に関連して、1180年代における平氏に関わる出来事の説明として誤っているものはどれか。次の①～④の中から一つ選べ。　$\boxed{3}$

① 平氏は都を福原京に移す措置をとったが、まもなく京都に戻した。

② 反平氏勢力が各地で挙兵するなかで、平清盛が死去した。

③ 畿内・西国を中心とする養和の飢饉は、平氏に打撃を与えた。

④ 高倉天皇を奉じて、平氏は西国に都落ちした。

問4 下線部（c）を示した下の図に関連する説明として**誤っているもの**はどれか。次の①〜④の中から一つ選べ。 | 4 |

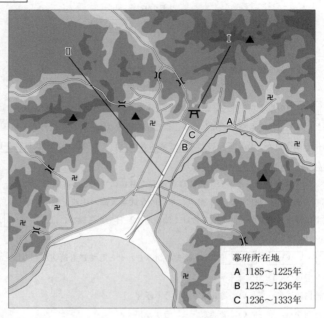

幕府所在地
A 1185〜1225年
B 1225〜1236年
C 1236〜1333年

① 鎌倉には、建仁寺、万寿寺などを含む鎌倉五山がおかれた。

② 源頼朝は、鎌倉内の幕府の所在地を、死去するまで変更しなかったと考えられる。

③ Ⅰは、源頼義が石清水八幡宮を勧請した鶴岡八幡宮である。

④ Ⅱは、若宮大路と呼ばれ、南の由比ガ浜まで開かれている。

問5 | え | に入る人物として最も適切なものはどれか。次の①〜④の中から一つ選べ。 | 5 |

① 中原親能　　② 大江広元　　③ 畠山重忠　　④ 三善康信

（次の頁にも設問があります）

2 　東国武士らは、所領支配の保障、戦功に対する公平な恩賞を求めた。(d) 源頼朝は、そうした武士の期待に応えながら御家人との主従関係を構築する一方、東国支配権、(e) 守護・地頭を設置する権限の獲得などを通じて、東国を基盤とする武家政権の勢力を伸長させていった。

　　頼朝は、1189年には　お　を滅ぼして、東北地方を勢力下におき、1190年に上洛して　か　となり、1192年には征夷大将軍に任じられた。

　　1180年代から1190年代にかけて、(f) 鎌倉幕府の支配体制は整備されていったが、幕府の諸機関・役職のうち、この時期に設置された　き　が特に重視されたことなどから知られるように、国司を任命して全国の一般行政を統轄していた朝廷も、政治面・経済面で支配力を保持していた。

　　また、貴族・大寺社を中心とする荘園領主の力も強く残っており、(g) 京都を拠点とする朝廷や寺社勢力、鎌倉を拠点とする幕府による二元的な支配は、鎌倉時代の特徴の一つとされている。

問6　下線部 (d) に関連する説明 X・Y について、その正誤の組み合わせとして最も適切なものはどれか。次の①～④の中から一つ選べ。　**6**

　　X：軍役などの奉公につとめた御家人に対し、源頼朝は、先祖伝来の所領の支配を保障する新恩給与の形で御恩を与えた。

　　Y：所領の給与を通じて、主人と従者が御恩と奉公の関係によって結ばれる制度は、封建制度と呼ばれる。

　　①　X：正　－　Y：正　　　　②　X：正　－　Y：誤

　　③　X：誤　－　Y：誤　　　　④　X：誤　－　Y：正

問7　下線部 (e) に関連して、大犯三カ条に数えられる守護の職権として**誤っているもの**はどれか。次の①～④の中から一つ選べ。　**7**

　　①　京都大番役の催促　　　②　刈田狼藉の取締り　　　③　謀叛人の逮捕　　　④　殺害人の逮捕

問8　　お　・　か　・　き　に入る語句の組み合わせとして最も適切なものはどれか。次の①～④の中から一つ選べ。　**8**

　　①　お：藤原秀衡　－　か：右近衛大将　－　き：奥州総（惣）奉行

　　②　お：藤原秀衡　－　か：鎮守府将軍　－　き：京都守護

　　③　お：藤原泰衡　－　か：右近衛大将　－　き：京都守護

　　④　お：藤原泰衡　－　か：鎮守府将軍　－　き：奥州総（惣）奉行

問9　下線部 (f) に関連して、鎌倉幕府の経済的基盤の一つで、鎌倉殿・将軍が本所として支配した荘園として最も適切なものはどれか。次の①～④の中から一つ選べ。　**9**

　　①　関東御領　　　②　関東知行国（御分国）　　　③　御料所　　　④　殿下渡領

問10 下線部（**g**）に関連して、鎌倉時代における荘園・公領と、朝廷・幕府との関係に関する説明**X・Y**について、その正誤の組み合わせとして最も適切なものはどれか。次の①〜④の中から一つ選べ。

　　　10

X：幕府は、国衙の在庁官人に命じて、荘園・公領ごとの田地の面積などを調査した大田文を作成させることもあった。

Y：幕府と朝廷の関係も、新制と呼ばれる朝廷の法令や宣旨で定められており、朝廷と幕府とは支配者としての共通面をもっていた。

① **X**：正 － **Y**：正　　② **X**：正 － **Y**：誤

③ **X**：誤 － **Y**：誤　　④ **X**：誤 － **Y**：正

（次の頁にも設問があります）

(4G－4)

Ⅱ 次の文章1〜3を読み、問1〜問10に答えよ。

1 戦国の争乱は、1467年から10年以上にわたって京都を舞台に継続した　あ　に始まるとされることが多い。しかし、　あ　が終息したあとも将軍の権力が完全に無力化したわけではないことなどから、1493年、管領の細川氏が将軍を廃した　い　を戦国時代の起点とみなす見解も有力視されている。

　一方で、(a) 関東地方では、15世紀半ばの享徳の乱を機に戦乱状態に入っており、この時期に戦国時代の起点を求める捉え方もある。関東地方では、1493年、　う　が伊豆を襲撃して8代将軍足利義政の甥にあたる茶々丸を追放し、1495年には相模に進出した。1493年の　う　の動きは、　い　に関係していたともいわれている。

　　い　後の幕府の実権は細川氏が掌握したものの、やがて家臣の　え　が細川氏の実権を奪い、さらに実権は　え　の家臣　お　へと移っていった。

問1　　あ　・　い　に入る語句の組み合わせとして最も適切なものはどれか。次の①〜④の中から一つ選べ。　11

①　あ：応仁の乱　−　い：明応の政変

②　あ：応仁の乱　−　い：嘉吉の変（乱）

③　あ：明徳の乱　−　い：明応の政変

④　あ：明徳の乱　−　い：嘉吉の変（乱）

問2　下線部 (a) に関連して、15世紀後半における関東地方の状況に関する説明X・Yについて、その正誤の組み合わせとして最も適切なものはどれか。次の①〜④の中から一つ選べ。　12

　X：鎌倉公方は、足利成氏の古河公方と、足利政知の堀越公方とに分裂した。

　Y：関東管領の上杉家では、山内上杉家と扇谷上杉家の間で抗争が展開されていた。

①　X：正　−　Y：正　　　　②　X：正　−　Y：誤

③　X：誤　−　Y：誤　　　　④　X：誤　−　Y：正

問3　　う　に入る人物として最も適切なものはどれか。次の①〜④の中から一つ選べ。　13

①　北条氏康　　②　北条氏直　　③　北条氏綱　　④　北条早雲

問4　　え　・　お　に入る人物の組み合わせとして最も適切なものはどれか。次の①〜④の中から一つ選べ。　14

①　え：畠山満家　−　お：斯波義敏

②　え：畠山満家　−　お：松永久秀

③　え：三好長慶　−　お：斯波義敏

④　え：三好長慶　−　お：松永久秀

2 15世紀半ばから戦乱状態に陥っていた関東地方だけでなく、(b) 日本列島の諸地域では、15世紀後半から16世紀にかけて、戦乱が頻発する事態が生じた。戦国大名は、常に戦争ばかりしていたわけではなく、(c) 軍事指導者・領国支配者としての立場を維持するために、領国経営にも取り組んだ。

　　駿河・遠江・三河を領国化した｜　か　｜など、守護出身の戦国大名も、幕府権威が失墜するなか、その権威に依存することはできなくなったため、実力で領国支配を行う必要が生じた。

　　戦国大名のなかには、領国支配のための基本法として、分国法を制定する者もあった。「分限あらん者、｜　き　｜へ引越……」の条文で知られる『朝倉孝景条々』や、伊達氏の『｜　く　｜』などがよく知られている。

問5　下線部 **(b)** の説明として**誤っているもの**はどれか。次の①〜④の中から一つ選べ。｜ **15** ｜

　　①　上杉謙信は、北信濃の川中島などで、武田信玄と戦った。

　　②　毛利元就は、陶晴賢を滅ぼし、山陰地方の尼子氏とも戦った。

　　③　九州地方では、島津氏と豊後を拠点としていた大友氏が戦闘を繰り返した。

　　④　東北地方では、国人から大名に成長した朝倉氏が、勢力を伸長させた。

問6　下線部 **(c)** に関連して、戦国大名のもとでの軍事制度の整備や軍事体制の強化に関する説明**X・Y**について、その正誤の組み合わせとして最も適切なものはどれか。次の①〜④の中から一つ選べ。
｜ **16** ｜

　　X：国人や地侍らの収入額を、貫高で統一的に把握し、貫高にみあった軍役を負担させる軍事制度を整備する者もいた。

　　Y：家臣団に組み入れた地侍を有力家臣に預ける形で組織化する、惣領制と呼ばれる制度によって集団戦を実現する者もいた。

　　①　**X**：正 － **Y**：正　　　②　**X**：正 － **Y**：誤

　　③　**X**：誤 － **Y**：誤　　　④　**X**：誤 － **Y**：正

問7　｜　か　｜に入る語句として最も適切なものはどれか。次の①〜④の中から一つ選べ。｜ **17** ｜

　　①　今川氏　　　②　相良氏　　　③　龍造寺氏　　　④　河野氏

問8　｜　き　｜・｜　く　｜に入る語句の組み合わせとして最も適切なものはどれか。次の①〜④の中から一つ選べ。｜ **18** ｜

　　①　き：春日山 － く：新加制式

　　②　き：春日山 － く：塵芥集

　　③　き：一乗谷 － く：新加制式

　　④　き：一乗谷 － く：塵芥集

（次の頁にも設問があります）

3 領国経営に尽力する戦国大名のもとでは、領国の政治・経済・文化の中心となる城下町が建設された。戦国大名が経済の発展を促す政策を推進するなかで農村の市場や町の数が増加したこと、寺社参詣が流行したこと、浄土真宗が広まったことなどを背景に、(d) 戦国時代には多様な都市が生まれた。また、富裕な商工業者らによって (e) 自治的に運営される都市もみられた。

問9 下線部 (d) に関連する下の**図**に示された都市Ⅰ～Ⅲの説明**X・Y・Z**について、その正誤の組み合わせとして最も適切なものはどれか。次の①～④の中から一つ選べ。 19

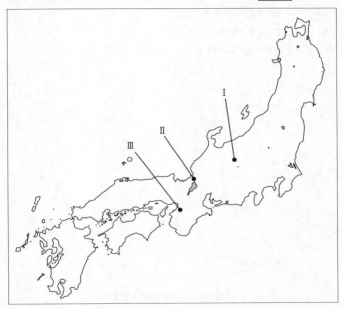

X：Ⅰは、寺社参詣の流行を背景に、善光寺の門前町として発展した長野である。

Y：Ⅱは、京都への物資輸送に重要な役割を果たしていた、港町の大湊である。

Z：Ⅲは、浄土真宗の信者によって形成された寺内町として知られる、吉崎である。

① **X**：正 － **Y**：誤 － **Z**：正　　② **X**：正 － **Y**：誤 － **Z**：誤

③ **X**：誤 － **Y**：正 － **Z**：誤　　④ **X**：誤 － **Y**：正 － **Z**：正

(4G－7)

問10 下線部（e）に関連して、次の**史料**の　け　・　こ　に入る語句の組み合わせとして最も適切なものはどれか。次の①～④の中から一つ選べ。　20

> 　け　の町は甚だ広大にして、大なる商人多数あり、此の町はベニス市の如く執政官に依りて治めらる。
>
> 　　　　　　　　　　　　　　　　　　　　　（　こ　の書簡　出典：『耶蘇会士日本通信』）

① け：博多　－　こ：ルイス＝フロイス
② け：博多　－　こ：ガスパル＝ヴィレラ
③ け：堺　　－　こ：ルイス＝フロイス
④ け：堺　　－　こ：ガスパル＝ヴィレラ

（次の頁にも設問があります）

III 次の文章1・2、史料3を読み、問1～問10に答えよ。

1　1780年代の天明の飢饉を背景に百姓一揆が全国で頻発し、10代将軍徳川家治の死後、政治を主導していた　あ　は、老中を罷免された。

1787年、11代将軍に就任した　い　のもとで、白河藩主の松平定信が老中に就任し、寛政の改革に着手した。天明の飢饉で荒廃した農村の復興を重要な課題と捉えた定信は、　う　を発する一方、各地に社倉・義倉を設けさせるなどの措置をとった。天明の飢饉に際して、江戸には周辺農村から多くの人びとが流入し、増加した無宿人が治安を悪化させていたことなどから、(a) いくつかの都市政策も打ち出した。

しかし、(b) きびしい統制や倹約令が民衆の反発を招き、朝幕関係の悪化を招いた事件をめぐって　い　との対立も生じるなか、定信は老中在職6年余りで退陣に追い込まれた。

問1　あ・い・う　に入る語句の組み合わせとして最も適切なものはどれか。次の①～④の中から一つ選べ。　**21**

① あ：堀田正俊　－　い：徳川家斉　－　う：旧里帰農令

② あ：田沼意次　－　い：徳川家斉　－　う：旧里帰農令

③ あ：堀田正俊　－　い：徳川家慶　－　う：人返しの法（人返し令）

④ あ：田沼意次　－　い：徳川家慶　－　う：人返しの法（人返し令）

問2　下線部 (a) に関連して、寛政の改革で打ち出された都市政策に関する説明X・Y・Zについて、その正誤の組み合わせとして最も適切なものはどれか。次の①～④の中から一つ選べ。　**22**

X：石川島に人足寄場が設けられ、無宿人が収容された。

Y：目安箱の投書にもとづき、小石川養生所が設けられた。

Z：節約した町費の7割を積み立てさせ、江戸町会所に運用させる政策が実施された。

① X：正　－　Y：誤　－　Z：正　　② X：正　－　Y：誤　－　Z：誤

③ X：誤　－　Y：正　－　Z：誤　　④ X：誤　－　Y：正　－　Z：正

問3　下線部 (b) に関連して、寛政の改革時に幕府・松平定信がとった措置に関する説明a～dの組み合わせとして最も適切なものはどれか。次の①～④の中から一つ選べ。　**23**

a：人情本の代表的作家である、為永春水を処罰した。

b：風俗を乱すとして、洒落本や黄表紙の出版を禁じた。

c：後水尾天皇の紫衣勅許を無効とし、幕府の法度が勅許より優先することを示した。

d：光格天皇による実父への尊号宣下の要求を拒否し、朝幕関係の悪化を招いた。

① a・b　　② c・d　　③ a・c　　④ b・d

2　1793年の松平定信の失脚後、文化年間までは改革路線が継続していたが、(c) 文政年間になると、質の劣った文政金銀が大量に鋳造・発行された。こうした政策は経済活動の活発化を促す効果を発揮したが、農民層の分解などを背景に、無宿人や博徒が増加して治安を悪化させる事態ももたらした。

　(d) 北方の緊張や外国船の接近などとともに、江戸周辺における治安の悪化は幕閣を動揺させた。1830年代には、天保の飢饉を背景に各地で一揆が発生し、陽明学者　え　やその門弟が大坂で、国学者　お　が越後柏崎で反乱を起こした。

　(e) 「内憂外患」が強く意識されるなか、水野忠邦を中心に、1841年から天保の改革が推進された。忠邦は1843年に老中を退かざるを得なくなり、天保の改革は短期でその幕を閉じたが、19世紀前半を中心とする時期に、(f) 薩長土肥といった大藩は改革に取り組んで成功し、西国の雄藩として幕末の政局に影響を与えた。

問4　下線部 (c) に打ち出された政策に関する説明a〜dの組み合わせとして、最も適切なものはどれか。次の①〜④の中から一つ選べ。　24

　a：寄場組合（改革組合村）をつくらせる措置がとられた。

　b：関東取締出役が設けられた。

　c：対外的な緊張が高まるなかで、異国船打払令が出された。

　d：アヘン戦争の情報が伝わるなかで、薪水給与令が出された。

　①　a・b　　　②　c・d　　　③　a・c　　　④　b・d

問5　下線部 (d) に関連して、北方の緊張を背景として、1808年に幕命によって樺太とその対岸を探査した人物として、最も適切なものはどれか。次の①〜④の中から一つ選べ。　25

　①　近藤重蔵　　　②　最上徳内　　　③　間宮林蔵　　　④　高田屋嘉兵衛

問6　え・お　に入る人物の組み合わせとして最も適切なものはどれか。次の①〜④の中から一つ選べ。　26

　①　え：大塩平八郎　－　お：大原幽学

　②　え：大塩平八郎　－　お：生田万

　③　え：竹内式部　－　お：大原幽学

　④　え：竹内式部　－　お：生田万

（次の頁にも設問があります）

問7　下線部（e）に関連して、「外患」として意識されたモリソン号事件と、この事件を批判した蘭学者に関する説明X・Yについて、その正誤の組み合わせとして最も適切なものはどれか。次の①〜④の中から一つ選べ。　27

X：日本人の漂流民を送還して日米交易をはかろうとしたアメリカ商船のモリソン号は、浦賀沖に接近した。

Y：渡辺崋山は『戊戌夢物語』を著し、幕府がモリソン号を撃退した事件を批判したが、蛮社の獄で処罰された。

①　X：正　－　Y：正　　　②　X：正　－　Y：誤

③　X：誤　－　Y：誤　　　④　X：誤　－　Y：正

問8　下線部（f）に関連して、薩摩藩において下級武士から登用され、三都の商人からの借財を事実上棚上げにし、黒砂糖の専売を強化するといった政策を実施した人物として最も適切なものはどれか。次の①〜④の中から一つ選べ。　28

①　村田清風　　　②　小松帯刀　　　③　吉田東洋　　　④　調所広郷

3　当世の俗習にて、異国船の入津ハ　(g) 長崎に限たる事にて、別の浦江船を寄ル事ハ決して成らざる事ト思リ。実に太平に鼓腹する人ト云べし。……海国なるゆへ何国の浦も心に任せて船を寄らゝ事なれば、東国なりとて曾て油断は致されざる事也。……当時長崎に厳重に石火矢の備有て、却て安房、相模の海港に其備なし。此事甚不審。細カに思へば江戸の日本橋より唐、阿蘭陀迄境なしの水路也。然ルを此に備へずして長崎にのミ備ルは何ぞや。

『海国兵談』

問9　下線部（g）に19世紀初頭来航し、通商を要求したロシア使節として最も適切なものはどれか。次の①〜④の中から一つ選べ。　29

①　レザノフ　　　②　ラ〔ッ〕クスマン　　　③　ゴロー〔ウ〕ニン　　　④　プ〔ゥ〕チャーチン

問10　史料 3 に関連する説明として最も適切なものはどれか。次の①〜④の中から一つ選べ。　30

①　長崎の貿易を強化すべきだとしている。

②　長崎以外の港でも、外国船の来航を警戒すべきだとしている。

③　この史料の筆者は、本多利明である。

④　この史料の筆者は、天保の改革で処罰されたことで知られる。

Ⅳ 次の**文章1～3**を読み、**問1～問10**に答えよ。

1 明治新政府が成立した1860年代後半以降、文明開化と呼ばれる西洋化の風潮が、1870年代にかけて強まっ
た。そうしたなかで、(a) 思想面では、明治初期に自由主義・個人主義などの西洋近代思想が流行したが、
1880年代前半には、国権論を主張する動きがみられた。

　しかし、日露戦争後には、国民の間で国家主義を疑問視する動きや個人主義的傾向が強まった。そのた
め政府は、1908年に　あ　を発して国民道徳の強化をめざした。

　明治期の宗教面における特筆点としては、神道国教化の試みが失敗したものの、教派神道が庶民の間に
浸透したこと、廃仏毀釈で打撃をうけた仏教界で、浄土真宗の僧　い　が自由信仰論を唱えて仏教の復
興を促したこと、(b) 外国人教師の影響などからキリスト教信仰が広がったことなどがあげられる。

問1 　下線部 (a) に関連して、明治期における思想の説明として最も適切なものはどれか。次の①～④の
　　中から一つ選べ。　31

　　① 徳富蘇峰は新聞『日本』を刊行し、平民的欧化主義を唱えた。

　　② 高山樗牛は、雑誌『太陽』で日本主義を唱えた。

　　③ 陸羯南は、雑誌『日本人』を刊行して近代的民族主義を主張した。

　　④ 三宅雪嶺は、雑誌『国民之友』で対外膨張論を展開した。

問2 　　あ　・　い　に入る語句の組み合わせとして最も適切なものはどれか。次の①～④の中から一
　　つ選べ。　32

　　① 　あ：教育勅語　－　い：島地黙雷

　　② 　あ：教育勅語　－　い：河口慧海

　　③ 　あ：戊申詔書　－　い：島地黙雷

　　④ 　あ：戊申詔書　－　い：河口慧海

問3 　下線部 (b) に関連して、熊本洋学校に招かれ、聖書を講じた人物として最も適切なものはどれか。
　　次の①～④の中から一つ選べ。　33

　　① 　フルベッキ　　　② 　ジェーンズ　　　③ 　ベルツ　　　④ 　クラーク

（次の頁にも設問があります）

2　1880年代に東京大学を卒業した坪内逍遙は、『　う　』を発表し、(c) 写実主義を強調した。

　　また、大隈重信が創立した　え　の講師となり、『早稲田文学』を創刊した。坪内は、文学や教育の

分野で活躍しただけでなく、劇作家として活躍するなど、(d) 演劇の発展にも貢献した。

問4　　う　に入る語句として最も適切なものはどれか。次の①〜④の中から一つ選べ。　34

　　①　経国美談　　　②　浮雲　　　③　五重塔　　　④　小説神髄

問5　下線部 (c) に関連して、写実主義を掲げた尾崎紅葉らの文学結社として最も適切なものはどれか。

　　次の①〜④の中から一つ選べ。　35

　　①　民友社　　　②　政教社　　　③　明六社　　　④　硯友社

問6　　え　に入る語句として最も適切なものはどれか。次の①〜④の中から一つ選べ。　36

　　①　東京専門学校　　　②　東京法学社　　　③　明治法律学校　　　④　英吉利法律学校

問7　下線部 (d) に関連して、明治期の演劇に関する説明 X・Y・Z について、その正誤の組み合わせと

　　して最も適切なものはどれか。次の①〜④の中から一つ選べ。　37

　　X：歌舞伎では、名優たちが活躍する、「団菊左時代」が到来した。

　　Y：民権思想を取り入れた、東海散士らによる壮士芝居が人気を集めた。

　　Z：小山内薫らの自由劇場で演じられた西洋の近代劇は、新劇と呼ばれた。

　　①　X：正　－　Y：誤　－　Z：正　　　②　X：正　－　Y：誤　－　Z：誤

　　③　X：誤　－　Y：正　－　Z：誤　　　④　X：誤　－　Y：正　－　Z：正

3　すでに幕末期においても、来日外国人が江戸幕府のもとで活躍していたが、明治時代になると、多くの

お雇い外国人が来日し、日本の近代化に貢献した。そのうち、法制面の整備や殖産興業政策に関わった外

国人はよく知られているが、(e) 自然科学や美術・建築などの分野で活躍する者もいた。

　　たとえば、美術の分野では、工部美術学校で指導し、(f) 西洋美術の発展に貢献したフォンタネージ、

伝統美術の保護に大きな役割を果たしたフェノロサがあげられる。建築の分野では、コンドルが工部大学

校で　お　らを育てた。

問8　下線部 (e) に関連して、ペスト菌の発見など**細菌学**の研究で業績を残した人物、緯度変化の Z 項を

　　発見するなど**天文学**で業績を残した人物の組み合わせとして最も適切なものはどれか。次の①〜④の中

　　から一つ選べ。　38

　　①　**細菌学**：北里柴三郎　－　**天文学**：長岡半太郎

　　②　**細菌学**：北里柴三郎　－　**天文学**：木村栄

　　③　**細菌学**：鈴木梅太郎　－　**天文学**：長岡半太郎

　　④　**細菌学**：鈴木梅太郎　－　**天文学**：木村栄

— 281 —

問9　下線部（f）に関連して、フランスに渡り、帰国して東京美術学校の西洋画科で指導にあたったこと、西洋美術団体の白馬会を結成したこと、下の**作品**を残したことで知られる人物として最も適切なものはどれか。次の①～④の中から一つ選べ。　39

①　青木繁　　　②　浅井忠　　　③　高橋由一　　　④　黒田清輝

問10　　お　　に入る、日本銀行本店などを設計した人物として最も適切なものはどれか。次の①～④の中から一つ選べ。　40

①　辰野金吾　　　②　片山東熊　　　③　曾禰達蔵　　　④　竹内久一

(4G－14)

1H　地　理

２月３日

（解答番号　1　～　39）

Ⅰ　次のユーラシア大陸における主要な地体構造【ⅰ】～【ⅵ】について説明する文章を読んで、**問１～問12**の設問に答えよ。

【ⅰ】：(あ)<u>スウェーデン・フィンランド・ロシア北西部</u>・(い)<u>ノルウェー・デンマークの一部</u>を含む(X)<u>先カンブリア時代</u>の変成岩、花コウ岩が広く分布している安定陸塊である。

【ⅱ】：地中海西部から(う)<u>大スンダ列島</u>まで、ユーラシア大陸南部を東西に走る造山帯である。ローラシア大陸とゴンドワナ大陸の間にあった(Y)<u>テティス海</u>の海成層の隆起により形成された。

【ⅲ】：　ア　を中心とする広大な盆地で、内側が緩斜面で外側が急斜面をなす丘陵が同心円状に配列し、(え)<u>ケスタ</u>を形成している。

【ⅳ】：【ⅰ】の南に位置し、北はフィンランド湾から南は(お)<u>黒海</u>にかけて広がる広大な安定陸塊である。

【ⅴ】：(か)<u>ウラル山脈とヴェルホヤンスク山脈</u>の間に広がる安定陸塊であり、　イ　台地ともいう。(Z)<u>古生代・中生代</u>の地層が水平に露出する。

【ⅵ】：千島列島・日本・台湾などと続く弧状列島を形成し、ニュージーランド、アリューシャン列島、南北アメリカ大陸西海岸を含めた、(き)<u>環太平洋造山帯</u>の一端をなす。

問１　下線部（あ）の２国に共通する特徴を示す説明文として**最も不適当なもの**を、次の①～④の中から一つ選べ。　　　　1

①　ボスニア湾に面している。

②　ICTなどの先端技術産業が主要産業となっている。

③　国の政体は共和制である。

④　2022年にNATOへの加盟申請を行った。

問２　下線部（い）の２国に共通する特徴を示す説明文として最も適当なものを、次の①～④の中から一つ選べ。　　　　2

①　スカンディナヴィア半島に位置する。

②　北大西洋海流の影響を受け全土がCs気候区に属する。

③　国の政体は共和制である。

④　主な宗教はプロテスタントである。

問３　下線部（う）に属する島として**最も不適当なもの**を、次の①～④の中から一つ選べ。　　　　3

①　ルソン島　　　②　ジャワ島　　　③　スマトラ島　　　④　カリマンタン（ボルネオ）島

地理

問4　地体構造【ⅲ】に関連して、以下は下線部（え）の地形がみられる地域を示した【標高図】である。

このとき次の（1）、（2）の問いに答えよ。

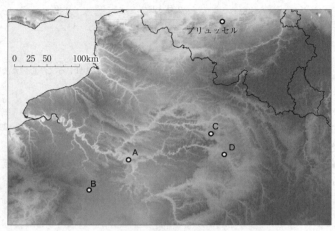

【標高図】
注：標高値は白から黒くなるほど大きい。
資料：「WORLDCLIM.ORG」Altitudeデータより作成。

（1）　 ア 　にあてはまる都市名と【標高図】中の位置の組み合わせとして最も適当なものを、次の①〜⑥の中から一つ選べ。　 4

	都市 ア	位置
①	パリ	C
②	ボルドー	B
③	ボン	A
④	パリ	A
⑤	ボルドー	D
⑥	ボン	B

（2）下線部（え）に関連した説明文として最も不適当なものを、次の①〜④の中から一つ選べ。　 5

① 硬軟の互層からなる地層帯である。

② 急斜面では混合農業が営まれる。

③ 構造平野にみられる地形である。

④ 外的営力である侵食を受けた地形である。

問5　地体構造【ⅳ】に含まれる地域に関連する用語として最も不適当なものを、次の①〜④の中から一つ選べ。　 6

① テラロッサ　　② 卓状地　　③ チェルノーゼム　　④ 東ヨーロッパ平原

問6　下線部（お）に領土を接する国として**最も不適当なもの**を、次の①～④の中から一つ選べ。　　7

①　ジョージア　　②　クロアチア　　③　ルーマニア　　④　ウクライナ

問7　下線部（か）に関する説明文として**最も不適当なもの**を、次の①～④の中から一つ選べ。　　8

①　古期造山帯に属する。

②　東経60度の経線に沿って連なる。

③　ウラル山脈の西部はヴォルガ川水系に属する。

④　北部の大部分はロシア、南部の一部はモンゴルに属する。

問8　　イ　　にあてはまる地域に含まれるものとして**最も不適当なもの**を、次の①～④の中から一つ選べ。

　　9

①　エニセイ川　　②　サハ共和国　　③　イルクーツク　　④　アラル海

問9　下線部（き）に位置する山脈として最も適当なものを、次の①～④の中から一つ選べ。　　10

①　ヒマラヤ山脈　　②　アンデス山脈　　③　ペニン山脈　　④　アパラチア山脈

問10　下線部（X）、（Z）および（Y）の存在末期を時代の古い順番から並べた時系列として最も適当なものを、次の①～④の中から一つ選べ。　　11

①　（X）　→　（Y）の存在末期　→　（Z）

②　（X）　→　（Z）　→　（Y）の存在末期

③　（Z）　→　（X）　→　（Y）の存在末期

④　（Z）　→　（Y）の存在末期　→　（X）

問11　【ⅰ】～【ⅵ】の地体構造のうち楯状地に該当するものを、次の①～⑥の中から一つ選べ。　　12

①　【ⅰ】　　②　【ⅱ】　　③　【ⅲ】　　④　【ⅳ】　　⑤　【ⅴ】　　⑥　【ⅵ】

問12 以下の【グラフ】は、ユーラシア・アフリカ・北アメリカ・南アメリカ・オーストラリア大陸の、標高区分別面積および気候区別面積の割合を示したものである。【グラフ】中の**a～c**と**d～f**のうち、ユーラシア大陸に該当する組み合わせとして最も適当なものを、次の①～⑥の中から一つ選べ。

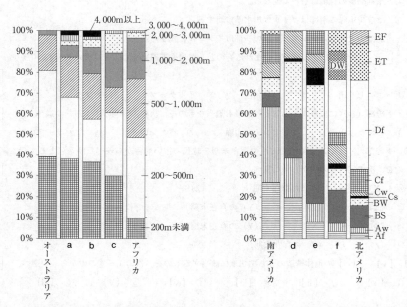

【グラフ】各大陸の標高区分別面積割合　　　【グラフ】各大陸の気候区別面積割合

注：オーストラリアにはニューギニアなどを含む

資料：『データブック オブ・ザ・ワールド2022年版』などより作成。

	標高区分別面積割合	気候区別面積割合
①	a	d
②	a	f
③	b	e
④	b	f
⑤	c	d
⑥	c	e

（次の頁にも設問があります）

(1H－4)

Ⅱ 気候条件と果実生産に関する次の文章を読んで、**問1〜問13**の設問に答えよ。

世界では地域ごとに異なる気候条件のもとで、多様な果実生産が行われている。

熱帯・亜熱帯地域は (あ)バナナなどの果実の生産がみられる。バナナは、赤道を中心とした北緯30度から南緯30度の範囲で広く生産され、(い)年降水量900mm以上が生育上の主な条件となる。バナナ生産の発展過程の一つに、(う)大規模な企業的農業であるプランテーション農業として広がったケースもみられる。

(え)地中海性気候は、中緯度の大陸西岸に分布する温帯気候である。夏は (お)亜熱帯高圧帯の影響で乾燥するため、その条件下で、オリーブやブドウ、(か)柑橘類などの生産が多くみられる。このうち、(き)フランス・イタリア・スペインなどでは、ブドウを原料としたワイン生産が盛んに行われている。

(く)冷涼な地域の果実としては、リンゴが代表的である。リンゴの栽培は年平均気温6〜14℃の地域が適し、比較的降水量は少なく、一般に昼夜の温度差が大きい方が好条件となる。2020年においてリンゴは(け)中国が世界第1位の生産国であり、その世界シェアは46.9%と、第2位のアメリカ合衆国と比べ圧倒的に多い現状となっている。(こ)日本の果実生産においても、(さ)リンゴは有力な一角を占めている。

下の表は、ある果実の生産量の上位4ヶ国を表したものである。

表 ある果実の生産量の上位4ヶ国（2020年）

国	生産量（千t）	世界の生産量に占めるシェア（%）
(し)フィリピン	2,703	9.7
(す)コスタリカ	2,624	9.4
ブラジル	2,456	8.8
インドネシア	2,447	8.8

資料：『データブック オブ・ザ・ワールド2023年版』より作成。

問1 下線部（あ）のバナナの説明として最も適当なものを、次の①〜④の中から一つ選べ。　　　14

① 主食として自給用に生産されることも多い。

② 台湾が原産地とされる。

③ 中国では長江流域が最大の産地となっている。

④ 輸出量が世界第1位（2020年）の国はフィリピンである。

問2 下線部（い）の年降水量に関する説明として**最も不適当な**ものを、次の①〜④の中から一つ選べ。

15

① 東京の方がロンドンよりも年降水量が少ない。

② ホンコン（香港）の年降水量は1,000mmよりも多い。

③ モスクワの方がジャカルタよりも降水量の季節変化は小さい。

④ 高知市の方が松山市よりも年降水量が多い。

問3　下線部（う）に関連して、世界有数規模の企業的農業が行われている地域と、そこでの主要な農作物や家畜の組み合わせとして**最も不適当なもの**を、次の①〜④の中から一つ選べ。 16

① グレートプレーンズ：肉牛　　　② アルゼンチン南部：羊

③ プレーリー：小麦　　　　　　　④ マリーダーリング盆地：コーヒー豆

問4　下線部（え）の地中海（ユーラシア大陸とアフリカ大陸に囲まれる海域）やその周辺地域に関する説明として最も適当なものを、次の①〜④の中から一つ選べ。 17

① 地中海はボスポラス海峡を経て大西洋に通じる。

② サウジアラビアのハシメサウド油田の原油はパイプラインで地中海沿岸に輸送される。

③ ナイル川西岸の地中海に臨む一帯の地域を「ガザ地区」という。

④ 地中海の支湾の一つであるアドリア海のクロアチア側では沈水（沈降）海岸がみられる。

問5　下線部（お）の亜熱帯高圧帯に関する説明として最も適当なものを、次の①〜④の中から一つ選べ。

18

① スコールをもたらす。

② 高緯度側に偏西風が吹きだす。

③ 低緯度側に極偏東風が吹きだす。

④ 極高圧帯ともいう。

問6　下線部（か）の柑橘類に関する説明として**最も不適当なもの**を、次の①〜④の中から一つ選べ。

19

① レモンはインドが原産地である。

② 日本のみかん生産量第1位（2021年）の県は東海地方に位置している。

③ アメリカ合衆国におけるグレープフルーツの主産地にフロリダ州がある。

④ グレープフルーツの生産量世界第1位（2020年）は中国である。

問7　下線部（き）に関連して、フランス・イタリア・スペインの3国を比較した時、その順位が最も適当なものを、次の表中の①〜④の中から一つ選べ。 20

		第1位	第2位	第3位
①	国土面積	イタリア	フランス	スペイン
②	人口（2021年）	スペイン	イタリア	フランス
③	オリーブの生産量（2020年）	スペイン	イタリア	フランス
④	トマトの生産量（2020年）	フランス	スペイン	イタリア

問8　下線部（く）に関連して冷涼な地域で栽培される農作物として**最も不適当なもの**を、次の①〜④の中から一つ選べ。

21

① ごま　　② てんさい　　③ じゃがいも　　④ そば

(1H−6)

問9　下線部（け）に関連して、中国が世界第1位（2020年）となっているものとして**最も不適当なもの**を、次の①〜④の中から一つ選べ。 `22`

① 鉄鋼の輸入量　　② 国防支出総額　　③ キャベツ類の生産量　　④ 羊の頭数

問10　下線部（こ）の日本の果実に関する説明として最も適当なものを、次の①〜④の中から一つ選べ。
`23`

① 品目別果実の収穫量のうち現在（2021年）ぶどうが最も多い。

② 全国の総産出額（2020年）では果実よりも畜産物の方が高い。

③ 日本はバナナの輸入量世界第1位（2020年）の国である。

④ 日本のみかんの生産量は1980年当時に比べ現在（2021年）は約2倍に増えている。

問11　下線部（さ）のリンゴについて、国内生産量第1位（2020年）の県におけるその主要な生産地域として最も適当なものを、次の①〜④の中から一つ選べ。 `24`

① 男鹿半島全域　　② 最上川の下流域　　③ 岩木川の中流域　　④ 会津盆地とその周辺

問12　冒頭の表で生産量を示したある果実の説明として**最も不適当なもの**を、次の①〜④の中から一つ選べ。
`25`

① 缶詰や果汁など加工用途は広い。

② 広東料理の具材としても用いられる。

③ バショウ科の植物に分類される。

④ ハワイ諸島では日本人移民がプランテーションを手掛けた。

問13　表中の下線部（し）・（す）のフィリピンとコスタリカの2国間の共通点として**最も不適当なもの**を、次の①〜④の中から一つ選べ。 `26`

① 英語が公用語の一つとなっている。

② 国土の一部が太平洋に面している。

③ カトリックが主要な宗教である。

④ スペイン領になったことがある。

Ⅲ 南北アメリカとその周辺地域に関する次の文章と地図を読んで、**問1～問9**の設問に答えよ。

　ラテンアメリカの国々のうち、(あ)ブラジルでは河川を利用した水力発電が工業化を支えたほか、(い)農業生産や農産物輸出が経済発展の原動力となってきた。(う)ラテンアメリカの社会は多様な人種・民族構成が特徴となっているが、国内の格差やスラムの存在など多くの問題もかかえている。

　北アメリカ大陸のうち(え)アメリカ合衆国と(お)カナダを含む地域は、アングロアメリカと呼ばれる。アメリカ合衆国は世界各国から移民を受け入れながら経済発展を遂げた歴史を持ち、近年では国内各地で(か)先端技術産業の発展が著しい。また1994年の北米自由貿易協定（NAFTA）成立後は、アメリカ合衆国、カナダ、(き)メキシコの３国の経済的結びつきが強まった。

問1　以下の　27　～　30　にあてはまるラテンアメリカの国の地図上の記号として最も適当なものを、次の①～⑥の中から一つ選べ。

（1）　27　はOPECの原加盟国で、原油埋蔵量は世界最大級である。

（2）　28　のウユニ塩原付近には世界最大級のリチウム鉱床がある。

（3）　29　の南東部、標高2,430mに位置するインカ帝国の遺跡は「空中都市」とも呼ばれ、世界遺産に登録されている。

（4）切り花輸出（2020年）については、以下の表に示すように　30　を含む３ヶ国で世界の輸出額の約７割を占めている。

表　切り花の輸出額（百万ドル、2020年）

オランダ	30	エクアドル
4,601	1,423	838

資料：『地理データファイル2023年度版』より作成。

①　A　　②　B　　③　C　　④　D　　⑤　E　　⑥　F

（次の頁にも設問があります）

(1H－8)

問2 下線部（あ）についての説明として最も適当なものを、次の①〜④の中から一つ選べ。　31

① 地図上の**a**付近ではカンポセラードの開発が進み、世界的な大豆生産地となっている。

② ブラジル高原南部の河川には、地図上の**b**に位置するイタイプダムなど多数の発電用ダムがつくられている。

③ 肥沃なテラローシャが広がるブラジル高原南部では、コーヒー栽培が発展した。

④ 熱帯収束帯が北上する7月には、ブラジル全土で雨が多くなる。

問3 下線部（い）に関連して、ラテンアメリカの農牧業に関する説明として**最も不適当なもの**を、次の①〜④の中から一つ選べ。　32

① アンデス山脈の高地ではリャマやアルパカなどの牧畜が行われている。

② じゃがいもはアンデスが原産である。

③ ブラジルで生産されるバイオエタノールは主に大豆を原料としている。

④ パンパでは牛の放牧や小麦、とうもろこしの栽培が行われている。

問4 下線部（う）に関連した説明として**最も不適当なもの**を、次の①〜④の中から一つ選べ。　33

① ブラジル北東部や西インド諸島にアフリカ系住民が多いのは、過去の奴隷貿易の影響が大きい。

② 現在のアルゼンチンやウルグアイでは、先住民の人口が白人と比べて多い。

③ ブラジルの大都市にみられるスラムはファベーラと呼ばれる。

④ 大土地所有制は、メキシコではアシエンダ、アルゼンチンではエスタンシアと呼ばれる。

問5 下線部（え）について、次の（1）、（2）の問いに答えよ。

（1）以下の表はアメリカ合衆国への移民数（入国者数）の推移を示したものである。表中の**X**と**Y**にあてはまる国の組み合わせとして最も適当なものを、次の①〜④の中から一つ選べ。　34

表　アメリカ合衆国の移民数（入国者数）の推移（万人）

1920年		1960年		2016年	
出生国	移民数	出生国	移民数	出生国	移民数
X	169	イタリア	126	Y	1,157
イタリア	161	X	99	中国（注）	272
ソ連	140	カナダ	95	インド	243

注：ホンコン（香港）、台湾を含む。
資料：『地理データファイル2023年度版』より作成。

① X：ドイツ　　　　Y：メキシコ　　② X：イギリス　　Y：メキシコ

③ X：フィリピン　　Y：韓国　　　　④ X：キューバ　　Y：韓国

（2）日本が輸入する農産物のうち、輸入先第1位（輸入量、2021年）が**アメリカ合衆国でない品目**を、次の①〜④の中から一つ選べ。　35

① 小麦　　② 大豆　　③ とうもろこし　　④ 乳製品

問6 下線部（お）についての説明として**最も不適当なもの**を、次の①～④の中から一つ選べ。 　36

①　産業別人口構成では、第3次産業の割合が最も大きい。

②　アルバータ州ではフランス系住民が約8割を占める。

③　西部ではオイルサンドの開発が進んでいる。

④　2022年時点でNATOの加盟国である。

問7 下線部（か）と最も関係がうすい語句を、次の①～④の中から一つ選べ。 　37

①　リサーチトライアングルパーク　　　②　デトロイト

③　サンベルト　　　　　　　　　　　④　シリコンプレーン

問8 下線部（き）について、2022年時点でメキシコが加盟している経済連携協定として最も適当なものを、次の①～④の中から一つ選べ。 　38

①　MERCOSUR　　②　TPP（TPP11協定）　　③　RCEP　　④　AFTA

問9 南北アメリカの国と、その国が領有権を持つ場所の組み合わせとして最も適当なものを、次の①～④の中から一つ選べ。 　39

①　カナダ：アリューシャン列島　　②　アメリカ合衆国：グリーンランド

③　エクアドル：ガラパゴス諸島　　④　ジャマイカ：バミューダ諸島

2H　地　理

2月4日

（解答番号 　1　 ～ 　39　 ）

Ⅰ　世界の気候に関する次のグラフおよび説明文を読んで、問1〜問9の設問に答えよ。

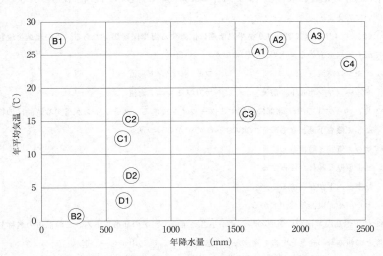

【グラフ】各気候区に位置する都市の年降水量・平均気温の分布
資料：『データブック オブ・ザ・ワールド2023年版』より作成。

【A気候】：この気候帯では太陽から受ける　(あ)　日射エネルギーが大きく、年間を通して気温が高い。Af、
Am、Aw気候区が存在する。

【B気候】：この気候帯は、　(い)　南北回帰線付近および海からの湿潤な風が届かない大陸内部に多く分布する。
BWおよびBS気候区が存在する。

【C気候】：この気候帯は、他の気候帯に比べて　(う)　四季の変化が明瞭である。Cs、Cw、Cfa、Cfb、Cfc気
候区が存在する。

【D気候】：この気候帯は北半球にのみ分布し、冬は寒冷な気候である。DfおよびDw気候区が存在する。

問1　下線部（あ）に関連して、日射と関わる【A気候】の説明として**最も不適当なもの**を、次の①～④の中から一つ選べ。

1

①　太陽から受ける日射エネルギーが大きい場所では上昇気流が発達する。

②　上昇気流の発達にともない熱帯には赤道低圧帯が発生する。

③　赤道低圧帯の発生にともない亜熱帯高圧帯下に置かれた場所では多雨がもたらされる。

④　北半球の夏には日射エネルギーが北半球に偏るため赤道低圧帯は北にずれる。

問2　【A気候】の気候区に位置し、【グラフ】中の Ⓐ1 ～ Ⓐ3 に対応する3都市に関連して、次の（1）～（3）の問いに答えよ。

（1）Ⓐ1 は、アメリカ合衆国フロリダ半島南端に位置する海岸保養都市である。この地域を流れる海流として最も適当なものを、次の①～④の中から一つ選べ。

2

①　メキシコ湾流　　　　　②　フォークランド海流

③　ペルー（フンボルト）海流　　④　カリフォルニア海流

（2）Ⓐ2 は、オーストラリア北部に位置するダーウィンである。ダーウィンが属する気候区の特徴を表す文章として**最も不適当なもの**を、次の①～④の中から一つ選べ。

3

①　サバナ気候と呼ばれる。

②　熱帯草原と疎林が優占する。

③　乾季と雨季が存在する。

④　セルバや泥炭湿地林が広がる。

（3）Ⓐ3 は年中高温多雨で、気温の年較差が小さい東南アジアの都市である。この都市の名称とおよその緯度との組み合わせとして最も適当なものを、次の①～⑥の中から一つ選べ。

4

	都市 Ⓐ3	緯度（北緯）
①	バンコク	17.9°
②	シンガポール	13.8°
③	ビエンチャン	1.4°
④	バンコク	13.8°
⑤	シンガポール	1.4°
⑥	ビエンチャン	17.9°

問3　下線部（い）に関連して、回帰線砂漠として**最も不適当なもの**を、次の①～④の中から一つ選べ。

5

①　ゴビ砂漠　　②　サハラ砂漠　　③　グレートサンディー砂漠　　④　カラハリ砂漠

（次の頁にも設問があります）

問4 【B気候】の気候区に位置し、【グラフ】中の ⑧1 、⑧2 に対応する2都市に関連して、次の（1）、（2）
の問いに答えよ。

（1） ⑧1 はサウジアラビアに位置する都市である。この都市が属する気候区に関連する用語として最も適当
なものを、次の①〜④の中から一つ選べ。　　　　　　　　　　　　　　　　　　　　　　　　6

　　① サバナ　　　② ステップ　　　③ チェルノーゼム　　　④ オアシス

（2） ⑧2 はある国の首都である。この国について述べた文章として**最も不適当なもの**を、次の①〜④の中
から一つ選べ。　　　　　　　　　　　　　　　　　　　　　　　　　　　　　　　　　　7

　　① 南部は乾燥が著しくゴビ砂漠が広がる。

　　② 羊毛の生産がオーストラリアに次いで世界第2位（2020年）である。

　　③ 人口の約4分の1（2005年）がチベット仏教（ラマ教）を信仰する。

　　④ 古くから遊牧が営まれゲルと呼ばれる移動式住居が利用される。

問5　下線部（う）に関連して、四季が生じる直接的な要因として最も適当なものを、次の①〜④の中から
一つ選べ。　　　　　　　　　　　　　　　　　　　　　　　　　　　　　　　　　　　　　8

　　① 地球の公転軌道の変動　　　② 月が地球に及ぼす引力

　　③ 地軸の傾き　　　　　　　　④ 太陽黒点数の変化

問6 【C気候】の気候区に位置し、【グラフ】中の ⒸⒹ～Ⓒ④ に対応する4都市に関連して、以下の【ハイサーグラフ】および【人口変遷グラフ】をみて、次の（1）、（2）の問いに答えよ。

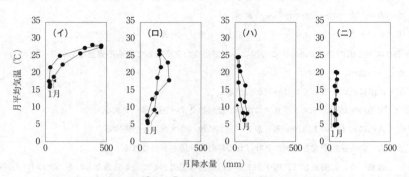

【ハイサーグラフ】 Ⓒ①～Ⓒ④ の各都市における月降水量と月平均気温

資料：『データブック オブ・ザ・ワールド2023年版』より作成。

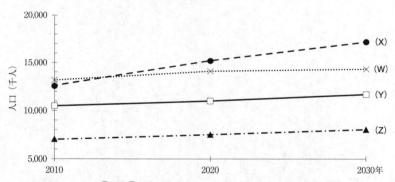

【人口変遷グラフ】 Ⓒ①～Ⓒ④ の各都市における2010・2020年の人口と2030年の人口予測
資料：『世界国勢図会2022/23』などより作成。

（1）【人口変遷グラフ】中の（W）はCfa気候区に属し、東アジアに位置する首都である。この都市に対応する、年降水量・年平均気温の【グラフ】中の点の記号と【ハイサーグラフ】の記号の組み合わせとして最も適当なものを、次の①～④の中から一つ選べ。

9

	【グラフ】中の点の記号	【ハイサーグラフ】の記号
①	Ⓒ①	（ニ）
②	Ⓒ②	（ハ）
③	Ⓒ③	（ロ）
④	Ⓒ④	（イ）

（2）以下の【表】は、【グラフ】中の ⓒ1 および ⓒ2 が位置する国のある農産物について、各国の生産量（2020年）を示したものである。この農産物として最も適当なものを、次の①～④の中から一つ選べ。

10

【表】　ある農産物の生産量（2020年）

生産国	万t	%
中国	1,477	18.9
イタリア	822	10.5
スペイン	682	8.7
ⓒ1 が位置する国	588	7.5
アメリカ	539	6.9
ⓒ2 が位置する国	421	5.4

資料：『データブック オブ・ザ・ワールド2023年版』から作成。

① なつめやし　　② りんご　　③ トマト　　④ ぶどう

問7 【グラフ】中の ⓓ1、ⓓ2 は、それぞれDf、Dw気候区に位置するロシアの都市を示している。各都市を貫流する河川の組み合わせとして最も適当なものを、次の①～④の中から一つ選べ。

11

	ⓓ1 を貫流する河川	ⓓ2 を貫流する河川
①	ユーフラテス川	ライン川
②	アムール川	モスクワ川
③	ユーフラテス川	モスクワ川
④	アムール川	ライン川

問8 IPCC第6次評価報告書（2023年）によると、2030年代前半～2040年の間に地球の気温上昇は1.5℃に到達すると報告されている。この中の第1作業部会報告書（2021年）では、さまざまな温暖化シナリオにおいて、陸域での年平均気温の大幅な上昇、高緯度帯・一部のモンスーン地域での降水量の増加、亜熱帯・熱帯の限定的な地域での降水量減少の傾向が、今世紀中に強まる想定が示されている。ⓐ1 ～ ⓓ2 と同様に地球上の各都市を【グラフ】上にプロットした場合、以上の温暖化の過程で各都市の点に現れる動きとして最も適当なものを、次の①～④の中から一つ選べ。

12

① すべての点が左上方向に移動する。

② すべての点が右下方向に移動する。

③ 左上方向に移動する点、および左下方向に移動する点が混在する。

④ 右上方向に移動する点、および左上方向に移動する点が混在する。

問 9 地球温暖化が原因となって広範囲で発生する現象として**最も不適当なもの**を、次の①〜④の中から一つ選べ。 　　　　　　　　　　　　　　 13

① サンゴの白化現象　　② 火山活動の活発化

③ 感染症の拡大　　　　④ 集中豪雨の頻発化

（次の頁にも設問があります）

Ⅱ 世界の言語と宗教に関する次の文章を読んで、**問1〜問10**の設問に答えよ。

　　国の言語や (あ)公用語は、それぞれの国・地域の歴史や社会に関係している。たとえば (い)スペインでは、バスク語やカタルーニャ語を話す人々がスペインからの分離・独立を求める運動を続けてきた。多言語社会が多い (う)アジア諸国でも、公用語と少数民族の関係は複雑である。アフリカ諸国では、公用語として(え)旧宗主国の言語を採用している国が多い。

　　宗教も国や社会のありかたに大きく関係している。世界宗教である (お)イスラーム（イスラム教）、(か)仏教、(き)キリスト教は、世界中の多くの国で信者がいる。他方で (く)ヒンドゥー教のように、特定の国や地域に信者が集中している宗教もある。宗教、言語、民族の問題は、政治化して (け)紛争や (こ)難民発生の原因となることもある。

問1　下線部（あ）について、次の（1）、（2）の問いに答えよ。

（1）複数の公用語を定めている国として最も適当なものを、次の①〜④の中から一つ選べ。　　　　14

　　① ガーナ　　　② シリア　　　③ コートジボワール　　　④ フィリピン

（2）スイスの言語状況を説明した文章として**最も不適当な**ものを、次の①〜④の中から一つ選べ。　　15

　　① ドイツ語、フランス語、イタリア語、ロマンシュ語が公用語である。

　　② 言語別人口比はフランス語が最も高い。

　　③ 居住地域の言語以外の公用語を小学校から学ぶ。

　　④ 周辺国からの民族移入の歴史が、多言語社会の背景にある。

問2 下線部（い）に関連して、バスク語とカタルーニャ語を話す人が多い地域の地図上の記号の組み合わせとして最も適当なものを、次の①～⑥の中から一つ選べ。 16

① バスク語：**A**　　カタルーニャ語：**B**　　② バスク語：**A**　　カタルーニャ語：**D**

③ バスク語：**B**　　カタルーニャ語：**C**　　④ バスク語：**B**　　カタルーニャ語：**E**

⑤ バスク語：**C**　　カタルーニャ語：**D**　　⑥ バスク語：**C**　　カタルーニャ語：**E**

問3 下線部（う）に関連して、アジアの言語に関する説明として**最も不適当なもの**を、次の①～④の中から一つ選べ。 17

① タイ南部にはマレー語を話し、イスラーム（イスラム教）を信仰する少数民族が居住している。

② マレーシアではマレー語のみが公用語である。

③ シンガポールの公用語は中国語、英語、マレー語、インドネシア語である。

④ ミャンマーの公用語は多数派民族であるミャンマー（ビルマ）人の母語である。

問4 下線部（え）に関連して、公用語が**旧宗主国の言語ではない**アフリカの国として最も適当なものを、次の①～④の中から一つ選べ。 18

① モザンビーク　　② ナイジェリア　　③ セネガル　　④ エチオピア

問5 下線部（お）の説明として最も適当なものを、次の①～④の中から一つ選べ。 19

① 若者を一定期間出家させることが奨励されている。

② 聖典はペルシャ語で書かれている。

③ ハラールフードとは、信者が食してはいけない食物のことである。

④ ブルネイの主要宗教である。

（次の頁にも設問があります）

問6 下線部（か）に関連して、下の地図中の国の記号と、その国で主に信仰されている仏教の種類の組み合わせとして**最も不適当なもの**を、次の①～④の中から一つ選べ。 20

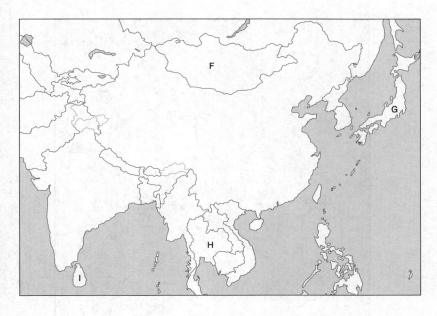

① F：チベット仏教　② G：大乗仏教　③ H：大乗仏教　④ I：上座仏教

問7　下線部（き）に関連して、下の地図中で**カトリックが主要宗教ではない国**の記号を、次の①〜④の中から一つ選べ。　　21

①　K　　　②　L　　　③　M　　　④　N

問8　下線部（く）の説明として**最も不適当なもの**を、次の①〜④の中から一つ選べ。　　22

①　代表的な聖地にヴァラナシ（ベナレス）がある。

②　民族宗教である。

③　スリランカのシンハラ人も信仰している。

④　信者は牛肉を食べない。

（次の頁にも設問があります）

問9 下線部（け）に関連して、次の（1）～（3）の説明にある紛争が発生した地域の地図中の記号として最も適当なものを、次の①～⑧の中から各々一つ選べ。

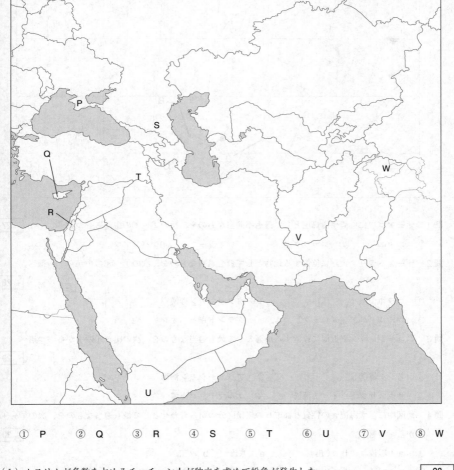

① P　　② Q　　③ R　　④ S　　⑤ T　　⑥ U　　⑦ V　　⑧ W

（1）ムスリムが多数を占めるチェチェン人が独立を求めて紛争が発生した。　　　23

（2）自治を求めるクルド人と同化政策を進めようとする政府との間に紛争が発生した。　　24

（3）シオニズム運動やインティファーダなどの政治運動をともなう紛争が長期化した。　　25

問10 下線部（こ）に関連して、難民の保護や支援を行う国連機関の略称として最も適当なものを、次の①～④の中から一つ選べ。　　26

① FAO　　② UNEP　　③ WTO　　④ UNHCR

Ⅲ　オセアニアに関する次の地図を読んで、問1〜問7の設問に答えよ。

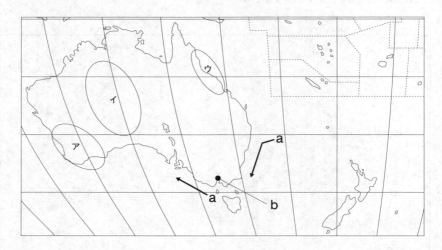

問1　オセアニアに位置する島国として**最も不適当な**ものを、次の①〜④の中から一つ選べ。　　27

①　ニウエ　　　　②　ニカラグア　　　③　フィジー　　　④　バヌアツ

問2　オーストラリア大陸に位置する地物として最も適当なものを、次の①〜④の中から一つ選べ。

28

①　ウラル山脈　　　　　　　②　タクラマカン砂漠

③　ウルル（エアーズロック）　④　グランドキャニオン

問3　ニュージーランド近海に位置する海溝として最も適当なものを、次の①〜④の中から一つ選べ。

29

①　スンダ海溝　　　　　　　②　アリューシャン海溝

③　サウスサンドウィッチ海溝　④　ケルマデック海溝

問4　地図中に示す海流aの性質と都市bの気候区分の組み合わせとして最も適当なものを、次の①〜④の
　　中から一つ選べ。　　30

①　a：暖流　　　b：Cfb　　②　a：寒流　　b：Cfb

③　a：暖流　　　b：BW　　④　a：寒流　　b：BW

問5　オーストラリアやニュージーランドと同様に、南半球に位置する国として**最も不適当な**ものを、次の
　　①〜④の中から一つ選べ。　　31

①　ボリビア　　　②　エチオピア　　　③　東ティモール　　　④　アルゼンチン

（次の頁にも設問があります）

問6 オーストラリアとニュージーランドを含む4ヶ国の人口密度（2021年）の昇順として最も適当なものを、次の①～④の中から一つ選べ。　［32］

① オーストラリア → ニュージーランド → アメリカ合衆国 → 日本

② ニュージーランド → オーストラリア → 日本 → アメリカ合衆国

③ オーストラリア → ニュージーランド → 日本 → アメリカ合衆国

④ ニュージーランド → オーストラリア → アメリカ合衆国 → 日本

問7 オーストラリアに関する次の（1）～（7）の問いに答えよ。

（1）オーストラリアの食料自給率（カロリーベース、2019年）として最も適当なものを、次の①～④の中から一つ選べ。　［33］

① 169%　　② 84%　　③ 50%　　④ 38%

（2）地図中の**ア**～**ウ**の地域のうち、さとうきびと小麦の生産が盛んな地域の組み合わせとして最も適当なものを、次の①～④の中から一つ選べ。　［34］

① さとうきび：**ウ**　　小麦：**イ**　　② さとうきび：**ア**　　小麦：**ウ**

③ さとうきび：**ウ**　　小麦：**ア**　　④ さときうび：**イ**　　小麦：**ウ**

（3）オーストラリアにおける主要産業に関する説明として**最も不適当な**ものを、次の①～④の中から一つ選べ。　［35］

① 肉類の生産量および輸出量は、いずれも過去10年間（2010～2020年）で減少傾向である。

② 主要な家畜である羊は、メリノ種が毛用として主に飼育されている。

③ 塩の生産量は世界第5位（2018年）である。

④ ウランの生産量は世界第4位（2021年）である。

（4）以下の表はオーストラリアの貿易相手国を示したものである。表の　A　と　B　と　C　に

あてはまる国の組み合わせとして最も適当なものを、次の①〜⑥の中から一つ選べ。 36

表　オーストラリアの貿易相手国

輸出（2021年）		輸入（2021年）	
国	金額による割合（%）	国	金額による割合（%）
A	34.2	A	27.9
B	8.9	アメリカ合衆国	10.2
韓国	6.6	B	6.0
インド	4.0	タイ	4.4
アメリカ合衆国	3.2	C	4.3

資料：『地理データファイル2023年度版』より作成。

① A：日本　　B：中国　　C：ドイツ　　② A：日本　　B：ドイツ　　C：中国

③ A：中国　　B：日本　　C：ドイツ　　④ A：中国　　B：ドイツ　　C：日本

⑤ A：ドイツ　B：日本　　C：中国　　⑥ A：ドイツ　B：中国　　C：日本

（5）オーストラリアが輸出量世界第1位（2020年）の農畜産物として最も適当なものを、次の①〜④の中

から一つ選べ。 37

① 羊毛　　　② 牛肉　　　③ 綿花　　　④ カカオ豆

（6）日本が諸外国から輸入している各商品において、オーストラリアが第1位の輸入相手国（輸入額、

2021年）である商品として最も適当なものを、次の①〜④の中から一つ選べ。 38

① パルプ　　　② チーズ・チーズ原料　　　③ 豚肉　　　④ 大豆

（7）1989年にオーストラリアの提唱で発足した組織として最も適当なものを、次の①〜④の中から一つ選べ。

39

① MERCOSUR　　② OECD　　③ ASEAN　　④ APEC

3H 地 理

2月5日

(解答番号 [1] ～ [40])

Ⅰ 次の世界地図をみて、地形に関する問1～問7の設問に答えよ。

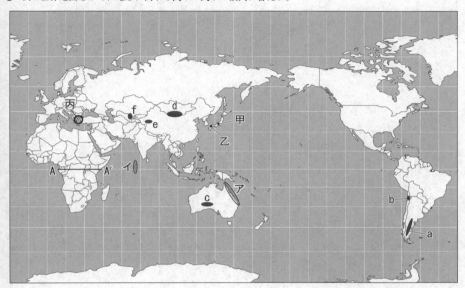

世界地図

問1 乾燥地形に関連して、次の（1）～（3）の問いに答えよ。

（1）世界地図中のa～dの砂漠のうち、雨陰砂漠に該当するものはどれか。次の①～④の中から最も適当なものを一つ選べ。 [1]

　　① a　　　② b　　　③ c　　　④ d

（2）世界地図中のeの砂漠に関する説明として**最も不適当なもの**を、次の①～④の中から一つ選べ。 [2]

　　① この砂漠は山脈に囲まれた盆地に広がる。

　　② この砂漠の東側にはパミール高原がある。

　　③ この砂漠では油田やガス田の開発が行われてきた。

　　④ シルクロードはこの砂漠に点在するオアシスを通っていた。

（3）世界地図中のfの砂漠周辺を流れる内陸河川として最も適当なものを、次の①～④の中から一つ選べ。 [3]

　　① タリム川　　　② ティグリス川　　　③ ヴォルガ川　　　④ シルダリア川

問2 世界地図中の**甲**の地点周辺を描いた以下の地形図をみて、次の（1）～（3）の問いに答えよ。

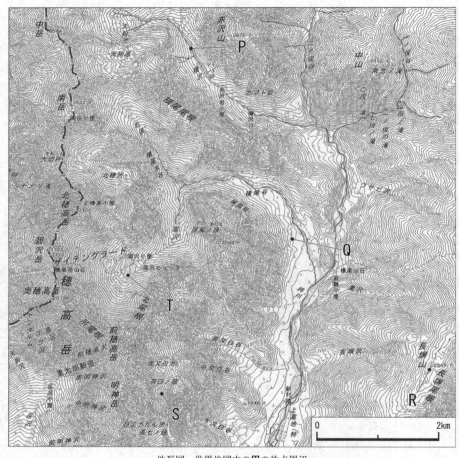

地形図　世界地図中の**甲**の地点周辺

資料：国土地理院の地形図より作成。

（1）地形図に描かれる内容として**最も不適当なもの**を、次の①～④の中から一つ選べ。　　□4□

 ① 涸沢岳の東側斜面には巨大なカールがみられる。

 ② 地形図中の上方にみられる檜沢はU字谷である。

 ③ 梓川沿いにドラムリンの集中的な堆積がみられる。

 ④ 県界は尾根線に沿うようにして引かれている。

(3H－2)

（2）涸沢岳の山頂にある標高3103.3mの三角点から現地で目視できる地形図中の地点として最も適当なものを、次の①〜④の中から一つ選べ。 ［ 5 ］

　　①　P　　　②　Q　　　③　R　　　④　S

（3）地形図中のTの地点におけるおよその標高として最も適当なものを、次の①〜④の中から一つ選べ。 ［ 6 ］

　　①　2,310m　　　②　2,355m　　　③　2,445m　　　④　2,490m

問3　世界地図中の乙は山口県の秋吉台国定公園を指す。同国定公園の特徴的な溶食地形と**最も関連がうす**い地名を、次の①〜④の中から一つ選べ。 ［ 7 ］

　　①　コイリン（桂林）　　　②　クラス地方　　　③　北ドイツ平原　　　④　ハロン湾

問4　世界地図中の丙の海域に特徴的な小地形として最も適当なものを、次の①〜④の中から一つ選べ。 ［ 8 ］

　　①　フィヨルド　　　②　エスチュアリー（三角江）　　　③　カレンフェルト　　　④　多島海

問5　サンゴ礁に関連して、次の（1）、（2）の問いに答えよ。

（1）世界地図中のア、イの範囲内にみられるサンゴ礁とその主な形状の組み合わせとして最も適当なものを、次の①〜④の中から一つ選べ。 ［ 9 ］

　　①　ア：堡礁　　イ：堡礁　　　②　ア：堡礁　　イ：環礁
　　③　ア：環礁　　イ：環礁　　　④　ア：環礁　　イ：堡礁

（2）世界のサンゴ礁に関する説明として最も適当なものを、次の①〜④の中から一つ選べ。 ［ 10 ］

　　①　サンゴ礁は年平均海面水温が15〜20℃となる海域の浅瀬に集中する。

　　②　一般的にサンゴ礁は堡礁、裾礁、環礁の順に発達すると考えられる。

　　③　サンゴ礁が発達することで陸地と繋がった沿岸の島を陸繋島と呼ぶ。

　　④　先島諸島にはサンゴ礁が隆起して形成された島が分布する。

問6　世界地図中のA−A'間の断面図として最も適当なものを、次の①〜④の中から一つ選べ。なお、各断面図は高さを誇張してある。 ［ 11 ］

(3H—3)

問7　以下の三角州Xの空中写真をみて、次の（1）、（2）の問いに答えよ。

空中写真　三角州X

注：空中写真の上が真北とは限らない。

資料：GoogleEarthより作成。

（1）三角州Xを流れる河川として最も適当なものを、次の①～④の中から一つ選べ。　　 12

　　①　エルベ川　　　②　ナイル川　　　③　ミシシッピ川　　　④　テヴェレ川

（2）三角州Xに関する説明として最も適当なものを、次の①～④の中から一つ選べ。　　 13

　　①　流入する河川の堆積作用は比較的弱く、沿岸流の侵食作用は比較的強い。

　　②　沿岸の海底の勾配は緩く、干潮時には低平で軟弱な土地が広く露出する。

　　③　尖状の河口部に特徴がある砂嘴（さし）と呼ばれる地形である。

　　④　小櫃川の河口にも同じ形態の三角州が形成されている。

（次の頁にも設問があります）

(3H－4)

Ⅱ 世界の鉱工業に関する次の文章を読んで、問1〜問13の設問に答えよ。

工業では立地条件が重要である。例えば石炭を使った製鉄法が生まれて以降、鉄鋼業が炭田地域に集中して立地する (あ) 炭田指向が各地にみられた。また (い) 自動車工業や機械工業などの加工組立型工業では、工業立地が (う) 集積指向となる傾向がある。

日本を除く (え) アジア諸国の工業化は、当初は (お) 輸入代替型であったが、しだいに輸出指向型へと変化していった。(か) 中国の工業化と経済発展は、1970年代末からの (き) 改革開放政策の導入後に急速に進展した。

(く) ヨーロッパの工業化は、イギリスを中心とした産業革命以来の長い歴史があるが、近年では (け) イギリスのEU離脱にともなう外国工場の撤退などの動きがあった。

豊富な鉱産資源を持つ (こ) アメリカ合衆国では、さまざまな工業が発展してきた。近年では、(さ) シェール革命により国内のエネルギー事情に変化がみられる。

アフリカでは、(し) 南アフリカなど少数の国を除き、工業化の進展が遅れている。アフリカで産出される (す) レアメタルは、日本の工業にとって重要である。

問1 下線部 (あ) がみられる例として**最も不適当な**ものを、次の①〜④の中から一つ選べ。 `14`

① イギリスのミッドランド工業地域　　② ドイツのルール工業地域

③ ロシアのマグニトゴルスク　　　　　④ アメリカ合衆国のピッツバーグ

問2 下線部 (い) に関連して、以下の表は自動車とオートバイの生産台数上位4ヶ国を示したものである。

AとBにあてはまる国の組み合わせとして最も適当なものを、次の①〜④の中から一つ選べ。 `15`

表　自動車とオートバイの生産台数上位4ヶ国（千台）

	自動車（乗用車と商用車の合計、2021年）		オートバイ（2020年）
中国	26,082	B	18,350
A	9,167	中国	17,875
日本	7,847	インドネシア	7,926（注）
B	4,399	タイ	1,615

注：2014年の数値。

資料：『データブックオブ・ザ・ワールド2023年版』より作成。

① A：ドイツ　　　　　　　B：マレーシア　　② A：ドイツ　　　　　　　B：韓国

③ A：アメリカ合衆国　　　B：インド　　　　④ A：アメリカ合衆国　　　B：ベトナム

問3　下線部（う）に関連して、工業の立地が集積指向となる原因として**最も不適当なもの**を、次の①〜④の中から一つ選べ。　16

①　技術や経験を持った従業者が必要となる。

②　多数の企業で分業が行われている。

③　発注元との打ち合わせに必要な移動時間や費用が軽減できる。

④　最終製品が大きくかさばる。

問4　下線部（え）に関連して、以下の図はインドネシア、マレーシア、インド、タイの工業付加価値額の推移を示したものである。図中の**C**と**D**に該当する国の組み合わせとして最も適当なものを、次の①〜④の中から一つ選べ。　17

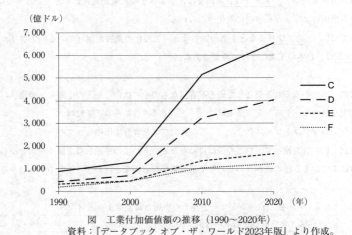

図　工業付加価値額の推移（1990〜2020年）
資料：『データブック オブ・ザ・ワールド2023年版』より作成。

①　**C**：インド　　**D**：インドネシア　　②　**C**：マレーシア　　**D**：タイ

③　**C**：タイ　　　**D**：インド　　　　　④　**C**：インドネシア　　**D**：マレーシア

問5　下線部（お）に関連して、輸入代替型の工業化の説明として最も適当なものを、次の①〜④の中から一つ選べ。　18

①　農産加工品の輸出と消費財の輸入をバランスよく行う。

②　自国で保有する外貨の流出を避けることができる。

③　国外市場向けの生産に重点を置く。

④　外国企業と自国企業の競争促進による工業化を目指す。

（次の頁にも設問があります）

問6 下線部（か）に関する説明として最も適当なものを、次の①〜④の中から一つ選べ。 $\boxed{19}$

① 1990年代以降の工業化と経済発展は、ホンコン（香港）や外国からの投資によるところが大きい。

② 2022年現在、WTOには加盟していない。

③ 一人当たりGNIは世界第2位（2020年）である。

④ アメリカ合衆国との貿易は、輸入が輸出を上回っている（2020年）。

問7 下線部（き）に関する説明として**最も不適当なもの**を、次の①〜④の中から一つ選べ。 $\boxed{20}$

① 政策導入当初、都市部に郷鎮企業が多く設立された。

② 国営企業の経営の自主性を高めたり、民営化が行われたりした。

③ 経済特区では、外国企業に対する税が低く抑えられた。

④ 農業では、人民公社による集団経営から生産請負制（生産責任制）による個人経営に移行した。

問8 下線部（く）に関する次の（1）、（2）の問いに答えよ。

（1）サードイタリー（第3のイタリア）と呼ばれる地域の位置と主要産業の組み合わせとして最も適当な
ものを、次の①〜④の中から一つ選べ。 $\boxed{21}$

	位置	主要産業
①	イタリア北部	繊維・革製品
②	イタリア南部	繊維・革製品
③	イタリア北部	重工業
④	イタリア南部	重工業

（2）以下の表は、ギリシャ、ポーランド、ルーマニア、ドイツの産業別人口構成を示したものである。ド
イツに該当するものとして最も適当なものを、表中の①〜④の中から一つ選べ。 $\boxed{22}$

表　産業別人口構成（％、2020年）

国	第1次産業	第2次産業	第3次産業
①	10.6	15.0	74.4
②	1.3	27.5	71.2
③	9.6	31.7	58.7
④	20.5	29.7	49.8

資料：『データブック オブ・ザ・ワールド2023年版』より作成。

問9 下線部（け）に関連して、2022年末時点で**EUに加盟していない国**を、次の①〜④の中から一つ選べ。

$\boxed{23}$

① マルタ　　② ルクセンブルク　　③ ポーランド　　④ ノルウェー

問10 下線部（こ）に関連して、以下の表はアメリカ合衆国のワイオミング州、テキサス州、カリフォルニア州、アリゾナ州における鉱業生産と工業製品の出荷額をまとめたものであり、下線はその数値が国内最大であることを示している。表中の a と d に該当する州の地図上の記号の組み合わせとして最も適当なものを、次の①～④の中から一つ選べ。　　　　　　　24

表　州別鉱業生産と工業製品出荷額

州	石炭（2021年、百万トン）（注）	石油（2021年、百万バーレル）	天然ガス（2021年、億m³）	非燃料鉱物（2021年、百万ドル）	工業製品出荷額（2020年、億ドル）
a	17	<u>1,740</u>	<u>2,796</u>	5,760	4,936
b	<u>239</u>	85	314	2,750	77
c	-	0.01	0.1	<u>9,960</u>	619
d	-	135	40	5,270	<u>5,075</u>

注：short ton（907.185kg）
資料：『地理データファイル2023年度版』より作成。

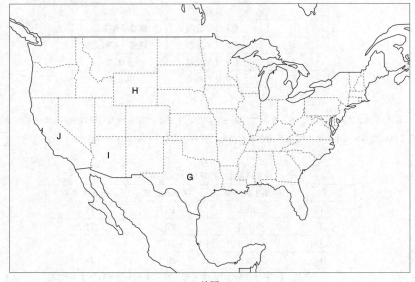

地図

① a：G　d：J　　② a：H　d：I
③ a：J　d：H　　④ a：I　d：G

（次の頁にも設問があります）

問11　下線部（さ）に関連して、アメリカ合衆国におけるシェール革命とその影響に関する説明として最も**不適当なもの**を、次の①〜④の中から一つ選べ。 25

① 頁岩層（けつがん）から天然ガスや原油の採掘が可能になった。

② 環境への影響が少ないクリーンなエネルギーとして注目されている。

③ 天然ガスは供給過多により国際価格が下落した。

④ 産油国へのエネルギー依存率が低下した。

問12　下線部（し）に関する説明として最も**不適当なもの**を、次の①〜④の中から一つ選べ。 26

① 金・プラチナ・ダイヤモンドなどの鉱物資源に恵まれている。

② 最大の貿易相手国（2020年）は、輸出入ともにアメリカ合衆国である。

③ ドイツや日本などから自動車メーカーが進出して現地生産を行っている。

④ BRICSと呼ばれる国の一つである。

問13　下線部（す）に関する説明として最も**不適当なもの**を、次の①〜④の中から一つ選べ。 27

① ハイブリッド車や薄型テレビなどの生産に欠かせない。

② 「産業のビタミン」と呼ばれることもある。

③ 廃棄された工業製品などの「地上資源」からリサイクルされて活用されることもある。

④ ニッケル鉱とリチウム鉱の最大の産出国（2018年）は中国である。

(3H−9)

Ⅲ 次の台湾・中国に関する地図を読んで、問1〜問11の設問に答えよ。

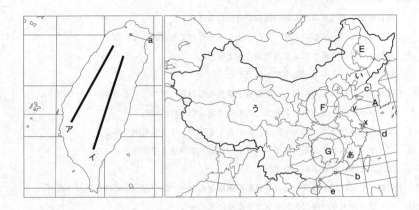

問1 地図中の a と b の都市における気候区分の組み合わせとして最も適当なものを、次の①〜⑥の中から一つ選べ。 <u>28</u>

① a：Cw　b：Cfa　　② a：Cw　b：Cs　　③ a：Cs　b：Cw

④ a：Cs　b：Cfa　　⑤ a：Cfa　b：Cw　　⑥ a：Cfa　b：Cs

問2 地図中における台湾山脈と長江河口の位置の組み合わせとして最も適当なものを、次の①〜④の中から一つ選べ。 <u>29</u>

① ア x　　② ア y　　③ イ x　　④ イ y

問3 地図中の A の半島として最も適当なものを、次の①〜④の中から一つ選べ。 <u>30</u>

① 山東半島　　② 青島半島　　③ 遼東半島　　④ 天津半島

問4 以下の表は各国・地域の人口密度（2021年）、出生率（2020年）を示したものである。表中の B〜D にあてはまる国・地域の組み合わせとして最も適当なものを、次の①〜④の中から一つ選べ。 <u>31</u>

表　各国・地域の人口密度（2021年）と出生率（2020年）

国・地域	人口密度（人/㎢）	出生率（‰）
B	659	7.0
C	149	8.5
D	326	6.8

資料：『データブック オブ・ザ・ワールド2023年版』より作成。

① B：日本　C：中国　D：台湾　　② B：中国　C：台湾　D：日本

③ B：中国　C：日本　D：台湾　　④ B：台湾　C：中国　D：日本

（次の頁にも設問があります）

問5　中国の人口や民族に関する説明として**最も不適当なもの**を、次の①〜④の中から一つ選べ。　32

①　世界の国の中でも人口が多い国であり、14億人（2020年）を超える。

②　人口動態については、人口抑制政策により人口増加は鈍化した。

③　人口分布をみると、西部内陸部と東部沿岸部で、ほぼ同じ分布傾向となっている。

④　人口の9割を占める漢民族と、50以上の少数民族からなる多民族国家である。

問6　地図中の**あ〜う**の省について、各省における人口（2019年）、1人当たり所得（2015年）の大小の関係の組み合わせとして最も適当なものを、次の①〜④の中から一つ選べ。　33

	人口（2019年）	1人当たり所得（2015年）
①	う　＞　あ	あ　＞　い
②	い　＞　あ	う　＞　あ
③	あ　＞　う	い　＞　あ
④	あ　＞　う	い　＞　う

問7　中国の農業生産について、地図中の**E〜G**の地域に関連する主要な農産物の組み合わせとして最も適当なものを、次の①〜④の中から一つ選べ。　34

①　E：さとうきび　　　F：とうもろこし　　　G：米

②　E：米　　　　　　　F：さとうきび　　　　G：小麦

③　E：茶　　　　　　　F：綿花　　　　　　　G：小麦

④　E：とうもろこし　　F：小麦　　　　　　　G：米

問8　中国の生産量が世界第1位（2020年）の農畜産物として**最も不適当なもの**を、次の①〜④の中から一つ選べ。　35

①　トマト　　　②　茶　　　③　牛乳　　　④　豚肉

問9　台湾に関する説明として**最も不適当なもの**を、次の①〜④の中から一つ選べ。　36

①　人口（2020年）は日本の半分程度である。

②　タイペイ（台北）は台湾の中心都市であり、政治や経済、文化の中心地である。

③　輸出額（2021年）、輸入額（2021年）ともに中国が最大の相手国である。

④　台湾南部に位置するカオシュン（高雄）には輸出加工区が設けられ、多くの工業が集積する。

問10 以下の表は中国の貿易相手国・地域（2021年）を示したものである。次の（1）～（3）の問いに答えよ。

表　中国の貿易相手国・地域（2021年）

輸出		輸入	
国・地域	金額による割合（％）	国	金額による割合（％）
H	17.2	韓国	8.0
K	10.4	I	7.7
I	4.9	H	6.7
韓国	4.4	オーストラリア	6.1
J	4.1	ドイツ	4.5

資料：『地理データファイル2023年度版』より作成。

（1）表中のH～Jにあてはまる国・地域の組み合わせとして最も適当なものを、次の①～④の中から一つ選べ。　　　　　　　　　　　　　　　　　　　　　　　　　　　　　　37

① H：アメリカ合衆国　　I：日本　　　　　　J：ベトナム

② H：日本　　　　　　　I：アメリカ合衆国　J：ベトナム

③ H：日本　　　　　　　I：ベトナム　　　　J：アメリカ合衆国

④ H：ベトナム　　　　　I：アメリカ合衆国　J：日本

（2）表中のKは1997年にイギリスから中国に返還された特別行政区である。地図の中でKに該当する都市がある位置として最も適当なものを、次の①～④の中から一つ選べ。　　　　38

① b　　　② c　　　③ d　　　④ e

（3）表中のKと同様に、1999年にポルトガルから中国に返還された特別行政区として最も適当なものを、次の①～④の中から一つ選べ。　　　　　　　　　　　　　　　　　　　39

① シャンハイ（上海）　　② マカオ（澳門）

③ ウーハン（武漢）　　　④ ウルムチ（烏魯木斉）

問11 日本、中国、台湾が参加している経済協力組織として最も適当なものを、次の①～④の中から一つ選べ。　　　　　　　　　　　　　　　　　　　　　　　　　　　　　　　　40

① APEC　　　② AU　　　③ ALADI　　　④ EEC

4H 地 理

2月27日

$\left(\text{解答番号}\ \boxed{1}\ \sim\ \boxed{39}\right)$

Ⅰ 世界の植生と土壌に関して、次の地図を読んで、問1～問12の設問に答えよ。

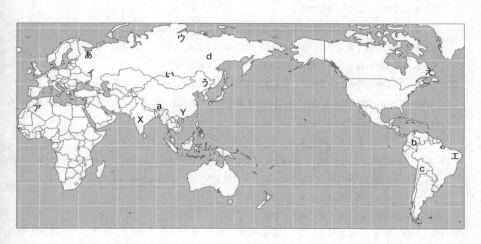

問1 気候区分とその関連する用語の組み合わせとして最も適当なものを、次の①～④の中から一つ選べ。

$\boxed{1}$

① Af：プレーリー　　② BW：ジャングル　　③ Cs：セルバ　　④ ET：ツンドラ

問2 地図中の**あ～え**はD気候の地域である。これらの地域のうち、夏に気温が比較的高くなることを利用して作物が栽培できる、大陸性混合林気候の地域として最も適当なものを、次の①～④の中から一つ選べ。

$\boxed{2}$

① あ　　② い　　③ う　　④ え

問3 砂漠とそれが位置する地域の組み合わせとして**最も不適当なもの**を、次の①～④の中から一つ選べ。

$\boxed{3}$

① ゴビ砂漠：アジア　　　　　② サハラ砂漠：アフリカ

③ カラハリ砂漠：南アメリカ　　④ グレートヴィクトリア砂漠：オセアニア

問4 地図中の**ア～エ**のうちで黒土地帯に含まれる地点として最も適当なものを、次の①～④の中から一つ選べ。

$\boxed{4}$

① ア　　② イ　　③ ウ　　④ エ

— 319 —

(4H—1)

問5　原木の生産量が世界第1位（2020年）の国として最も適当なものを、次の①～④の中から一つ選べ。　5

　　①　アメリカ合衆国　　　②　日本　　　③　インドネシア　　　④　ノルウェー

問6　熱帯雨林の主な分布域を含む国として最も不適当なものを、次の①～④の中から一つ選べ。　6

　　①　コンゴ民主共和国　　　②　ペルー　　　③　ニュージーランド　　　④　マレーシア

問7　世界の森林に関する説明として最も不適当なものを、次の①～④の中から一つ選べ。　7

　　①　世界の森林率は50％程度である。

　　②　ロシアの広大な森林面積は日本の森林面積の30倍以上におよぶ。

　　③　最も多く木材を輸入している国は中国（2021年）である。

　　④　日本の用材供給量は過去20年間（2000～2020年）で減少している。

問8　H気候の地域に関する以下の（1）、（2）の問いに答えよ。

（1）地図中a～dの都市のうちでH気候にあたる都市と、その都市名の組み合わせとして最も不適当なものを、次の①～④の中から一つ選べ。　8

　　①　a：ラサ　　②　b：ボゴタ　　③　c：ラパス　　④　d：ヤクーツク

（2）アンデス地方などで行われている高度に応じた作物栽培について、以下の3つの作物が主に栽培される場所の高度が高い順に並べたものとして最も適当なものを、次の①～④の中から一つ選べ。　9

　　①　じゃがいも　→　たばこ　→　カカオ

　　②　じゃがいも　→　カカオ　→　たばこ

　　③　たばこ　→　じゃがいも　→　カカオ

　　④　カカオ　→　たばこ　→　じゃがいも

問9　領土内に永久凍土が分布する国として最も不適当なものを、次の①～④の中から一つ選べ。　10

　　①　デンマーク　　　②　アメリカ合衆国　　　③　ポーランド　　　④　カナダ

問10　日本の植生・土壌に関する説明として最も不適当なものを、次の①～④の中から一つ選べ。　11

　　①　北海道にみられるシラス台地は、稲作より畑作に適している。

　　②　東北地方の白神山地には、ブナの原生林が広がる。

　　③　関東地方にみられる赤褐色の火山灰の土壌を関東ロームと呼ぶ。

　　④　鹿児島県の屋久島には、亜熱帯から亜寒帯までの植物が分布する。

問11　木材生産の産出額（2019年）が最も大きい都道府県として最も適当なものを、次の①～④の中から一つ選べ。　12

　　①　北海道　　　②　長野県　　　③　大分県　　　④　沖縄県

問12　地図中のX、Yの地域とその地名、そこに分布する土壌の組み合わせとして最も適当なものを、次の①～④の中から一つ選べ。　13

　　①　X：デカン高原：レグール　　　②　Y：黄河流域：レグール

　　③　X：デカン高原：レス　　　④　Y：グレートプレーンズ：レス

Ⅱ　次の【グラフ】を読んで、**問1～問9**の設問に答えよ。

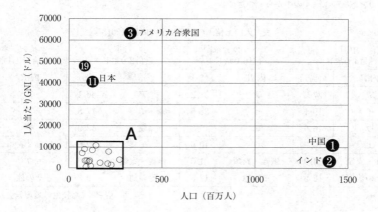

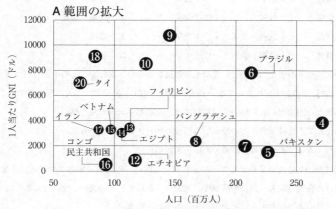

【グラフ】世界における人口上位20ヶ国の人口（2020年）と
　　　　　1人当たりGNI（2020年）の分布
　　　　　　　　注：グラフ中の丸囲みの数字は人口の順位である。
資料：『データブック　オブ・ザ・ワールド2023年版』『世界国勢図会2022/23』
　　　より作成。

問1　人口上位国の工業生産に関する以下の表の、ア〜エにあてはまる工業の組み合わせとして最も適当なものを、次の①〜④の中から一つ選べ。 [14]

表　人口上位国の工業生産の内訳（2018年）

中国 合計14.0兆ドル		アメリカ合衆国 合計6.0兆ドル		日本 合計2.9兆ドル		インドネシア 合計0.4兆ドル	
内訳	（%）	内訳	（%）	内訳	（%）	内訳	（%）
ア	37.2	ア	31.2	ア	46.1	エ	31.2
イ	19.1	イ	28.6	イ	17.8	ア	21.6
ウ	16.6	エ	15.8	ウ	12.9	イ	17.6
エ	10.0	ウ	10.6	エ	12.6	繊維・衣類	8.0
繊維・衣類	4.9	繊維・衣類	1.0	繊維・衣類	1.3	ウ	5.7
その他	12.2	その他	12.8	その他	9.3	その他	15.9

資料：『高校生の地理総合』より作成。

①　ア：機械　　イ：化学　　　　　ウ：鉄鋼・金属　　エ：食品

②　ア：化学　　イ：機械　　　　　ウ：食品　　　　　エ：鉄鋼・金属

③　ア：食品　　イ：鉄鋼・金属　　ウ：化学　　　　　エ：機械

④　ア：機械　　イ：鉄鋼・金属　　ウ：化学　　　　　エ：食品

問2　日本の人口やその変化の説明として**最も不適当な**ものを、次の①〜④の中から一つ選べ。 [15]

①　【グラフ】中の20ヶ国において唯一過去10年間（2010〜2020年）で人口増加率がマイナスである。

②　2015年から2020年の5年間の人口増加率は、東京都が全国で最も高い。

③　高齢化と少子化は国内のどの地域でも同様のペースで進んでいる。

④　人口の4人に1人以上は高齢者である（2019年）。

問3　日本では2019年に在留資格として「特定技能」を設け、外国人労働者の受け入れを拡大させている。日本における在留外国人の国籍の構成比（2020年）を示す以下の表の、オ、カにあてはまる国の組み合わせとして最も適当なものを、次の①〜④の中から一つ選べ。 [16]

表　日本における在留外国人の国籍の構成比（2020年）

国	構成比（%）
中国	27.0
オ	15.5
韓国	14.8
カ	9.7
ブラジル	7.2

資料：『地理データファイル2023年度版』より作成。

①　オ：タイ　　　　カ：ベトナム　　②　オ：ベトナム　　　カ：フィリピン

③　オ：ネパール　　カ：インドネシア　④　オ：インドネシア　カ：フィリピン

問4　【グラフ】中の❹は東南アジアに位置する島嶼国である。この国に関する説明として**最も不適当なも**のを、次の①〜④の中から一つ選べ。 $\boxed{17}$

① 小麦の輸入量が世界第1位（2020年）である。

② 石炭の輸出量が世界第1位（2019年）である。

③ この国の主要な宗教は仏教である。

④ 日本企業やJICAの技術協力により首都において地下鉄が開通した。

問5　【グラフ】中の⓳に関連して、次の（1）、（2）の問いに答えよ。

（1）この国は西ヨーロッパに位置しており、周辺には少子化に対する幅広い環境整備が行われている国が多い。以下の表においてこの国の合計特殊出生率（2020年）に最も近い数値の周辺国を、次の①〜④の中から一つ選べ。 $\boxed{18}$

表　【グラフ】中の⓳の周辺国における合計特殊出生率（2020年）

国	合計特殊出生率
モナコ	2.5（2021年）
チェコ	1.71
スウェーデン	1.66
ベルギー	1.55

資料：『データブック オブ・ザ・ワールド2023年版』より作成。

① モナコ　　② チェコ　　③ スウェーデン　　④ ベルギー

（2）この国には雇用機会を求めて多くの移民が流入している。この国における移民（外国生まれ人口）の主要な出身国（2015年）の組み合わせとして最も適当なものを、次の①〜④の中から一つ選べ。 $\boxed{19}$

① ハンガリー　　　チェコ　　　　オーストリア

② インド　　　　　中国　　　　　ニュージーランド

③ ポーランド　　　トルコ　　　　ロシア

④ アルジェリア　　モロッコ　　　チュニジア

問6 【グラフ】中の❾は世界最大の面積を持つ国である。この国に関連して、次の（1）、（2）の問いに答えよ。

（1）次の①〜④に示す都市の雨温図のうち、この国の首都の雨温図として最も適当なものを一つ選べ。

20

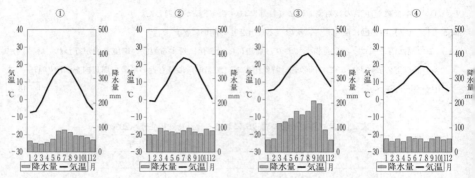

資料：CLIMATE-DATA.ORG（1982-2012）より作成。

（2）この国の人口に関する説明として最も適当なものを、次の①〜④の中から一つ選べ。 21

① 近年の人口ピラミッドは典型的なピラミッド型である。

② 第二次世界大戦や社会体制移行の混乱による出生率低下の影響は、この国の人口ピラミッドにあらわれていない。

③ 男女の平均寿命は10歳程度の差がある（2020年）。

④ 日本と比較して、人口性比（女性100人に対する男性の数）が大きい（2021年）。

問7 【グラフ】中の⓲は西アジアに位置しており、沿岸部は地中海性気候、内陸は乾燥気候に属している。この国に関する説明として最も不適当なものを、次の①〜④の中から一つ選べ。 22

① 2002年よりEU加盟国である。

② 火山の噴火による堆積物が侵食されてできた奇岩群が観光資源の一つとなっている。

③ トマトの生産量が世界第3位（2020年）である。

④ 綿糸や毛糸の生産量が多く繊維産業が盛んである。

（次の頁にも設問があります）

問8 【グラフ】中の❼はアフリカで最大の産油国（2020年）である。この国に関連して、次の（1）～（3）の問いに答えよ。

（1）この国は人口一極集中などによる問題から1991年に首都を移転した。1900年以降に首都を移転した国として最も適当なものを、次の①～④の中から一つ選べ。　　　　　　　　　　　　　　　23

①　コロンビア　　　②　フランス　　　③　ミャンマー　　　④　カナダ

（2）この国の主な農産物について生産量（2020年）の上位5ヶ国を以下の表に示した。表中のA～Cにあてはまる作物の組み合わせとして最も適当なものを、次の①～④の中から一つ選べ。　　　　24

表　【グラフ】中の❼における主な農産物の生産量上位5ヶ国（2020年）

	A	B	C
1位	❼	アメリカ合衆国	❼
2位	ガーナ	❼	コンゴ民主共和国
3位	コートジボワール	エチオピア	タイ
4位	ベナン	インド	ガーナ
5位	トーゴ	メキシコ	インドネシア

資料：『地理データファイル2023年度版』より作成。

①　A：ヤムイモ　　　B：ジャガイモ　　　　　　C：キャッサバ

②　A：キャッサバ　　B：もろこし（ソルガム）　C：タロイモ

③　A：タロイモ　　　B：ジャガイモ　　　　　　C：ヤムイモ

④　A：ヤムイモ　　　B：もろこし（ソルガム）　C：キャッサバ

（3）この国の地勢や気候と**最も関係がうすい**用語を、次の①～④の中から一つ選べ。　　　　25

①　マングローブ　　　②　温帯気候　　　③　南西モンスーン　　　④　デルタ

問9 【グラフ】中の❿は北アメリカ大陸に位置しており、首都の大気汚染が深刻な国である。この国に関する説明として**最も不適当な**ものを、次の①～④の中から一つ選べ。　　　　26

①　銀鉱の産出量が世界第1位（2017年）である。

②　トウモロコシなどの栽培植物を基盤としてアンデス文明が栄えた。

③　スペイン語を公用語とする国の中で最も人口が多い（2021年）。

④　首都は標高2,000mを超える高地の盆地に位置している。

Ⅲ 南アジア地域に関する次の地図を読んで、問1～問4の設問に答えよ。

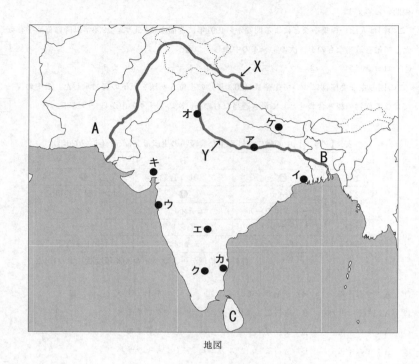

地図

問1 以下の甲～丙に示す国の説明を読んで、次の（1）～（4）の問いに答えよ。

甲：住民の多くは主に仏教を信仰する　　（あ）　　である。茶が主要産品であり、世界第3位（2020年）の輸出量をほこる。

乙：1971年に分離独立したイスラム国家である。この国の輸出額の84.2%（2015年）を　　（い）　　が占める。

丙：多民族国家であり、英語を公用語とする。　　（う）　　は旧首都であり、貿易港が発展した国内最大の都市である。

（1）甲～丙の説明のうち、それぞれ地図中の国A～Cに該当するものはどれか。両者の組み合わせとして最も適当なものを、次の①～⑥の中から一つ選べ。　　[27]

　　① 甲：A　　乙：B　　丙：C　　　② 甲：A　　乙：C　　丙：B

　　③ 甲：B　　乙：A　　丙：C　　　④ 甲：B　　乙：C　　丙：A

　　⑤ 甲：C　　乙：A　　丙：B　　　⑥ 甲：C　　乙：B　　丙：A

（2）空欄（あ）にあてはまる語句として最も適当なものを、次の①～④の中から一つ選べ。　　[28]

　　① タミル人　　　② ベンガル人　　　③ シンハラ人　　　④ パンジャブ人

— 326 —

（3）空欄（い）にあてはまる語句として最も適当なものを、次の①～④の中から一つ選べ。 $\boxed{29}$

① 石炭　　② 天然ガス　　③ 衣類　　④ 機械類

（4）空欄（う）にあてはまる語句として最も適当なものを、次の①～④の中から一つ選べ。 $\boxed{30}$

① コロンボ　　② チェンナイ　　③ チッタゴン　　④ カラチ

問2 インドの都市や地域に関して、次の（1）～（4）の問いに答えよ。

（1）地図中の都市ア～エのうち、ヒンドゥー教の主要な聖地にあたり、郊外に釈迦がはじめて説法を行ったサールナート（鹿野苑）がある宗教都市はどれか。次の①～④の中から、最も適当なものを一つ選べ。

$\boxed{31}$

① 都市ア　　② 都市イ　　③ 都市ウ　　④ 都市エ

（2）都市オとカのそれぞれの周辺地域と、そこでの主要な言語の語族との組み合わせとして最も適当なものを、次の①～④の中から一つ選べ。 $\boxed{32}$

① 都市オの周辺地域：インド・ヨーロッパ語族　　都市カの周辺地域：オーストロアジア語族

② 都市オの周辺地域：インド・ヨーロッパ語族　　都市カの周辺地域：ドラヴィダ語族

③ 都市オの周辺地域：オーストロアジア語族　　都市カの周辺地域：インド・ヨーロッパ語族

④ 都市オの周辺地域：オーストロアジア語族　　都市カの周辺地域：ドラヴィダ語族

（3）第2次産業が盛んな地図中の都市キに関する説明として最も適当なものを、次の①～④の中から一つ選べ。 $\boxed{33}$

① 綿工業が発達した都市であり、「インドのマンチェスター」とも呼ばれる。

② インドではじめて製鉄所が建造された都市であり、近隣に大規模な鉄山と炭田がある。

③ リチウムとニッケルの産出量が多く、これにより先端技術産業が集積した都市である。

④ 世界有数の錫鉱山があり、採掘に従事する移民の流入によって都市が形成された。

（4）第2次産業が盛んな地図中の都市クに関する説明として最も適当なものを、次の①～④の中から一つ選べ。 $\boxed{34}$

① 周辺の高原に国内最大の茶生産地があり、これを後背地として製茶業が発達した都市である。

② ダモダル川総合開発計画によって形成された国内最大の工業地帯の中心的な都市である。

③ 20世紀初頭までインドの首都が置かれ、現在は綿工業や自動車工業が盛んな都市である。

④ 先端技術産業の中心地であり、「インドのシリコンヴァレー」と呼ばれる都市である。

問3 次の①~④に示す南アジア地域における都市の雨温図のうち、地図中の首都**ケ**の雨温図として最も適当なものを一つ選べ。　35

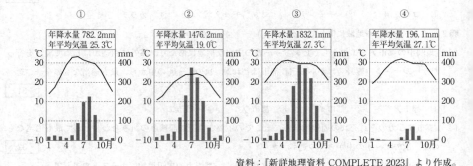

資料：『新詳地理資料 COMPLETE 2023』より作成。

問4 地図中の国・地域の農牧業や農産物輸出に関して、次の（1）~（4）の問いに答えよ。

（1）地図中の河川**X**流域の農牧業に関する説明として**最も不適当なもの**を、次の①~④の中から一つ選べ。　36

　　① 古代には流域の肥沃な土壌を利用した農業により、世界有数の文明が成立した。

　　② 上流域のカシミール地方は、地域に生息する山羊の毛を用いたカシミア織の生産で知られる。

　　③ 中流域では植民地時代から灌漑設備が発達し、大麦とライ麦の世界的な生産地が形成された。

　　④ 下流域では稲作が盛んであり、その米は国内向けに加えて輸出向けにも多く出荷される。

（2）地図中の河川**Y**流域の農業に関する説明として**最も不適当なもの**を、次の①~④の中から一つ選べ。　37

　　① 小麦作と稲作を比べると、前者は上流域、後者は下流域でより盛んである。

　　② 上流域では肥沃なレグールが分布し、インド最大の綿花生産地が形成されている。

　　③ 主に中・下流域に広がるヒンドスタン平原は、インド最大の農業地域である。

　　④ 河口に形成されたデルタ地帯は、世界的なジュート（黄麻）生産地である。

（次の頁にも設問があります）

— 328 —

（3）以下の表は、インドで生産が盛んな農産物の主要生産国の生産量を示したものである。表中の【a】にあてはまる国として最も適当なものを、次の①～④の中から一つ選べ。 38

表　インドで生産が盛んな農産物の主要生産国の生産量

葉たばこ（2020年）			オレンジ類（2020年）		
順位	国名	生産量（千t）	順位	国名	生産量（万t）
1位	中国	2,134	1位	中国	3,062
2位	インド	761	2位	【a】	1,773
3位	【a】	702	3位	インド	985
4位	ジンバブエ	203	4位	アメリカ合衆国	562
5位	インドネシア	200	5位	スペイン	552

資料：『データブック オブ・ザ・ワールド2023年版』より作成。

① エジプト　　② ブラジル　　③ キューバ　　④ メキシコ

（4）以下の表は、インドで生産が盛んな畜産物の主要生産国の生産量を示したものである。表中の【b】にあてはまる国として最も適当なものを、次の①～④の中から一つ選べ。 39

表　インドで生産が盛んな畜産物の主要生産国の生産量

バター（2019年）			牛乳（2020年）		
順位	国名	生産量（千t）	順位	国名	生産量（万t）
1位	インド	4,552	1位	【b】	10,125
2位	パキスタン	1,128	2位	インド	8,782
3位	【b】	915	3位	ブラジル	3,651
4位	ニュージーランド	505	4位	中国	3,440
5位	ドイツ	497	5位	ドイツ	3,316

資料：『データブック オブ・ザ・ワールド2023年版』より作成。

① タイ　　② オーストラリア　　③ ロシア　　④ アメリカ合衆国

(4H－11)

1K 世 界 史

Ⅰ インド・東南アジア・アフリカのイスラーム化に関する次の文章A・Bを読み、下の問い（問1～問10）に答えよ。

A 8世紀頃になると、ムスリム商人は東南アジアから中国沿岸まで進出しはじめた。他方、朝貢貿易が不振になったことから、中国人商人も 1 で交易に直接参加するようになった。

10世紀後半になると、(a)チャンパーや三仏斉などが宋に対して朝貢した。ムスリム商人が広州や泉州などに居留地をつくる一方で、中国人商人も東南アジア各地に居留地をつくるなど、活発な交易がみられた。つづく13世紀後半、南宋を征服した元（モンゴル）は、アジアの海域へ進出した。ベトナムの 2 はこれを退けたが、ビルマの 3 は滅亡した。他方、ジャワでは朝貢を求めて侵攻してきた元軍の干渉を排し、(b)マジャパヒト王国が成立した。

問1 1 に当てはまる最も適当なものを、次の①～④のうちから一つ選べ。
① ダウ船　　　　② 三段櫂船
③ ジャンク船　　④ ガレオン船

問2 2 に当てはまる最も適当なものを、次の①～④のうちから一つ選べ。
① 陳朝　　　　　② 李朝
③ 黎朝　　　　　④ 阮朝

問3 3 に当てはまる最も適当なものを、次の①～④のうちから一つ選べ。
① アンコール朝　② パガン朝
③ チャールキヤ朝　④ 真臘

問4 下線部（a）のチャンパーに関して述べた次の文①～④のうちから、最も適当でないものを一つ選べ。

4

① マレー半島にチャム人が建てた王国である。
② インドと中国南部との中継貿易で栄えた。
③ 17世紀には阮氏による広南王国の属国となった。
④ 中国名で林邑と呼称されることもある。

問5　下線部（b）のマジャパヒト王国に関して述べた次の文①〜④のうちから、**最も適当でないもの**を一つ選べ。　　5

①　仏教王国である。

②　独自のジャワ文化が発展した。

③　インドネシア海域世界の交易を支配する港市連合国家に発展した。

④　14世紀が全盛期である。

B　西アフリカの　6　は金を豊富に産したので、ムスリム商人が岩塩をもって訪れ、金と交換した。1076/77年の(a)ムラービト朝の攻撃による　6　の衰退は西アフリカのイスラーム化をうながした。その後におこった「黄金の国」マリ王国や(b)ソンガイ王国の支配階級は(c)イスラーム教徒であった。ソンガイ王国は西アフリカの隊商都市の大部分を支配し、北アフリカとの交易で栄え、とくに　7　中流の交易都市トンブクトゥは内陸アフリカにおけるイスラームの学問の中心地として発展した。

出典：山川出版社　「詳説世界史改訂版」（2022年度）

問6　　6　に当てはまる最も適当なものを、次の①〜④のうちから一つ選べ。

①　ダホメ王国　　　　　②　ベニン王国

③　クシュ王国　　　　　④　ガーナ王国

問7　　7　に当てはまる最も適当なものを、次の①〜④のうちから一つ選べ。

①　ニジェール川　　　　②　ザイール川

③　ザンベジ川　　　　　④　ナイル川

問8　下線部（a）のムラービト朝に関して述べた次の文①〜④のうちから、**最も適当でないもの**を一つ選べ。　　8

①　モロッコを中心とした。

②　ベルベル人が建てた政権である。

③　マムルーク朝に滅ぼされた。

④　イベリア半島に進出した。

問9　下線部（b）のソンガイ王国に関して述べた次の文①〜④のうちから、**最も適当でないもの**を一つ選べ。　　9

①　ソンガイ人がガオを都に創始した。

②　国内の自然災害や内乱がおこって国力が衰えていった。

③　アルジェリアのサアド朝軍の攻撃で滅んだ。

④　アスキア＝ムハンマドの治世に最盛期を迎えた。

世界史

（次の頁にも設問があります）

問10　下線部（c）のイスラーム教に関して述べた次の文①～④のうちから、**最も適当でないもの**を一つ選べ。

10

① 『コーラン』はアラビア語で「音読されるもの」を意味する。

② 『コーラン』ではムハンマドが唯一の預言者とされている。

③ 六信五行はムスリムが信者として信仰し、おこなうべきことの基本である。

④ 原義は「身を委ねること」で、転じて「唯一神への絶対的服従」を意味する。

Ⅱ 東アジア世界の動向に関する次の文章A・Bを読み、下の問い（**問1～問10**）に答えよ。

A　14世紀には東アジアでも飢饉が続き、元朝の支配力が衰えて混乱の時代を迎えた。中国では(a)白蓮教徒による　11　をきっかけに群雄が蜂起した。反乱のなかで頭角をあらわした(b)朱元璋は、長江下流域の穀倉地帯をおさえ、1368年に　12　で皇帝の位につき、(c)明朝をたてた。

問1　　11　に当てはまる最も適当なものを、次の①～④のうちから一つ選べ。

① 黄巾の乱　　　　② 紅巾の乱　　　　③ 三藩の乱　　　　④ 赤眉の乱

問2　　12　に当てはまる最も適当なものを、次の①～④のうちから一つ選べ。

① 北京　　　　　　② 盛京　　　　　　③ 南京　　　　　　④ 開封

問3　下線部（a）の白蓮教に関して述べた次の文①～④のうちから、**最も適当でないもの**を一つ選べ。

13

① 唐代に始まった宗教結社である。

② 仏教的要素が強い。

③ 次第に呪術的となり南宋末から元代に邪教として弾圧された。

④ 元末に弥勒仏が救世主としてこの世にあらわれるという下生信仰と結びついた。

問4　下線部（b）の朱元璋に関して述べた次の文①～④のうちから、**最も適当でないもの**を一つ選べ。

14

① 貧農出身の流浪僧であった。

② 元の都大都を占領し遊牧勢力を駆逐した。

③ 漢・唐王朝への復帰を掲げて皇帝独裁体制を緩和した。

④ 元号を「洪武」のみでとおした。

問5　下線部 (c) の明朝に関して述べた次の文①〜④のうちから、**最も適当でないもの**を一つ選べ。

15

① 明朝初期に、中書省とその長官の丞相が廃止され、六部が皇帝に直属となった。

② 明朝初期に、農村では全国的人口調査を基礎に屯田制が実施された。

③ 明朝初期に、朱子学を官学として科挙制を整備した。

④ 明を中心とする朝貢貿易は東アジアからインド洋にいたる広い範囲でおこなわれた。

B　明後期には、商業・手工業の発展にともない、特権商人が全国的に活動して巨大な富を築いた。大きな都市には (a) 会館や公所もつくられた。16世紀には (b) 一条鞭法の改革が実施された。貨幣経済の発展とともに都市には商人や　16　など富裕な人々が集まり、文化生活を楽しんだ。明を代表する画家・書家の　17　のように高級官僚を経験しながら芸術家として名声を得た文化人も多かった。儒学の中では、16世紀初めに王守仁が (c) 陽明学を確立した。

問6　16　に当てはまる最も適当なものを、次の①〜④のうちから一つ選べ。

① 公行　　　　　② 佃戸　　　　　③ 里老人　　　　　④ 郷紳

問7　17　に当てはまる最も適当なものを、次の①〜④のうちから一つ選べ。

① 王仙芝　　　　② 董其昌　　　　③ 呉道玄　　　　　④ 銭大昕

問8　下線部 (a) の会館や公所に関して述べた次の文①〜④のうちから、**最も適当でないもの**を一つ選べ。

18

① 同郷・同業の商人や職人が建てた施設である。

② 親睦・互助には使用されなかった。

③ 遠距離商人集団の活動拠点であった。

④ ネットワーク形成に大きな役割を果たした。

問9　下線部 (b) の一条鞭法に関して述べた次の文①〜④のうちから、**最も適当でないもの**を一つ選べ。

19

① 地方から始まった税法である。

② 租税と徭役を銀に一本化して納入させた。

③ 銀経済の停滞と不正の横行が背景にある。

④ 清の地丁銀制のさきがけとなった。

問10　下線部 (c) の陽明学に関して述べた次の文①〜④のうちから、**最も適当でないもの**を一つ選べ。

20

① 「心即理」を唱えた。

② 実践を重んじて「知行合一」を説いた。

③ 朱子学の知識重視に反対する立場を示した。

④ 朝鮮王朝は陽明学を官学とした。

III ルネサンスに関する次の文章**A・B**を読み、下の問い（**問1～問8**）に答えよ。

A ルネサンスは、 21 の盛んなイタリアや、毛織物工業が成長した(a)ネーデルラントで早くから展開した。ルネサンス期の学者や芸術家は都市に住む教養人で、その多くは権力者の保護のもとで活動した。イタリアではフィレンツェの 22 や(b)ミラノ公、(c)ローマ教皇などがルネサンスの保護者として知られる。

問1 21 に当てはまる最も適当なものを、次の①～④のうちから一つ選べ。

① 地中海貿易   ② 紅海貿易   ③ 三角貿易   ④ アカプルコ貿易

問2 22 に当てはまる最も適当なものを、次の①～④のうちから一つ選べ。

① ハプスブルク家   ② ヴァロワ家

③ ホーエンツォレルン家   ④ メディチ家

問3 下線部（a）のネーデルラントに関して述べた次の文①～④のうちから、**最も適当でないもの**を一つ選べ。 23

① 「低地地帯」を意味する。

② 南部10州はオランダ独立戦争から離脱してスペイン領にとどまった。

③ 1556年にカルロス1世が継承してスペイン領となった。

④ オランダ独立戦争の勝利で北部7州が独立した。

問4 下線部（b）のミラノに関して述べた次の文①～④のうちから、**最も適当でないもの**を一つ選べ。 24

① 商工業の発達によりロンバルディア同盟の中核都市として栄えた。

② 1450年以降、ヴィスコンティ家がミラノ公の支配権をにぎった。

③ レオナルド＝ダ＝ヴィンチはミラノに滞在し、「最後の晩餐」を残した。

④ ミラノ公国はイタリア北部の有力都市国家である。

問5 下線部（c）のローマ教皇に関して述べた次の文①～④のうちから、**最も適当でないもの**を一つ選べ。 25

① 教皇領はインノケンティウス3世の時代に最大版図となった。

② クレメンス5世がフィリップ4世の支配下に入り、教皇庁はアヴィニョンに移った。

③ パウロはのちにローマカトリック教会から初代教皇とされた。

④ 現在残る教皇領はヴァチカン市国のみである。

B ルネサンス文芸はイタリアでまず展開した。イタリアには『神曲』で知られる 26 や(a)ボッカチオらが出たが、その影響下にイギリスでも 27 が『カンタベリ物語』を著した。16世紀頃になると、ネーデルラントの人文主義者 28 の『愚神礼賛』をはじめ、社会を風刺する作品が多く書かれた。イギリスで16世紀末から17世紀初めに活躍した(b)シェークスピアの戯曲をはじめとして、すぐれた文芸作品はそれぞれの国の言語を発達させるのに貢献した。

問6 26 ～ 28 に当てはまる最も適当なものを、次の①～⑩のうちからそれぞれ一つ選べ。

① ラブレー　　　② トマス＝モア　　　③ ダンテ　　　④ ペトラルカ

⑤ セルバンテス　⑥ モンテーニュ　　　⑦ エラスムス　⑧ ブルネレスキ

⑨ チョーサー　　⑩ ジョット

問7 下線部（a）のボッカチオに関して述べた次の文①～④のうちから、**最も適当でないもの**を一つ選べ。

30 29

① 主にフィレンツェで活躍した。

② 代表作『デカメロン』は近代小説の原型となった。

③ 代表作はイタリア＝ルネサンス散文学の最高傑作といわれた。

④ 『叙情詩集』は永遠の女性ラウラへの愛が随所に表現されたボッカチオの著作である。

問8 下線部（b）のシェークスピアに関して述べた次の文①～④のうちから、**最も適当でないもの**を一つ選べ。

30

① エリザベス1世の時代から17世紀初めに活躍した。

② ロンドンに出て俳優兼劇作家として活動した。

③ 『ハムレット』はシェークスピアの四大悲劇のひとつである。

④ 『ドン・キホーテ』は社会風刺に富んだシェークスピアの喜劇のひとつである。

（次の頁にも設問があります）

Ⅳ 世界恐慌とファシズム諸国の侵略に関する次の文章を読み、下の問い（**問1～問9**）に答えよ。

　　アメリカ合衆国では1932年の選挙で、(a)民主党の　31　が大統領に当選し、　32　と呼ばれる経済復興政策を実施した。銀行の救済をはかり、金の流出を防ぐため　33　から離脱した。また、　34　で農業生産を調整し農産物の価格を引き上げて農民の生活を安定させ、　35　では工業製品の価格協定を公認して、産業の復興を促すとともに、テネシー川流域開発公社に代表される公共事業によって失業者を減らそうとした。

　　他方、35年、(b)ワグナー法が制定された結果、38年に　36　が成立した。これら一連の政策により、国民の不安は軽減した。外交面では、1933年合衆国は(c)ソ連を承認するとともに、ラテンアメリカ諸国には、(d)キューバに対する内政干渉をひかえ、ドル経済圏に組み入れる善隣外交政策がとられた。

問1　　31　に当てはまる最も適当なものを、次の①～④のうちから一つ選べ。

① フーヴァー　　　　　　　② セオドア＝ローズヴェルト

③ トマス＝ジェファソン　　④ フランクリン＝ローズヴェルト

問2　　32　に当てはまる最も適当なものを、次の①～④のうちから一つ選べ。

① ホロコースト　　　　　　② レッセ＝フェール

③ マーシャル＝プラン　　　④ ニューディール

問3　　33　に当てはまる最も適当なものを、次の①～④のうちから一つ選べ。

① ブレトン＝ウッズ経済体制　② 金本位制

③ 二重統治体制　　　　　　　④ 両属体制

問4　　34　、　35　に当てはまる最も適当なものを、次の①～⑥のうちからそれぞれ一つ選べ。

① NIRA　　　　　　　② AAA　　　　　　③ NPT

④ CIS　　　　　　　　⑤ EMS　　　　　　⑥ AFL

問5　　36　に当てはまる最も適当なものを、次の①～④のうちから一つ選べ。

① 労働代表委員会　　　　　② 産業別組織会議

③ 模範議会　　　　　　　　④ 政治協商会議

問6　下線部 (a) の民主党に関して述べた次の文①～④のうちから、**最も適当でないもの**を一つ選べ。

　　　　　　　　　　　　　　　　　　　　　　　　　　　　　　　　　37

① 東部の小農民の支持により結党された。

② 南部の大農園主の支持で結党された。

③ ジャクソン支持者により結党された。

④ 徐々に北部に支持基盤を移していった。

問7　下線部 (b) のワグナー法に関して述べた次の文①〜④のうちから、**最も適当でないもの**を一つ選べ。

38

① 労働者の団体交渉権については保障されなかった。

② 労働者の権利保護のために制定された。

③ 提案者の名で呼ばれている。

④ 労働者の団結権を保障した。

問8　下線部 (c) のソ連に関して述べた次の文①〜④のうちから、**最も適当でないもの**を一つ選べ。

39

① ロシア・ウクライナ・ベラルーシ・ザカフカースが結成した連邦国家である。

② 最終的に15共和国の連合に拡大した。

③ 1922年の第1回全連邦ソヴィエト大会で成立が宣言された。

④ ロシアから独立したウズベキスタン・アフガニスタンが加わった。

問9　下線部 (d) のキューバに関して述べた次の文①〜④のうちから、**最も適当でないもの**を一つ選べ。

40

① アメリカ＝スペイン戦争後、主権を制限されつつも独立を実現した。

② 第1次独立戦争ののち、カストロ・ゲバラの呼びかけで第2次独立戦争がおこった。

③ 1934年にプラット修正条項を撤廃し、アメリカと新しい条約を結んだ。

④ 1959年、キューバ革命に成功し、1961年にアメリカと国交断絶した。

2K 世 界 史

2月4日

（解答番号 $\boxed{1}$ ～ $\boxed{40}$ ）

Ⅰ ギリシア世界に関する次の文章を読み、下の問い（**問1～問9**）に答えよ。

　　全オリエントを統一して大帝国となった(a)アケメネス朝の支配に対し、$\boxed{1}$ を中心としたイオニア地方のギリシア人植民市が反乱を起こした。これをきっかけに始まったのがペルシア戦争である。ペルシアは反乱を支援したアテネに遠征軍を差し向けたが、アテネの(b)重装歩兵軍は、前490年の $\boxed{2}$ でペルシア軍をうち破った。その後アテネは(c)テミストクレスの指導により海軍を拡充し、前480年の $\boxed{3}$ では、ギリシア連合軍が彼の指揮のもとペルシアの大軍を再び大敗させた。翌年の $\boxed{4}$ でギリシア側の勝利は決定的となった。ペルシア戦争勝利後、エーゲ海周辺の多くのポリスは(d)デロス同盟を結んだ。アテネ国内では無産市民の発言力が高まり、これを背景に前5世紀半ば頃、将軍 $\boxed{5}$ の指導のもとで(e)アテネ民主政は完成された。

問1　$\boxed{1}$ に当てはまる最も適当なものを、次の①～④のうちから一つ選べ。

　　① ミレトス　　　　　② テーベ　　　　　③ デルフォイ　　　　　④ スパルタ

問2　$\boxed{2}$ 、$\boxed{3}$ に当てはまる最も適当なものを、次の①～⑥のうちからそれぞれ一つ選べ。

　　① サラミスの海戦　　　② アクティウムの海戦　　③ マラトンの戦い

　　④ ニコポリスの戦い　　⑤ テルモピレーの戦い　　⑥ プレヴェザの海戦

問3　$\boxed{4}$ に当てはまる最も適当なものを、次の①～④のうちから一つ選べ。

　　① カイロネイアの戦い　　② アルベラの戦い

　　③ クレシーの戦い　　　　④ プラタイアの戦い

問4　$\boxed{5}$ に当てはまる最も適当なものを、次の①～④のうちから一つ選べ。

　　① プラクシテレス　　　② ペリクレス　　　　③ オウィディウス　　　④ エウセビオス

問5　下線部(a)のアケメネス朝に関して述べた次の文①～④のうちから、**最も適当でない**ものを一つ選べ。

$\boxed{6}$

　　① キュロス2世のときアッシリア王国を滅ぼして独立した。

　　② カンビュセス2世がエジプトを征服しオリエントを統一した。

　　③ ダレイオス1世時代に最大領土を実現した。

　　④ アレクサンドロス大王の東方遠征により滅亡した。

問6　下線部（b）の重装歩兵に関して述べた次の文①〜④のうちから、**最も適当でないもの**を一つ選べ。

7

① 富裕な平民などが武具を購入して重装備をした歩兵である。

② 兜、鎧、すねあて、盾、長槍で装備した。

③ ファランクスを組んでたたかった。

④ 軍隊の主力を騎馬を利用する貴族にとってかわられた。

問7　下線部（c）のテミストクレスに関して述べた次の文①〜④のうちから、**最も適当でないもの**を一つ選べ。

8

① ペロポネソス戦争の戦没者追悼演説が有名である。

② 鉱山で発見された銀の収益により大艦隊を建造した。

③ 陶片追放にあいペルシアに亡命した。

④ ペルシア艦隊をせまい水道に誘いこむ計略をもちいた。

問8　下線部（d）のデロス同盟に関して述べた次の文①〜④のうちから、最も適当でないものを一つ選べ。

9

① ペルシアの再侵攻に備えた。

② スパルタを盟主とした。

③ 本部ははじめデロス島に置かれた。

④ 加盟ポリスは軍資金を拠出した。

問9　下線部（e）のアテネ民主政に関して述べた次の文①〜④のうちから、**最も適当でないもの**を一つ選べ。

10

① クレイステネスの改革以降発展した。

② 全市民が平等な立場で話し合い、決定権を持つ政治形態である。

③ すべての官職の抽選制を特徴とする。

④ 奴隷制度を前提とし、女性の政治参加は認めなかった。

（次の頁にも設問があります）

Ⅱ 西ヨーロッパの中世文化に関する次の文章A・Bを読み、下の問い（問1～問8）に答えよ。

A　カール大帝は宮廷に学者を多数招き、そこから文芸復興がおこった。教会の権威の理論的確立のために、信仰を論理的に体系化しようとするスコラ学もこの頃始まった。西欧中世に特有の学問で実在論と唯名論とのあいだの普遍論争はその中心的議論であった。前者の議論は ｜ 11 ｜、後者の議論は ｜ 12 ｜ によって代表され、とくに ｜ 12 ｜ は近代合理思想の基礎を築いた。スコラ学は ｜ 13 ｜ 哲学の影響をうけて壮大な体系となった。

　　(a)大学が誕生するのも12世紀頃からである。おもな大学には神学などの3学部があり、基礎的な教養科目として(b)自由七科も教育された。

問1 ｜ 11 ｜、｜ 12 ｜ に当てはまる最も適当なものを、次の①～⑥のうちからそれぞれ一つ選べ。
　① ロジャー=ベーコン　　　② アンセルムス　　③ トマス=アクィナス
　④ ウィリアム=オブ=オッカム　　⑤ アルクイン　　　⑥ ベルナルドゥス

問2 ｜ 13 ｜ に当てはまる最も適当なものを、次の①～④のうちから一つ選べ。
　① アリストテレス　　② エピクロス　　　③ ソクラテス　　　④ ヘラクレイトス

問3 下線部（a）の大学に関して述べた次の文①～④のうちから、最も適当でないものを一つ選べ。
　　　　　　　　　　　　　　　　　　　　　　　　　　　　　　　　　14

　① ボローニャ大学は、現存する最古の大学であり、ローマ法研究で有名であった。
　② サレルノ大学はイスラーム医術の影響の下、12世紀に西欧医学の教育の頂点に立った。
　③ パリ大学の神学部は中世神学の最高権威であった。
　④ オクスフォード大学では宗教改革の先駆者であるフスが教授であった。

問4 下線部（b）の自由七科に関して述べた次の文①～④のうちから、最も適当なものを一つ選べ。
　　　　　　　　　　　　　　　　　　　　　　　　　　　　　　　　15

　① 文法・修辞・弁証の初級3学科、算術・幾何学・天文学・音楽の上級4学科に分かれる。
　② 文法・修辞・弁証の初級3学科、算術・歴史・天文学・医学の上級4学科に分かれる。
　③ 文法・修辞・弁証の初級3学科、算術・幾何学・政治学・音楽の上級4学科に分かれる。
　④ 文法・修辞・弁証の初級3学科、算術・歴史・政治学・医学の上級4学科に分かれる。

(2K－3)

B 　中世初期にはビザンツ様式の模倣がおこなわれていたが、11世紀にはロマネスク様式がうみだされた。なかでもイタリアの　16　大聖堂などが有名である。つづく12世紀には(a)ゴシック様式の教会が、繁栄する商人の経済力を背景に各都市に建設された。フランスの　17　大聖堂はその典型である。

　　学問に　18　が用いられたのに対し、口語（俗語）で表現された中世文学の代表が騎士道物語である。このような騎士の武勲や恋愛をテーマにした文学作品として(b)『ニーベルンゲンの歌』などが知られている。

問5 　16 、 17 に当てはまる最も適当なものを、次の①〜⑥のうちから、それぞれ一つ選べ。

① 　サン＝ヴィターレ　　② 　サン＝ピエトロ　　③ 　ピサ

④ 　シャルトル　　　　　⑤ 　ハギア＝ソフィア　　⑥ 　サンタ＝マリア

問6 　18 に当てはまる最も適当なものを、次の①〜④のうちから一つ選べ。

① 　ギリシア語　　　② 　ラテン語　　　③ 　アラビア語　　　④ 　トスカナ語

問7 　下線部 （a）のゴシック様式に関して述べた次の文①〜④のうちから、最も適当なものを一つ選べ。

19

① 　小さい窓が特色で、荘重な雰囲気を持つ。

② 　南フランス・イタリアから西欧に広がった建築様式である。

③ 　モザイク装飾により教会の神秘性が表現された。

④ 　高い塔と尖塔アーチは富と信仰の象徴である。

問8 　下線部 （b）の『ニーベルンゲンの歌』に関して述べた次の文①〜④のうちから、最も適当なものを一つ選べ。

20

① 　カール大帝のスペインにおけるイスラーム討伐を題材としている。

② 　13世紀初頭にチョーサーが著した物語である。

③ 　ケルト神話や聖杯伝説、円卓の騎士の伝承などがもりこまれた口語文学である。

④ 　英雄ジークフリートの死と妻クリームヒルトの復讐が悲劇的に描かれている。

（次の頁にも設問があります）

(2K－4)

Ⅲ 産業革命に関する次の文章を読み、下の問い（**問1〜問7**）に答えよ。

イギリスでは18世紀後半に世界最初の(a)産業革命を経験することになった。大量生産を可能にする技術革新は、まず(b)綿工業の分野で始まった。1733年に飛び杼が発明されると、綿織物の生産量が急速に増えて綿糸が不足した。その結果、　21　の多軸紡績機、　22　の水力紡績機、　23　のミュール紡績機などが次々に発明され、良質の綿糸が大量に生産されるようになった。蒸気機関が水力にかわって紡績機などの動力として利用されると、生産の効率をさらに高めた。

18世紀後半には国内の輸送路として運河網が形成されたが、19世紀に入ると(c)鉄道がこれにかわった。　24　により製作された(d)蒸気機関車は25年に実用化され、鉄道は公共の陸上輸送機関として急速に普及した。1807年にはアメリカの　25　が(e)蒸気船を試作した。

問1　　21　〜　23　に当てはまる最も適当なものを、次の①〜⑩のうちからそれぞれ一つ選べ。

① クロンプトン　　② バイロン　　③ ジョン＝ケイ　　④ ディケンズ

⑤ ハーグリーヴズ　　⑥ サッカレー　　⑦ スタンリー　　⑧ アークライト

⑨ ゴードン　　⑩ ローズ

問2　　24　、　25　に当てはまる最も適当なものを、次の①〜⑥のうちからそれぞれ一つ選べ。

① フルトン　　② スティーヴンソン　　③ ワット

④ ダービー　　⑤ ファラデー　　⑥ スペンサー

問3　下線部(a)の産業革命に関して述べた次の文①〜④のうちから、**最も適当でないもの**を一つ選べ。

26

① イギリスは19世紀に「世界の工場」と呼ばれるにいたった。

② フランスではリヨンを中心とする綿織物分野を中心にはじまった。

③ ドイツでは重化学工業を中心に、国家による保護の下で発展した。

④ アメリカでは南北戦争後に工業化が本格化し、1880年代半ばに世界最大の工業国となった。

問4　下線部(b)の綿工業に関して述べた次の文①〜④のうちから、**最も適当でないもの**を一つ選べ。

27

① 綿織物は丈夫で洗濯にも強く、染色性に優れていた。

② 1700年にインド産木綿の輸入禁止が定められた。

③ 木綿分野のギルド規制により、技術革新がすすんだ。

④ 綿織物はヨーロッパで人気を博したが、毛織物業者の怒りをかった。

問5　下線部 (c) の鉄道に関して述べた次の文①～④のうちから、**最も適当でないもの**を一つ選べ。

28

① アメリカ合衆国の大陸横断鉄道建設には、西からはアイルランド移民が、東からは中国系のクーリーが主な労働力として使われた。

② シベリア鉄道はウィッテが建設を推進し、帝政ロシアのシベリア開発や極東政策の手段となった。

③ バグダード鉄道は、ドイツが計画した、オスマン帝国内の鉄道網のペルシア湾までの延長路線である。

④ 1830年代にイギリス、アメリカ、フランスで鉄道の営業運転が開始された。

問6　下線部 (d) の蒸気機関車に関して述べた次の文①～④のうちから、**最も適当でないもの**を一つ選べ。

29

① 1825年、蒸気機関車ロコモーション号が客車・貨車牽引に成功した。

② 1830年、マンチェスター・リヴァプール間で蒸気機関車「ロケット号」の営業運転がおこなわれた。

③ 蒸気機関車によりはじめてレール上で貨車が牽引された。

④ 蒸気機関を動力とする機関車である。

問7　下線部 (e) の蒸気船に関して述べた次の文①～④のうちから、**最も適当でないもの**を一つ選べ。

30

① 当初、内陸・沿岸の運行に外輪式の蒸気船が使用された。

② 19世紀前半に大西洋横断に成功した。

③ スクリュー式蒸気船が建造され、高速化を達成した。

④ 1807年、建造されたクラーモント号は、ミシシッピ川を航行した。

（次の頁にも設問があります）

Ⅳ　アジア・アフリカ地域の民族運動に関するA・Bの文章を読み、下の問い（**問1～問9**）に答えよ。

A　イギリスは民族自決という国民世論の圧力に押され、(a)インドに自治を約束した。しかし、第一次世界大戦後の　31　は、州政府の一部をインド人にゆだねただけで、自治とはほど遠い内容であった。また、これと同時に、強圧的な　32　が制定された。こうした植民地政府の圧政に対し、非暴力を掲げて民衆の指導者として登場したのが(b)ガンディーである。彼は1920年の国民会議派大会で　33　を提示し、民族運動をエリートだけでなく民衆も加わる運動へと脱皮させた。

問1　　31　に当てはまる最も適当なものを、次の①～④のうちから一つ選べ。

① ワグナー法　　　　② ジム＝クロウ法

③ 1919年インド統治法　④ インド独立法

問2　　32　に当てはまる最も適当なものを、次の①～④のうちから一つ選べ。

① 反トラスト法　　　② ローラット法

③ 先住民強制移住法　④ 身分別議決法

問3　　33　に当てはまる最も適当なものを、次の①～④のうちから一つ選べ。

① ヒラーファト運動　② 非協力運動

③ 新文化運動　　　　④ タバコ＝ボイコット運動

問4　下線部（a）のインド自治の約束に関して述べた次の文①～④のうちから、**最も適当でないもの**を一つ選べ。　　　　　　　　　　　　　　　　　　　　　　　　　　　　　　　　34

① 第一次世界大戦前にイギリスのインド担当国務大臣モンタギューが約束した。

② インドは100万人以上の義勇軍を出し戦争に協力した。

③ 第一次世界大戦終了後にインドの自治を漸進的に実現するという内容であった。

④ インドに対し曖昧なかたちで責任政府と自治機構実現を提示した。

問5　下線部（b）のガンディーに関して述べた次の文①～④のうちから、**最も適当でないもの**を一つ選べ。　　　　　　　　　　　　　　　　　　　　　　　　　　　　　　　　35

① ロンドンに留学して弁護士資格を取得した。

② 南アメリカでインド人労働者の権利のためにたたかった。

③ インドに帰国後、独自の非暴力・不服従運動を展開した。

④ ヒンドゥーとムスリムの対立、不可触民差別の問題などにも取り組んだ。

B　東南アジアにおいても第一次世界大戦後、民族運動が再び広がった。 36 が支配するインドネシアでは、1920年にインドネシア 37 が結成され、独立をとなえたが、その運動は弾圧によってほぼ壊滅した。27年には(a)スカルノを党首とするインドネシア 38 が結成され、翌年にインドネシアという統一された祖国・民族・言語をめざす宣言がなされた。インドシナでは、1925年に(b)ホー＝チ＝ミンがベトナム青年革命同志会を結成し、それを母体にベトナム 37 が成立した。

問6 36 に当てはまる最も適当なものを、次の①〜④のうちから一つ選べ。

① イギリス　　　② ドイツ　　　③ フランス　　　④ オランダ

問7 37 、 38 に当てはまる最も適当なものを、次の①〜⑥のうちからそれぞれ一つ選べ。

① タキン党　　　② 民進党　　　③ 共産党

④ 国民党　　　⑤ 共和党　　　⑥ 民主党

問8 下線部（a）のスカルノに関して述べた次の文①〜④のうちから、**最も適当でないもの**を一つ選べ。

　　　　　　　　　　　　　　　　　　　　　　　　　　　　　 39

① 第二次世界大戦中は日本軍と激しく戦った。

② 植民地支配からの即時独立を訴え、投獄された。

③ インドネシア共和国の初代大統領に就任した。

④ 1955年にアジア＝アフリカ会議を主催した。

問9 下線部（b）のホー＝チ＝ミンに関して述べた次の文①〜④のうちから、**最も適当でないもの**を一つ選べ。　　　　　　　　　　　　　　　　　　　　　　 40

① 料理人として渡米した後ヨーロッパに渡った。

② ベトナム建国の父といわれる民族運動の指導者である。

③ 1945年、ベトナム民主共和国を建国し、初代首相となった。

④ インドシナ戦争、ベトナム戦争を指導した。

3K 世 界 史

2月5日

（解答番号 [1] ～ [40]）

Ⅰ 北方民族の活動と中国の分裂に関する次の文章A・Bを読み、下の問い（**問1～問7**）に答えよ。

A 北魏の孝文帝は、(a)均田制や [1] をしいて農耕民社会の安定につとめ、また平城（現在の大同）から洛陽に都を移し、(b)漢化政策をうち出した。その後、北魏は東西に分裂し、東魏は [2] に、西魏は [3] に倒された。

問1 [1] に当てはまる最も適当なものを、次の①～④のうちから一つ選べ。

① 郡県制 ② 三長制 ③ 里甲制 ④ 均輸法

問2 [2] 、[3] に当てはまる最も適当なものを、次の①～⑥のうちからそれぞれ一つ選べ。

① 北宋 ② 北元 ③ 北斉

④ 北周 ⑤ 後周 ⑥ 西周

問3 下線部 (a) の均田制に関して述べた次の文①～④のうちから、**最も適当でない**ものを一つ選べ。

[4]

① 北魏ではじまった土地制度である。

② 北朝・隋・唐で実施された。

③ 孝文帝が485年に実施した。

④ 北魏では15歳以上の男性のみに給田された。

問4 下線部 (b) の漢化政策に関して述べた次の文①～④のうちから、**最も適当でない**ものを一つ選べ。

[5]

① 鮮卑・漢人両貴族の家格を定め、相互の通婚を禁止した。

② この政策のために、自民族の社会原理が崩れ、強い反発を招いた。

③ 鮮卑の姓名を漢人風に改める政策であった。

④ 鮮卑の服装や言語を禁止した。

— 346 —

(3K－1)

B　中国東北地方の南部に前1世紀頃おこった　**6**　は、南下して楽浪郡を滅ぼし、朝鮮半島北部を支配した。小国が分立していた半島南部でも統一が進み、4世紀中頃、東側に　**7**　が、西側に　**8**　が成立した。このとき　**7**　・　**8**　に取り込まれなかった国々は(a)加耶諸国となった。この時代を、朝鮮史上で(b)三国時代という。

問5　**6**　～　**8**　に当てはまる最も適当なものを、次の①～⑩のうちからそれぞれ一つ選べ。

①　高麗　　②　靺鞨　　③　百済　　④　弁韓　　⑤　燕

⑥　辰韓　　⑦　新羅　　⑧　馬韓　　⑨　倭国　　⑩　高句麗

問6　下線部（a）の加耶に関して述べた次の文①～④のうちから、**最も適当でない**ものを一つ選べ。

　　　　　　　　　　　　　　　　　　　　　　　　　　　　　　　　　9

①　朝鮮半島中南部に存在していた小国群である。

②　鉄生産を背景に発展した。

③　別称の一つが任那である。

④　7世紀になると隋・唐の攻撃を受けて滅びた。

問7　下線部（b）の三国時代に関して述べた次の文①～④のうちから、**最も適当でない**ものを一つ選べ。

　　　　　　　　　　　　　　　　　　　　　　　　　　　　　　　　10

①　3国のうち、儒教や漢文などの文化を取り入れない国もあった。

②　3国いずれにおいても仏教は国家の保護をうけて繁栄した。

③　3国はたがいに対抗し、ときには同盟関係を結んだ。

④　3国は中国の北朝・南朝に朝貢使節をおくって勢力の拡大をめざした。

（次の頁にも設問があります）

(3K－2)

Ⅱ ムガル帝国の興隆と東南アジア交易の発展に関する次の文章A・Bを読み、下の問い（**問1～問9**）に答えよ。

A　16世紀にはいると、中央アジア出身の　11　の子孫バーブルが、カーブルを本拠にして北インドに進出しはじめた。(a)バーブルは1526年の　12　の戦いでデリー＝スルタン朝最後のロディー朝の軍に勝利をおさめ、(b)ムガル帝国の基礎を築いた。この帝国の実質的な建設者は第3代皇帝(c)アクバルである。

問1　　11　に当てはまる最も適当なものを、次の①～④のうちから一つ選べ。

　　① アイバク　　　　② ティムール　　　③ アッバース1世　　　④ ムハンマド＝アリー

問2　　12　に当てはまる最も適当なものを、次の①～④のうちから一つ選べ。

　　① プラッシー　　　② クリミア　　　③ カーナティック　　　④ パーニーパット

問3　下線部（a）のバーブルに関して述べた次の文①～④のうちから、**最も適当でない**ものを一つ選べ。

13

　　① 支配者として優れていただけでなく、ペルシア語やアラビア語の教養も深かった。

　　② 回想録『バーブル・ナーマ』をはじめとする作品でも知られている。

　　③ 遊牧ウズベクとの抗争に勝利してアフガニスタンのカーブルに根拠地を移した。

　　④ ムガル帝国の初代皇帝として、1526～1530年まで在位した。

問4　下線部（b）のムガル帝国に関して述べた次の文①～④のうちから、**最も適当でない**ものを一つ選べ。

14

　　① インドのほぼ全域を支配したイスラーム王朝である。

　　② ムガル帝国の名称はモンゴル帝国に由来している。

　　③ 第3代アクバルから第6代のアウラングゼーブまでが最盛期であった。

　　④ インド大反乱中の1858年、フランスに滅ぼされた。

問5　下線部（c）のアクバルに関して述べた次の文①～④のうちから、**最も適当でない**ものを一つ選べ。

15

　　① ヒンドゥー教徒のラージプート勢力を平定・連合し、その軍事力を利用して征服事業を展開した。

　　② マンサブダール制により官僚・軍人など支配階層を組織化した。

　　③ 土地測量に基づく税制改革を進め、ザミンダーリー制を確立した。

　　④ 宗教には寛大政策をとり、人頭税を廃止するなど諸宗教の融合を目指した。

B 東南アジア地域では、16世紀にはいってヨーロッパの諸勢力が新たに進出し始めた。マラッカ王国は1511年に優勢な海軍力をもつ　16　に占領され、王はその後拠点を転々と移動させた。強権的な貿易管理体制をとる　16　に対して、ムスリム商人たちは拠点を移動させて対抗し、スマトラ島の　17　やジャワ島の　18　などの諸港が新たな貿易中心地として発展した。大陸部では、タイの(a)アユタヤ朝やビルマの(b)タウングー朝などが、米や鹿皮をはじめとする特産物交易により繁栄した。

問6　16　に当てはまる最も適当なものを、次の①〜④のうちから一つ選べ。

 ① ポルトガル   ② オランダ   ③ 中国   ④ イギリス

問7　17　、　18　に当てはまる最も適当なものを、次の①〜⑥のうちからそれぞれ一つ選べ。

 ① ラーンサーン王国 ② アチェ王国 ③ クシュ王国

 ④ マタラム王国   ⑤ アラゴン王国 ⑥ ヴィジャヤナガル王国

問8　下線部 (a) のアユタヤ朝に関して述べた次の文①〜④のうちから、**最も適当でないもの**を一つ選べ。

19

 ① バンコク北方のアユタヤを都とするタイ人の王朝である。

 ② カンボジアのアンコール朝に滅ぼされた。

 ③ 17世紀には中国・日本やヨーロッパ諸国との商業活動で繁栄した。

 ④ タイ北部のスコータイ朝を支配下に入れた。

問9　下線部 (b) のタウングー朝に関して述べた次の文①〜④のうちから、**最も適当でないもの**を一つ選べ。

20

 ① コンバウン朝に続くビルマ人の王朝である。

 ② 南部のタウングーに建国された。

 ③ タイ・ラオスを勢力下に置いた時期がある。

 ④ 17世紀にはアヴァに都を置いた。

（次の頁にも設問があります）

III ウィーン体制の成立に関する次の文章を読み、下の問い（**問1〜問10**）に答えよ。

　　1814年から翌年にかけて、フランス革命と(a)ナポレオンによる一連の戦争の戦後処理のため、(b)オスマン帝国を除く全ヨーロッパの支配者が参加する国際会議がウィーンで開かれた。会議では　21　の主導で列強間の合意に基づく国際秩序の再建がはかられた。フランスやスペインで　22　が復活した。ロシア皇帝は(c)ポーランド国王を兼ね、イギリスは　23　・ケープ植民地の領有を認められた。　24　は旧オーストリア領ネーデルラントをゆずられ、オーストリアは　25　を得た。ドイツには(d)ドイツ連邦があらたに組織された。ウィーン会議で認められた国際秩序を(e)ウィーン体制と呼ぶ。

問1　　21　に当てはまる最も適当なものを、次の①〜④のうちから1つ選べ。

① ビスマルク　　　② タレーラン

③ ヨーゼフ2世　　④ メッテルニヒ

問2　　22　に当てはまる最も適当なものを、次の①〜④のうちから1つ選べ。

① ブルボン朝　　　② ヴァロワ朝

③ ウィンザー朝　　④ ステュアート朝

問3　　23　に当てはまる最も適当なものを、次の①〜④のうちから1つ選べ。

① ペナン　　　　② セイロン島　　　③ ローデシア　　　④ シンガポール

問4　　24　に当てはまる最も適当なものを、次の①〜④のうちから1つ選べ。

① デンマーク　　　② スイス　　　　③ プロイセン　　　④ オランダ

問5　　25　に当てはまる最も適当なものを、次の①〜④のうちから1つ選べ。

① 北イタリア　　　② 南イタリア　　　③ ベーメン　　　④ シチリア島

問6　下線部（a）のナポレオンに関して述べた次の文①〜④のうちから、**最も適当でないもの**を一つ選べ。

26

① コルシカ島生まれの軍人で、エジプト遠征軍司令官もつとめた。

② 1799年テルミドール9日のクーデタで総裁政府を倒した。

③ 制定したナポレオン法典は、革命によって確立した近代市民社会の法の諸原理を内容とする。

④ 革命の成果護持のためには世襲皇帝が必要と説き、国民投票での支持を受けて皇帝に即位した。

問7　下線部（b）のオスマン帝国に関して述べた次の文①〜④のうちから、**最も適当でないもの**を一つ選べ。

27

① トルコ系の人々が建国したイスラーム帝国である。

② アンカラの戦いの敗北で一時滅亡の危機に瀕した。

③ 最盛期は、16世紀のバヤジット1世の時代とされる。

④ 1922年にスルタン制が廃止されて滅亡した。

問8 下線部 (c) のポーランドに関して述べた次の文①〜④のうちから、**最も適当でないもの**を一つ選べ。

28

① 西スラヴ人であるポーランド人は、10世紀ごろ建国した。

② 14世紀のカジミェシュ大王は、農民の待遇改善などの事業をおこなった。

③ ヤゲウォ朝リトアニア=ポーランド王国は1410年にドイツ騎士団を撃破した。

④ 18世紀にロシア、プロイセン、フランスにより分割、併合された。

問9 下線部 (d) のドイツ連邦に関して述べた次の文①〜④のうちから、最も適当なものを一つ選べ。

29

① 35君主国と 3 自由市で構成された。

② プロイセンが議長となった。

③ 一時解散したが、1848年の三月革命で復活した。

④ 1866年の普墺戦争で最終的に解体した。

問10 下線部 (e) のウィーン体制に関して述べた次の文①〜④のうちから、**最も適当でないもの**を一つ選べ。

30

① 正統主義の考えに基づく。

② ナショナリズムの考えに基づく。

③ 勢力均衡の考えに基づく。

④ 自由主義はおさえられた。

(次の頁にも設問があります)

(3K−6)

IV 南アジア・東南アジアの植民地化に関する**A・B**の文章を読み、下の問い（**問1～問10**）に答えよ。

A (a)イギリス東インド会社はインドの [31] などに商館をおき、本国とインドを結ぶ交易に重点を置いて活動したが、次第に(b)インド内部の諸政治勢力に対しても支配を広げた。イギリスは東インド会社を1858年に解散し、インドの直接統治に乗り出した。イギリス本国には(c)インド省と担当大臣がおかれ、インドではイギリス人総督と参事会が政庁を統括する形となった。1877年には [32] がインド皇帝に即位し、総督は副王を兼任した。こうして、イギリス支配下で [31] を首都にインド帝国が成立し、以降1947年の独立まで存続した。

問1 [31] に当てはまる最も適当なものを、次の①～④のうちから一つ選べ。

① マドラス　　　　　② デリー

③ カルカッタ　　　　④ ボンベイ

問2 [32] に当てはまる最も適当なものを、次の①～④のうちから一つ選べ。

① ヴィクトリア女王　　② ジョージ1世

③ エリザベス1世　　　④ アン女王

問3 下線部（a）のイギリス東インド会社に関して述べた次の文①～④のうちから、**最も適当でないもの**を一つ選べ。

[33]

① インド貿易と中国貿易に力を入れた。

② 最大の収入源は消費税であった。

③ プラッシーの戦いを契機にインド征服戦争を進めた。

④ 1813年、中国貿易・茶貿易に関する独占を除き、インド貿易を自由化した。

問4 下線部（b）のインド内部の諸政治勢力に対する支配の拡大に関して述べた次の文①～④のうちから最も適当なものを一つ選べ。

[34]

① 東部では、ベンガル・ビハール両地域の徴税権を獲得した。

② 南部では、シク王国との4次にわたる戦争に勝利をおさめた。

③ 西部では、3次にわたるマイソール戦争に勝利した。

④ 西北部では、2次にわたるマラーター王国との戦争に勝利した。

問5 下線部（c）のインド省に関して述べた次の文①～④のうちから、**最も適当でないもの**を一つ選べ。

[35]

① イギリス領インドとパキスタンを統治したイギリスの官庁である。

② 1858年に設置された。

③ 省長はインド大臣である。

④ 第二次世界大戦後、廃止された。

B　フィリピンに進出した　36　は政教一致体制をとり、住民を　37　に強制改宗させた。しかし自由貿易を求める圧力をうけて、　36　は1834年にはそれまでの欧米勢力を排除する政策を転換し、(a)マニラを正式に開港した。それにより、大農園における　38　などの生産が広がり、フィリピンは世界市場に組み込まれることになった。また商人や高利貸しによる土地の集積が始まり、(b)プランテーション開発が進んだ。

問6　　36　に当てはまる最も適当なものを、次の①〜④のうちから一つ選べ。

①　イギリス　　　　　　　　　②　ポルトガル

③　オランダ　　　　　　　　　④　スペイン

問7　　37　に当てはまる最も適当なものを、次の①〜④のうちから一つ選べ。

①　ギリシア正教会　　　　　　②　ユダヤ教

③　プロテスタント　　　　　　④　カトリック

問8　　38　に当てはまる最も適当なものを、次の①〜④のうちから一つ選べ。

①　イネ・サトイモ・オオムギ　　②　サトウキビ・マニラ麻・タバコ

③　ジャガイモ・タマネギ・ニンジン　④　トウモロコシ・ダイズ・雑穀

問9　下線部（a）マニラに関して述べた次の文①〜④のうちから、**最も適当でないもの**を一つ選べ。

　　　　　　　　　　　　　　　　　　　　　　　　　　　　　　　　　　　39

①　16〜19世紀にはメキシコのアカプルコとのガレオン貿易で栄えた。

②　1571年、レガスピが占領した。

③　ミンダナオ島の港湾都市である。

④　1834年に正式に開港して以降、国際貿易港として本格的な発展を遂げた。

問10　下線部（b）のプランテーションに関して述べた次の文①〜④のうちから、**最も適当でないもの**を一つ選べ。

　　　　　　　　　　　　　　　　　　　　　　　　　　　　　　　　　　　40

①　17〜18世紀以降、ヨーロッパ列強が半植民地・植民地で実施した。

②　単種耕作（モノカルチャー）の性格がある。

③　合衆国では黒人奴隷を用いて南部諸州で展開された。

④　自給用作物栽培を目的とした大農園制である。

4K 世 界 史

$$\left(\text{解答番号}\boxed{1}\sim\boxed{40}\right)$$

Ⅰ 古代オリエント世界に関する次の文章A・Bを読み、下の問い（問1〜問9）に答えよ。

A (a)ハンムラビ王の時代に栄えた文明は、周辺の諸民族にもおよび、やがて彼らはその富を求めて侵略や移住をくりかえすようになった。そのうち、はやくから鉄製の武器を使用したインド＝ヨーロッパ語系の　　1　　は、(b)アナトリアに強力な国家を建設した。また、　　2　　はザグロス山脈方面から南メソポタミアに侵入してバビロニアを支配した。

シュメール人が始めた　　3　　が、多くの民族のあいだでも使用されるようになった。また　　4　　や太陰暦の使用、これに閏月を設けて実際の季節とのずれを修正した太陰太陽暦の誕生など、天文・暦法・数学・農学をはじめとする実用の学問も発達した。

問1 　　1　　、　　2　　に当てはまる最も適当なものを、次の①〜⑥のうちからそれぞれ一つ選べ。

① アイオリス人　　　② カッシート人　　　③ ザクセン人

④ ヒッタイト人　　　⑤ ソグド人　　　　　⑥ デーン人

問2 　　3　　に当てはまる最も適当なものを、次の①〜④のうちから一つ選べ。

① 線文字　　　　② 楔形文字　　　　③ 甲骨文字　　　　④ 神聖文字

問3 　　4　　に当てはまる最も適当なものを、次の①〜④のうちから一つ選べ。

① ユリウス暦　　　② グレゴリウス暦　　　③ 六十進法　　　④ 二十進法

問4 下線部 (a) のハンムラビ王に関して述べた次の文①〜④のうちから、**最も適当でないもの**を一つ選べ。

　　　　　　　　　　　　　　　　　　　　　　　　　　　　　　　　　　　　　　5

① バビロン第1王朝第6代の王である。

② 官僚機構を整備し地方分権国家を建設した。

③ 運河を含む交通網を整備した。

④ ウルナンム法典を継承した法典を制定した。

問5 下線部 (b) のアナトリアに関して述べた次の文①〜④のうちから、**最も適当でないもの**を一つ選べ。

　　　　　　　　　　　　　　　　　　　　　　　　　　　　　　　　　　　　　　6

① 今日ではアジアとヨーロッパの接点としての機能はもはやなくなっている。

② 現在のトルコ共和国にほぼ重なる。

③ 黒海、エーゲ海にのぞむ半島部分である。

④ 小アジアとも称される。

B エジプトでは王が生ける神として専制的な神権政治をおこなった。ナイル川下流域の　**7**　を中心に栄えた古王国では、クフ王らがおそらく墓として、巨大な(a)ピラミッドを築かせた。中王国時代末期には、シリア方面から遊牧民　**8**　が流入し、国内は一時混乱した。前14世紀には(b)アメンホテプ4世が一つの神だけを信仰する改革を行った。この改革は王の死によって終わった。

問6　**7**　に当てはまる最も適当なものを、次の①～④のうちから一つ選べ。

①　メンフィス　　　　②　ギザ　　　　③　テーベ　　　　④　カデシュ

問7　**8**　に当てはまる最も適当なものを、次の①～④のうちから一つ選べ。

①　ヘイロータイ　　②　ヒクソス　　③　ディアドコイ　　④　ヴァイシャ

問8　下線部（a）のピラミッドに関して述べた次の文①～④のうちから、**最も適当でないもの**を一つ選べ。

9

①　最大のものはネフェルティティのものである。

②　王の権威を象徴する石造建築物である。

③　マスタバが原型と考えられている。

④　古王国時代盛んに作られたが墓の盗掘被害が甚大となった。

問9　下線部（b）のアメンホテプ4世に関して述べた次の文①～④のうちから、**最も適当でないもの**を一つ選べ。

10

①　後継者はツタンカーメンである。

②　テーベの守護神アモンへの信仰を強制した。

③　アマルナ改革と呼ばれる一連の改革をおこなった。

④　テル＝エル＝アマルナに遷都した。

（次の頁にも設問があります）

Ⅱ ヨーロッパ諸国の海外進出に関する次の文章A・Bを読み、下の問い（問1〜問10）に答えよ。

A　インド航路を開拓したポルトガルはインドの ☐11☐ を占領して、これをアジア貿易の根拠地とした。他方、スペインは ☐12☐ を拠点としたアジア貿易を展開した。オランダは1602年に(a)東インド会社を設立してアジアに進出し、ジャワ島の ☐13☐ を根拠地に香辛料貿易の実権を握った。さらに(b)アンボイナ事件を転機にイギリスの勢力をインドネシアから締め出した。

問1　☐11☐ に当てはまる最も適当なものを、次の①〜④のうちから一つ選べ。

①　マドラス　　　　　②　ボンベイ　　　　　③　カルカッタ　　　　④　ゴア

問2　☐12☐ に当てはまる最も適当なものを、次の①〜④のうちから一つ選べ。

①　マニラ　　　　　②　マカオ　　　　　③　マラッカ　　　　④　広州

問3　☐13☐ に当てはまる最も適当なものを、次の①〜④のうちから一つ選べ。

①　ポンディシェリ　　　②　バタヴィア

③　シャンデルナゴル　　④　ジョホール

問4　下線部（a）の東インド会社（オランダ）に関して述べた次の文①〜④のうちから、**最も適当でないもの**を一つ選べ。

☐14☐

①　世界初の株式会社である

②　多数の会社が連合して形成された貿易会社である。

③　南アフリカでもケープ植民地を築いた。

④　北アメリカにニューネーデルラントを建設した。

問5　下線部（b）のアンボイナ事件に関して述べた次の文①〜④のうちから、**最も適当でないものを一つ選べ。**

☐15☐

①　モルッカ諸島のアンボイナ島でおこった。

②　イギリス商館員がオランダ商館員を虐殺した。

③　虐殺された者たちの中には日本人も含まれていた。

④　イギリスはこの事件をきっかけにインド経営に力を注ぐようになった。

B　イギリスとフランスは、インドに進出した。七年戦争の際、インドではイギリス東インド会社の傭兵軍を率いた ⬚16 がフランスと地方政権の連合軍を1757年の ⬚17 でうち破り、イギリス領インドの基礎を築いた。

　18世紀には(a)イギリスとフランスの戦いがくりかえされた。北アメリカでは七年戦争と並行して、フレンチ＝インディアン戦争と呼ばれる(b)イギリスとフランスの植民地戦争がたたかわれた。これらの戦争の終結に際して、(c)パリ条約が結ばれた。

問6　⬚16 に当てはまる最も適当なものを、次の①～④のうちから一つ選べ。

　①　デュプレクス　　　②　クライヴ　　　③　クロムウェル　　　④　ドレーク

問7　⬚17 に当てはまる最も適当なものを、次の①～④のうちから一つ選べ。

　①　ライプツィヒの戦い　　　　　　　②　プラッシーの戦い

　③　ヴァルミーの戦い　　　　　　　　④　コンコードの戦い

問8　下線部 (a) のイギリスとフランスの戦いに関して述べた次の文①～④のうちから、**最も適当でない**ものを一つ選べ。　　　　　　　　　　　　　　　　　　　　　　　　⬚18

　①　スペイン継承戦争の結果、イギリスはフランスから北アメリカの領土を獲得した。

　②　スペイン継承戦争における講和条約はユトレヒト条約である。

　③　オーストリア継承戦争ではイギリスはマリア＝テレジアを援助した。

　④　オーストリア継承戦争と並行して、北米ではアン女王戦争がたたかわれた。

問9　下線部 (b) のイギリスとフランスの植民地に関して述べた次の文①～④のうちから、**最も適当でない**ものを一つ選べ。　　　　　　　　　　　　　　　　　　　　　　⬚19

　①　ヴァージニアはイギリスの北アメリカ最初の植民地である。

　②　ルイジアナはフランスがアンリ4世時代に占領した。

　③　ニューアムステルダムは、イギリスが獲得しニューヨークと改称した。

　④　ケベックはフランスの北米経営の拠点として栄えた。

問10　下線部 (c) のパリ条約に関して述べた次の文①～④のうちから、**最も適当でない**ものを一つ選べ。

　　　　　　　　　　　　　　　　　　　　　　　　　　　　　　　　　　　　　⬚20

　①　イギリス・フランス・スペインの間で結ばれた条約である。

　②　フロリダはフランスからイギリスへ割譲された。

　③　フランスは北米における領土を全て失った。

　④　イギリスは北米・インドでの優位を確定させた。

（次の頁にも設問があります）

Ⅲ アメリカ独立革命に関する次の文章A・Bを読み、下の問い（**問1～問9**）に答えよ。

A　1774年、植民地側は大陸会議を開いてイギリス本国に自治の尊重を要求したが、翌75年には、レキシト

ンと　21　で武力衝突がおこり、独立戦争が始まった。76年7月4日、13植民地の代表は　22　で

(a)独立宣言をした。この宣言は、圧政への抵抗権を主張した　23　らの思想を参考にして、(b)トマス

＝ジェファソンらが起草した。

問1　21　、　22　に当てはまる最も適当なものを、次の①～⑥のうちからそれぞれ一つ選べ。

　　①　フィラデルフィア　　　②　ニューヨーク　　　③　ヨークタウン

　　④　ボストン　　　　　　　⑤　コンコード　　　　　⑥　モントリオール

問2　23　に当てはまる最も適当なものを、次の①～④のうちから一つ選べ。

　　①　グロティウス　　　　②　ホッブズ

　　③　ライプニッツ　　　　④　ロック

問3　下線部（a）独立宣言に関して述べた次の文①～④のうちから、**最も適当でないもの**を一つ選べ。

　　　　　　　　　　　　　　　　　　　　　　　　　　　　　　　　　　　　　　　24

　　①　第2回大陸会議で採択された宣言である。

　　②　フランクリンやジョン＝アダムズが補筆・修正した。

　　③　自然法思想に基づき基本的人権や革命権について述べている。

　　④　ルイ15世の暴政を弾劾し、のちのフランス人権宣言にも影響を与えた。

問4　下線部（b）トマス＝ジェファソンに関して述べた次の文①～④のうちから、**最も適当でないもの**を

　　一つ選べ。　　　　　　　　　　　　　　　　　　　　　　　　　　　　　　　25

　　①　合衆国第3代大統領である。

　　②　ヴァージニアの大農園出身である。

　　③　合衆国成立後は反連邦派の立場をとっていた。

　　④　領土面ではオレゴンを併合した。

B 1789年、 26 に基づく連邦政府が発足し、(a)ワシントンが初代の大統領に就任した。彼は戦後の復興と建設につとめるため、まもなくおこった 27 では中立政策をとった。この政権では(b)ハミルトンが財務長官として財政の基礎を固めた。アメリカ合衆国の独立は、広大な領域の国でも共和政が実現可能であることを示したが、(c)黒人奴隷制が継続されたり、先住民との戦争を激化させるなど、黒人奴隷や先住民の権利が無視された面もあった。

問5 26 に当てはまる最も適当なものを、次の①〜④のうちから一つ選べ。

① 合衆国憲法　　　　　　② 独立宣言

③ コモン＝センス　　　　④ 人権宣言

問6 27 に当てはまる最も適当なものを、次の①〜④のうちから一つ選べ。

① プロイセン＝オーストリア戦争　　② フランス革命戦争

③ プロイセン＝フランス戦争　　　　④ ジョージ王戦争

問7 下線部（a）のワシントンに関して述べた次の文①〜④のうちから、**最も適当でないもの**を一つ選べ。

28

① フレンチ＝インディアン戦争で民兵指揮官として活躍した。

② 第2回大陸会議で植民地軍総司令官に任命された。

③ テキサスを併合した。

④ 憲法制定議会では議長を務めた。

問8 下線部（b）のハミルトンに関して述べた次の文①〜④のうちから、**最も適当でないもの**を一つ選べ。

29

① 独立戦争ではワシントンの副官として活躍した。

② 戦後は連邦派の中心として活躍した。

③ 政敵との決闘で死亡した。

④ 地方分権政策を主張した。

問9 下線部（c）の黒人奴隷に関して述べた次の文①〜④のうちから、**最も適当でないもの**を一つ選べ。

30

① 16〜19世紀、西・南西アフリカから運ばれた。

② アメリカ合衆国・ブラジル・カリブ海諸国などで使役された黒人とその子孫をさす。

③ 労働力として強制的に連れてこられ、主にプランテーションや鉱山で奴隷として使役された。

④ 19世紀以降、黒人奴隷は徐々に増加していった。

（次の頁にも設問があります）

(4K－6)

IV 帝国主義と列強の展開に関する次の文章**A・B**を読み、下の問い（**問1～問9**）に答えよ。

A 1870年代以降、イギリスが世界的な不況やほかの工業国との競合に直面すると、(a)保守党の ┃ **31** ┃ 首相はスエズ運河会社株を買収して運河の経営権をにぎり、インドへの道を確保した。95年植民相になった ┃ **32** ┃ は植民地との連携強化をはかり、その結果、オーストラリア連邦・ニュージーランド・南アフリカ連邦が(b)自治領になった。また、国内の社会問題の解決には植民地が必要と考え、(c)南アフリカ戦争をおこした。

問1 ┃ **31** ┃ 、┃ **32** ┃ に当てはまる最も適当なものを、次の①～⑥のうちからそれぞれ一つ選べ。

① ディズレーリ   ② ゴードン   ③ アスキス

④ ジョゼフ＝チェンバレン   ⑤ ロイド＝ジョージ   ⑥ ローズ

問2 下線部 (a) の保守党に関して述べた次の文①～④のうちから、**最も適当でないもの**を一つ選べ。

┃ **33** ┃

① トーリ党の後身である。

② 地主階級を基盤とする。

③ 19世紀半ばに保守党と呼ばれるようになった。

④ 保守党のグラッドストンは1894年までに4回首相になった。

問3 下線部 (b) の自治領に関して述べた次の文①～④のうちから、**最も適当でないもの**を一つ選べ。

┃ **34** ┃

① コブデンやブライトら自由貿易論者が唱えた植民地政策論に反していた。

② 植民地側の自治要求があった。

③ イギリス本国には、植民地防衛費の現地負担化をはかる狙いがあった。

④ 1931年のウェストミンスター憲章で完全な自治、対等な地位での独立が認められた。

問4 下線部 (c) の南アフリカ戦争に関して述べた次の文①～④のうちから、**最も適当でないもの**を一つ選べ。

┃ **35** ┃

① 1ヶ月という短期間でイギリスが勝利した。

② トランスヴァール共和国で金が発見されて以降対立が激化した。

③ ブール人とイギリスの戦いであった。

④ イギリスはトランスヴァール共和国とオレンジ自由国の領有権を獲得した。

B ロシアでは、1905年、日露戦争の戦況が不利になり、 36 がおこると、農民蜂起、労働者のストライキ、民族運動が全国的にふきだした。モスクワでは労働者の自治組織 37 が武装蜂起した。自由主義者も政治改革を要求したので、皇帝 38 は(a)十月宣言を発した。しかし、皇帝は蜂起を鎮圧し、革命運動が退潮に向かうと、再び専制的姿勢を強めた。1906年首相になった(b)ストルイピンは帝政の支持基盤を広げるため、内政改革を行ったが、挫折した。

問5 　36 　に当てはまる最も適当なものを、次の①〜④のうちから一つ選べ。

① 血の日曜日事件　　② ブーランジェ事件

③ ドレフュス事件　　④ サッコ・ヴァンゼッティ事件

問6 　37 　に当てはまる最も適当なものを、次の①〜④のうちから一つ選べ。

① ボリシェヴィキ　　② メンシェヴィキ

③ ソヴィエト　　　　④ コミンテルン

問7 　38 　に当てはまる最も適当なものを、次の①〜④のうちから一つ選べ。

① ニコライ1世　　　② アレクサンドル1世

③ ニコライ2世　　　④ アレクサンドル2世

問8 　下線部 (a) の十月宣言に関して述べた次の文①〜④のうちから、**最も適当でないもの**を一つ選べ。

39

① 内閣制採用を公約した。

② 自由主義者のウィッテが起草した。

③ 国会（ドゥーマ）の立法権は制限されていた。

④ 平等な普通選挙制が実施された。

問9 　下線部 (b) のストルイピンの政策に関して述べた次の文①〜④のうちから、**最も適当でないもの**を一つ選べ。

40

① ミール（農村共同体）の解体を進めた。

② 個人的土地所有の導入を進めた。

③ 農奴に人格的自由を認めた。

④ 議会を解散して秩序維持をはかった。

(4K−8)

1L　現代社会

（解答番号 1 ～ 40 ）

Ⅰ　基本的人権の保障と憲法の規定に関する次の文章を読み、下記の設問（**問1～問8**）に答えよ。

　18世紀に欧米で基本的人権が主張されるようになったとき、その中心として考えられていたのは (a) 自由権であった。日本国憲法にも自由権的基本権に関する事項が詳細に規定されている。また、(b) 平等権は、日本国憲法第 (ア) 条1項において、「すべて国民は、法の下に平等であつて、人種、信条、　1　、社会的身分又は門地により、政治的、経済的又は社会的関係において、差別されない」と明文化されている。

　自由権の保障が達成されたあとの工業化の時代には、新たに発生した貧困や失業といった問題を解決するため、(c) 社会権の保障が主張されるようになった。社会権はその性質から、「　2　自由」とも称される。日本国憲法は、第 (イ) 条1項で「すべて国民は、健康で文化的な最低限度の生活を営む権利を有する」と定め、同条2項では国が社会保障の充実に努めなくてはならないという姿勢を示している。

　1946年の公布以降、一度も (d) 日本国憲法の改正はされていない。社会の急激な変化にともなって新たに主張されるようになった様々な (e) 新しい人権については、憲法の規定を根拠とした判例を中心に、議論が重ねられている。

問1　文中の　1　に入る最も適当なものを、次の①～④の中から一つ選べ。
① 国籍　　② 財産　　③ 性別　　④ 能力

問2　文中の　2　に入る最も適当なものを、次の①～④の中から一つ選べ。
① 社会による　　② 社会からの　　③ 国家による　　④ 国家からの

問3　文中の (ア)・(イ) に入る最も適当な組み合わせを、次の①～④の中から一つ選べ。　3
① (ア) 13　(イ) 20
② (ア) 14　(イ) 25
③ (ア) 13　(イ) 25
④ (ア) 14　(イ) 20

(1L-1)

問4　文中の下線部　(a) 自由権に関する記述として、最も適当なものを次の①～④の中から一つ選べ。　4

①　大日本帝国憲法では、臣民の言論の自由や、集会・結社の自由に関する規定は明文化されていなかった。

②　日本国憲法では、過去に合法であった行為でも、新たに成立した法によってその行為が違法とされた場合は、遡って処罰されることが明記されている。

③　日本国憲法では、被疑者を逮捕する場合は、いかなる場合においても裁判官が発行する令状が必要とされ、この規定に関して一切の例外は認められていない。

④　日本国憲法では、外国に移住したり、日本国籍を離脱したりする自由が認められており、明文化されている。

問5　文中の下線部　(b) 平等権に関する記述として、最も適当なものを次の①～④の中から一つ選べ。　5

①　最高裁は、結婚していない男女の間に生まれた婚外子の法定相続分を婚内子の2分の1とする民法の規定は合憲であるという判決を2013年に下している。

②　最高裁は、夫婦同姓を定めた民法の規定は憲法に違反するという判決を下し、夫婦別姓を認める改正民法が施行された。

③　「らい予防法」に基づく国の隔離政策による人権侵害について、ハンセン病元患者らが国を訴えた裁判では、国の責任を認め賠償を命じた地裁の判決に対する控訴を国が断念し、補償や支援策の実施を決定した。

④　日本生まれで永住資格を持つ定住外国人が地方公共団体の選挙での参政権を求めた裁判で、最高裁は定住外国人に参政権を認めないことは憲法に違反するという判決を下している。

問6　文中の下線部　(c) 社会権に含まれるものとして、**最も適当でないもの**を次の①～④の中から一つ選べ。　6

①　能力に応じてひとしく教育を受ける権利

②　自由に職業を選択する権利

③　労働組合を結成する権利

④　労働の機会を保障され、勤労する権利

問7　文中の下線部　(d) 日本国憲法の改正の過程に関する記述として、**最も適当でないもの**を次の①～④の中から一つ選べ。　7

①　国会議員が憲法改正原案を国会に提出するには、衆議院議員100人以上の賛成（参議院議員50人以上の賛成）が必要である。

②　国会に提出された憲法改正原案は、衆議院・参議院それぞれの本会議に付され、各議院とも総議員の3分の2以上の賛成で可決された場合、国会が憲法改正の発議を行う。

③　憲法改正の発議から60日以後180日以内に国民投票が行われ、満18歳以上の国民による投票で有効投票総数の3分の2以上の賛成で承認される。

④　国民投票によって承認された改正憲法は、国民の名において天皇が公布する。

（次の頁にも設問があります）

(1L－2)

問8 文中の下線部 (e) 新しい人権に関する記述として、最も適当なものを次の①〜④の中から一つ選べ。

8

① 大阪国際空港公害訴訟において、最高裁は、住民による夜間飛行差し止め請求は不適法としつつも、個人の権利としての「環境権」をはじめて明確に言及した。

② 「プライバシーの権利」について争われた『石に泳ぐ魚』出版差し止め訴訟では、被告の表現の自由の観点から、最高裁は小説出版差し止め請求を認めなかった。

③ 住民の「知る権利」を保障する目的から、地方自治体レベルでは情報公開条例がすべての都道府県で制定されているが、国レベルの情報公開法はいまだ制定されていない。

④ インターネット上などにおける、自分に関する過去の情報に対する「忘れられる権利」を認める法律は、日本ではまだ制定されていない。

Ⅱ 景気変動に関する次の文章を読み、下記の設問（**問1～問8**）に答えよ。

　経済の規模をはかる指標として (a) GDP（　9　）がある。GDPの額が変化していくことを経済成長といい、GDPの伸び率である経済成長率は、社会のさまざまな要因を反映して毎年変動する。こうした変動は景気変動と呼ばれ、好況、不況を繰り返す。

　経済の動きには、大きな傾向を示すものと、その傾向のなかを (b) 3～4年の周期で変動するものがあり、それらが重なって複雑に変動する。日本経済も1990年代以降長期不況が続いたが、その期間中でも、何回かの景気回復・景気後退を経験している。

　さまざまな商品の価格の平均を物価という。物価が長期間にわたり上昇し続けることを　(ア)　といい、物価が長期間にわたり下落し続けることを　(イ)　という。いっぱんに好況期には物価は　(ウ)　し、不況期には　(エ)　する。国民生活に大きく影響する年金や租税などの制度は、物価の安定を前提としている。政府や日本銀行は、物価や景気の安定のために、さまざまな (c) 経済政策を行っている。

問1　文中の　9　に入る最も適当なものを、次の①～④の中から一つ選べ。

①　国民純生産　　②　国内総生産　　③　国民総生産　　④　国民所得

問2　文中の下線部 (a) GDPに関する記述として、最も適当なものを次の①～④の中から一つ選べ。　10

①　GDPは、一国全体で一定期間内にどれだけの経済活動が行われたかを示す指標で、このような量はストックとよばれる。

②　GDPは、市場で取引されるものが計上されるため、環境が悪化して公害防止のための投資が増えた場合も大きくなる。

③　2022年の日本のGDPは世界第5位であった。

④　実質経済成長率は、名目経済成長率から労働力人口の変化率を差し引いて算出される。

問3　文中の下線部 (b) 3～4年の周期で変動するものとして、最も適当なものを次の①～④の中から一つ選べ。　11

①　クズネッツの波　　②　コンドラチェフの波　　③　キチンの波　　④　ジュグラーの波

問4　文中の　(ア)　・　(イ)　に入る最も適当な組み合わせを、次の①～②の中から選べ。　12

①　(ア) デフレーション　　(イ) インフレーション

②　(ア) インフレーション　　(イ) デフレーション

問5　文中の　(ウ)　・　(エ)　に入る最も適当な組み合わせを、次の①～②の中から選べ。　13

①　(ウ) 上昇　(エ) 下落　　②　(ウ) 下落　(エ) 上昇

問6　経済成長には技術革新（イノベーション）が重要だと説いた経済学者として最も適当なものを次の①～④の中から一つ選べ。　14

①　ガルブレイス　　②　フリードマン　　③　ケインズ　　④　シュンペーター

（次の頁にも設問があります）

問7 景気変動に関する記述として、**最も適当でないもの**を次の①〜④の中から一つ選べ。 <u>15</u>

① インフレーションは、現金・預金などの資産を多くもっている人にとっては有利になる。

② デフレーションは通貨価値の上昇を意味する。

③ 不況下でも物価が上昇し続けることをスタグフレーションという。

④ インフレーションは、需要量が供給量を上回りモノ不足に陥る状態が続くことにより起こりうる。

問8 文中の下線部 (c) 経済政策に関する記述として、最も適当なものを次の①〜④の中から一つ選べ。

<u>16</u>

① 政府の財政政策のうち、家計や企業から調達した資金を公共の目的に配分することを所得再分配機能という。

② 景気を自動的に安定させる財政制度上のしくみをビルト・イン・スタビライザーといい、累進課税制度はその１つである。

③ 現在の日本銀行の金融政策におけるおもな手段は、預金準備率操作である。

④ 日本銀行は2001年に、お金の流通量を減らす量的緩和政策を実施した。

III 人口・食料問題に関する次の文章を読み、下記の設問（**問1～問8**）に答えよ。

　かつては発展途上国の (a) 人口動態は出生率が高く死亡率も高い多産多死型だったが、衛生医療の向上や栄養状態の改善により、出生率が高く死亡率が低い多産少死型に移行している。このことが人口急増の大きな要因ともなっている。他方で、貧困のために働き手が必要となり、労働力の確保のために人口増加がもたらされることもある。人口の急増や減少によって引き起こされる問題は人口問題とよばれ、私たちが生きていくために不可欠な水や食料の問題とも密接に関わっている。これらの課題に対して、1994年には　17　が開かれ、貧困の解消や　18　などの具体的な方策が模索されている。

　科学技術の発展により、農業の生産性は飛躍的に向上した。しかし、発展途上国の中には、それを上回る人口増加により食料が不足する食料問題が生じている国もある。また、気候変動によって長く栽培してきた作物の収穫量が減ったり、栽培できなくなったりすることで、食料不足が生じることもある。(b) 食料問題は、増加する消費（需要）と不安定な生産（供給）のバランス問題としてとらえることができる。

　他方で、食料問題は、(c) 国際社会における配分の問題としてとらえることもできる。例えば、食肉の生産には大量の穀物や水が必要である。そのため、食肉の消費量が多い先進国は穀物や水の消費量も多くなる。また、小麦などの穀物は一部の企業が買い占めを起こすと価格が急騰し、開発途上国に行き届かなくなることもある。日本の食料は、約　19　割（カロリーベース）が海外から輸入されている。食料の配分の問題は、私たちの生活とも関わっている。

　(d) 地球上の水は　20　％以上が海水で、わずかな淡水もその多くが氷河や氷雪である。そのため、私たちが利用できる水は、河川や湖沼の水と地下水などに限られており、自然環境によって分布もかたよっている。他方で、人口増加や経済発展により、世界全体の水の消費量は増加している。

問1　文中の　17　に入る最も適当なものを、次の①～④の中から一つ選べ。
　　①　COP17　　②　国際エネルギー機関会議　　③　国際人口開発会議　　④　国連人口会議

問2　文中の　18　に入る最も適当なものを、次の①～④の中から一つ選べ。
　　①　女性の地位向上　　②　情報リテラシー　　③　企業の社会的責任　　④　アニミズム

問3　文中の　19　に入る最も適当なものを、次の①～⑤の中から一つ選べ。
　　①　4　　②　5　　③　6　　④　7　　⑤　8

問4　文中の　20　に入る最も適当なものを、次の①～⑤の中から一つ選べ。
　　①　83　　②　87　　③　90　　④　93　　⑤　97

（次の頁にも設問があります）

(1L−6)

問5　文中の下線部　(a) 人口動態に関する記述として、**最も適当でないもの**を次の①〜④の中から一つ選べ。

　　　21

①　日本は2000年代後半より総人口が減少する人口減少社会となった。

②　世界の人口は1970〜2020年の50年間で2倍以上に増加している。

③　アフリカの開発途上国では2010年以降、人口増加の割合は緩やかになった。

④　世界の人口は、今世紀後半には100億を超えると推計されている。

問6　文中の下線部　(b) 食料問題は、増加する消費（需要）と不安定な生産（供給）のバランス問題に関連する記述として、**最も適当でないもの**を次の①〜④の中から一つ選べ。　　22

①　1960年以後の土地生産性は、アジアよりアフリカ地域で向上している。

②　国連食糧農業機関（FAO）は、地球上の耕作可能地域が限界に近づいていると警告している。

③　国内の穀物消費を輸入に頼っている開発途上国も見られる。

④　砂漠化は、塩害によって農産物や植物がほとんど育たない不毛の土地となることも原因と考えられている。

問7　文中の下線部　(c) 国際社会における配分の問題に関する記述として、最も適当なものを次の①〜④の中から一つ選べ。　　23

①　日本では、2021年度、年間の生産量の約4分の1にあたる13億tの食料が廃棄されている。

②　2021年時点で、世界で生産される穀物のおよそ20%が家畜飼料用に用いられており、食料危機を助長する原因の一つになっている。

③　2021年時点で、世界ではおよそ5億人が飢餓や栄養不足に苦しんでいると言われており、特に栄養不足人口はアフリカに集中している。

④　食料危機の要因として指摘されているバイオエタノールは、近年市場が大きく拡大している。

問8　文中の下線部　(d) 地球上の水に関する記述として、最も適当なものを次の①〜④の中から一つ選べ。

　　　24

①　日本の取水量はおよそ800億㎥で、用途としては工業用水が最も多い。

②　水資源の不均衡を表す指標としてバーチャル・ウォーターがある。バーチャル・ウォーターとは、輸入される農産物に含まれる水分含有量を表したものである。

③　大規模な灌漑の影響で、アラル海の面積は拡大した。

④　河川の上流域での取水や地下水のくみ上げが過剰になることが原因で、ナイル川やアラル海の周辺国では争いが起きている。

Ⅳ 高度経済成長とその影響に関する次の文章を読み、下記の設問（問1〜問8）に答えよ。

　　日本が高度経済成長の時代に入ると、(a) 食品による健康被害や薬害、あるいは家電製品や自動車などの構造上の欠陥による事故が頻発した。また、企業は虚偽の広告を行ったり、問題のある販売方法をとったりすることによって、消費者に不利益を与えることがある。このような (b) 消費者問題の発生に対して、消費者主権の意識が高まり、各地で (c) 消費者運動が展開された。こうした消費者運動の高まりに対して、1968年には　25　が制定された。

　　高度経済成長期には、急速な重化学工業化と都市化の進展により、(d) 公害が深刻化した。公害の原因となった企業や政府は積極的な対策をとろうとせず、各地で住民運動が展開され、相次いで公害訴訟が起こされた。とりわけ、(e) 水俣病、イタイイタイ病、　26　、新潟水俣病をめぐる四つの裁判は (f) 四大公害裁判と呼ばれた。

問1　文中の　25　に入る最も適当なものを、次の①〜⑤の中から一つ選べ。

① 製造物責任法　　② 消費者契約法　　③ 消費者保護基本法

④ 消費者基本法　　⑤ 割賦販売法

問2　文中の　26　に入る最も適当なものを、次の①〜⑤の中から一つ選べ。

① 足尾鉱毒事件　　　② 江戸川区六価クロム廃棄事件　　③ 光化学スモッグ

④ 田子の浦港ヘドロ公害　　⑤ 四日市ぜんそく

問3　文中の下線部 (a) 食品による健康被害や薬害、あるいは家電製品や自動車などの構造上の欠陥による事故が頻発したに関する記述として、最も適当なものを次の①〜④の中から一つ選べ。　27

① 欠陥が見つかった場合に、企業がこれを公表し、有償で回収・点検・修理する制度をリコールという。

② 病原性大腸菌O-157による食中毒、雪印乳業集団食中毒も高度経済成長期に発生している。

③ 消費者庁は、スモン病の発生によりキノホルムの販売が中止されたのと同年の1970年に設立された。

④ カネミ油症事件は、食用油にPCB等が混入したために発生した大規模な食品公害事件である。

問4　文中の下線部 (b) 消費者問題に関する記述として、最も適当なものを次の①〜④の中から一つ選べ。

28

① 企業が虚偽の広告を行って、消費者に不利益を与えることも消費者問題に含まれる。

② 消費者問題は、職位によって消費者の所得に格差が生じることであり、情報の非対称性に一因がある。

③ 近年の国民生活センターに寄せられた相談内容のうち、価格・料金に関するものと接客対応に関するものを合わせると全体の半数を超える。

④ 薬害の一つである薬害エイズ事件では、予防接種の際に、一部のワクチンで無害化が不十分であったため、多くの人が感染した。

（次の頁にも設問があります）

問5　文中の下線部 (c) 消費者運動に関する記述として、最も適当なものを次の①〜④の中から一つ選べ。
　　　29

① 消費活動に関して起こる様々な問題に消費者自身が団結して取り組み、消費者の権利確保と消費生活の向上を目指す運動のことである。

② 物資の共同購入や共済などの事業を行う農業協同組合は、消費者運動でも要の位置にある。

③ 商品テストや行政への働きかけ、地産地消や産直運動を行うが、販売者の不利益となる不買運動は行わない。

④ アメリカのケネディ大統領が明確にした製造物責任の考え方が大きな影響を与えた。

問6　文中の下線部 (d) 公害に関する記述として、最も適当なものを次の①〜④の中から一つ選べ。　30

① 1967年には公害対策を総合的に推進するための自然環境保全法が制定され、典型七公害が規定されている。

② 原因企業に故意や過失がなくても公害被害が発生すれば賠償責任を負う考え方を汚染者負担の原則と呼ぶ。

③ 公害を予防するため、認定された地域において一定の濃度以上の汚染物質を排出させない規制を総量規制という。

④ 先端技術産業である半導体工場などで洗浄剤として使われる有機溶剤が大量に排出され、地下水などの汚染を引き起こすハイテク汚染が問題になっている。

問7　文中の下線部 (e) 水俣病に関する記述として、最も適当なものを次の①〜④の中から一つ選べ。　31

① 原因企業の昭和電工からの工場排水が魚介類に高濃度に蓄積され、これを住民が食べ続けたことが原因となった。

② 1977年に水俣病の認定基準が定められ、これによって6万5千人の患者が水俣病と認定された。

③ 2009年に水俣病被害者救済特別措置法が水俣病問題の最終解決をめざして制定された。

④ 現在でも、水俣湾では漁業は再開されていない。

問8　文中の下線部 (f) 四大公害裁判に関する記述として、最も適当なものを次の①〜④の中から一つ選べ。
　　　32

① イタイイタイ病は、栃木県の渡良瀬川流域で発生し、「痛い、痛い」と患者が訴えたことからこう呼ばれた。

② 提訴が1967年6月と最も早かったのは新潟水俣病である。

③ 新潟水俣病は、原因物質が水俣病とおなじカドミウムであったためにこの名前で呼ばれる。

④ いずれも1970年代に入って企業側である原告側勝訴の判決が出された。

Ⅴ 戦後の日本の外交や日本の役割等に関する次の文章を読み、下記の設問（**問1～問8**）に答えよ。

1945年に日本は敗戦国となり連合国の占領下に置かれた。1952年に ┃ 33 ┃ 平和条約に調印し、独立を回復し、同時に ┃ 34 ┃ を結んでアメリカ軍が日本に駐留することを認めた。┃ 33 ┃ 講和会議では ┃ 35 ┃ が条約に反対し署名しなかったので、┃ 36 ┃ といわれた。その後、1956年の日ソ共同宣言をへて、日本の国連加盟が実現した。その直後から日本は、┃ 37 ┃、自由主義諸国との協調、アジアの一員としての立場の堅持を外交三原則としたが、もっぱら戦後処理から外交は始まった。┃ 33 ┃ 平和条約にもとづいて、戦争賠償交渉が行われ、東南アジア諸国を中心に賠償や無償供与（経済支援）という形で終了した。植民地であった韓国とは1965年日韓基本条約が締結された。中国とは1972年の日中共同声明により国交正常化がなされ、1978年には ┃ 38 ┃ が結ばれた。

問1 文中の ┃ 33 ┃ に入る最も適当なものを、次の①～④の中から一つ選べ。

① ニューヨーク ② ワシントン

③ ロサンゼルス ④ サンフランシスコ

問2 文中の ┃ 34 ┃ に入る最も適当なものを、次の①～④の中から一つ選べ。

① 日米軍事同盟 ② 日米安全保障条約

③ 日米安全管理同盟 ④ 国連安全保障条約

問3 文中の ┃ 35 ┃ に入る最も適当なものを、次の①～④の中から一つ選べ。

① ソ連 ② 中国 ③ フランス ④ イギリス

問4 文中の ┃ 36 ┃ に入る最も適当なものを、次の①～④の中から一つ選べ。

① 条約破棄 ② 条約未成立 ③ 形式講和 ④ 片面講和

問5 文中の ┃ 37 ┃ に入る最も適当なものを、次の①～④の中から一つ選べ。

① アメリカ中心主義 ② アジア中心主義 ③ 国連中心主義 ④ 国連連携主義

問6 文中の ┃ 38 ┃ に入る最も適当なものを、次の①～④の中から一つ選べ。

① 日中基本条約 ② 日中国交正常化条約 ③ 日中友好平和条約 ④ 日中平和友好条約

問7 日本の領域と領土問題に関する記述として、**最も適当でないもの**を次の①～④の中から一つ選べ。

┃ 39 ┃

① 日本の領土は約38万㎢で世界の国のなかで61番目の広さであるが、領海および200海里経済水域は約447万㎢で世界のなかで6番目となる。

② 日本固有の領土については、1945年にソ連に占領され、ソ連解体後もロシアが占拠している北方領土の問題があり、解決に向けた交渉がロシアとの間で続けられている。

③ 1952年から韓国が占拠している竹島の問題については、日本は抗議を続けるとともに、国際司法裁判所に提訴して解決をはかろうとしている。

④ 1971年から中国が領有を主張している尖閣諸島については、解決すべき領有権の問題があるというのが日本政府の見解である。

問8　平和主義国家としての日本に関する記述として、**最も適当でないもの**を次の①〜④の中から一つ選べ

　　　40

①　日本国民は平和憲法をもち、広島・長崎への原爆投下による世界唯一の被爆国の国民として、国際
　　平和のメッセージを世界に発信してきた。

②　日本は、防衛関係費をGNPの2％以内におさえる政策や、武器輸出三原則、非核三原則も長期間
　　となえてきた。

③　日本は戦後、平和憲法を基盤として経済成長をとげ、世界でも屈指の経済大国となった。

④　日本はその経済力を生かして、国際社会において、1950年代からは発展途上国援助を開始し、
　　ODA（政府開発援助）は1990年代の約10年間にわたって総額で世界第1位であった。

2L 現代社会

（解答番号 $\boxed{1}$ ～ $\boxed{40}$ ）

Ⅰ 地方自治に関する次の文章を読み、下記の設問（**問1～問8**）に答えよ。

　日本国憲法第92条では、地方公共団体の組織および運営は「地方自治の本旨」に基づいて行われるとされている。地方自治の本旨のひとつである $\boxed{1}$ 自治は、住民によって地方自治が運営されるべきという原則であるが、それを具体化した制度のひとつに住民の直接請求権がある。たとえば、条例の制定・改廃の請求である $\boxed{2}$ や、(a) 首長・議員の解職請求などがこれに相当する。イギリスの政治学者 $\boxed{3}$ が「地方自治は民主主義の学校」と表現したように、住民による積極的な関与は自治の実現のために最も重要である。

　もうひとつの本旨である $\boxed{4}$ 自治は、地方公共団体の事務は中央政府から独立して行われるという原則である。国の権力的関与は長い間指摘されてきたが、1999年に (b) 地方分権一括法が成立したことや、2000年代の (c) 三位一体の改革によって地方公共団体の自主性は少しずつ増してきたともいえる。その一方で、過疎化や高齢化などにともなう負担の増加によって、(d) 深刻な財政状態に陥る地方公共団体も存在している。

問1　文中の $\boxed{1}$ に入る最も適当なものを、次の①～④の中から一つ選べ。

　① 自主　　② 連帯　　③ 住民　　④ 直接

問2　文中の $\boxed{2}$ に入る最も適当なものを、次の①～④の中から一つ選べ。

　① イニシアティブ　　② レファレンダム　　③ リコール　　④ パブリックコメント

問3　文中の $\boxed{3}$ に入る最も適当なものを、次の①～④の中から一つ選べ。

　① ブラクトン　　② ブライス　　③ トックヴィル　　④ ロック

問4　文中の $\boxed{4}$ に入る最も適当なものを、次の①～④の中から一つ選べ。

　① 団体　　② 独立　　③ 主宰　　④ 代表

問5　文中の下線部 (a) 首長・議員の解職請求に関する記述として、最も適当なものを次の①～④の中から一つ選べ。 $\boxed{5}$

　① 地方公共団体の有権者が40万人未満の場合、請求のために必要な署名数は有権者の50分の1以上とされている。

　② 必要署名数を集めた後の請求先は、該当の地方公共団体の選挙管理委員会である。

　③ 請求受理後、首長が20日以内に議会にかけ、結果を公表する。

　④ 請求受理後、住民投票が行われ、3分の2以上の賛成があれば失職となる。

問6 文中の下線部 (b) 地方分権一括法に関する記述として、**最も適当でないもの**を次の①〜④の中から一つ選べ。 6

① 国による不当な関与を防ぐため、国と地方の紛争処理制度が導入された。

② 地方公共団体の課税自主権が拡大された。

③ 法律で定められた国の関与を必要とする事務以外は、自治事務とされた。

④ 国の事務の執行を地方公共団体の長に委任した法定受託事務が廃止された。

問7 文中の下線部 (c) 三位一体の改革に関する記述として、**最も適当でないもの**を次の①〜④の中から一つ選べ。 7

① 国税を減らし、地方税を増やすことで、国から地方への税源移譲が実行された。

② 国から地方への補助金（国庫補助負担金）が増額され、固有財源が増えたことにより、地方公共団体の国への依存度は下がった。

③ 地方交付税の縮減が行われたことで、地方公共団体間の財政力格差は広がることになった。

④ 地方財政の自立を目指した改革であったが、地方公共団体の裁量の幅が拡大したとはいえず、地方公共団体の財源が削減される結果となった。

問8 文中の下線部 (d) 深刻な財政状態に陥る地方公共団体に関して、石炭産業の衰退後、膨大な借金の存在が表面化し2007年に財政破綻した地方公共団体として、最も適当なものを次の①〜④の中から一つ選べ。 8

① 北海道泊村　　② 青森県六ヶ所村　　③ 北海道夕張市　　④ 長野県軽井沢町

（次の頁にも設問があります）

Ⅱ 日本の中小企業に関する次の文章を読み、下記の設問（**問1〜問8**）に答えよ。

　(a) 高度経済成長は、産業構造を大きく変化させた。1960年頃から若年層を中心に農村から多数の労働者が都市へ流入するようになり、1950年に全就業者の半数近くを占めていた第一次産業従事者の割合は急速に低下し、第二次・第三次産業の割合が増加した。第二次産業のなかでも、　9　集約型産業である重化学工業の比重が増大し、(b) 産業構造の高度化が進んだ。

　いっぽうで、日本では (c) 中小企業の占める割合が高く、　10　でみると99％以上を占めている。製造業において中小企業の　11　は全体の半分ほどであり、あとの半分は、　10　では1％にも満たない大企業が占めている。製造業では、少なからぬ中小企業が、大企業の下請けとして部品の製造などを行っている。大企業と中小企業は、株式保有や技術指導を通じ、金融・人的結合を強めたりすることが多い。

　このほかにも、中小企業は規制緩和の流れのなかで、量販店との競争にさらされ、また人件費の安い発展途上国から追い上げられるなど、中小企業の経営を圧迫する要因は多い。さらに、大企業の海外移転がもたらした産業の空洞化へ対応をせまられる中小企業も多い。小売業では、スーパーなどの大規模小売店の出店を規制して中小小売店を保護してきた　12　が2000年に廃止され、大型店の出店はさらに容易になった。

問1　文中の　9　に入る最も適当なものを、次の①〜④の中から一つ選べ。

　　① 知識　　② 技能　　③ 資本　　④ 労働

問2　文中の　10　に入る最も適当なものを、次の①〜③の中から一つ選べ。

　　① 従業者数　　② 出荷額　　③ 事業所数

問3　文中の　11　に入る最も適当なものを、次の①〜③の中から一つ選べ。

　　① 従業者数　　② 出荷額　　③ 事業所数

問4　文中の　12　に入る最も適当なものを、次の①〜④の中から一つ選べ。

　　① 都市計画法　　② 中心市街地活性化法　　③ 大規模小売店舗法

　　④ 大規模小売店舗立地法

問5　文中の下線部 (a) 高度経済成長に関する記述として、**最も適当でないもの**を次の①〜④の中から一つ選べ。　13

　　① 1954〜1957年のいざなぎ景気では、金融緩和政策による投資需要の拡大で、長期にわたる好景気が続いた。

　　② 1960年には、池田内閣が国民所得倍増計画を打ち出し、経済成長促進政策を進めた。

　　③ 年平均10％前後の経済成長率を記録し、資本主義世界第2位の経済水準に達した。

　　④ 工場の排水、排煙などによる公害問題が深刻化し、四大公害訴訟が提訴された。

問6　文中の下線部 (b) 産業構造の高度化を説いたものとして、最も適当なものを次の①〜④の中から一つ選べ。　14

① ジョブ・シャドウイング効果　　② アンダードッグ効果　　③ ペティ・クラークの法則

④ トリクルダウン理論

問7　文中の下線部 (c) 中小企業に関する記述として、**最も適当でないもの**を次の①〜④の中から一つ選べ。
15

① 中小企業の育成、発展のための行政機関としては中小企業庁がある。

② 中小企業の定義は、中小企業基本法においてすべての業種において同じ資本金、従業員数によって
定められている。

③ ベンチャー企業が資金を調達しやすい株式市場として東証マザーズが開設されたが、2022年4月に
廃止され、グロース市場に再編された。

④ グローバル化に伴う国際的な価格競争のなか、大企業と中小企業との間では、従来のピラミッド型
の系列取引ではなく、多数の取引先との多角的な取引が広まっている。

問8　企業に関する記述として、最も適当なものを次の①〜④の中から一つ選べ。　16

① 株式会社では、株主総会で選出された役員からなる理事会に経営が任されている。

② 株式会社は9割以上を占める会社企業の中心的形態であり、無限責任社員から構成される。

③ 会社法は、従来は商法・有限会社法・商法特例法などの総称であったが、2005年にこれらを再編成
する法律として制定された。

④ 株式の発行により調達した資金は他人資本である。

（次の頁にも設問があります）

Ⅲ 持続可能な社会に向けた取り組みに関する次の文章を読み、下記の設問（**問1～問8**）に答えよ。

　産業革命以降の大量生産・大量消費の社会経済システムを支えた主要な (a) エネルギー資源は石炭であった。20世紀の後半になると、これが石油へと替わり（エネルギー革命）、先進国では燃料や工業製品の原料として、石油の消費量が増大した。しかし、1973年と1979年の二度の石油危機で、人々は石油などの天然資源を無制限に利用することは不可能であることを認識した。

　　17　　後、日本では、石油の代替エネルギーとして天然ガスや (b) 原子力の導入がより一層すすめられるとともに、省エネルギーの取り組みも推進された。

　1993年に制定された環境基本法の基本理念にのっとり、天然資源の消費を抑制し、環境への負荷をできる限り低減していくことをめざして、　　18　　が2001年に施行された。この法律では、(c) 廃棄物のうち有用なものを循環資源と位置づけ、循環資源の利用及び適正な処分について、「優先順位（1）→（5）」を次のように法律で初めて定めている。（1）原材料の効率的利用や製品の長期的使用により廃棄物の発生を抑制する。（2）循環資源を製品や部品として再使用する。（3）循環資源を原材料として再生利用する。（4）循環資源を燃焼し、熱を得て利用する。（5）適正処分する。

　また、この法律では、国、地方公共団体、事業者、国民が全体で取り組んでいくため、それぞれの役割分担を定めている。特に、　　19　　や国民が、廃棄物の循環的利用や適正処分について責任を負う排出者責任を明らかにしている。そして、生産者が、自ら生産する製品などについて、使用されて廃棄物となったあとまで一定の責任を負う　　20　　を一般原則として示している。

問1 文中の　　17　　に入る最も適当なものを、次の①～④の中から一つ選べ。

　　① カーボンニュートラル　　② 第一次石油危機　　③ ゲノム革命　　④ モントリオール協定

問2 文中の　　18　　に入る最も適当なものを、次の①～④の中から一つ選べ。

　　① 循環型社会形成推進基本法　　② 循環社会法

　　③ 循環型社会推進基本法　　④ 資源循環法

問3 文中の　　19　　に入る最も適当なものを、次の①～④の中から一つ選べ。

　　① 廃棄物を出した事業者　　② 国　　③ 廃棄物処理業者　　④ 業界団体

問4 文中の　　20　　に入る最も適当なものを、次の①～④の中から一つ選べ。

　　① 生産消費責任　　② 排出責任　　③ 拡大生産者責任　　④ 処理責任

問5　文中の下線部 (a) エネルギー資源に関する記述として、最も適当なものを次の①～④の中から一つ選べ。 21

①　石炭、ウラン等のエネルギー資源の埋蔵量は、中東に大きく偏っている。

②　日本では、1973年には1次エネルギー供給量の75％を石油が占めていたが、2019年には30％以下まで低下してきている。

③　アメリカは石油危機をきっかけに原油価格の大幅な値上げを行い、石油の生産・販売をほぼ独占してきた欧州の国際石油資本に対抗した。

④　日本は天然資源に乏しく、1次エネルギーのほとんどを海外から輸入している。

問6　文中の下線部 (b) 原子力に関する記述として、最も適当なものを次の①～④の中から一つ選べ。 22

①　東京電力福島第一原子力発電所の事故後、原子力規制委員会が新たに制定した新規制基準で審査を受け、再稼働している原子力発電所は未だにない。

②　日本の原子力開発は、フランスの意向を受けて始まり、1970年代の石油危機で注目を集め、高速増殖炉を含めた核燃料サイクル政策や、原子力機材の輸出事業を行ってきた。

③　高レベル放射性廃棄物とは、核燃料サイクルで使用済燃料からウランとプルトニウムを取り出した後に残る廃棄物である。

④　福島第一原子力発電所の事故をきっかけに、エネルギー政策の見直しが検討され、日本の発電エネルギー源に占める原子力発電の割合は30％程度まで低下している。

問7　文中の下線部 (c) 廃棄物に関する記述として、最も適当でないものを次の①～④の中から一つ選べ。 23

①　廃棄物処理法に定められた処理場以外に廃棄物を投棄することを不法投棄と言う。

②　日本の一日一人当たりのゴミの最終処分量は増加傾向にある。

③　日本で家庭からだされるゴミなどの一般廃棄物は年間約4,300万トン（2019年度）、工場から出る産業廃棄物は年間約3億8,000万トン（2018年度）にのぼる。

④　産業廃棄物は、1990年から伝票をつけさせるなど、不法投棄を防止するシステムが導入され、さらに1992年の廃棄物処理法改正で規制強化された。

（次の頁にも設問があります）

(2L—6)

問8 循環型社会に関する記述として、最も適当なものを次の①〜④の中から一つ選べ。 24

① 資源有効利用促進法は、リサイクルを推進する再生資源利用促進法を改正し、2010年に施行された。それぞれの業種や製品に対して、リサイクルしやすくなるように設計や回収、再生資源の利用などが決められている。

② 食品循環資源の再生利用等の促進に関する法律（食品リサイクル法）では、食品製造業者の食品廃棄物の発生抑制や再利用、減量などが定められており、1997年より施行された。

③ 各業界団体の2019年度の資料によると、リサイクル用に回収される資源で最も回収率が高かったのは古紙だった。

④ 「小型家電リサイクル法」は家電リサイクル法と異なり、対象品目や回収方法、回収に係る消費者の費用負担を各自治体が独自に定める。

Ⅳ 労働者の権利と労働問題に関する次の文章を読み、下記の設問（**問1〜問8**）に答えよ。

　私たちが会社やアルバイトで働く際には、(a) 労働基準法によって労働者の権利が保障されている。日本国憲法には、労働者の権利として団結権、団体交渉権、| 25 | のいわゆる (b) 労働三権が規定されており、労働者の権利を実質的に保障するために、労働基準法、労働組合法、| 26 | の (c) 労働三法が制定されている。

　1990年代に入ると、低成長と企業間競争の激化を反映して、雇用事情にも (d) 様々な変化が見られるようになった。そのなかで、労働環境も厳しさを増し、過労死などの (e) 労働災害（労災）や、賃金の支払われない| 27 | の常態化などの労働問題も発生している。

問1　文中の | 25 | に入る最も適当なものを、次の①〜⑤の中から一つ選べ。

①　団体活動権　　　②　団体環境権　　　③　団体行動権

④　団体発信権　　　⑤　団体契約権

問2　文中の | 26 | に入る最も適当なものを、次の①〜⑤の中から一つ選べ。

①　労働関係調整法　　②　最低賃金法　　③　職業安定法

④　労働者派遣法　　　⑤　労働契約法

問3　文中の | 27 | に入る最も適当なものを、次の①〜⑤の中から一つ選べ。

①　ピケッティング　　②　サービス残業　　③　貸しはがし

④　預け金　　　　　　⑤　ロックアウト

問4　文中の下線部 (a) 労働基準法に関する記述として、最も適当なものを次の①〜④の中から一つ選べ。

| 28 |

①　1945年に制定されており、これは日本国憲法の施行以前である。

②　2003年の改正により、労働者の健康確保とワークライフバランスが取れた社会の調和が目指された。

③　不法就労をする外国人労働者は適用対象外であることが明記されている。

④　第32条において、1週間40時間以内、1日8時間以内（休憩時間を除く）の労働時間が定められている。

（次の頁にも設問があります）

問5 文中の下線部 (b) 労働三権に関する記述として、最も適当なものを次の①〜④の中から一つ選べ。

　29

① 労働者が使用者と対等な立場で労働条件を確保していく権利であり、日本国憲法第28条に規定されている。

② 日本では公務員も労働者とされているが、団結権については、自衛隊員と警察職員には認められていないのに対して、消防職員には認められている。

③ 団体交渉権は労働者が使用者と労働条件の維持・改善について交渉する権利であるが、使用者には理由によらず交渉に応じない権利が保障されている。

④ ストライキなどの争議行為は、正当な場合は刑事制裁の対象とならないが、使用者は労働組合に対して損害賠償を請求する権利を有する。

問6 文中の下線部 (c) 労働三法に関する記述として、最も適当なものを次の①〜④の中から一つ選べ。

　30

① 労働基準法に基づき、労働者保護のために設けられた中央機関が労働基準監督署であり、消費者庁に属し、各都道府県の消費者センターを統括する。

② 労働基準法は制定当初、女性労働者に対して広範な保護規定を設けていたが、1985年の女子差別撤廃条約の批准を契機に、母性保護以外の労働条件については男女を同一の基盤に立たせるようになった。

③ 労働契約は、団体交渉によって労働組合と使用者の間で書面により結ばれた協定であり、これに違反した就業規則や労働協約は無効になる。

④ 労働委員会は、労使間の紛争解決をはかる権限をもつ行政委員会であり、使用者と労働組合の代表者のみで構成される。

問7 文中の下線部 (d) 様々な変化に関する記述として、最も適当なものを次の①〜④の中から一つ選べ。

　31

① 企業がリストラを進めた結果、終身雇用制がいっそう進み、現在では非正規雇用は減少している。

② 労働者の意欲を高め、激しくなるグローバル競争を勝ち抜くため、年功序列型賃金に代わって、成果主義や年俸制を採用する企業が現れた。

③ 女性の社会進出に伴って1997年に改正された男女共同参画社会基本法によって、女性に対する就職差別の禁止などが義務規定となった。

④ 障害者雇用促進法は、数度の改正により障害者の雇用対策の強化などが盛り込まれ、法定雇用率は2021年3月までに民間企業で23％に引き上げられた。

問8 文中の下線部 (e) 労働災害（労災） に関する記述として、最も適当なものを次の①〜④の中から一つ選べ。 32

① 過労死・過労自殺については、敏速な対応を行うために、認定基準が緩和されており、ほとんど全てが労働災害と認定されるようになった。

② 過労死・過労自殺などの労災補償の認定件数は、かつては精神障害が多かったが、近年は脳・心臓疾患が上回っている。

③ 労災保険は、業務上の事由による負傷・疾病・廃疾・死亡などの際に給付が行われる保険であり、使用者が保険料を全額負担する。

④ 農作業中の死亡事故は、10万人あたりの死者数が労災の全産業における死者数の2倍程度であり、建設業の死者数に近い水準である。

（次の頁にも設問があります）

V 中国経済の成長に関する次の文章を読み、下記の設問（**問1～問8**）に答えよ。

　　1949年に建国された中華人民共和国（中国）は、当初、ソ連型の社会主義による経済運営をめざした。しかし、ソ連との関係が悪化すると、独自の経済路線を歩むようになる。1960年代には政治的混乱により経済が停滞したが、1978年に　33　に踏みきってからは高い経済成長を持続してきた。沿岸部には外資導入の拠点として　34　が設置され、技術移転が進んだ。1993年の憲法改正では、市場経済化路線の定着と社会主義体制の堅持の両立をめざす　35　の建設がうたわれた。 2001年にはWTOに加盟し、安い人件費に依存する「世界の工場」から、14億人の人口をもつ「世界の市場」へと変化してきた。そして、　36　年に中国はGDPで日本を抜き、世界第2位となった。2013年には中国とアジア、アフリカ、ヨーロッパを結ぶ広域経済圏「　37　」構想を打ち出し、世界経済への影響力を強めている。しかし、性急な改革や経済成長路線は　38　や地域間所得格差を生み、環境汚染、治安の悪化、少数民族問題などの課題も山積している。

問1　文中の　33　に入る最も適当なものを、次の①～④の中から一つ選べ。

　①　市場開放路線　　②　改革開放路線　　③　市場近代化路線　　④　所得倍増路線

問2　文中の　34　に入る最も適当なものを、次の①～④の中から一つ選べ。

　①　域外経済圏　　②　特別特区　　③　経済特別地域　　④　経済特区

問3　文中の　35　に入る最も適当なものを、次の①～④の中から一つ選べ。

　①　社会主義自由　　②　社会主義市場　　③　社会主義市場経済　　④　市場経済社会

問4　文中の　36　に入る最も適当なものを、次の①～④の中から一つ選べ。

　①　2008　　②　2010　　③　2012　　④　2014

問5　文中の　37　に入る最も適当なものを、次の①～④の中から一つ選べ。

　①　広域一路　　②　一帯一路　　③　中華連携　　④　世界一帯

問6　文中の　38　に入る最も適当なものを、次の①～④の中から一つ選べ。

　①　デフレーション　　②　スタグフレーション　　③　金融破綻　　④　インフレーション

問7　新興国の台頭に関する記述として、**最も適当でないもの**を次の①～④の中から一つ選べ。　39

　①　発展途上国の中で、1960年代から80年代に急速に工業化が進んだ国や地域をNIES（新興工業経済地域）という。

　②　アジアに位置する韓国、台湾、香港、マレーシアの4か国・地域は、特にアジアNIESと呼ばれ、1960年代から80年代を通じて急成長をとげた。

　③　インドネシアやベトナムを含むASEAN諸国は、アジアNIESを追うように経済成長してきた。

　④　ブラジル、ロシア、インド、中国、南アフリカの5か国は、国名の頭文字をとってBRICSと呼ばれる。

問8 新興国の台頭に関する記述として、**最も適当でないもの**を次の①〜④の中から一つ選べ。 　40

① オイル・マネーあるいは中東マネーと呼ばれる巨額の資本は世界中をかけめぐり、世界の好不況を決定することすらある。

② アフリカ諸国の中には、豊富な天然資源などを背景に高い経済成長をみせている国もある。

③ 2008年には世界金融危機の際に、G20金融サミットが開かれ、新興国の協力が必要であることが確認された。G20の構成国にはG7、BRICSに加えアルゼンチン、メキシコ、トルコ、オーストラリア、サウジアラビア、インドネシア、韓国が含まれる。

④ G7の世界経済全体に占めるGDPの割合は2000年以降上昇傾向にあり、G20だと2015年時点で90%を超え、大きな割合を占めている。

3L　現代社会

Ⅰ　平和主義と安全保障に関する次の文章を読み、下記の設問（**問1～問8**）に答えよ。

　　第二次世界大戦後、世界が米ソ対立の冷戦時代に突入すると、(a) 日本の平和主義と安全保障をめぐる状
況も大きく変化した。1950年、　(ア)　の勃発によりアメリカ軍が日本から戦地へ派遣されると、のちに自
衛隊へと改組される　1　の創設がGHQ（連合国軍総司令部）より命じられた。1951年の　2　の締
結により、翌年、日本は主権を回復することになるが、　2　と同時に締結された　3　により、アメ
リカ軍に駐留継続と基地の使用を認めることとなった。　3　は1960年に改定されたのち、1970年以降は
自動延長されているが、(b) 在日アメリカ軍をめぐるさまざまな問題は、今日でも指摘されつづけている。
　　1980年代末に冷戦が終結すると、東西対立の中でおさえられていた地域間や民族間の紛争が表面化した。
1990年代初頭に勃発した　(イ)　の際は、人的支援として自衛隊の現地派遣を求める国際的な要求も高まり、
戦闘終了後、海上自衛隊の掃海艇がペルシア湾に派遣された。2010年代には (c) 安全保障関連の法案整備
が行われ、(d) 国外における自衛隊の活動も引き続き行われており、憲法制定以来、維持されてきた平和
主義のあり方は大きな転換点をむかえているといえる。

問1　文中の　1　に入る最も適当なものを、次の①～④の中から一つ選べ。

　　①　憲兵隊　　②　保安隊　　③　警備隊　　④　警察予備隊

問2　文中の　2　に入る最も適当なものを、次の①～④の中から一つ選べ。

　　①　日米安全保障条約　　②　サンフランシスコ平和条約

　　③　日米ガイドライン　　④　MSA協定

問3　文中の　3　に入る最も適当なものを、次の①～④の中から一つ選べ。

　　①　日米安全保障条約　　②　サンフランシスコ平和条約

　　③　日米ガイドライン　　④　MSA協定

問4　文中の　(ア)　・　(イ)　に入る最も適当な組み合わせを、次の①～④の中から一つ選べ。　4

　　①　（ア）朝鮮戦争　　　　（イ）湾岸戦争

　　②　（ア）朝鮮戦争　　　　（イ）第4次中東戦争

　　③　（ア）ベトナム戦争　　（イ）湾岸戦争

　　④　（ア）ベトナム戦争　　（イ）第4次中東戦争

(3L—1)

問5　文中の下線部 (a) 日本の平和主義と安全保障に関する記述として、最も適当なものを次の①〜④の中から一つ選べ。　| 5 |

① 各国の軍事支出額の比較において、日本の防衛費は、ここ10年間G7中で最低額を維持している。

② 日本国憲法第66条2項で定められたシビリアン・コントロールの原則は、防衛大臣を除く国務大臣と、内閣総理大臣に適用される。

③ 日本国憲法第9条では、国際紛争を解決する手段としての武力の行使は否定していない。

④ 平和主義にかかわる国の政策としては、専守防衛と非核三原則が挙げられる。

問6　文中の下線部 (b) 在日アメリカ軍をめぐるさまざまな問題に関する記述として、**最も適当でないもの**を次の①〜④の中から一つ選べ。　| 6 |

① アメリカの求めに応じて日本側が負担する在日米軍駐留経費、いわゆる「思いやり予算」の額が大きいことが問題になっている。

② 全国の米軍専用施設面積の約70%が集中している沖縄では、騒音、墜落事故、環境破壊などが問題になっている。

③ 米兵による犯罪の捜査や取り調べ、裁判管轄権などに関して、在日米軍にさまざまな特権を与えている日米地位協定に批判が集まっている。

④ 砂川事件の判決において、最高裁が、在日米軍は憲法が禁止する戦力に該当するという判断を下したが、米軍の日本駐留は続いている。

問7　文中の下線部 (c) 安全保障関連の法案整備に関する記述として、**最も適当でないもの**を次の①〜④の中から一つ選べ。　| 7 |

① 2015年に国際平和支援法が制定され、国連決議等に基づいて軍事行動を行う他国軍に対する協力支援活動のために、自衛隊を常時派遣することが可能になった。

② 重要影響事態法は周辺事態法に改正され、重要影響事態における自衛隊の活動に対する地理的制約が新たに設けられた。

③ 武力攻撃事態法の改正によって、政府が存立危機事態と判断した場合には、集団的自衛権に基づき海外における自衛隊の武力行使が可能となった。

④ 自衛隊法の改正により、邦人の救出やそれを妨害する行為を排除するために、必要に応じて武器を使用することが可能となった。

（次の頁にも設問があります）

(3L—2)

問8 文中の下線部 (d) 国外における自衛隊の活動に関する記述として、最も適当なものを次の①〜④の中から一つ選べ。 ⬚8⬚

① 1992年のPKO（国連平和維持活動）協力法成立後、最初に自衛隊がPKOに参加した活動先はイラクであった。

② 現行のPKO協力法では、自衛隊による国連平和維持軍の本体業務への参加や武器の使用は認められていない。

③ 2009年に、ソマリア沖などにおける海賊対策として随時自衛隊を派遣するために海賊対処法が制定された。

④ 2003年のイラク戦争に際してテロ対策特別措置法が制定され、艦船への海上補給のために自衛艦がインド洋に派遣された。

Ⅱ　日本の農業に関する次の文章を読み、下記の設問（**問1〜問8**）に答えよ。

　　日本の農業は、産業構造の変化にともない、農家数、農業就業人口ともに減少を続けている。政府は、農業所得を安定的に向上させるため、大規模農家の育成や米作中心からの転換を促そうと、1961年に農業基本法を制定した。しかし、農家の経営規模は小さいまま農業以外の仕事にも従事する兼業化が進み、同法は　9　年、食料・農業・農村基本法の成立とともに廃止された。

　　政府は食糧管理制度によって、米などの価格を規制する一方、米の過剰生産を抑えるために減反をおこなってきたが、1995年、　10　の施行によって、米の価格と流通に関しては原則的に自由化され、(a) 市場原理に委ねられることになった。また、農産物の自由化を進めた (b) GATTの　11　合意に基づき、米の輸入についても、1999年から関税による調整に移行した。

　　日本の (c) 食料自給率はきわめて低い状況にあるが、関税の原則撤廃をめざす「TPP11」への参加にともない、さらに輸入農産物が増えて自給率が低下するという声もある。

　　一方、2009年の　12　改正によって、農地を所有しない民間企業でも、土地を借りて農業を営むことができるようになった。これにより農地を集約して、大規模経営による生産性向上をはかろうとしている。他方、NPOや個人の農業への参入も増えており、必ずしも規模の拡大を求めず、6次産業化により、収入の安定化を図る人も多い。さらに、最近では、食の安全性に対する意識の高まりや、輸出入に消費される莫大な輸送エネルギーへの疑問などから、国産食料を求める消費者が増え、また地元の農産物を地元で消費する地産地消の運動も広がっている。

問1　文中の　9　に入る最も適当なものを、次の①〜④の中から一つ選べ。

　①　1991　　②　1993　　③　1997　　④　1999

問2　文中の　10　に入る最も適当なものを、次の①〜④の中から一つ選べ。

　①　食糧安定供給法　　②　食糧基本法　　③　新食糧法　　④　米穀流通法

問3　文中の　11　に入る最も適当なものを、次の①〜④の中から一つ選べ。

　①　ジュネーヴ・ラウンド　　②　東京ラウンド　　③　ウルグアイ・ラウンド

　④　ドーハ・ラウンド

問4　文中の　12　に入る最も適当なものを、次の①〜④の中から一つ選べ。

　①　農地法　　②　農業経営基盤強化促進法　　③　農業改良助長法　　④　食料・農業・農村基本法

問5　日本の農業に関する記述として、**最も適当でないもの**を次の①〜④の中から一つ選べ。　13

　①　日本の農業就業人口の半数以上は65歳以上であり、外国人の技能実習生の労働に頼る農家が増えている。

　②　農業就業人口は減少する一方、経営規模の拡大により耕作放棄地は増加傾向にない。

　③　主業農家とは、65歳未満の農業就労者（年間の自家農業労働日数が60日以上の者）がいる農家のうち、農業所得が農外所得よりも多い農家をいう。

　④　減反政策は2018年に廃止された。

— 388 —

問6　文中の下線部 (a) 市場に関する記述として、**最も適当でないもの**を次の①〜④の中から一つ選べ。

　　　14

① 工場などの大規模な設備や装置が必要であったり、大量生産のメリットが大きい産業では、寡占が起きやすい。

② 野菜や魚は、需要と供給の関係が価格に反映しやすい商品であるため、需要量が変化しない場合、入荷量が多い時期には価格が下がり、入荷量が少ない時期には価格が上がる傾向にある。

③ 市場の失敗の一つに、情報の非対称性がある。

④ 寡占市場では、一つの企業がプライス・リーダーとして行動し、ほかの企業がこれに従う統制価格が設定されやすい。

問7　文中の下線部 (b) GATTおよびWTOに関する記述として、**最も適当でないもの**を次の①〜④の中から一つ選べ。　　15

① GATT第1条では、加盟国が貿易相手国に与えた貿易上の利益を、すべての加盟国に与えなければならないという最恵国待遇を定めていた。

② WTOは無差別主義の原則にもとづき、輸入の急増や価格の暴落などの緊急時においても、セーフガードの発動は認めていない。

③ WTOは、協定であったGATTとは異なり、貿易紛争処理の明確なルールと決定機構をもつ強力な国際機関となった。

④ 利害が一致して合意しやすい国と国、国と地域との間で結ばれるFTAやEPAの締結が増えてきており、2020年までに300をこえる協定が結ばれている。

問8　文中の下線部 (c) 食料自給率に関する記述として、**最も適当でないもの**を次の①〜④の中から一つ選べ。　　16

① 日本の食料自給率（2022年度）は生産額ベースで約38％である。

② 牛肉や豚肉、乳製品などの畜産物は育てる際に輸入飼料を使用すると、たとえ純国産であっても一部しか自給に見なされない。

③ 食料の輸送量と輸送距離を測る指標としてフードマイレージがある。日本のフードマイレージの総量（2001年時点）は韓国の倍以上であった。

④ 日本では、小麦・大豆など米以外の主要な食用穀物や飼料原料のほとんどを海外からの輸入に依存している。

(3L－5)

Ⅲ 地球環境問題に関する次の文章を読み、下記の設問（**問1〜問8**）に答えよ。

太陽光に含まれる有害な紫外線を吸収するのが、オゾン層である。しかし、ハイテク産業の洗浄剤や冷蔵庫の冷媒などに使用されてきた (a)フロンガスがオゾン層を破壊し、オゾン層の薄くなった部分（オゾンホール）が確認されている。オゾン層の破壊によって有害な紫外線が増えると、植物の生育を妨げたり、人体に対しても皮膚ガンや白内障を増加させるおそれがある。このため、オゾン層の保護のための　17　（1985年）とモントリオール議定書（1987年）によって規制が開始され、2009年末までにオゾン層破壊の影響力の大きい特定フロンが全廃された。

1972年に、スウェーデンのストックホルムで国連人間環境会議が開かれ、「　18　」をスローガンに環境保全のための国際協力の第一歩が記された。1992年の地球サミット（国連環境開発会議）では、地球温暖化対策のための気候変動枠組条約が結ばれた。1997年の第3回締約国会議では、先進国全体で温室効果ガスの排出量を1990年に比べ2008〜12年までに約　19　％削減することを義務づける京都議定書が採択された。しかし、経済成長によって排出量が急増した中国やインドほか開発途上国には削減義務がなく、2001年には先進国で最大の排出国アメリカが離脱するなど、大きな成果を上げられなかった。そこで、2015年の第21回締約国会議では、すべての国が参加する枠組みとなるパリ協定が採択された。

二酸化炭素の排出量を低く抑えた「低炭素社会」を実現するためには、エネルギーの無駄をなくし、省エネルギー政策を強化することが求められる。さらに、太陽光発電や風力発電など二酸化炭素排出量の少ない (b)再生可能エネルギーへの転換を進めていくことも重要である。このほか、二酸化炭素排出量を安定させるための政策として、　20　や (c)環境税の導入などがあげられる。

問1　文中の　17　に入る最も適当なものを、次の①〜④の中から一つ選べ。

① カーボンニュートラル協定　② 定常化社会協定　③ モントリオール協定

④ ウィーン条約

問2　文中の　18　に入る最も適当なものを、次の①〜④の中から一つ選べ。

① 持続可能な発展　② かけがえのない地球　③ 我々の求める未来

④ 国際的な環境政策の進展

問3　文中の　19　に入る最も適当なものを、次の①〜⑤の中から一つ選べ。

① 0.5　② 2.5　③ 5　④ 10　⑤ 20

問4　文中の　20　に入る最も適当なものを、次の①〜④の中から一つ選べ。

① 雇用保険　② 資源ナショナリズム　③ 罷免権の行使　④ 排出量取引

（次の頁にも設問があります）

問 5 文中の下線部 (a) フロンガスがオゾン層を破壊 に関する記述として、最も適当なものを次の①～④の中から一つ選べ。 **21**

① オゾンホールは2005年以降、継続的に拡大傾向にある。

② 日本では1988年にフロン排出抑制法が制定され、オゾン層破壊物質の生産の全廃が進められている。

③ フロンとはアメリカで開発された人工物質である。

④ フロンガスの代わりに使われる代替フロンは、生物多様性条約に基づき2010年までに原則全廃された。

問 6 地球環境問題をめぐる国際社会の歩みに関する記述として、最も適当なものを次の①～④の中から一つ選べ。 **22**

① 1972年の国連人間環境会議は、国連食糧農業機関（FAO）の設立の契機となった。

② 1992年の地球サミット（国連環境開発会議）には、加盟国ほぼすべての約180か国・地域の代表が参加した。

③ 1992年の地球サミット（国連環境開発会議）では、環境国際行動計画が採択された。

④ 2012年の国連持続可能な開発会議（リオ＋20）では、持続可能な開発目標（SDGs）が採択された。

問 7 文中の下線部 (b) 再生可能エネルギー に関する記述として、最も適当なものを次の①～④の中から一つ選べ。 **23**

① 太陽光、風力、水力、原子力、地熱などは自然界からほぼ無尽蔵に利用できるため、再生可能エネルギーと呼ばれる。

② 再生可能エネルギー特別措置法では、再生可能エネルギーでつくった電気を電力会社が買い取ることが義務付けられた。その費用はすべて政府が負担している。

③ グリーン・イノベーションとは、環境・エネルギー分野での技術革新のことをいう。

④ 2020年時点で、風力発電導入量が最も多いのはカナダで、次にアメリカ、ドイツで導入が進んでいる。

問 8 文中の下線部 (c) 環境税の導入 に関する記述として、**最も適当でないもの**を次の①～④の中から一つ選べ。 **24**

① 炭素税は、イギリスの経済学者ピグーによって提唱された。

② 炭素税は、欧州では1990年にフランスが導入した後、現在15か国が導入している。

③ 炭素税は、日本では2012年に導入され、2022年時点での税率は1炭素トンあたり289円となっている。

④ 炭素税は、地球環境や資源の枯渇に対処する取り組みを促す環境税の一種である。

Ⅳ 社会保障に関する次の文章を読み、下記の設問（**問 1～問 8**）に答えよ。

　日本国憲法は、│ 25 │で国民の生存権を保障した上で、(a) 社会保障が国の責任であるとしている。これに基づいて、社会保険、公的扶助、社会福祉、公衆衛生の四つの柱からなる社会保障制度がつくられた。(b) 社会保険は、国民が疾病・老齢・失業・労働災害などにあった場合、一定の基準で現金や医療サービスなどを給付する、強制加入の公的保険であり、医療保険、年金保険、雇用保険、労災保険、(c) 介護保険の 5 種類がある。(d) 公的扶助は、生活に困窮している人々に対し、国が無差別・平等にその困窮度に応じ必要とされる援助を行う制度で、全額公費負担で給付され、生活保護法に基づいて、生活・医療・│ 26 │・住宅・出産・生業・葬祭・介護の八つの扶助が行われている。社会福祉は、生活に不安を抱える児童・高齢者・母子家庭・│ 27 │などに対し、生活援助や自立支援を目的に施設やサービスを提供するもので、主として公費負担でなされている。公衆衛生は、国民の健康の維持・増進をはかることを目的に、疾病の予防、治療、衛生教育などを行うもので、各自治体に設置された│ 28 │が公衆衛生行政の中心を担う。

問 1　文中の│ 25 │に入る最も適当なものを、次の①～⑤の中から一つ選べ。

①　第11条　　②　第23条　　③　第25条　　④　第29条　　⑤　第30条

問 2　文中の│ 26 │に入る最も適当なものを、次の①～⑤の中から一つ選べ。

①　教育　　②　交通　　③　通信　　④　求職　　⑤　娯楽

問 3　文中の│ 27 │に入る最も適当なものを、次の①～⑤の中から一つ選べ。

①　事業者　　②　外国人　　③　妊産婦　　④　障害者　　⑤　単身者

問 4　文中の│ 28 │に入る最も適当なものを、次の①～⑤の中から一つ選べ。

①　消費者センター　　②　公立病院　　③　労働基準監督署

④　福祉事務所　　⑤　保健所

問 5　文中の下線部 (a) 社会保障に関する記述として、最も適当なものを次の①～④の中から一つ選べ。

│ 29 │

①　1935年にイギリスでニューディール政策の一環としてエリザベス救貧法が制定された。

②　1942年にドイツでビスマルク報告が出され、これに基づいて「ゆりかごから墓場まで」といわれる社会保障制度がつくられた。

③　1952年にILO総会で「社会保障の最低基準に関する条約」（102号条約）が採択された。

④　1974年に日本で老人福祉法が制定された。

（次の頁にも設問があります）

問6 文中の下線部 (b) 社会保険に関する記述として、最も適当なものを次の①〜④の中から一つ選べ。

[30]

① 医療保険には、民間の労働者が対象の健康保険と自営業者が対象の国民健康保険、公務員などが対象の共済組合などがある。

② 1959年に国民年金法が制定され、雇用者も年金保険に加入できることとなり、1961年、国民皆年金制度が実現した。

③ 2001年4月に成立した改正雇用保険法により、離職の理由により失業手当の給付日数に付けられていた差が撤廃された。

④ 労災保険は業務上の災害を補償するものであるため、費用は被保険者と事業主、政府が負担する。

問7 文中の下線部 (c) 介護保険に関する記述として、最も適当なものを次の①〜④の中から一つ選べ。

[31]

① 介護保険制度は、高齢者や障害者の介護を社会全体で支える制度であり、2008年から実施されている。55歳以上の国民全員が加入、保険料を納めている。

② 介護が必要な人は都道府県に申請し、要介護と認定された場合、ケアプランに基づいて介護サービスを受けることができる。

③ 要介護者は、「介護が必要」との認定で、重度のものから要介護2〜1、日常生活支援が必要な要支援3〜1の5等級に分かれ、特に要介護の人数が増加している。

④ 制度改正により、2018年から利用者の負担が増加し、一定以上の所得がある人は2〜3割を負担することとなった。

問8 文中の下線部 (d) 公的扶助に関する記述として、最も適当なものを次の①〜④の中から一つ選べ。

[32]

① 生活保護の受給世帯は増加傾向を示し、もっとも多いのが傷病・障害者世帯であり、次いで母子世帯である。

② 生活保護基準と憲法の生存権を巡る裁判として、朝日訴訟や堀木訴訟があった。

③ 扶助の内容は、2001年の生活保護基準の改定で葬祭が加わって7つから8つとなった。

④ 生活保護費でもっとも多くを占めるのは生業扶助であり、次いで医療扶助である。

V 主権国家と国際社会に関する次の文章を読み、下記の設問（**問1〜問8**）に答えよ。

国際社会は主権国家を基本的な単位として成立している。 $\boxed{33}$ 、国民、主権を国家の三要素という。主権とは国家がそれぞれ内政と外交について、他国の指図を受けずに独自に判断して政策をたてたり、問題に対処して対策を決定したりする権限のことである。

主権国家からなる国際社会の原型は、三十年戦争終結時に結ばれた1648年の $\boxed{34}$ などを通じてつくられた。ヨーロッパでは独立した複数の国家が自分たちで規則をつくって並存するしくみが成立し、やがてこのしくみは、西欧列強が各地を $\boxed{35}$ 化する過程を通じて拡大した。そして、 $\boxed{35}$ は、特に第二次世界大戦後に $\boxed{36}$ の高揚とともに、あいついで独立をはたし、国際社会の構成員となった。現在の国際社会には200ほどの主権国家があり、半数以上が戦後の独立国である。

そして現代では、国家以外にも、国際機関、地域機構、自治体、NGO、多国籍企業などが国際社会を構成する重要な主体となっている。

国家間の関係を律するのが国際法である。三十年戦争の惨禍を目の当たりにしたオランダのグロティウスは『 $\boxed{37}$ 』をあらわし、国家間の関係にも $\boxed{38}$ を適用して理性にもとづいた秩序を築くことを提唱し、「国際法の父」とよばれた。

問1 文中の $\boxed{33}$ に入る最も適当なものを、次の①〜④の中から一つ選べ。

① 民族　② 空間　③ 外交能力　④ 領域

問2 文中の $\boxed{34}$ に入る最も適当なものを、次の①〜④の中から一つ選べ。

① ベルサイユ条約　② モンテビデオ条約　③ ハーグ平和条約　④ ウェストファリア条約

問3 文中の $\boxed{35}$ に入る最も適当なものを、次の①〜④の中から一つ選べ。

① 連邦国家　② 植民地　③ 合衆国　④ 宗主国

問4 文中の $\boxed{36}$ に入る最も適当なものを、次の①〜④の中から一つ選べ。

① ローカリズム　② リージョナリズム　③ ナショナリズム　④ グローバリズム

問5 文中の $\boxed{37}$ に入る最も適当なものを、次の①〜④の中から一つ選べ。

① 平和のための法　② 戦争と平和の法　③ 戦争中止のための法　④ 恒久平和の法

問6 文中の $\boxed{38}$ に入る最も適当なものを、次の①〜④の中から一つ選べ。

① 制定法　② 実定法　③ 自然法　④ 社会法

問7 国際法に関する記述として、**最も適当でないもの**を次の①〜④の中から一つ選べ。 $\boxed{39}$

① 国際法は条約と国際慣習法からなり、国際社会の構成員である各国家の意思によって作られる。

② 国際社会には統一された独自の政府はないが、法としての実質的強制力が強いのが国際法の特徴である。

③ 国際法の歴史をたどると、戦争を主権国家の意思によって行われる合法的なものとみなし、戦時国際法と平時国際法という分け方がされることもあった。

④ 今日では国際連合憲章によって、原則として戦争は違法な行為とされている。

問8 主権国家等に関する記述として、**最も適当でないもの**を次の①〜④の中から一つ選べ。 40

① 公海ではどの国の船の航行・漁業も自由とする「公海自由の原則」が存在する。

② 南極、公空、宇宙空間などはいずれの主権国家にも帰属せず、独占的な領有または支配が禁止されている。

③ 多くの植民地が独立国家になった20世紀後半には、領海などが拡大される動きが強まった。

④ 国連海洋法条約は、海洋に関する国際的秩序の形成を目的として、1971年に国連海洋法特別会議で採択され、領海の範囲を定めるなど内容は多岐にわたる。

4L 現代社会

Ⅰ 現代政治の特質と課題に関する次の文章を読み、下記の設問（**問1～問8**）に答えよ。

　現代の政治は、異なる政策理念を持つ複数の (a) 政党 が、たがいに競争して政権獲得を目指す政党政治を基礎としている。選挙の際に各政党が提示する公約である 　1　 をもとに、有権者は、自らの政治的意見に近いものを選択し、国民の代表者である (b) 国会議員 を選出する。

　現在、多くの国の選挙は (c) 民主的な選挙の原則 に則して行われているが、(d) 選挙制度には長所と短所が存在する ため、民主主義の実現のための完璧な制度の確立は困難である。日本の選挙においても (e) さまざまな課題 があり、このような状況を改善するために、公職選挙法は現在まで改正を繰り返している。

　民主主義の実現、そして選挙の有効性を維持するためには、有権者自身の姿勢も重要である。世論はマスメディアの報道に大きく影響を受けるため、有権者が興味本位の情報ばかりを求めずに、必要な情報を主体的に判断・選択し、活用する 　2　 を獲得していかなければならない。政治的無関心の拡大やマスメディアへの依存は、複雑な政治問題を単純化し、一定の集団を敵視するような姿勢で大衆の支持を得ようとする大衆迎合的な 　3　 に陥るおそれもある。

問1　文中の 　1　 に入る最も適当なものを、次の①～④の中から一つ選べ。

　① ガイドライン　　② アカウンタビリティ

　③ コンセンサス　　④ マニフェスト

問2　文中の 　2　 に入る最も適当なものを、次の①～④の中から一つ選べ。

　① メディア・リテラシー　　　② ディジタル・ディヴァイド

　③ インフォームド・コンセント　　④ eラーニング

問3　文中の 　3　 に入る最も適当なものを、次の①～④の中から一つ選べ。

　① マルチカルチュラリズム　　② ポピュリズム

　③ ソーシャリズム　　　　　④ リージョナリズム

問4　文中の下線部 (a) 政党 に関して、現在、衆議院・参議院のいずれかにおいて議席を有している政党として、**最も適当でないもの**を次の①～④の中から一つ選べ。 　4　

　① 自由民主党　　② 日本新党　　③ 社会民主党　　④ 日本共産党

問5　文中の下線部 (b) 国会議員を選出する選挙制度に関する記述として、最も適当なものを次の①〜④の中から一つ選べ。　| 5 |

① 衆議院議員総選挙では、小選挙区と比例代表への重複立候補は認められていない。

② 参議院議員通常選挙の比例代表では、非拘束名簿式を基本としつつ、一部拘束名簿式を導入している。

③ 衆議院議員総選挙では、全国を主に都道府県を基礎とする45のブロックに分けて比例代表選出を行う。

④ 参議院議員通常選挙では、全国を11のブロックに分けて比例代表選出を行う。

問6　文中の下線部 (c) 民主的な選挙の原則として最も適当でないものを次の①〜④の中から一つ選べ。　| 6 |

① 公開選挙　　② 秘密選挙　　③ 普通選挙　　④ 平等選挙

問7　文中の下線部 (d) 選挙制度には長所と短所が存在するに関する記述として、最も適当なものを次の①〜④の中から一つ選べ。　| 7 |

① 大選挙区制と比べて、小選挙区制には二大政党型になりやすく政局が安定するという長所があるが、死票が多く、少数意見が反映されにくいという短所がある。

② 大選挙区制と比べて、小選挙区制には死票が比較的少ないという長所があるが、小党分立による政治の不安定化や、選挙費用が多額になるという短所がある。

③ 小選挙区制と比べて、比例代表制には選挙費用が少額ですむという長所があるが、死票が多くなるという短所がある。

④ 小選挙区制と比べて、比例代表制には二大政党型になりやすく政局が安定する長所があるが、死票が多くなるという短所がある。

問8　文中の下線部 (e) さまざまな課題に関する記述として、最も適当なものを次の①〜④の中から一つ選べ。　| 8 |

① 日本の国政選挙における投票率の低さが問題とされており、衆議院議員総選挙では2000年以降、投票率が60％を上回った選挙は一度もない。

② 在外邦人に選挙権が保障されていないことが問題とされており、現在、在外邦人には比例代表選挙への投票のみが認められている。

③ 選挙活動における不正が問題とされており、2018年の公職選挙法改正で解禁となった戸別訪問において不正な寄付行為などが行われることが懸念されている。

④ いわゆる「一票の格差」が大きいことが問題とされており、2022年の参議院議員通常選挙では最大3倍を上回った。

（次の頁にも設問があります）

Ⅱ 市場経済に関する次の文章を読み、下記の設問（**問1～問7**）に答えよ。

　　政府の立てる計画に沿って運営される (a) 社会主義経済体制に対して、資本主義経済では市場における自由な取引を通じて、財やサービスの価格と生産量が決められていく。市場において売り手、買い手とも自分の利益のために売買を行えば、価格が変動し、供給量・需要量が調整されていくことを (b) 市場機構と呼び、アダム＝スミスがその著『　　9　　』において明らかにした。

　　売り手・買い手が多数存在し、互いに競争関係にある完全競争市場では、供給量が需要量を上回ると、供給超過・需要不足が起こり、価格は　　10　　する。そうなると、売り手は供給量を減らす一方、買い手は需要量を増やす。しかし、そのうちに需要超過・供給不足が起こり、価格は　　11　　する。このように価格は上昇・下落を繰り返しながら、売買の取引量が一致する点にたどり着く。そのときの価格が均衡価格（市場価格）である。

　　市場機構は優れた仕組みを持っているが、実際の経済社会においてはその機能がうまく働いていないことも多い。そうした市場の失敗の一つが、(c) 独占と寡占である。独占市場、寡占市場では価格を支配する売り手が現れ、価格が高くなる。次に、市場において取引されない財やサービスがある。警察・消防などの公共サービスや、道路・公園などの社会資本からなる　　12　　は、政府が (d) 財政を通じて直接供給する必要がある。また、環境破壊や公害発生など、市場の外部で生じる経済問題である外部性の問題もある。

問1　文中の　　9　　に入る最も適当なものを、次の①～④の中から一つ選べ。
　　①　雇用・利子および貨幣の一般理論　　②　経済学および課税の原理
　　③　諸国民の富（国富論）　　　　　　　④　資本論

問2　文中の　10　　11　に入る最も適当なものを、次の①～②の中からそれぞれ一つ選べ。
　　①　上昇　　②　下落

問3　文中の　12　に入る最も適当なものを、次の①～④の中から一つ選べ。
　　①　公共財　　②　公益財　　③　共通財　　④　共有財

問4　文中の下線部 (a) 社会主義経済と資本主義経済に関する記述として、**最も適当でないもの**を次の①～④の中から一つ選べ。　　13
　　①　社会主義経済では、個人や企業による利潤追求は認められるが、生産手段は社会全員の共有物とすることを原則とする。
　　②　1929年の世界恐慌は、資本主義経済における自由放任主義の行き詰まりを示し、ケインズは、失業者を減らすためには政府による有効需要創出が重要だと主張した。
　　③　社会主義経済は、ソ連や東欧諸国、中国などで採用されたが、ソ連や東欧の経済は結果的に破綻し、市場経済に移行した。
　　④　現在の中国は市場原理の導入も進めており、社会主義市場経済を採用している。

問5　文中の下線部 (b) 市場機構に関する記述として、**最も適当でないもの**を次の①〜④の中から一つ選べ。　14

① 一般に、買い手の所得が増えると、需要曲線は右へ移動する。

② 技術革新によって生産力が増すと、生産コストは低下することから、供給曲線は左に移動する。

③ トイレットペーパーなどの生活必需品は、価格が変動しても需要量があまりかわらないため、需要曲線の傾きは急になる。

④ 新しいモデルのパソコンが近日中に発売されることがわかっているとき、古いモデルのパソコンの需要曲線は左に移動する。

問6　文中の下線部 (c) 独占と寡占に関する記述として、最も適当なものを次の①〜④の中から一つ選べ。　15

① 寡占、独占の市場では製品の価格は固定化する傾向があり、価格が変化する場合でも、上方へは変化しない場合が多い。

② 寡占市場において、価格支配力を持つ支配的な大企業が超過利潤の獲得を目指して設定する価格を管制価格という。

③ 戦前の財閥は、他の会社の支配を本業とする純粋持株会社の形態をとっていたため、独占禁止法により持株会社は禁止された。現在も純粋持株会社は禁止されている。

④ 利潤獲得を目的に、互いに関連性のない産業分野・市場で複数の事業展開を行う企業のことをコングロマリットという。

問7　文中の下線部 (d) 財政に関する記述として、**最も適当でないもの**を次の①〜④の中から一つ選べ。　16

① 財政投融資は財政資金による政府関係機関や民間企業への投資や融資であり、国会の承認を必要としない。

② 累進課税制度は、所得が高くなるにつれて租税率が高くなる課税方式であり、これによって所得の再分配効果が生まれる。

③ 建設国債は、公共事業費と出資金・貸付金の財源といった資本的経費にあてるために発行される国債であり、財政法第4条で発行が認められている。

④ 景気を調整するために、政府の財政政策と中央銀行の金融政策を適切に組み合わせることを、ポリシー・ミックスという。

（次の頁にも設問があります）

Ⅲ 生命をめぐる問題に関する次の文章を読み、下記の設問（**問1〜問8**）に答えよ。

(a) 生殖技術、移植技術、(b) 遺伝子技術などの先端医療技術の発達は、生命や人の生と死のあり方などについて、人為的な選択の余地をこれまでになく拡大させた。(c) 終末医療のなかで尊厳死や安楽死を認めるべきか、出生前診断や着床前診断によって生命の誕生を操作すべきか、などの問題が議論をよんでいる。このような問題を、人の生き方の問題としてさまざまな分野から考えていこうとするのが　17　である。

最近では、「生命の尊厳（SOL）」だけでなく、どのように生きるかを重視する「生命の質（QOL）」の問題や、人の生命や人体に関する「自己決定」のあり方などを体系的に考察しようとする試みがなされている。

　18　年に (d) 臓器移植法が施行され、「臓器移植の場合に限って脳死が人の死」とされることになった。脳死状態では、人工呼吸器を用い、また栄養と水分を補給すれば身体組織は活動を維持しているため、脳死者からの臓器の移植が可能になり、難病に苦しむ患者に対する治療は格段の進歩をとげた。

臓器移植法の制定後、　19　が少数にとどまったため、2009年に改正臓器移植法が成立した。しかし、脳死の判定基準、提供臓器の公正な配分方法、医療体制、医師から患者に対する　20　のあり方など今後に残された課題も多い。

問1　文中の　17　に入る最も適当なものを、次の①〜④の中から一つ選べ。

①　生命科学　　②　エンハンスメント　　③　生命倫理　　④　医療科学

問2　文中の　18　に入る最も適当なものを、次の①〜④の中から一つ選べ。

①　1987　　②　1990　　③　1997　　④　2004

問3　文中の　19　に入る最も適当なものを、次の①〜③の中から一つ選べ。

①　生活習慣病罹患患者数　　②　体外受精出生数　　③　脳死判定者

問4　文中の　20　に入る最も適当なものを、次の①〜④の中から一つ選べ。

①　インフォームド・コンセント　　②　バイオダイバーシティ

③　プラシーボ　　　　　　　　　　④　アウトブレイク

問5　文中の下線部 (a) 生殖技術に関する記述として、最も適当なものを次の①〜④の中から一つ選べ。

　21

①　体外受精は、1993年にフランスで初めて成功した。

②　2021年現在の日本の合計特殊出生率は1.30で、人工授精や体外受精によって改善傾向にある。

③　代理出産には、ホストマザーとサロゲートマザーの二種類があり、ホストマザーの場合、出産した子供は代理母と遺伝的なつながりがある。

④　受精卵を「命」と考えれば、出生前診断によって命の選別につながる可能性がある。

問6　文中の下線部 (b) 遺伝子技術に関する記述として、最も適当なものを次の①〜④の中から一つ選べ。
　　 22

① ヒトゲノムの解析は2013年に完了し、医療や医薬品の開発だけでなく、バイオテクノロジー、生命科学など多くの分野で画期的な成果を生み出している。

② 遺伝子情報による雇用・保険面での差別が懸念されるため、情報検査サービスは国に登録された事業者しか行うことができない。

③ 遺伝子組み換え技術はとりわけ農業分野で発展が著しく、農産物の収量を大幅に増加させているが、環境への影響が危ぶまれている。

④ アメリカでは、1990年代から、遺伝子組み換え作物を使った食品であるか否かを知ってから買うことができるよう、表示が義務付けられている。

問7　文中の下線部 (c) 終末医療のなかで尊厳死や安楽死を認めるべきかに関する記述として、**最も適当でないもの**を次の①〜④の中から一つ選べ。 23

① 尊厳死とは、患者本人の意思に基づいて薬物などを与えることにより、死期を人為的に早めることを指す。

② 治る見込みのない病気によって死期が迫ったときに、延命措置を含む治療の選択について自分の意思を前もって文書により表明したものを、リビング・ウィルという。

③ オランダやベルギー、アメリカの複数の州で安楽死を認める法律が制定されている。

④ ホスピスとは、末期患者とその家族を家や入院体制のなかで、医学的に管理するとともに看護を主体とした継続的なプログラムをもって支えていこうとするものである。

問8　文中の下線部 (d) 臓器移植法に関する記述として、**最も適当でないもの**を次の①〜④の中から一つ選べ。 24

① 臓器移植法等により定められた移植の対象となる臓器は、腎臓、膵臓、眼球、心臓、肝臓、肺、小腸である。

② 改正臓器移植法によって、親族に対する優先提供が認められた。

③ 改正臓器移植法によって、15歳未満でも、書面による本人の意思表示があれば臓器提供が可能になった。

④ 改正臓器移植法によって、生前の本人による意思表示が不明でも、家族が書面により承諾すれば提供が可能になった。

（次の頁にも設問があります）

Ⅳ 現代の雇用・労働に関する次の文章を読み、下記の設問（問1〜問8）に答えよ。

日本の経済成長を支えてきたのは、終身雇用、年功序列型賃金、 | 25 | から構成される日本的雇用慣行と呼ばれる正規雇用を中心とした安定した雇用形態であったが、1985年に成立していた | 26 | が1999年に改正され、ほぼ全業種に (a) 派遣労働が可能になった。女性の社会進出に伴い、(b) 女性の労働をとりまく環境も変化している。1985年に制定された | 27 | は、1997年の改正を受け、募集・採用・配置・昇進に関する差別が禁止され、また、セクシュアル＝ハラスメント（性的いやがらせ）の防止規定も加わった。

労働時間についても、労働時間でなく成果で評価を受ける | 28 | や、労働時間や出勤形態を自分で判断するフレックスタイム制を導入する企業も増えている。しかし、その一方、サービス残業やブラック企業、(c) 過労死が社会問題化している。私たちが豊かな社会生活を実現していくためには、家族や地域社会とのつながりも重要であり、仕事と家庭生活の調和（ | 29 | ）をはからなければならない。

問1 文中の | 25 | に入る最も適当なものを、次の①〜⑤の中から一つ選べ。

① 企業別組合　　　② 縁故採用　　　③ 週休2日制

④ サバティカル休暇　　　⑤ 計画経済

問2 文中の | 26 | に入る最も適当なものを、次の①〜⑤の中から一つ選べ。

① 労働組合法　　　② 職業安定法　　　③ 労働者派遣法

④ パートタイム労働法　　　⑤ 最低賃金法

問3 文中の | 27 | に入る最も適当なものを、次の①〜⑤の中から一つ選べ。

① 女子差別撤廃条約　　　② 男女雇用機会均等法　　　③ 労働関係調整法

④ 育児・介護休業法　　　⑤ 男女共同参画社会基本法

問4 文中の | 28 | に入る最も適当なものを、次の①〜⑤の中から一つ選べ。

① ショップ制　　　② 時短労働　　　③ 変形労働時間制

④ 有給休暇　　　⑤ 能力給

問5 文中の | 29 | に入る最も適当なものを、次の①〜⑤の中から一つ選べ。

① ワーク・シェアリング　　　② オン・ザ・ジョブ・トレーニング

③ ハローワーク　　　④ ワーク・ライフ・バランス　　　⑤ ワーキング・プア

問6 文中の下線部 (a) 派遣労働に関する記述として、最も適当なものを次の①〜⑤の中から一つ選べ。

30

① 派遣労働者の雇用者に占める割合は年々増加しており、2020年にはパートタイムの割合を上回った。

② 派遣労働者は、派遣元の企業と結んだ労働協約に基づいて、その業務命令によって他社に派遣される。

③ 2012年に労働者派遣法の正式名称が「短時間労働者の雇用管理の改善等に関する法律」に改正され、派遣労働者の保護が明記された。

④ 労働者派遣法には、日雇派遣の原則禁止、派遣労働者の無期雇用化や待遇の改善、違法派遣に対する迅速・的確な対処が示されている。

⑤ 派遣労働の形態として、派遣元企業が自ら雇用する労働者を派遣する登録型派遣と、派遣元企業には登録だけしておいて、仕事のあるときに派遣される常用型派遣の2種類がある。

問7 文中の下線部 (b) 女性の労働に関する記述として、最も適当なものを次の①〜④の中から一つ選べ。

31

① 2003年に女性に占める正社員の割合が非正規雇用を上回った。女性の雇用者の半数以上は正社員が占めており、企業で働く日本人女性の主流となっている。

② 1999年の改正労働基準法の施行により女性労働者に関する時間外・休日労働、深夜業の制限が撤廃された。

③ 年代別の日本人女性の労働力率をグラフにすると、20歳代がピークで出産・育児期の30歳代に落ち込み、40歳代で再び上昇することからアルファベットのV字に似た曲線を描くので、V字型カーブと呼ばれる。

④ 育児や家族の介護を行う労働者の職業生活と家庭生活の両立を支援することを目的とした育児・介護休業法は、一部を除いた事業所に適用される。

問8 文中の下線部 (c) 過労死に関する記述として、最も適当なものを次の①〜④の中から一つ選べ。

32

① 長時間・過重労働による過労・ストレスにより突然死に至るものであり、自ら命を絶つものは含まれない。

② 労災補償における、精神障害の認定件数は年々増加しており、2020年度には、脳・心臓疾患の認定件数の3倍以上にのぼる。

③ 現在は、労働者が倒れたその日に、原因とみられる精神的緊張や肉体的負担がなければ労災とは認められない。

④ 2001年に認定の基準が変更され、死の原因を遺族の側が立証しなくても労災と認められることとなった。

V 人口問題に関する次の文章を読み、下記の設問（**問1〜問8**）に答えよ。

　　20世紀半ばに25億人であった世界人口は1987年には50億人、1998年には60億人に達し、2037年には
　 33 億人をこえる見込みである。

　　世界全体を見ると、発展途上国での人口爆発が著しい。日本を含め、先進国では 34 が定着し、高齢
化が社会問題となっているが、発展途上国では 35 から 36 への変化がみられる。途上国の人口増
加の背景には衛生状態の改善に力が入れられ、乳幼児死亡率の低下や寿命の延長がはかられたものの、貧困
のために働き手を多く必要とすることや、老後のために子供を多くもつ習慣があることなどがある。これに
対して、中国のように 37 政策をとってきた国もある。

　　1994年にカイロで開催された国際人口開発会議では、 38 の地位向上と社会参加を進めること、身体
や健康に関わるすべての権利を 39 が持つことなどをうたった行動計画が採択され、 39 の選択に
よる人口問題の解決が確認された。現状では、世界全体では人口増加は安定化する傾向といわれるが、飢餓
と貧困が深刻な 40 などの後発発展途上国で高い出生率が見られる。

問1　文中の 33 に入る最も適当なものを、次の①〜④の中から一つ選べ。
　　① 70　　② 80　　③ 90　　④ 100

問2　文中の 34 に入る最も適当なものを、次の①〜⑧の中から一つ選べ。
　　① 中産中死　　② 中産多死　　③ 少産少死　　④ 少産多死
　　⑤ 多産少死　　⑥ 多産多死　　⑦ 中産少死　　⑧ 多産中死

問3　文中の 35 に入る最も適当なものを、次の①〜⑧の中から一つ選べ。
　　① 中産中死　　② 中産多死　　③ 少産少死　　④ 少産多死
　　⑤ 多産少死　　⑥ 多産多死　　⑦ 中産少死　　⑧ 多産中死

問4　文中の 36 に入る最も適当なものを、次の①〜⑧の中から一つ選べ。
　　① 中産中死　　② 中産多死　　③ 少産少死　　④ 少産多死
　　⑤ 多産少死　　⑥ 多産多死　　⑦ 中産少死　　⑧ 多産中死

問5　文中の 37 に入る最も適当なものを、次の①〜④の中から一つ選べ。
　　① 多産化　　② 一人っ子　　③ 避妊禁止　　④ 優生思想

問6　文中の 38 に入る最も適当なものを、次の①〜④の中から一つ選べ。
　　① 子供　　② 高齢者　　③ LGBTQ　　④ 女性

問7　文中の 39 に入る最も適当なものを、次の①〜④の中から一つ選べ。
　　① 家族　　② 国家　　③ 医療機関　　④ 個人

問8　文中の 40 に入る最も適当なものを、次の①〜④の中から一つ選べ。
　　① 東欧　　② 東アジア　　③ サハラ砂漠以南のアフリカ　　④ 東南アジア

(4L－9)

1A英語　2月3日

解答番号	1	2	3	4	5	6	7	8	9	10	11	12	13	14	15	16	17
正解	②	②	④	④	④	①	④	③	②	①	②	③	③	①	②	④	④

解答番号	18	19	20	21	22	23	24	25	26	27	28	29	30				
正解	③	①	②	①	②	④	①	①	③	②	②	⑤	④				

2A英語　2月4日

解答番号	1	2	3	4	5	6	7	8	9	10	11	12	13	14	15	16	17
正解	④	②	③	④	①	①	④	①	④	③	④	④	①	②	④	②	③

解答番号	18	19	20	21	22	23	24	25	26	27	28	29	30				
正解	③	②	②	③	②	②	③	④	①	②	①	④	③				

3A英語　2月5日

解答番号	1	2	3	4	5	6	7	8	9	10	11	12	13	14	15	16	17
正解	③	④	①	④	②	③	②	④	④	①	③	②	②	④	①	①	①

解答番号	18	19	20	21	22	23	24	25	26	27	28	29	30				
正解	②	③	①	④	④	③	②	②	③	③	②	⑥	①				

4A英語　2月27日

解答番号	1	2	3	4	5	6	7	8	9	10	11	12	13	14	15	16	17
正解	③	①	③	②	④	③	②	①	④	②	①	③	④	③	①	②	①

解答番号	18	19	20	21	22	23	24	25	26	27	28	29	30				
正解	②	②	③	④	④	③	④	③	①	①	②	③	⑤				

解答

1B国語　　2月3日

解答番号	1	2	3	4	5	6	7	8	9	10	11	12	13	14	15	16	17
正解	④	①	②	①	④	②	①	⑤	③	③	③	①	⑤	④	②	⑤	②

解答番号	18	19	20	21	22	23	24	25	26	27	28	29	30	31	32		
正解	④	③	③	②	①	③	③	②	⑤	⑤	②	④	①	③	②		

2B国語　　2月4日

解答番号	1	2	3	4	5	6	7	8	9	10	11	12	13	14	15	16	17
正解	①	②	④	②	③	③	④	⑤	②	①	③	⑤	③	④	⑤	③	④

解答番号	18	19	20	21	22	23	24	25	26	27	28	29	30	31	32		
正解	②	②	①	③	②	③	①	④	③	①	④	⑤	③	②	④		

3B国語　　2月5日

解答番号	1	2	3	4	5	6	7	8	9	10	11	12	13	14	15	16	17
正解	②	①	②	①	④	③	⑤	②	④	④	⑤	①	②	③	②	⑤	④

解答番号	18	19	20	21	22	23	24	25	26	27	28	29	30	31	32		
正解	③	②	①	④	⑤	③	⑤	①	②	④	③	①	⑤	④	②		

4B国語　　2月27日

解答番号	1	2	3	4	5	6	7	8	9	10	11	12	13	14	15	16	17
正解	④	⑤	①	③	②	①	②	⑤	①	④	③	④	⑤	①	③	①	②

解答番号	18	19	20	21	22	23	24	25	26	27	28	29	30	31	32		
正解	③	④	②	⑤	①	⑤	③	②	④	③	③	①	②	②	①		

1ⅰ 数学　2月3日

解答番号	1	2	3	4	5	6	7	8	9	10	11	12	13	14	15	16	17
正解	⑥	④	③	⑤	④	⑤	⑧	④	⑥	⑧	③	①	⑦	⑥	⑨	②	③

解答番号	18	19	20	21	22	23	24	25	26	27	28	29	30	31	32	33	34
正解	⑩	⑩	③	⑩	①	⑤	⑨	⑩	①	⑤	①	⑤	⑥	⑦	②	④	⑧

解答番号	35																
正解	⑧																

2ⅰ 数学　2月4日

解答番号	1	2	3	4	5	6	7	8	9	10	11	12	13	14	15	16	17
正解	⑥	③	⑤	③	⑧	①	③	③	③	④	⑨	④	⑨	②	③	③	②

解答番号	18	19	20	21	22	23	24	25	26	27	28	29					
正解	④	①	⑤	⑥	①	①	④	⑥	⑧	⑥	⑨	⑥					

3ⅰ 数学　2月5日

解答番号	1	2	3	4	5	6	7	8	9	10	11	12	13	14	15	16	17
正解	⑨	④	③	②	②	③	⑦	①	③	③	①	③	②	⑥	①	①	⑦

解答番号	18	19	20	21	22	23	24	25	26	27	28	29	30	31			
正解	④	⑤	③	⑤	②	⑥	⑤	⑤	⑩	⑤	⑨	⑧	①	①			

4ⅰ 数学　2月27日

解答番号	1	2	3	4	5	6	7	8	9	10	11	12	13	14	15	16	17
正解	②	⑤	③	②	②	⑤	⑨	⑦	③	②	⑤	④	②	⑨	②	①	③

解答番号	18	19	20	21	22	23	24	25	26	27	28	29	30	31			
正解	③	⑧	③	④	②	③	①	③	③	⑤	⑥	③	④	⑨			

1C 生物　2 月 3 日

解答番号	1	2	3	4	5	6	7	8	9	10	11	12	13	14	15	16	17
正解	⑩	⑤	⑨	④	⑧	⑥	⑦	⑤	⑥	①	③	⑥	⑥	③	①	⑤	⑩

解答番号	18	19	20	21	22	23	24	25	26	27	28	29	30	31	32	33	34
正解	②	⑤	⑦	②	⑥	④	⑩	③	⑤	①	⑨	①	⑨	④	①	⑤	⑩

解答番号	35	36	37	38	39	40											
正解	⑧	⑥	①	⑤	⑦	④											

2C 生物　2 月 4 日

解答番号	1	2	3	4	5	6	7	8	9	10	11	12	13	14	15	16	17
正解	④	③	④	①	③	③	③	③	①	④	⑥	②	③	⑤	⑨	⑤	④

解答番号	18	19	20	21	22	23	24	25	26	27	28	29	30	31	32	33	34
正解	⑥	①	⑤	⑦	②	①	②	⑤	②	①	③	①	③	⑦	④	①	⑤

解答番号	35	36	37	38	39	40											
正解	⑨	②	⑥	⑤	③	③											

3C 生物　2 月 5 日

解答番号	1	2	3	4	5	6	7	8	9	10	11	12	13	14	15	16	17
正解	①	④	①	①	③	③	②	②	①	③	⑨	⑥	①	④	⑧	③	⑩

解答番号	18	19	20	21	22	23	24	25	26	27	28	29	30	31	32	33	34
正解	④	④	②	①	②	⑤	④	①	①	②	③	①	③	①	①	⑤	②

解答番号	35	36	37	38	39	40											
正解	⑦	⑤	④	③	③	②											

4C生物　2月27日

解答番号	1	2	3	4	5	6	7	8	9	10	11	12	13	14	15	16	17
正解	⑨	①	⑥	④	⑨	④	③	①	⑩	④	⑨	④	⑧	②	⑧	⑨	⑦

解答番号	18	19	20	21	22	23	24	25	26	27	28	29	30	31	32	33	34
正解	③	⑦	⑤	⑥	⑤	④	①	①	②	④	②	③	②	⑦	⑤	④	

解答番号	35	36	37	38	39	40
正解	⑧	⑤	③	⑧	①	⑧

1D化学　2月3日

解答番号	1	2	3	4	5	6	7	8	9	10	11	12	13	14	15	16	17
正解	④	⑥	②	②	①	②	①	②	⑧	①	⑤	⑧	①	①	②	②	②

解答番号	18	19	20	21	22	23	24	25	26	27	28	29	30	31	32	33	34
正解	⑥	④	①	①	③	②	③	⑥	⑧	⑧	②	⑨	⑤	③	⑤	⑦	④

解答番号	35	36	37	38	39
正解	②	⑧	④	③	②

2D化学　2月4日

解答番号	1	2	3	4	5	6	7	8	9	10	11	12	13	14	15	16	17
正解	②	②	③	②	⑧	②	⑦	④	⑤	②	⑦	②	⑥	③	③	②	⑦

解答番号	18	19	20	21	22	23	24	25	26	27	28	29	30	31	32	33	34
正解	①	⑦	②	⑨	④	①	②	②	④	①	⑤	②	④	④	③	⑤	④

解答番号	35	36	37	38
正解	⑤	②	①	⑧

3D化学　2月5日

解答番号	1	2	3	4	5	6	7	8	9	10	11	12	13	14	15	16	17
正解	④	⑤	①	③	②	⑤	⑤	③	①	④	③	①	⑥	⑨	④	⑦	④

解答番号	18	19	20	21	22	23	24	25	26	27	28	29	30	31	32	33	34
正解	①	⑩	⑨	④	②	⑤	④	①	②	①	③	③	④	⑧	④	⑦	②

解答番号	35	36	37	38	39	40	41	42									
正解	③	⑧	⑩	⑤	①	①	④	③									

4D化学　2月27日

解答番号	1	2	3	4	5	6	7	8	9	10	11	12	13	14	15	16	17
正解	②	⑥	⑧	④	⑩	⑦	③	③	⑧	⑥	④	⑤	⑨	⑤	①	①	④

解答番号	18	19	20	21	22	23	24	25	26	27	28	29	30	31	32	33	34
正解	③	④	④	①	④	②	④	⑥	④	①	②	③	⑨	⑦	⑥	⑦	⑤

解答番号	35	36	37	38	39	40	41	42	43	44							
正解	⑥	②	④	⑦	②	③	⑤	②	⑧	③							

1F物理　2月3日

解答番号	1	2	3	4	5	6	7	8	9	10	11	12	13	14	15	16	17
正解	①	③	⑧	⑤	⑥	⑩	③	⑦	⑧	④	①	④	⑤	③	②	②	④

解答番号	18	19	20	21	22	23	24	25	26	27	28						
正解	⑤	④	③	④	①	④	④	③	③	④	⑤						

2F物理　2月4日

解答番号	1	2	3	4	5	6	7	8	9	10	11	12	13	14	15	16	17
正解	①	①	①	③	①	②	②	④	②	②	⑤	③	④	⑤	①	⑥	①

解答番号	18	19	20	21	22	23	24	25	26	27	28	29
正解	④	④	②	⑥	②	③	⑤	⑤	⑤	①	②	①

3F物理　2月5日

解答番号	1	2	3	4	5	6	7	8	9	10	11	12	13	14	15	16	17
正解	②	①	⑤	①	②	②	③	⑤	⑥	②	①	④	⑥	⑤	⑥	③	③

解答番号	18	19	20	21	22	23	24	25	26	27
正解	①	⑥	②	⑥	①	③	⑥	⑤	②	④

4F物理　2月27日

解答番号	1	2	3	4	5	6	7	8	9	10	11	12	13	14	15	16	17
正解	②	⑥	⑧	⑧	④	③	①	②	⑨	⑥	⑥	⑥	①	①	②	③	②

解答番号	18	19	20	21	22	23	24	25	26	27	28
正解	④	⑤	④	⑧	④	②	⑤	④	②	③	⑤

1G日本史　2月3日

解答番号	1	2	3	4	5	6	7	8	9	10	11	12	13	14	15	16	17
正解	③	②	④	①	②	②	①	②	①	③	③	③	①	①	①	①	②

解答番号	18	19	20	21	22	23	24	25	26	27	28	29	30	31	32	33	34
正解	①	②	④	①	①	①	①	④	②	②	④	③	①	①	②	③	③

解答番号	35	36	37	38	39	40
正解	②	①	④	④	②	④

2G 日本史　2月4日

解答番号	1	2	3	4	5	6	7	8	9	10	11	12	13	14	15	16	17
正解	③	②	④	②	②	②	②	③	②	③	①	①	③	①	④	②	④

解答番号	18	19	20	21	22	23	24	25	26	27	28	29	30	31	32	33	34
正解	③	④	②	②	②	③	②	③	①	③	②	③	③	②	②	③	③

解答番号	35	36	37	38	39	40
正解	②	③	②	④	②	②

3G 日本史　2月5日

解答番号	1	2	3	4	5	6	7	8	9	10	11	12	13	14	15	16	17
正解	①	③	②	①	①	②	③	④	①	④	①	①	④	①	①	②	①

解答番号	18	19	20	21	22	23	24	25	26	27	28	29	30	31	32	33	34
正解	①	③	③	④	①	③	②	④	①	①	②	②	③	①	②	①	③

解答番号	35	36	37	38	39	40
正解	①	①	④	③	①	①

4G 日本史　2月27日

解答番号	1	2	3	4	5	6	7	8	9	10	11	12	13	14	15	16	17
正解	④	③	④	①	④	④	②	③	①	①	①	①	④	④	④	②	①

解答番号	18	19	20	21	22	23	24	25	26	27	28	29	30	31	32	33	34
正解	④	②	④	②	①	④	③	③	②	②	④	①	②	②	③	②	④

解答番号	35	36	37	38	39	40
正解	④	①	①	②	④	①

1H 地理　2月3日

解答番号	1	2	3	4	5	6	7	8	9	10	11	12	13	14	15	16	17
正解	③	④	①	④	②	①	②	④	④	②	②	①	④	①	①	④	④

解答番号	18	19	20	21	22	23	24	25	26	27	28	29	30	31	32	33	34
正解	②	②	③	①	②	②	③	③	①	①	④	③	②	③	③	②	①

解答番号	35	36	37	38	39												
正解	④	②	②	②	③												

2H 地理　2月4日

解答番号	1	2	3	4	5	6	7	8	9	10	11	12	13	14	15	16	17
正解	③	①	④	⑤	①	④	②	③	③	④	②	④	②	④	②	③	③

解答番号	18	19	20	21	22	23	24	25	26	27	28	29	30	31	32	33	34
正解	④	④	③	④	③	④	⑤	②	④	②	④	①	②	①	①	①	③

解答番号	35	36	37	38	39												
正解	①	③	①	②	④												

3H 地理　2月5日

解答番号	1	2	3	4	5	6	7	8	9	10	11	12	13	14	15	16	17
正解	①	②	④	③	③	①	③	④	②	④	②	④	①	③	③	④	①

解答番号	18	19	20	21	22	23	24	25	26	27	28	29	30	31	32	33	34
正解	②	①	①	②	④	②	②	②	④	⑤	③	①	④	③	④	④	④

解答番号	35	36	37	38	39	40											
正解	③	①	①	①	②	①											

4Ｈ地理　2月27日

解答番号	1	2	3	4	5	6	7	8	9	10	11	12	13	14	15	16	17
正解	④	③	③	②	①	③	①	④	①	③	①	①	①	①	③	②	③

解答番号	18	19	20	21	22	23	24	25	26	27	28	29	30	31	32	33	34
正解	④	③	①	③	①	③	④	②	②	⑥	③	①	④	①	②	①	④

解答番号	35	36	37	38	39
正解	②	③	②	②	④

1Ｋ世界史　2月3日

解答番号	1	2	3	4	5	6	7	8	9	10	11	12	13	14	15	16	17
正解	③	①	②	①	①	④	①	③	③	②	②	③	①	③	②	④	②

解答番号	18	19	20	21	22	23	24	25	26	27	28	29	30	31	32	33	34
正解	②	③	④	①	④	③	②	③	③	⑨	⑦	④	④	④	④	②	②

解答番号	35	36	37	38	39	40
正解	①	②	①	①	④	②

2Ｋ世界史　2月4日

解答番号	1	2	3	4	5	6	7	8	9	10	11	12	13	14	15	16	17
正解	①	③	①	④	②	①	④	①	②	③	②	④	①	④	①	③	④

解答番号	18	19	20	21	22	23	24	25	26	27	28	29	30	31	32	33	34
正解	②	④	④	⑤	⑧	①	②	①	③	③	①	③	④	③	②	②	①

解答番号	35	36	37	38	39	40
正解	②	④	③	④	①	③

3K世界史　2月5日

解答番号	1	2	3	4	5	6	7	8	9	10	11	12	13	14	15	16	17
正解	②	③	④	④	①	⑩	⑦	③	④	①	②	④	③	④	③	①	②

解答番号	18	19	20	21	22	23	24	25	26	27	28	29	30	31	32	33	34
正解	④	②	①	④	①	②	④	①	②	③	④	④	②	③	①	②	①

解答番号	35	36	37	38	39	40											
正解	①	④	④	②	③	④											

4K世界史　2月27日

解答番号	1	2	3	4	5	6	7	8	9	10	11	12	13	14	15	16	17
正解	④	②	②	③	②	①	①	②	①	②	④	①	②	④	②	②	②

解答番号	18	19	20	21	22	23	24	25	26	27	28	29	30	31	32	33	34
正解	④	②	②	⑤	①	④	④	①	②	③	④	④	①	④	④	①	

解答番号	35	36	37	38	39	40											
正解	①	①	③	③	④	③											

1L現代社会　2月3日

解答番号	1	2	3	4	5	6	7	8	9	10	11	12	13	14	15	16	17
正解	③	③	②	④	③	②	③	④	②	②	③	②	①	④	①	②	③

解答番号	18	19	20	21	22	23	24	25	26	27	28	29	30	31	32	33	34
正解	①	③	⑤	③	①	④	④	③	⑤	④	①	①	④	③	②	④	②

解答番号	35	36	37	38	39	40											
正解	①	④	③	④	④	②											

2 L 現代社会　2月4日

解答番号	1	2	3	4	5	6	7	8	9	10	11	12	13	14	15	16	17
正解	③	①	②	①	②	④	②	③	③	③	②	③	①	③	②	③	②

解答番号	18	19	20	21	22	23	24	25	26	27	28	29	30	31	32	33	34
正解	①	①	③	④	③	②	④	③	①	②	④	①	②	②	③	②	④

解答番号	35	36	37	38	39	40
正解	③	②	②	④	②	④

3 L 現代社会　2月5日

解答番号	1	2	3	4	5	6	7	8	9	10	11	12	13	14	15	16	17
正解	④	②	①	①	④	④	②	③	④	③	③	①	②	④	②	①	④

解答番号	18	19	20	21	22	23	24	25	26	27	28	29	30	31	32	33	34
正解	②	③	④	④	②	③	②	①	④	⑤	①	④	②	④	②	④	④

解答番号	35	36	37	38	39	40
正解	②	③	②	③	②	④

4 L 現代社会　2月27日

解答番号	1	2	3	4	5	6	7	8	9	10	11	12	13	14	15	16	17
正解	④	①	②	②	②	①	①	④	③	②	①	①	①	②	④	①	③

解答番号	18	19	20	21	22	23	24	25	26	27	28	29	30	31	32	33	34
正解	③	③	①	④	①	③	①	③	②	⑤	④	④	②	②	③	③	③

解答番号	35	36	37	38	39	40
正解	⑥	⑤	②	④	④	③

2024年度版 東京農業大学入試問題集

発行日　2024(令和6)年7月1日　初版第1刷

発行所　一般社団法人東京農業大学出版会
発行者　代表理事　江口文陽
住所／156-8502 東京都世田谷区桜丘1-1-1
電話／03-5477-2666　　FAX／03-5477-2747
http://www.nodai.ac.jp/syuppankai/
E-mail：shuppan@nodai.ac.jp

ISBN978-4-88694-541-9 C7037　　¥1600E